新HSK 급소공략

본책 + 해설서

5급

독해

양주희 저

2013년 汉办(한빤)
新HSK 필수어휘
수정리스트 제공!

다락원

저자 양주희

북경대학교 국제정치학과 졸업
現 한화케미칼, 서울반도체, 대한전선, 방위사업청 출강
前 강남 프로차이나학원 新 HSK 5급 전문 강사
前 대지중학교 중국어 강사
前 동백중학교 중국어 강사

新HSK 급소공략 5급 독해

양주희 저

다락원

저자의 말

새롭게 바뀐 新 HSK의 난이도는 시간이 지날수록 점차 높아지고 있다. 이제 기출 문제를 푸는 것은 시험 유형을 파악하는 데만 참고하고, 좀 더 효과적으로 시험을 준비해야 한다. 독해 영역은 기존 HSK의 어법, 종합, 독해 영역이 합쳐져 보다 종합적인 능력을 요한다. 따라서 독해 영역의 기본기를 충분히 쌓고, 부분마다 공략법을 적절히 활용하여 목표에 이를 수 있도록 하기 위해 이 책을 준비하게 되었다.

기존 HSK와 차이점을 고려하여 부분마다 특징에 맞게 구성하였다. 제1부분은 자주 출제되는 어법 요소 별로, 제2부분은 다양한 지문을 파악할 수 있게 내용별로, 제3부분은 문제 유형별로 지문의 내용과 구성을 달리하고 핵심 어법과 표현을 제공하였다. 각 부분의 마지막에는 최신 경향의 실전문제를 실제 시험 형식과 같이 제공하여 이론뿐만 아니라 실전에도 대비할 수 있도록 하였다. 또한, 설명문, 실용문, 논설문 등 좀 더 다양한 성격의 글을 지문으로 활용하였다. 지문은 점점 더 어려워지는 新 HSK 경향에 따라 기존 HSK보다 단어의 난이도가 조금 있는 것을 선정하여 앞으로의 시험에 대처할 수 있는 능력을 키울 수 있게 하였다.

많은 지문을 접한다고 해서 독해 점수가 잘 나오는 것은 아니다. 자신이 왜 틀렸는지 원인을 확실히 알아야 같은 실수를 반복하지 않는다. 또한, 다양한 문제집을 접하기보다는 한 권을 여러 번 보는 것을 권한다. 같은 문제를 반복하여 풀어 답을 외울 정도가 되면 다른 문제도 쉽게 접근할 수 있고 정답을 맞힐 확률도 더 높아진다.

중국어를 배우는 목적은 각자 다르겠지만, 우선 중국어를 배웠다면 반드시 新 HSK를 공부하라고 권하고 싶다. 특히 독해 영역은 시험 공부를 하다 보면 어휘력이 향상될 뿐만 아니라, 문법체계가 머릿속에 자리잡혀 정확한 언어를 구사하게 되고 이는 '유창하게 말하기'와도 연관이 있다. 아울러 新 HSK에서 좋은 결과를 얻는 것도 중요하지만, 이를 통해 한 걸음 나아가 중국어를 일상생활에 사용하는 언어가 될 수 있도록 기대감과 즐거움으로 대하길 바란다. 여러분의 건투를 빈다.

2011년 7월
양주희

이 책의 구성

이 책은 新 HSK 5급 독해 영역 시험에 기준하여, 제1부분, 제2부분, 제3부분과 모의고사의 4장으로 구성되어 있다.

본책

'독해 급소공략 → 예제로 감 익히기 → 독해 내공 Tip → 실력 다지기' 순서로 5급 독해 영역을 집중 분석한다.

독해 급소공략
풀이 유형별로 꼭 알아야 할 공략법을 전수한다.

예제로 감 익히기
Mission을 풀어보며 어떤 유형의 문제가 어떻게 출제되는지 감을 익히고, 그 풀이 방법과 요령을 익힌다.

독해 내공 Tip
독해 실력 향상에 꼭 필요한 핵심 어법, 어휘, 표현 및 문형을 익힌다.

Mini Test
실전 문제를 풀기 전에 앞에서 쌓은 내공을 간단히 확인한다.

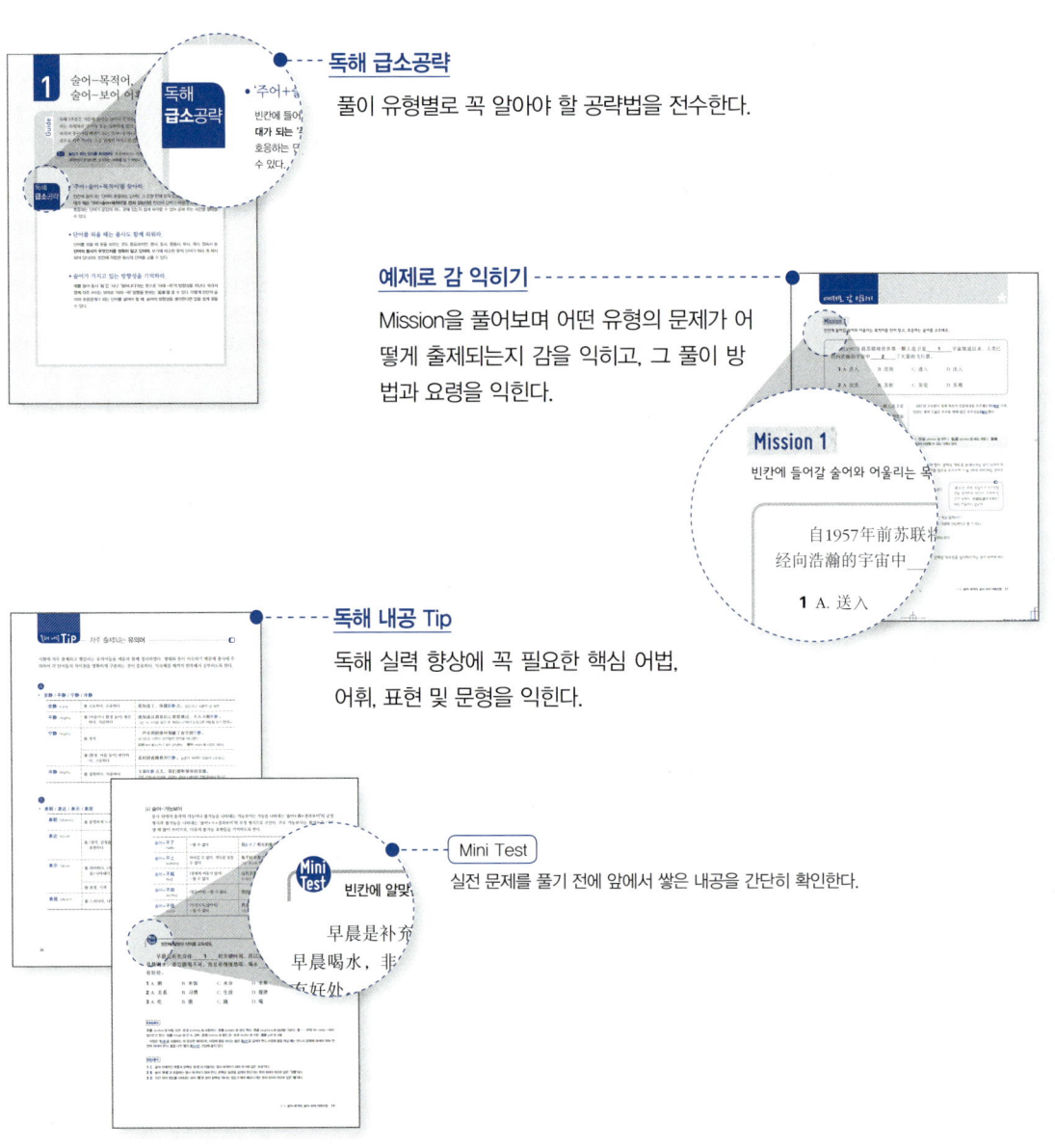

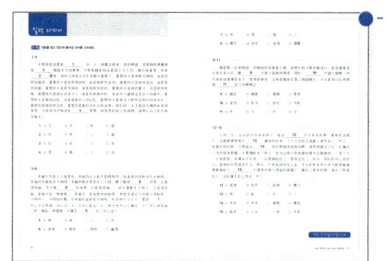

실력 다지기
풍부한 실전 문제로 실력을 다지고, 실제 시험에 대한 적응 훈련을 한다.

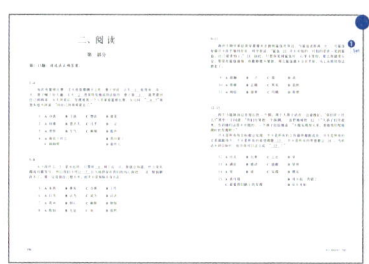

모의고사
최신 경향의 모의고사 3세트로 실전 감각을 익히고, 학습한 내용을 총복습한다.

해설서
각 장의 '실력 다지기'와 '모의고사'의 모든 문제에 대한 해설을 분권된 해설서에 담았다.

이 책의 표기법

① 이 책에 나오는 인명, 지명은 중국어 발음을 한국어로 표기하는 것을 원칙으로 하였다. 단, 우리에게 널리 알려진 고유명사는 한자독음으로 표기하였다.

　예) 章子怡 → 장쯔이,　北京 → 베이징,　颐和园 → 이화원

② 품사는 다음과 같은 약어로 표기하였다.

품사	약자	품사	약자	품사	약자
명사/고유명사	명/고유	부사	부	접속사	접
대사	대	수사	수	감탄사	감
동사	동	양사	양	조사	조
조동사	조동	수량사	수량	의성사	의성
형용사	형	개사	개	성어	성

이 책의 순서

저자의 말   3
이 책의 구성   4
이 책의 순서   6
新 HSK 5급에 대하여   7
新 HSK 5급 독해 영역에 대하여   8

I 제1부분 : 빈칸에 알맞은 단어나 문장 고르기
1. 술어–목적어, 술어–보어 어휘조합   10
2. 유의어 구분하기   22
3. 접속사 복문, 고정격식 파악하기   36
4. 문맥에 맞게 추론하기   52

II 제2부분 : 단문 독해하고 일치하는 보기 고르기
1. 중국 문화·풍속 관련 지문 독해하기   66
2. 과학 상식 관련 지문 독해하기   78
3. 실용 상식 관련 지문 독해하기   88
4. 다양한 이야기 지문 독해하기   100

III 제3부분 : 장문 독해하고 질문에 답하기
1. 글의 주제 파악하기   112
2. 내용 전개 파악하기   124
3. 세부 정보 파악하기   136

IV 모의고사 3회
1. 모의고사 1   150
2. 모의고사 2   160
3. 모의고사 3   172

2013년 汉办 新HSK 5급 필수어휘 수정리스트는 해설서 141~143쪽에 있습니다.

新 HSK 5급에 대하여

응시 대상
매주 2~4시간씩 2년 이상[400시간 이상] 집중적으로 중국어를 학습하고, 2,500개의 상용 어휘와 관련 어법 지식을 마스터한 학습자를 그 대상으로 한다.

시험 구성 및 시간 배분
듣기, 독해, 쓰기 3개 영역 합계 100문항을 풀게 되며, 총 소요시간은 120분 가량이다.
듣기 영역에 대한 답안은 듣기 시험 시간 종료 후 주어지는 시간(5분) 안에 답안지에 마킹하고, 독해와 쓰기 영역에 대한 답안은 해당 영역 시간에 직접 답안지에 작성한다.

시험 과목	문제 형식	문항 수		시험 시간
듣기(听力)	제1부분(두 사람의 대화 듣고 질문에 답하기)	20	45	약 30분
	제2부분(긴 대화나 단문 듣고 1개 이상의 질문에 답하기)	25		
듣기 영역에 대한 답안지 작성				5분
독해(阅读)	제1부분(빈칸에 알맞은 단어나 문장 고르기)	15	45	45분
	제2부분(단문 독해하고 일치하는 보기 고르기)	10		
	제3부분(장문 독해하고 3~5개 질문에 답하기)	20		
쓰기(书写)	제1부분(어휘 조합해서 문장 만들기)	8	10	40분
	제2부분(주어진 어휘 및 그림을 보고 80자 내외의 글 쓰기)	2		
합계		100		약 120분

시험 등급 및 성적 결과
① **시험 등급** : 新 HSK 5급에 합격한 응시자는 중국어 신문과 잡지를 읽을 수 있고, 중국어 영화 또는 TV 프로그램을 감상할 수 있다. 또한 중국어로 비교적 완전한 연설을 할 수 있다.
② **성적 결과** : 성적표에는 듣기, 독해, 쓰기 세 영역의 점수와 총점이 기재된다. 각 영역별 만점은 100점이며, 총점은 300점으로 180점 이상이면 합격이다. 성적 결과는 시험일로부터 1개월 후, 중국고시센터 홈페이지에서 응시자 개별 조회가 가능하며, 성적표는 시험일로부터 40일경에 발송한다. HSK 성적은 시험일로부터 2년간 유효하다.

원서접수
① **인터넷 접수** : HSK 홈페이지(www.hsk.or.kr) 또는 HSK시험센터 홈페이지(www.hsk-korea.co.kr)에서 접수
② **방문접수** : HSK한국사무국 또는 서울공자아카데미(HSK한국사무국 2층)에서 접수
  • 접수시간 : 오전 10~12시, 오후 1시~5시(평일) / 오전 10~12시(토요일)
  • 준비물 : 응시원서, 사진 3장(최근 6개월 이내에 촬영한 3×4㎝ 반명함판 사진)
③ **우편접수** : 구비서류를 동봉하여 HSK한국사무국으로 발송(등기우편)
  • 구비서류 : 응시원서(3×4㎝의 반명함판 사진 1장 부착) 및 별도 사진 1장, 응시비 입금 영수증

시험 당일 준비물
① 유효한 신분증
  • 주민등록증 기발급자 : 주민등록증, 운전면허증, 기간 만료 전의 여권, 주민등록증발급신청확인서, 군장교 신분증, 현역 사병 휴가증
  • 주민등록증 미발급자 : 기간 만료 전의 여권, 청소년증, HSK신분확인서(한국 내 소재 초·중·고등학생만 가능)
    *학생증, 사원증, 의료보험증, 주민등록등본, 공무원증 등은 인정되지 않음.
② 수험표
③ 2B 연필, 지우개

新HSK 5급의 독해 영역에 대하여

시험 방식
新 HSK 5급 독해 영역은 총 45문제이며, 소요 시간은 약 45분이다. 제1부분, 제2부분, 제3부분으로 구성되며, 각각의 문제 형식은 다음과 같다.

	제1부분	제2부분	제3부분
미리보기	二、阅读 第一部分 第1-13题: 请选出正确答案。	第二部分 第16-25题: 请选出与试题内容一致的一项。	第三部分 第26-45题: 请选出正确答案。
문제 형식	빈칸에 알맞은 단어나 문장 고르기	단문 독해하고 일치하는 보기 고르기	장문 독해하고 3~5개 질문에 답하기
시험 목적	글 전체 내용을 파악하여 빈칸에 적합한 단어나 어구를 골라내는 능력을 테스트	중국문화, 일상생활, 핫이슈, 에피소드 등을 다룬 단문을 빠르게 읽고 보기의 옳고 그름을 판단하는 능력을 테스트	장문을 읽고 글의 주제, 내용 전개, 세부적인 정보를 신속하고 정확하게 파악할 수 있는지를 테스트
문항 수	15문항	10문항	20문항
시험 시간	약 12~15분	약 8~10분	약 15~20분
		45분	

최근 출제 경향

▶ 제1부분
舊 HSK의 종합 영역에 속했던 부분으로 기존에 종합 영역에 속했을 때보다 상대적으로 지문이 쉬워졌고, 보기에서 답 고르기도 수월해졌다. 하지만 新 HSK의 난이도는 시간이 지날수록 어려워지는 경향을 보이고 있고, 이때 난이도 조정이 제일 많이 있을 것으로 예상하는 부분이 바로 독해 1부분이다. 단어 위주보다는 문맥 전체를 파악해야 풀 수 있는 문제들이 더 많이 나올 예정이다. 따라서 문제를 푼 후, '나만의 어휘장'을 만들어서 지문이나 보기 중 모르는 단어들을 꼼꼼하게 정리하여 외우면서 전체적인 문맥을 파악할 수 있도록 공부해야 한다.

▶ 제2부분
舊 HSK에는 없던 새로운 부분이다. 지문의 내용은 신문기사, 정보전달 등의 설명문을 중심으로 이야기 구조의 짧은 지문들이 더해져서 출제된다. 지문이 짧아 수험자들이 가장 쉬울 것이라고 오해하기 쉽지만, 단어의 난이도는 다른 독해 부분에 비해 어려운 편이다. 또한, 지문을 읽고 지문과 일치하는 보기를 골라야 하므로 독해 영역 중 시간이 가장 많이 소비되는 부분이다. 따라서 평소에 중국어 어순을 잘 익히고, 중국어 문장을 끊어 읽는 방법을 숙지하여 다양한 내용의 지문을 많이 풀어서 시간을 단축하도록 노력해야 한다.

▶ 제3부분
舊 HSK과 형식에 차이가 없다. 다만, 지문에 사진이 삽입되어 지문 내용의 이해를 돕는다. 지금의 출제 경향으로 볼 때 어휘가 가장 어려워지는 부분으로, 공부할 때 모르는 단어가 없도록 사전에 준비를 철저히 해야 한다. 지문이 길기 때문에 문제를 먼저 숙지한 후 지문을 읽어야 질문과 관련된 키워드를 빠르게 찾을 수 있어 문제 풀이 시간을 줄일 수 있다.

제1부분

독해 제1부분은 총 15문항으로, 빈칸에 알맞은 단어나 문장을 고르는 문제 형식이다.
흐름상, 어법상, 이야기 전개상 빈칸에 이어질 단어와 문장을 염두에 두어야 한다.
각 유형별로 공략법을 숙지하여, 내공을 탄탄히 쌓아 보자.

빈칸에 알맞은 단어나 문장 고르기

- 술어–목적어, 술어–보어 어휘조합
- 유의어 구분하기
- 접속사, 고정격식 파악하기
- 문맥에 맞게 추론하기

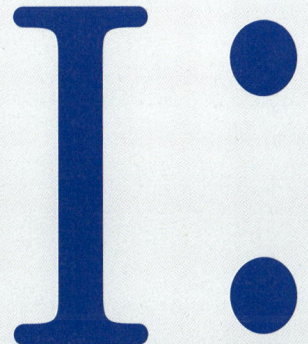

1 술어-목적어, 술어-보어 어휘조합

> **Guide**
>
> 독해 1부분은 지문에 들어갈 단어나 문장을 고르는 유형으로, 문장을 빠르고 정확하게 이해하는 독해력과 단어의 뜻을 정확하게 알고 단어 간의 조합을 파악하는 어휘력이 필요하다. 따라서 중국어의 뼈대가 되는 '주어+술어+목적어'의 구조를 기억하고, 그 중심인 '술어'를 기준으로 자주 쓰이는 호응 관계의 어휘조합(搭配)들을 기억하도록 한다.
>
> **주의** 술어가 되는 단어를 파악하라! 중국어에서는 동사와 형용사가 술어 역할을 한다. 따라서 이 품사들을 파악하지 못한다면, 호응하는 어휘를 찾기 어렵다.

독해 급소공략

- ### '주어+술어+목적어'를 찾아라.

  빈칸에 들어가는 단어와 호응하는 단어는 그 문장 안에 들어 있을 확률이 높다. **문장의 뼈대가 되는 '주어+술어+목적어'를 먼저 찾는다면** 빈칸의 단어가 어떻게 쓰이는지, 빈칸과 호응하는 단어가 문장의 어느 곳에 있는지 쉽게 파악할 수 있어 문제 푸는 시간을 절약할 수 있다.

- ### 단어를 외울 때는 품사도 함께 외워라.

  단어를 외울 때 뜻을 외우는 것도 중요하지만, 명사, 동사, 형용사, 부사, 개사, 접속사 등 **단어의 품사가 무엇인지를 정확히 알고 있어야**, 보기에 비슷한 뜻의 단어가 여러 개 제시되어 있더라도 빈칸에 적합한 품사의 단어를 고를 수 있다.

- ### 술어가 가지고 있는 방향성을 기억하라.

  예를 들어 동사 '站'은 '서다' '일어나다'라는 뜻으로 '아래→위'의 방향성을 지닌다. 따라서 함께 자주 쓰이는 보어로 '아래→위' 방향을 뜻하는 '起来'를 쓸 수 있다. 이렇게 빈칸의 술어와 호응관계가 되는 단어를 넣어야 할 때, 술어의 방향성을 생각한다면 답을 쉽게 찾을 수 있다.

예제로 감 익히기

Mission 1

빈칸에 들어갈 술어와 어울리는 목적어를 먼저 찾고, 호응하는 술어를 고르세요.

自1957年前苏联将世界第一颗人造卫星_____**1**_____宇宙轨道以来，人类已经向浩瀚的宇宙中_____**2**_____了大量的飞行器。

1 A. 送入　　　　B. 送别　　　　C. 进入　　　　D. 出入

2 A. 出发　　　　B. 发射　　　　C. 发觉　　　　D. 发现

自1957年前苏联将世界第一颗人造卫星
~한 이래로　　　　　　　　　 ~을, 를 [=把]
1送入宇宙轨道以来，人类已经向浩瀚的宇宙
　　　　　　　　　　　　　　　　~을 향해
中**2**发射了大量的飞行器。

1957년 구소련이 세계 최초의 인공위성을 우주궤도에 **1**보낸 이후, 인류는 벌써 드넓은 우주를 향해 많은 우주선을 **2**발사했다.

苏联 Sūlián 고유 소련 | **人造卫星** rénzào wèixīng 명 인공위성 | **宇宙** yǔzhòu 명 우주 | **轨道** guǐdào 명 궤도, 레일 | **浩瀚** hàohàn 형 드넓다 | **飞行器** fēixíngqì 명 (인공위성, 우주선 등) 공중에서 비행할 수 있는 기계나 장치

1 **A** 将世界第一颗人造卫星送入宇宙轨道以来

빈칸에는 목적어 '宇宙轨道(우주궤도)'와 호응할 수 있는 술어가 와야 한다. 문맥상 '궤도로 보내다'라는 뜻이 되어야 하므로 '보내다'라는 뜻인 '送入'가 가장 적합하다. 문장 중 '将'은 목적어를 앞으로 도치시켜 '~을 (하게 하다)'라는 뜻이므로 '진입하다'라는 뜻인 '进入'는 답이 될 수 없다.

　A. **送入** sòngrù 동 보내다
　　美国把阿波罗飞船送入了宇宙。 미국은 아폴로비행선을 우주로 보냈다.

　B. **送别** sòngbié 동 송별하다, 배웅하다
　　他们去火车站送别。 그들은 기차역에 가서 배웅한다.

　C. **进入** jìnrù 동 들어가다, 진입하다
　　他们大都是刚进入军校的学员。 그들 대부분은 막 군인학교에 들어간 학교 일원이다.
　　平均气候达到22℃，就算进入了夏天。 평균 기온이 22℃에 이르러, 여름에 진입했다고 할 수 있다.

　D. **出入** chūrù 동 출입하다, 드나들다
　　出入校门，一律出示证件。 학교를 출입할 때는 모두 학생증을 제시해야 한다.

> '进入'는 주로 모임이나 시기적인 것을 목적어로 취한다. 따라서 빈칸의 목적어 '宇宙轨道(우주궤도)'와는 어울리지 않는다.

2 **B** 发射了大量的飞行器

빈칸에는 목적어 '飞行器'와 호응할 수 있는 술어가 빈칸에 와야 한다. 문맥상 '우주선을 발사하다'라는 뜻이 되어야 하므로 '발사하다'라는 뜻의 '发射'가 가장 적합하다.

A. 出发 chūfā 동 출발하다, 떠나다
整理好行李，我们马上出发！짐 정리를 마치고 우리 바로 출발합시다.

B. 发射 fāshè 동 (미사일·인공위성 등을) 쏘다, 발사하다
中国发射了宇宙飞船。중국은 우주선을 발사했다.

C. 发觉 fājué 동 (몰랐거나 숨겨진 사실을) 발견하다, 알아차리다
到了办公室他才发觉忘了带钥匙。사무실에 도착해서야 그는 열쇠를 챙기는 것을 잊어버렸다는 걸 알았다.

D. 发现 fāxiàn 동 알아차리다, (새로운 사실을) 발견하다
我发现他的情绪有些反常。나는 그의 정서가 좀 이상하다는 것을 알아차렸다.
1492年哥伦布发现新大陆。1492년에 콜럼버스는 신대륙을 발견했다.

Mission 2

빈칸에 들어갈 술어와 어울리는 보어를 먼저 찾고, 호응하는 술어를 고르세요.

傍晚，一只羊独自在山坡上玩，突然从树木跑出一只狼来，要吃羊，羊跳_____1_____，拼命用角抵抗，并大声向朋友们求救。牛在树丛中向这个地方望了一眼，发现是狼，跑走了；驴也停下脚步，发现是狼，悄悄溜下山坡；山下的狗听见羊的呼喊，急忙奔_____2_____坡来，从草丛中闪出，一下咬住了狼的脖子，狼疼得直叫唤，逃走了。

1 A. 起来   B. 出来   C. 过来   D. 过去

2 A. 下   B. 上   C. 过   D. 起

傍晚，一只羊独自在山坡上玩，突然从树木跑出一只狼来，要吃羊，羊跳1起来，拼命用角抵抗，并大声向朋友们求救。牛在树丛中向这个地方望了一眼，发现是狼，跑走了；驴也停下脚步，发现是狼，悄悄溜下山坡；山下的狗听见羊的呼喊，急忙奔2上坡来，从草丛中闪出，一下咬住了狼的脖子，狼疼得直叫唤，逃走了。

저녁 무렵, 양 한 마리가 산비탈 위에서 놀고 있었는데, 갑자기 나무 사이에서 늑대 한 마리가 뛰어나와서 양을 먹으려고 했다. 양은 1점프를 하여 죽을 힘을 다해 뿔로 저항했다. 그리고 큰 소리로 친구들에게 도움을 요청했다. 소가 숲 속에서 이곳을 한 번 보고는 늑대를 발견하고 도망쳤다. 당나귀도 걸음을 멈추고 늑대를 발견하자, 살금살금 산 밑으로 내려갔다. 산 밑의 개는 양의 고함을 듣고, 급히 뛰어 2올라와 갑자기 풀숲 사이로 나타나, 단번에 늑대의 목을 물었다. 늑대는 고통스럽게 울부짖으며 도망갔다.

傍晚 bàngwǎn 몡 저녁 무렵 | 羊 yáng 몡 양 | 山坡 shānpō 몡 산비탈 | 角 jiǎo 몡 (소, 양 등의) 뿔 | 狼 láng 몡 늑대 | 拼命 pīnmìng 통 목숨을 내걸다, 필사적으로 하다 | 抵抗 dǐkàng 통 저항하다, 저지하다 | 求救 qiújiù 통 구조를 요청하다 | 树丛 shùcóng 몡 나무숲 | 悄悄 qiāoqiāo 뷔 은밀하게, 소리 없이 | 呼喊 hūhǎn 통 부르다, 외치다 | 闪出 shǎnchū 통 갑자기 나타나다 | 咬住 yǎozhù 통 꽉 물다, 물고 놓지 않다 | 脖子 bózi 몡 목

1 A 羊跳<u>起来</u>

빈칸에는 '뛰다' '점프하다'라는 뜻의 '跳'와 호응하는 방향보어가 와야 하는데, 보기 중 '아래→위'의 방향성을 나타내는 '起来'가 가장 적합하다. '跳起来'는 한 단어로 생각하고 외워두는 것이 좋다.

A. 起来 qǐlai 통 (동사 뒤에서) 아래서 위로 향함을 나타냄
他高兴得跳<u>起来</u>。그는 기뻐서 껑충껑충 뛰었다.

B. 出来 chūlai 통 (동사 뒤에서) 밖에 있는 화자 쪽으로 향함을 표시함. (동사 뒤에서) 숨겨져 있다가 드러남을 표시함
他从会议室里走<u>出来</u>。그는 회의실에서 걸어 나왔다.
我看<u>出来</u>他有些不对劲。나는 그가 어딘가 조금 이상하다는 것을 알아차렸다.

C. 过来 guòlai 통 (동사 뒤에서) 사람이나 사물이 자신 쪽으로 다가옴을 나타냄. (동사 뒤에서) 원래 상태로 돌아옴을 나타냄
一辆汽车正向这边开<u>过来</u>。자동차 한 대가 이쪽으로 오고 있다.
昏迷三天后，他终于醒<u>过来</u>了。사흘간 혼수상태에 빠졌다가 마침내 깨어났다.

昏迷 hūnmí 통 혼미하다 | 终于 zhōngyú 뷔 마침내, 결국

D. 过去 guòqu 통 (동사 뒤에서) 원래의 정상적인 상태를 잃는 것을 나타냄
他昏睡<u>过去</u>了。그는 의식을 잃었다.

昏睡 hūnshuì 통 혼수상태이다

2 B 山下的狗听见羊的呼喊，急忙奔<u>上</u>坡来。

'山下的狗'를 통해 빈칸에 어울리는 보어를 추측할 수 있다. '산 아래의 개(山下的狗)'는 산 밑에서 위로 올라가야 하므로 '아래→위'의 방향성을 나타내는 '上来'가 와야 한다. 따라서 '上'이 답이다.

A. 下(+来) 통 (동사 뒤에 쓰여) 위에서 아래로 움직이는 것을 나타냄
你快跑<u>下来</u>。너 얼른 내려와.

B. 上(+来) 통 (동사 뒤에 쓰여) 사람·사물이 낮은 곳에서 높은 곳으로 가는 것을 나타냄
落水的人被救了<u>上来</u>。물에 빠진 사람을 구조하다.

C. 过(+来) 통 (동사 뒤에 쓰여) 사람이나 사물이 자신의 쪽으로 다가옴을 나타냄[1번 예문 참고]

D. 起(+来) 통 (동사 뒤에 쓰여) 위로 향함을 나타냄[1번 예문 참고]

> '起来'는 고정된 자리에서 '아래→위'의 방향을, '上来'는 장소를 옮겨서 '아래→위'로 이동함을 나타낸다.

독해 내공 TIP — 자주 쓰이는 '술어-목적어' '술어-보어' 어휘조합

1 술어-목적어 어휘조합

최근 시험에 출제되거나 자주 쓰이는 술어-목적어 어휘조합을 정리했다. 각각의 단어를 외우는 것도 중요하지만, 아래 표현들을 참고로 단어를 조합해서 외우는 습관을 기르도록 하자.

擦桌子 cā zhuōzi 식탁을 닦다	开发海洋 kāifā hǎiyáng 해양을 개발하다
盖被子 gài bèizi 이불을 덮다	坚持锻炼 jiānchí duànliàn 계속 단련하다
背书包 bèi shūbāo 책가방을 매다	养成习惯 yǎngchéng xíguàn 습관을 기르다
下决心 xià juéxīn 결심하다	鼓励学生 gǔlì xuésheng 학생을 격려하다
下功夫 xià gōngfu 노력하다	把握机会 bǎwò jīhuì 기회를 잡다
插旗子 chā qízi 깃발을 꽂다	提供服务 tígōng fúwù 서비스를 제공하다
做贡献 zuò gòngxiàn 공헌하다	接受采访 jiēshòu cǎifǎng 취재를 수락하다
吹气球 chuī qìqiú 풍선을 불다	表达意思 biǎodá yìsi 의견을 표현하다
救人质 jiù rénzhì 인질을 구하다	挖掘潜能 wājué qiánnéng 잠재력을 발굴하다
扶筇竹 fú qióngzhú 지팡이를 짚다	恢复平静 huīfù píngjìng 침착함을 회복하다
恨蜘蛛 hèn zhīzhū 거미를 싫어하다	恢复自信 huīfù zìxìn 자신감을 회복하다
逗孩子 dòu háizi 어린아이를 어르다	增强信心 zēngqiáng xìnxīn 자신감을 높이다
炒鸡肉 chǎo jīròu 닭고기를 볶다	丧失资格 sàngshī zīgé 자격을 잃다
犯错误 fàn cuòwù 잘못을 범하다	实现梦想 shíxiàn mèngxiǎng 꿈을 실현하다
摆晚餐 bǎi wǎncān 저녁을 차리다	表现自尊 biǎoxiàn zìzūn 자존(감)을 표현하다
抱婴儿 bào yīng'ér 갓난아기를 안다	产生误会 chǎnshēng wùhuì 오해가 생기다
拆信封 chāi xìnfēng 편지봉투를 뜯다	建设城市 jiànshè chéngshì 도시를 건설하다
开演唱会 kāi yǎnchànghuì 콘서트를 열다	保持健康 bǎochí jiànkāng 건강을 유지하다
闭上眼睛 bìshàng yǎnjing 눈을 감다	发明电话 fāmíng diànhuà 전화를 발명하다
睁开眼睛 zhēng kāi yǎnjing 눈을 뜨다	增加收益 zēngjiā shōuyì 수익을 늘리다
发现问题 fāxiàn wèntí 문제를 발견하다	消灭敌人 xiāomiè dírén 적을 소멸시키다
完成作业 wánchéng zuòyè 숙제를 끝내다	放下包袱 fàngxià bāofu 부담을 내려놓다
离开学校 líkāi xuéxiào 학교를 떠나다	进行斗争 jìnxíng dòuzhēng 투쟁을 진행하다
作为代表 zuòwéi dàibiǎo 대표로서[대표하다]	热爱和平 rè'ài hépíng 평화를 사랑하다
作为主持人 zuòwéi zhǔchírén 사회자로서	追求进步 zhuīqiú jìnbù 발전을 추구하다
交流文化 jiāoliú wénhuà 문화를 교류하다	履行权利 lǚxíng quánlì 권리를 이행하다
交换礼物 jiāohuàn lǐwù 선물을 교환하다	登上舞台 dēngshàng wǔtái 무대에 등장하다
商量事情 shāngliang shìqing 일을 상의하다	表达心情 biǎodá xīnqíng 기분을 표현하다
具有能力 jùyǒu nénglì 능력을 갖추다	观看作品 guānkàn zuòpǐn 작품을 감상하다
达到水平 dádào shuǐpíng 수준에 도달하다	研究汉字 yánjiū Hànzì 한자를 연구하다
带来影响 dàilái yǐngxiǎng 영향을 가져오다	产生影响 chǎnshēng yǐngxiǎng 영향이 생기다

满足需求 mǎnzú xūqiú 수요를 만족시키다
需要技巧 xūyào jìqiǎo 기술이 필요하다
处理公务 chǔlǐ gōngwù 공무를 처리하다
面对现实 miànduì xiànshí 현실을 직시하다
缓解矛盾 huǎnjiě máodùn 갈등을 완화시키다
面临难题 miànlín nántí 어려운 문제에 직면하다
解决难题 jiějué nántí 어려운 문제를 해결하다
均衡营养 jūnhéng yíngyǎng 영양에 균형을 이루다
讲述知识 jiǎngshù zhīshi 지식을 이야기하다
使用农药 shǐyòng nóngyào 농약을 사용하다
拥有满足 yōngyǒu mǎnzú 만족감을 가지다
加快节奏 jiākuài jiézòu 박자[리듬]를 빠르게 하다
避免事故 bìmiǎn shìgù 사고를 피하다
爱惜时光 àixī shíguāng 시간을 아끼다
对待员工 duìdài yuángōng 직원을 대하다
妨碍营业 fáng'ài yíngyè 영업을 방해하다
等待时机 děngdài shíjī 때를 기다리다
采取措施 cǎiqǔ cuòshī 조치를 취하다
参考地图 cānkǎo dìtú 지도를 참고하다
参加比赛 cānjiā bǐsài 경기에 참가하다
打印材料 dǎyìn cáiliào 자료를 프린트하다
打扰人家 dǎrǎo rénjiā 다른 사람을 방해하다
成为大夫 chéngwéi dàifu 의사가 되다
拉开窗帘 lākāi chuānglián 커튼을 열다
变成固体 biànchéng gùtǐ 고체로 변하다
帮助消化 bāngzhù xiāohuà 소화를 돕다
估计重量 gūjì zhòngliàng 무게를 측정하다
公布宪法 gōngbù xiànfǎ 헌법을 공포하다
传播信息 chuánbō xìnxī 소식을 전파하다
违背规律 wéibèi guīlǜ 규율에 어긋나다
表明态度 biǎomíng tàidu 태도를 밝히다
测验数据 cèyàn shùjù 데이터를 측정하다
表扬行为 biǎoyáng xíngwéi 행동을 칭찬하다
保证质量 bǎozhèng zhìliàng 품질을 보장하다
参观工厂 cānguān gōngchǎng 공장을 둘러보다
承受压力 chéngshòu yālì 스트레스를 견디다

安装冷气 ānzhuāng lěngqì 에어컨을 설치하다
信任自己 xìnrèn zìjǐ 자신을 믿다
领取行李 lǐngqǔ xíngli 짐을 받다
迎接贵宾 yíngjiē guìbīn 귀빈을 맞이하다
销售产品 xiāoshòu chǎnpǐn 제품을 팔다
想念家人 xiǎngniàn jiārén 가족을 그리워하다
下载文件 xiàzài wénjiàn 문서를 다운로드하다
推荐人才 tuījiàn réncái 인재를 추천하다
提供宿舍 tígōng sùshè 기숙사를 제공하다
准许营业 zhǔnxǔ yíngyè 영업을 허가하다
污染河流 wūrǎn héliú 강을 오염시키다
移民海外 yímín hǎiwài 해외로 이민 가다
取消婚约 qǔxiāo hūnyuē 약혼을 취소하다
公布名单 gōngbù míngdān 명단을 발표하다
形成均衡 xíngchéng jūnhéng 균형을 이루다
欣赏画儿 xīnshǎng huàr 그림을 감상하다
提醒员工 tíxǐng yuángōng 직원을 일깨우다
协调矛盾 xiétiáo máodùn 갈등을 해결하다
训练士兵 xùnliàn shìbīng 사병을 훈련하다
问候老师 wènhòu lǎoshī 선생님께 안부인사를 드리다
到达目的地 dàodá mùdìdì 목적지에 도착하다
包括服务费 bāokuò fúwùfèi 팁을 포함하다
发电子邮件 fā diànzǐ yóujiàn 이메일을 보내다
威胁目击者 wēixié mùjīzhě 목격자를 위협하다
取得好成绩 qǔdé hǎo chéngjì 좋은 성적을 얻다
负担生活费 fùdān shēnghuófèi 생활비를 부담하다
放弃继承权 fàngqì jìchéngquán 계승권을 포기하다
促进血液循环 cùjìn xuèyè xúnhuán 혈액순환을 촉진하다
举行开学典礼 jǔxíng kāixué diǎnlǐ 개학식을 거행하다
吸收外国文化 xīshōu wàiguó wénhuà
외국문화를 흡수하다
燃烧化石燃料 ránshāo huàshí ránliào
화석연료를 연소시키다
从事教学工作 cóngshì jiàoxué gōngzuò
가르치는 일에 종사하다
测验学生的功课 cèyàn xuésheng de gōngkè
학생들의 공부를 테스트하다

2 술어-보어 어휘조합

보어는 술어 뒤에서 술어를 보충해 주는 성분으로 술어와 함께 자주 쓰이는 보어들의 어휘조합을 습관처럼 외워둔다면 시험 시간을 많이 절약할 수 있을 뿐만 아니라, 중국어를 하는 데 활용도도 높다. '술어-결과보어' '술어-방향보어' '술어-가능보어'의 조합으로 나누어 살펴보도록 한다.

(1) 술어-결과보어

동작의 결과를 나타내는 결과보어는 술어와 결과보어 사이에 다른 성분이 들어갈 수 없다. 자주 쓰이는 '술어-결과보어'를 한 단어처럼 공부하도록 한다.

摔倒 shuāidǎo	쓰러지다, 넘어지다	我摔倒地上了。 나는 땅에 넘어졌다.
增加到 zēngjiādào	(수가) 불었다, 늘어났다	初级班的学生增加到了10人。 초급반 학생들이 10명으로 늘어났다.
扔掉 rēngdiào	버리다	他把不用的东西都扔掉了。 그는 필요 없는 물건을 모두 버렸다.
去成 qùchéng	(결과적으로 어느 곳에) 갔다	昨天我没去成。 어제 나는 가지 않았다.
翻译成 fānyìchéng	~으로 번역하다	他把中文小说翻译成英文了。 그는 중국어 소설을 영문으로 번역했다.
拿出 náchū	꺼내다	他拿出了几枚硬币。 그는 동전 몇 개를 꺼냈다. 枚 méi 양 개 [작은 조각으로 된 사물을 셀 때 쓰임]
露出 lùchū	드러내다, 노출하다	他脸上露出了伤心的表情。 그의 얼굴에서 상심하는 표정이 드러났다.
看见 kànjiàn	보다, 눈에 띄다	这几天一直没看见你弟弟。 요 며칠 계속 네 동생이 보이질 않네.
打开 dǎkāi	열다	请你把门打开一下，好吗? 문을 열어 주시겠어요?
	풀다	你赶快打开包装吧。 얼른 포장을 풀어 보렴.
	펼치다	大家打开书。 모두 책을 펴세요.
睁开 zhēngkāi	(눈을) 크게 뜨다	他终于睁开了眼睛。 그는 결국 눈을 떴다.
坐满 zuòmǎn	가득 차다	在这个教室里，坐满了留学生。 이 교실 안은 유학생으로 가득 찼다.
闭上 bìshàng	다물다, 감다	他闭上了眼睛，什么都不说。 그는 눈을 감고 아무 말도 하지 않았다.
算上 suànshàng	합쳐서 계산하다	算上她，一共十个人。 그녀까지 합쳐서 10명이다.
喜欢上 xǐhuanshàng	좋아하기 시작하다	我喜欢上中国音乐了。 나는 중국 음악을 좋아하기 시작했다.

吃完 chīwán	다 먹다, 식사를 마치다	我吃完了就走。 나는 식사를 마치고 바로 떠났다.
记下 jìxià	적어 두다, 써 두다	你们好好记下笔记。 너희들 필기를 잘해 두어라.
脱下 tuōxià	(몸에서) 벗다	我刚才把外衣脱下了。 나는 방금 외투를 벗었다.
搬走 bānzǒu	옮기다, 이사를 하다	他们前天搬走了。 그들은 그저께 이사를 했다.

[2] 술어-방향보어

동사나 형용사 뒤에 놓여 동작의 방향을 나타내는 방향보어는 기본 용법 외에 여러 가지 파생적 용법까지 정확히 알고 있어야 문맥에 맞게 쓸 수 있다.

술어 + 起来 qǐlai	아래에서 위로 이동	他们都站起来了。 그들은 모두 일어섰다.
	(날씨 등의) 변화의 시작	天气冷起来了。 날씨가 추워지기 시작했다.
	분산에서 집중	他把一个月的工资都存起来了。 그는 한 달 월급을 모두 저금했다.
	동작이나 상황의 시작	听了她的消息，妈妈才笑起来了。 그녀의 소식을 듣고 엄마는 그제야 웃기 시작했다.
술어 + 下去 xiàqu	위에서 아래로 이동	他不在这儿，刚走下去了。 그는 여기에 없어요. 방금 떠났어요.
	동작이나 상황의 지속	你继续说下去吧。 너 계속 말해 봐.
술어 + 下来 xiàlai	위에서 아래로 이동	你快走下来！ 너 빨리 내려와. ★ '下来'와 '下去'는 둘 다 '위에서 아래로 이동함'을 나타내지만, 말하는 사람과의 관계에 따라서 그 쓰임이 다르다. 말하는 사람에게 다가오면 '下来'를, 말하는 사람과 멀어지면 '下去'를 쓴다.
	과거에서 현재까지 지속	他已经平静下来了。 그는 이미 침착해졌다.
술어 + 出来 chūlai	안에서 밖으로 이동	他拿出钱来了。 그는 돈을 꺼냈다.
	발견이나 식별	你看出来这幅画画了什么吗? 너는 이 그림이 무엇을 그린 것인지 알아볼 수 있니? **幅** fú 행 폭 [그림을 셀 때 쓰임]
술어 + 过来 guòlai	먼 곳에서 가까운 곳으로 이동	他从右边走过来了。 그는 오른쪽에서 걸어왔다.
	정상적인 상태로 회복	他昏睡了三天，终于醒过来了。 그는 3일간 혼수상태에 있다가 결국 깨어났다.

술어+上来 shànglai	아래에서 위로 이동	他的车掉进水坑里去了，爬不上来。 그의 차가 시궁창에 빠져서 올라오지 못했다. 水坑 shuǐkēng 명 물 웅덩이, 시궁창
	동작의 완성이나 성공	他终于考上来了。그는 결국 시험에 합격했다.
술어+上去 shàngqu	아래에서 위로 이동	你赶快跑上去吧。너 얼른 뛰어 올라가 봐.
술어+开来 kāilai	분리나 구별	这两个问题该区别开来。이 두 문제를 구별해야 한다.

(3) 술어-정도보어

정도보어는 '동사/형용사+得'의 기본 형식 외에 다양한 기타 형식 및 용법을 알고 있으면 다채롭게 활용할 수 있다.

술어+极了 jíle	매우, 정말	这里美极了。이곳은 매우 아름답다.
술어+透了 tòule	정말, 매우[주로 부정적인 단어들과 결합함]	我丢了钱包，糟糕透了。 나는 지갑을 잃어버렸다. 정말 망했다. 糟糕 zāogāo 형 망치다, 망하다
술어+得+很 de+hěn	매우	最近天气冷得很。요즘 날씨가 너무 춥다.
술어+得+慌 de+huang	너무[육체적·심리적으로 견딜 수 없음을 나타냄]	我昨天没睡好，累得慌。 나는 어제 잠을 잘 못 자서, 너무 피곤하다.
술어+得+要命 de+yàomìng	엄청, 아주, 몹시[정도가 아주 극심함을 나타냄]	他今天没来上课，我气得要命。 그가 오늘 수업에 오지 않아서 아주 화나 죽겠다.
술어+死了 sǐle	~죽겠다[과장된 어감으로 정도가 심함을 나타냄]	我饿死了。我们赶快出去吃饭吧。 배고파 죽겠어. 우리 얼른 나가서 밥 먹자.
술어+坏了 huàile		你得了奖，高兴坏了吧！너 상 받으니, 기뻐 죽겠지! ★ '坏'가 결과보어로 쓰일 때는 '잘못 되었다'라는 뜻으로 쓰인다. 我吃坏了，今天不能去上课。 나는 먹고 탈이 나서, 수업에 갈 수 없다.
술어+得+不得了 de+bùdeliǎo	너무[정도가 심함을 나타냄]	我考上了，好得不得了。 나는 시험에 합격해서 너무 좋다.
술어+得+不行 de+bùxíng		这个糖果甜得不行。이 사탕은 심하게 달다.

(4) 술어-가능보어

동사 뒤에서 동작의 가능이나 불가능을 나타내는 가능보어는 가능을 나타내는 '술어+得+결과보어'의 긍정형식과 불가능을 나타내는 '술어+不+결과보어'의 부정 형식으로 쓰인다. 주로 가능보다는 불가능을 나타낼 때 많이 쓰이므로, 다음의 불가능 표현들을 기억하도록 한다.

술어+不了 buliǎo	~할 수 없다	我去不了明天的晚会。 나는 내일 저녁모임에 갈 수 없다.
술어+不上 bushàng	따라갈 수 없다, 정도를 넘을 수 없다	他平时不努力学习，就考不上了。 그는 평소에 공부를 열심히 안 하더니 시험에 합격하지 못했다.
술어+不起 buqǐ	(경제적 여유가 없어) ~할 수 없다	这件衣服太贵了，我买不起。 이 옷은 너무 비싸서 나는 살 수 없다.
술어+不动 budòng	(힘들어서) ~할 수 없다	我的脚很痛，跑不动了。 발이 너무 아파서 뛸 수가 없다.
술어+不住 buzhù	(안정되지 않아서) ~할 수 없다	我看到吃的东西，就控制不住了。 나는 먹을 것을 보면 참을 수가 없다.

 빈칸에 알맞은 단어를 고르세요.

早晨是补充身体 __1__ 的关键时刻，所以要养成早晨喝水的好 __2__ 。早晨喝水，非空腹喝不可，而且要慢慢地喝。喝水 __3__ 得太快，对身体健康没有好处。

1 A. 酒　　B. 米饭　　C. 水分　　D. 水果
2 A. 关系　　B. 习惯　　C. 生活　　D. 规律
3 A. 吃　　B. 俄　　C. 跑　　D. 喝

어휘&해석

早晨 zǎochen 명 아침, 오전 | 补充 bǔchōng 통 보충하다 | 关键 guānjiàn 명 관건, 핵심 | 养成 yǎngchéng 통 (습관을) 기르다 | 非……不可 fēi……bùkě ~하지 않으면 안 된다 | 空腹 kōngfù 명 빈 속, 공복 | 好处 hǎochu 명 좋은 점 | 水分 shuǐfèn 명 수분 | 规律 guīlǜ 명 규율

아침은 **1**수분을 보충하는 데 중요한 때이므로, 아침에 물을 마시는 좋은 **2**습관을 길러야 한다. 아침에 물을 마실 때는 반드시 공복에 마셔야 하며 천천히 마셔야 한다. 물을 너무 빨리 **3**마시면 건강에 좋지 않다.

정답&풀이

1 C 글의 전체적인 흐름과 문맥상 '补充'과 어울리는 명사 목적어가 와야 하기에 답은 '水分'이다.
2 B 술어 '养成'과 호응하는 명사 목적어가 와야 한다. 문맥상 '습관을 길러야 한다'라는 뜻이 되어야 하므로 답은 '习惯'이다.
3 D 빈칸 뒤의 정도를 나타내는 보어 '得'로 보아 문맥상 '마시는 정도가 매우 빠르다'라는 뜻이 되어야 하므로 답은 '喝'이다.

실력 다지기

1~15 지문을 읽고 빈칸에 들어갈 단어를 고르세요.

1~4

　　不管你是否准备____1____，有一天一切都会结束。你的财富、名望和权利都将变____2____细枝末节的事情，不管你拥有的还是别人亏欠的，都不再重要。你来____3____哪里，用什么样的方式生活都不重要了。重要的不是你所买到的，而是你所创造的。重要的不是你所得到的，而是你所付出的。重要的不是你的成功，而是你的价值。重要的不是所学到的，而是你所传授的。重要的不是你的能力，而是你的性格。重要的不是你认识多少人，而是在你离开时，有多少人感到这是永久的损失。重要的不是你的记忆，而是爱你的人的记忆。重要的不是你为人所怀念的时间有多长，重要的是谁在怀念你，重要的是他们为什么怀念你。我们的一生不是因为偶然而变得重要，不是因为环境而变____4____重要。而是我们自己的选择，选择让自己的生命有意义。

1　A. 完　　　B. 光　　　C. 好　　　D. 道

2　A. 中　　　B. 里　　　C. 上　　　D. 成

3　A. 自　　　B. 从　　　C. 上　　　D. 去

4　A. 得　　　B. 地　　　C. 上　　　D. 去

5~8

　　幸福生活是人人追求的。幸福的定义也许是同样的，但追求的目标却大不相同，幸福的内涵也各不相同，幸福的感受更是各人不同。瞎子能看____5____世界，会觉得幸福；学生能____6____好成绩，会觉得幸福；一对夫妻能生个孩子，会觉得幸福。幸福只是一种感觉，一种感受，没有绝对的标准，更没有适合于任何人的标准。不同的人，不同的时期，对幸福的追求是不同的。生活的压力太大，要活____7____开心并不容易。开心过一天，不开心也过一天，何不开开心心地过一天？开心和幸福一样，都是一种感觉，关键是____8____自己的心态！

5　A. 到　　　B. 成　　　C. 了　　　D. 出

6　A. 看到　　B. 想到　　C. 得到　　D. 赢得

7 A. 的　　　B. 得　　　C. 地　　　D. 了

8 A. 调节　　B. 变化　　C. 变得　　D. 调整

9~11

　　她是第一次来韩国，对韩国的印象很不错，虽然时间不够未能远行，但是感觉首尔有许多小店，能____**9**____女孩子逛街的需求；同时，____**10**____中国大陆唯一的代表参加亚洲音乐节，觉得很荣幸，这将是她首次登上韩国舞台，并且希望以后来韩国____**11**____自己的演唱会。

9 A. 满足　　B. 满意　　C. 感想　　D. 要求

10 A. 成为　　B. 作为　　C. 担任　　D. 当作

11 A. 开　　　B. 关　　　C. 出　　　D. 过

12~15

　　人的一生，会认识许许多多的人，也会____**12**____许许多多的事，难免在这些人，这些事情里找不____**13**____最初的自我。万万不可在这条路上迷失自己。所以，在缘在的时候，尽情地去____**14**____你们所拥有的快乐吧，别等到错过之后，后悔自己当初没有把握。不要期盼有下辈子，因为这辈子你想做的都未必能做到，下辈子不一定有收获。在现实生活里，一定要相信自己，要肯定自己。因为，我们的内心是什么，看到的世界就是什么，所以，只有保持阳光心态，才会在所有的不幸与困难面前勇敢地站立____**15**____。不损害任何人利益的前提下，做自己喜欢的事，爱自己所爱的人，过好属于自己的这一生！

12 A. 看到　　B. 经历　　C. 经理　　D. 精力

13 A. 到　　　B. 起　　　C. 开　　　D. 了

14 A. 享有　　B. 享受　　C. 感想　　D. 观看

15 A. 起来　　B. 上去　　C. 下来　　D. 开来

2 유의어 구분하기

> **Guide**
> 시험이 점점 어려워지면서 수험자들의 변별력을 따지는 문제들이 많이 등장하고 있다. 특히, 유의어를 구분하는 유형과 같이 까다로운 문제들의 비중이 앞으로 더 많아질 것이다. A, B, C, D의 네 가지 보기의 뜻이 모두 비슷하게 나오므로 단어를 외울 때, 품사를 잘 구별하여 공부하도록 한다.
>
> **주의** 핵심 유의어만 비교하라! 보기에 나오는 네 개의 유의어를 일일이 따지며 공부하지 말자. 문제를 풀면서 나온 단어를 중심으로 가장 헷갈리는 두 개의 유의어만 체크하고, 확실하게 학습하는 것이 시험공부하는 시간도 줄일 수 있고 암기하는 데 훨씬 효과적이다.

독해 급소공략

● 빈칸에 들어갈 품사를 파악하라.

주어진 네 개의 보기가 뜻이 모두 비슷하다면, **빈칸에 들어갈 품사가 어떠한 것인지** 빨리 파악해야 한다. 예를 들어 보기에 '갑자기'라는 뜻인 '突然'과 '忽然'이 모두 제시되었을 경우, 빈칸의 품사가 형용사가 들어가야 한다면, '突然'을 선택해야 한다. '突然'과 '忽然'은 모두 부사로 쓰이지만, '突然'은 형용사로도 쓰이기 때문이다.

● 관련된 호응관계의 단어들을 살펴보아라.

주어진 네 개의 보기의 뜻과 품사가 같다면 **빈칸 앞뒤로 관련된 호응 관계의 단어들을** 살펴보자. '유지하다'라는 뜻의 단어 '保持'와 '维持'는 모두 동사로 품사가 같다. 하지만 '保持'는 '健康(건강)' '卫生(위생)' 등과 같이 시간이 지남에 따라 변화하는 뜻을 지닌 단어와 자주 쓰이며, '维持'는 '시간이 지나도 현상을 유지하다'라는 뜻으로 주로 '生活(생활)'와 같은 단어와 호응한다.

● 단어의 성격을 파악하라.

주어진 네 개의 보기가 같은 뜻의 단어이면서 호응하는 단어도 비슷하다면, 마지막으로 그 단어가 쓰이는 특징을 파악해야 한다. 예를 들어 **같은 단어라 하더라도 서면어와 어울리는 단어가 있고, 구어에서 자주 쓰이는 단어가 있다.** '儿童'과 '小孩'는 둘 다 '어린이'라는 뜻이지만, '儿童'은 서면어에서 자주 쓰이고, '小孩'는 구어에서 자주 쓰인다.

예제로 감 익히기

Mission 1

보기에 주어진 유의어를 잘 구분하여 빈칸에 들어갈 단어를 고르세요.

　　　有一天，友情和爱情碰见。爱情问友情：世上有我了，为什么还要有你的 ___1___？友情笑着说：爱情会让人们流泪，而友情的存在就是帮人们擦干眼泪！

　　　朋友就是：___2___ 会为你担心、对你关心、替你操心、想你开心、逗你开心、请你放心。伤心时 ___3___ 和我说；痛苦时别忘了跟我讲；有病时别忘了通知我；困难时请记得叫我；失望时要想起还有我；开心时更不要忘记我。朋友的定义，就 ___4___ 此。

1 A. 存在　　　B. 依存　　　C. 在着　　　D. 住着

2 A. 经常　　　B. 常常　　　C. 偶然　　　D. 偶尔

3 A. 不妨　　　B. 好像　　　C. 好在　　　D. 仿佛

4 A. 在于　　　B. 位于　　　C. 存在　　　D. 放在

有一天，友情和爱情碰见。爱情问友情：世上有我了，为什么还要有你的**1 存在**？
~와 만나다
웃으면서 말하다 [V1+着+V2: V1하면서 V2하다]
友情笑着说：爱情会让人们流泪，而友情的存在就是帮人们擦干眼泪！
~하게 하다　　　하지만, 그러나

朋友就是：**2 常常** 会为你担心、对你关心、
~을 위해　　　~에게
替你操心、想你开心、逗你开心、请你放心。伤心时 **3 不妨** 和我说；痛苦时别忘了跟我讲；有病时别忘了通知我；困难时请记得叫我；失望时要想起还有我；开心时更不要忘记我。朋友的定义，就 **4 在于** 此。
바로

어느 날 우정과 사랑이 만났다. 사랑이 우정에게 물었다. "세상에 내가 있는데 왜 너까지 **1 있어야** 하는 거지?" 우정이 웃으면서 말했다. "사랑은 사람들을 눈물 흘리게 하지만, 우정은 사람들의 눈물을 닦아 주려고 있는 거야!"

친구란, **2 항상** 당신을 걱정하고, 당신에게 관심을 두고, 당신을 대신해서 걱정하고, 당신이 기쁘도록 유도하고, 당신에게 웃음을 주고, 당신의 마음을 놓도록 한다. 슬플 때에는 **3 얼마든지** 나에게 이야기하고, 고통스러울 때도 잊지 말고 나에게 이야기하는 것. 병이 났을 때에도 잊지 말고 나에게 알려주고, 힘들 때에도 나를 불러 주는 것. 실망했을 때에도 내가 있다는 걸 기억해 주고, 기쁠 때에 더욱 나를 잊지 말아야 하는 것. 친구라는 것은 바로 여기 **4 에 있는 것이다**.

友情 yǒuqíng 명 우정 | 爱情 àiqíng 명 사랑 | 碰见 pèngjiàn 통 만나다 | 流泪 liúlèi 통 눈물을 흘리다 | 擦干 cāgān 통 깨끗이 닦다 | 替 tì 통 대신하다 | 操心 cāoxīn 통 마음을 쓰다, 걱정하다 | 逗 dòu 통 자아내다, 끌다 | 伤心 shāngxīn 통 슬프다 | 痛苦 tòngkǔ 형 고통스럽다 | 困难 kùnnan 형 힘들다 | 想起 xiǎngqǐ 통 생각해내다, 떠올리다 | 定义 dìngyì 명 정의

1 A 为什么还要有你的存在

조사 '的' 뒤에는 명사가 와야 하므로 보기 중 '在着' '住着'는 올 수 없다. '依存' 역시 '存在'와 뜻은 비슷하지만 명사로는 쓰지 않기 때문에 답이 될 수 없다. 문맥상 '너의 존재가 왜 있어야 하는가?'라는 뜻을 나타내야 하므로 가장 적합한 것은 '存在'이다.

A. 存在 cúnzài 명 통 존재(하다)
我目前在学习上存在一些困难。 나는 지금 공부 방면에서 약간의 어려움이 있다.

B. 依存 yīcún 통 의존하다
韩国与中国是相互依存的。 한국과 중국은 서로 의존하고 있다.

C. 在着 zài zhe ~해 있다 ['在+동사+着'의 형태로 쓰임]
火一直在燃烧着。 불은 계속 살아 있다.
燃烧 ránshāo 통 타다, 연소하다

D. 住着 zhù zhe 살고 있다
一个家里住着好几口人。 한 집에 여러 세대가 살고 있다.

2 B 常常会为你担心、对你关心、替你操心、想你开心、逗你开心、请你放心

빈칸 뒤에 이어지는 내용은 친구의 정의를 말하고 있으므로, 문맥상 항상 당신을 걱정하고 관심을 갖는다는 뜻이 되어야 한다. '经常'과 '常常'은 모두 '자주' '항상'이라는 뜻이지만, '经常'은 '常常'보다 그 빈도나 횟수가 적을 때 쓰므로 답이 될 수 없다.

A. 经常 jīngcháng 부 항상, 자주
他经常游泳。 그는 자주 수영을 한다.

B. 常常 chángcháng 부 늘, 항상, 자주
他上学常常迟到。 그는 늘 학교에 지각한다.

> '常常'은 시간이나 날짜에 상관 없이 자주 하는 일이나 동작을 나타낼 때 쓰이지만, '经常'은 빈도 수가 '常常'에 비해 많지 않다.

C. 偶然 ǒurán 부 우연히 형 우연하다
两个同学竟偶然在车上见面了。 두 명의 반 친구가 우연히 차에서 만났다.
这里连续出现矿工伤亡的事故绝非偶然。 이곳에서 연이어 출현한 광부 사상사고는 절대 우연이 아니다.
矿工 kuànggōng 광부 | 伤亡 shāngwáng 통 다치고 죽다 | 绝非 juéfēi 통 절대 ~이 아니다

D. 偶尔 ǒu'ěr 부 간혹, 이따금[단발적으로 일어나는 일에 대해 쓰임]
他主要写诗，偶尔写散文。 그는 주로 시를 쓰나, 간혹 산문을 쓰기도 한다.

3 A 不妨和我说

문맥상 '얼마든지 나에게 이야기해'라는 뜻을 나타내야 하므로 답은 '(얼마든지) ~해도 된다'라는 뜻의 '不妨'이 가장 적합하다.

A. 不妨 bùfáng 부 (~하는 것이) 괜찮다, 무방하다
你不妨去问问他。 너는 얼마든지 그에게 물어봐도 된다.

B. 好像 hǎoxiàng 부 마치 ~과 같다
他好像不知道这件事。 그는 마치 이 일을 모르는 것 같았다.

C. 好在 hǎozài 튀 다행히도, 운 좋게
   好在发现及时，没有酿成大祸。 다행히도 제때 발견되어 큰 화를 초래하지 않았다.
   酿成 niàngchéng 동 (좋지 않은 결과를) 조성하다, 만들다 | 祸 huò 명 화, 재앙

D. 仿佛 fǎngfú 튀 마치, 같이
   他的身体仿佛更坏了。 그녀의 몸이 더 나빠진 것 같다.

> '仿佛'와 '好像'은 '마치 ~인 것 같다'라는 부사의 뜻 이외에 '유사하다' '비슷하다'라는 동사의 뜻도 있다. 하지만 '好像'은 주로 비유를 할 때 쓰고, '仿佛'는 사실적으로 비슷한 경우에 쓴다.
> 他们俩的年龄相仿佛。 그들 둘의 나이는 서로 비슷하다.
> 春天的原野就好像一座大花园。 봄날의 들판은 커다란 정원과 같다.

4 A 就在于此

빈칸 뒤의 '此'로 보아 문맥상 '친구의 정의는 여기에 있다'라는 뜻이 되어야 하므로 보기 중 '~에 있다'라는 뜻인 '在于'가 가장 적합하다. 또한, 사물의 본질을 밝힐 때 쓰는 '在于'는 '就是' '正是'로도 바꿔 쓸 수 있다.

A. 在于 zàiyú 동 ~에 달려 있다, ~에 있다
   人的幸福在于满足。 사람의 행복은 만족하는 데 달려 있다.
   这个电视节目成功的关键，在于引发了观众的认同感。 프로그램 성공의 관건은 관중의 공감을 이끌어내는 데 있다.

B. 位于 wèiyú 동 ~에 위치하다 [목적어로 장소, 주소 등이 옴]
   天安门广场位于北京市中心。 천안문 광장은 베이징시 중심에 있다.

C. 存在 cúnzài 동 존재하다
   他目前在经济上存在一些困难。 그는 현재 경제적으로 어려움을 조금 겪고 있다.

D. 放在 fàngzài 동 ~에 두다, 놓다
   你把我的书放在哪儿了？ 너 내 책을 어디에 두었니？

독해 내공 TIP — 자주 출제되는 **유의어**

시험에 자주 출제되고 헷갈리는 유의어들을 예문과 함께 정리하였다. 형태와 뜻이 비슷하기 때문에 품사에 주의하여 각 단어들의 차이점을 명확하게 구분하는 것이 중요하다. 익숙해질 때까지 반복해서 공부하도록 한다.

A

- 安静 / 平静 / 宁静 / 冷静

단어	품사·뜻	예문
安静 ānjìng	형 고요하다, 조용하다	我知道了，你就安静点。 알았으니 조용히 좀 해라.
平静 píngjìng	형 (마음이나 환경 등이) 평온하다, 차분하다	他知道这消息后心里很难过，久久不能平静。 그는 이 소식을 들은 후, 마음이 아파서 오래도록 차분할 수가 없었다.
宁静 níngjìng	명 정적	一声尖利的惨叫划破了夜空的宁静。 날카로운 비명이 밤하늘의 정적을 깨뜨렸다. 尖利 jiānlì 형 (소리가) 매우 날카롭다 ｜ 惨叫 cǎnjiào 동 비명을 지르다
	형 (환경, 마음 등이) 편안하다, 고요하다	农村的夜晚格外宁静。 농촌의 저녁이 유달리 고요하다.
冷静 lěngjìng	형 침착하다, 차분하다	大家冷静点儿，我们要听领导的安排。 모두 진정 좀 하세요. 우리는 리더가 배정한 것에 따라야 합니다.

B

- 表明 / 表达 / 表示 / 表现

단어	품사·뜻	예문
表明 biǎomíng	동 분명하게 드러내다	他的牌证表明他是个警察。 그의 뱃지는 그가 경찰임을 분명하게 나타낸다.
表达 biǎodá	동 (생각, 감정을) 나타내다, 표현하다	他委婉地表达了反对意见。 그는 완곡하게 반대 의견을 냈다. 委婉 wěiwǎn 형 완곡하다, 부드럽다 ★ '表达'는 의견이나 생각을 나타낼 때만 쓰인다.
表示 biǎoshì	동 의미하다, (사상·감정 등을) 나타내다	远处的炊烟表示那里有人居住。 먼 곳의 밥 짓는 연기는 그곳에 사람이 살고 있다는 것을 의미한다. 炊烟 chuīyān 명 밥 짓는 연기
	명 표정, 기색	他脸上显出感激的表示。 그는 감격스러운 표정을 지었다.
表现 biǎoxiàn	동 드러나다, 나타나다	他心里很不高兴，可是没有表现出来。 그는 마음이 좋지 않았지만 밖으로 표현하지는 않는다.

- 导致 / 引起

导致 dǎozhì	동 일으키다, 가져오다	由酒后驾驶可能会导致大型交通事故。 음주운전은 대형 교통사고를 일으킬 수 있다. 驾驶 jiàshǐ 명 운전
引起 yǐnqǐ	동 (어떤 활동, 주의 등을) 끌다, 일으키다, 가져오다	这种现象引起了大家的关注。 이런 현상은 모두의 관심을 일으킨다. ★ '导致'는 주로 안 좋은 일을 일으키거나 가져올 때 쓰이며, '引起'는 좋거나 좋지 않은 일에 상관없이 모두 쓰인다.

- 道路 / 途径

道路 dàolù	명 도로, 길	道路的两边分列着整齐的白杨树。 도로 양쪽에 백양나무들이 정갈하게 늘어서 있다. 整齐 zhěngqí 동 가지런히 하다 ｜ 杨树 yángshù 명 백양나무
途径 tújìng	명 과정, 경로	这种问题，要通过外交途径解决。 이런 문제는 외교적인 절차로 해결해야 한다. ★ 주로 절차, 수단 등의 비유적인 뜻으로 쓰인다.

- 对于 / 关于

对于 duìyú	개 ~에, ~에 대해	对于金融，她特别内行。 금융에 대해서 그녀는 매우 능숙하다. 内行 nèiháng 형 숙련되다, 능숙하다 ★ 주로 사람과 사람, 사람과 사물의 관계를 나타낼 때 쓰이며, 주어 앞뒤에 모두 쓸 수 있다.
关于 guānyú	개 ~에 관해, ~에 관한	你看了关于韩国的新闻了吗? 너 한국에 관한 뉴스 봤니? ★ 주로 행위와 관련된 내용이나 영향을 끼치는 일에 쓰이며, 주어 뒤에 쓸 수 없다.

- 合适 / 适合 / 符合

合适 héshì	형 적합하다, 어울리다	那双鞋大小正合适。 그 신발 크기는 딱 맞는다.
适合 shìhé	동 적합하다, 어울리다	这种发型很适合她。 이 머리 모양은 그녀에게 어울린다. ★ '适合'는 동사로 뒤에 목적어가 올 수 있지만, '合适'는 형용사로 뒤에 목적어가 올 수 없다.

符合 fúhé	통 (조건, 상황에) 부합하다	你符合我们学校的入学条件。 당신은 우리 학교의 입학 조건에 부합한다. ★ 뒤에 상황이나 환경 등을 묘사하는 단어들이 목적어로 온다.

- 交易 / 交流 / 交际

交易 jiāoyì	통 거래하다, 장사하다	我们都认识对方了开始交易吧。 우리 안면을 텄으니 거래를 시작합시다.
交流 jiāoliú	통 교류하다	我跟她交流得不错。나와 그녀는 잘 지내고 있다. ★ 문화와 친교를 모두 아우르는 말로 사용된다.
交际 jiāojì	통 교제하다	他不善与人交际。그는 사람과 교제하는 것에 서툴다. 善 shàn 통 ~에 소질이 있다, ~을 잘하다 ★ 동성, 이성에 상관없이 사람과 사람 사이의 사귐을 나타낼 때 쓰이며, 뒤에 목적어를 가질 수 없다.

- 进行 / 举行 / 实行

进行 jìnxíng	통 진행하다	我今天第一次进行路考就通过了。 나는 오늘 처음 도로시험을 봤는데 통과했다. ★ 뒤에 단음절 동사를 붙여 쓸 수 없다.
举行 jǔxíng	통 (행사나 활동 등을) 개최하다, 거행하다	会议暂停，明天继续举行。 회의를 잠시 중단하고 내일 계속합시다.
实行 shíxíng	통 실행하다	国家实行了反核政策。국가에서 반핵 정책을 실행했다. ★ 뒤에 '政策(정책)' '计划(계획)' '经营(경영)'과 같이 매뉴얼이 있는 단어가 목적어로 온다.

- 气候 / 气象 / 气温 / 天气

气候 qìhòu	명 기후	这个国家的气候为海洋性气候，全年都很湿润。 이 나라의 기후는 해양성기후라서 한 해 동안 항상 습윤하다. 湿润 shīrùn 형 습윤하다, 촉촉하다
气象 qìxiàng	명 기상	她在电视台负责发播气象信息。 그녀는 TV 방송국에서 기상 소식을 알리는 일을 한다.
气温 qìwēn	명 기온	今天气温达到17℃，就算进入了春天。 오늘 기온은 17도가 되어 이제 봄이라고 할 수 있다.

| 天气 tiānqì | 명 일기, 날씨 | 今天天气真好。 오늘 날씨 참 좋다. |

- 情况 / 情节 / 情景 / 地步

情况 qíngkuàng	명 상황, 정황, 실상	请问，你病人现在情况怎么样? 실례지만, 지금 환자의 상태가 어떤가요?
情节 qíngjié	명 (구체적인) 경위, 사정, (작품의) 줄거리	这个剧本情节很曲折。 이 각본의 줄거리는 매우 복잡하다. **曲折** qūzhé 명 우여곡절, 복잡한 사정
情景 qíngjǐng	명 (구체적인 장소에서의) 광경, 정경, 모습	这番情景使人感动。 이 광경은 사람을 감동을 줬다.
地步 dìbù	명 (좋지 않은) 형편, 상태, 처지	我不想做到这地步。 나는 정말 이렇게까지 하고 싶지 않다.

R

- 突然 / 忽然 / 猛然

突然 tūrán	형 갑작스럽다	他来得太突然了。 그가 온 게 너무 갑작스럽다.
	부 갑자기	她突然改变了主意。 그녀는 갑자기 생각을 바꿨다. ★ '突然' '忽然' '猛然' 중에 형용사로 쓰이는 것은 '突然' 뿐이다.
忽然 hūrán	부 갑자기	他忽然明白了人生的道理。 그는 갑자기 삶의 이치를 깨달았다. ★ '突然' '忽然'은 행위뿐 아니라 감정이나 생각이 바뀔 때도 쓸 수 있다.
猛然 měngrán	부 갑자기, 홀연히	汽车猛然停住了。 차가 갑자기 멈췄다. ★ '猛然'은 소리나 물리적인 힘으로 행동이나 동작이 갑자기 바뀔 때 쓰인다.

S

- 随意 / 随时 / 随便

随意 suíyì	부 생각대로, 마음대로	你随意挑选，我给你买。 너 마음대로 골라. 내가 사 줄게. ★ 주어 뒤에만 쓸 수 있다.
随时 suíshí	부 언제나, 아무 때나	可以了，随时都可以开始。 됐어! 언제든지 시작할 수 있어.
随便 suíbiàn	부 자유로이, 하고 싶은 대로	我随便吃点儿了。 나는 아무거나 먹었다. ★ '사람/사물+随便'의 형식으로 쓴다.

- 显示 / 显得 / 显然 / 明显

显示 xiǎnshì	통 드러내 보이다, 과시하다	你不要到处显示自己。 곳곳에서 자기를 과시하지 마라.
显得 xiǎnde	통 ~처럼 보이다	他显得不高兴。 그는 기쁘지 않은 것처럼 보였다. ★ 뒤에 반드시 보충되는 말이 나와야 한다.
显然 xiǎnrán	부 분명히	他去北京显然不是一个好消息。 그가 베이징에 간다는 것은 분명히 좋은 소식이 아니다.
	형 두드러지다, 분명하다	这个道理很显然，不用我多讲。 이 이치는 매우 분명하여 더 말할 것이 없다.
明显 míngxiǎn	형 뚜렷하다, 확실하다	暑假开始后，火车站的学生客流量明显增加。 방학이 시작되자 기차역의 학생 승객이 확실히 늘었다.

- 相关 / 相当 / 相似 / 相互

相关 xiāngguān	통 상관이 있다, 관련되다	人的性格与健康相关。 사람의 성격과 건강은 상관이 있다.
相当 xiāngdāng	통 (수량, 조건 등이) 비슷하다, 맞먹다	他们两个队的实力相当。 그들 두 팀의 실력은 서로 비슷하다.
	부 상당히	她做得相当不错。 그녀는 상당히 잘한다.
相似 xiāngsì	형 서로 닮다, 서로 비슷하다	他的教育背景跟我相似。 그의 교육 배경은 나와 비슷하다.
相互 xiānghù	부 서로, 상호	花儿们都用它们的肢体语言相互交谈。 꽃들은 몸짓으로 말을 서로 주고 받는다. 肢体 zhītǐ 명 사지, 몸통

- 消耗 / 消费

| 消耗 xiāohào | 통 (정신, 시간 등을) 써서 없애다, 소모하다 | 你要消耗对手的体力。
 너는 상대방의 체력을 소모해야 한다.
 ★ 대상이 구체적인 사물뿐만 아니라 추상적인 사물도 될 수 있다. |
| 消费 xiāofèi | 통 (재화를) 쓰다, 소비하다 | 人们到了假期就消费很多钱。
 사람들은 휴가 기간이 되면 돈을 많이 쓴다.
 ★ 행위의 주체가 사람만 되고 대상은 주로 일상 생활 용품이다. |

- 已经 / 曾经

已经 yǐjīng	📖 이미, 벌써	我已经告诉他了明天没有课。 나는 내일 수업이 없다고 이미 그에게 얘기했다. ★ '了'와 함께 자주 '已经……了'의 형식으로 쓰여 이미 어떤 동작을 했거나, 상황이 발생했음을 나타낸다.
曾经 céngjīng	📖 일찍이, 예전에	我曾经向他提过这件事。 나는 일찍이 그에게 이 일을 언급한 적이 있다. ★ '过'와 함께 자주 '曾经……过'의 형식으로 어떤 동작을 했거나 그런 상황이 일어난 적이 있다는 경험을 나타낸다.

- 以免 / 难免

以免 yǐmiǎn	접 ~하지 않기 위해서, ~하지 않도록	请观众别站起来，以免挡住别人的视线。 관중 여러분, 다른 사람의 시선을 가리지 않도록 일어나지 말아 주세요. 挡住 dǎngzhù 통 가리다 ★ 접속사이기 때문에 문장이나 절의 맨 앞에 위치한다.
难免 nánmiǎn	형 피하기 어렵다, 면하기 어렵다	犯错误是难免的，你认真改了就好了。 잘못을 하는 건 어쩔 수 없어. 네가 진심으로 바뀌었다면, 그걸로 충분해. ★ 형용사이기 때문에 문장의 서술어 역할을 하기도 하며, 목적어 절을 이끌기도 한다.

- 以为 / 认为 / 觉得

以为 yǐwéi	통 ~인 줄 알다	我以为你不会来。 나는 네가 오지 못하는 줄 알았다. ★ 자신의 주관적 판단이나 견해를 나타낼 때 쓰이며, 보통 부정적인 어기를 내포한다.
认为 rènwéi	통 ~라고 생각하다	我认为你是对的。 나는 네가 옳다고 생각한다. ★ 사람이나 사물에 대해 어떤 견해를 확정시켜서 판단을 내릴 때 쓰인다.
觉得 juéde	통 ~라고 생각하다, ~라고 느끼다	今天他生病没参加这次晚会，我觉得很可惜。 오늘 그가 아파서 모임에 오지 못해 매우 안타깝게 생각한다. ★ 본인의 주관적 판단뿐 아니라, 느낌이나 감상을 드러낼 때에도 쓰인다.

빈칸에 알맞은 단어를 고르세요.

　　章子怡其实是个很传统的人，至今和父母住在一起。她这样讲述她的家庭生活："我今天早上六点多醒来___1___觉得很饿，就煮了碗方便面吃，我就会做方便面，不会做别的。我妈和表姐就都特别吃惊：啊？你自己煮面了？我说：那有什么，我还打了个鸡蛋呢。"

　　只是，在常人看来如此平常、这样生动的"生活场景"，对章子怡来说，相当奢侈。"如果可以选择的话，我愿意只拍戏，多长时间、多___2___我都不怕，把电影拍好后，就可以回家有我自己的生活，可以和我爸爸妈妈在一起、可以跟我哥的小孩儿一起玩，那是我最喜欢的生活。如果能这样就太___3___我心中想象的完美工作了。但是很多时候身不由己，因为我必须做很多事。"

1 A. 猛然　　B. 突然
2 A. 辛苦　　B. 困难
3 A. 适合　　B. 符合

어휘&해석

章子怡 Zhāngzǐyí 고유 장쯔이(중국의 유명 여배우) | 传统 chuántǒng 형 전통적인, 보수적인 | 至今 zhìjīn 부 지금까지, 여태껏 | 讲述 jiǎngshù 동 이야기하다 | 煮 zhǔ 삶다, 끓이다 | 方便面 fāngbiànmiàn 명 라면 | 表姐 biǎojiě 명 사촌 언니 | 吃惊 chījīng 동 놀라다 | 鸡蛋 jīdàn 명 계란 | 常人 chángrén 명 평범한 사람 | 场景 chǎngjǐng 명 정경, 모습 | 奢侈 shēchǐ 형 사치스럽다 | 愿意 yuànyì 동 원하다 | 拍戏 pāixì 동 (영화, 드라마를) 촬영하다 | 完美 wánměi 형 완벽하다 | 身不由己 shēn bù yóu jǐ 성 자신도 어찌할 수 없다

　　장쯔이는 사실 매우 보수적인 사람으로 지금까지 부모와 함께 산다. 그녀가 집에 있었던 일을 이야기했다. "제가 오늘 아침 6시에 일어났는데 **1**갑자기 너무 배가 고픈 거예요. (그래서) 바로 라면을 끓여 먹었죠. 저는 라면만 할 줄 알고, 다른 건 못하거든요. 저희 엄마와 사촌 언니가 매우 놀라면서 '어? 네가 라면을 끓였어?'라고 했죠. 그래서 저는 '그게 뭐라고, 계란도 깨서 같이 먹었어요.'라고 했어요."
　　보통 사람에게는 단지 아주 평범한 이런 생동적인 '일상의 모습'이 장쯔이에게는 상당히 사치스러운 일이다. "만약 선택할 수 있다면, 영화만 찍었으면 좋겠어요. 얼마나 오래 걸리든, 얼마나 **2**힘들든 다 두렵지 않아요. 영화를 찍은 후엔 집에 가서 내 삶을 살 거예요. 부모님이 함께 계시고, 우리 오빠의 아이들과 함께 놀고, 그것이 바로 가장 즐거운 삶인 거죠. 만약 이럴 수 있다면 제가 상상했던 것에 **3**맞는 완벽한 직업이에요. 그러나 대부분 저도 어쩔 수가 없어요. 왜냐하면 많은 일을 해야만 하거든요."

정답&풀이

1 B 보기의 두 단어 모두 같은 뜻이지만, '猛然'은 소리나 물리적인 힘으로 행동이나 동작이 갑자기 바뀐다는 뜻이므로 답이 될 수 없다.
2 A 문맥상 '일을 하여 수고하고 고생스럽다'라는 뜻이 되어야 하므로 '辛苦'가 적합하다. '困难'은 '상황이 어렵다'라는 뜻이므로 답이 될 수 없다.
3 B 빈칸 뒤에 나오는 목적어 '想象'은 '조건이나 상황에 맞다'라는 뜻의 '符合'와 어울린다. '想象'은 '기준'이 아닌 '생각'이므로 '~기준에 적합하다'라는 뜻의 '适合'는 답이 될 수 없다.

실력 다지기

1~15 지문을 읽고 빈칸에 들어갈 단어나 문장을 보기에서 고르세요.

1~3

　　不知道什么时候，我不再害怕孤独，记得以前很多时候明明_____1_____常有好多人陪，但心总像是落的壳子，使我左右摇晃地找不到一个平衡点。我一个懂得寂寞的人，这样会让自己更懂得欣赏自己、爱自己、接受自己，给自己一个享受自我的空间。在生活寂寞时会让一个人害怕、失落、忧郁，很想有一个人爱自己，也会去试着找别人来陪伴自己，也许她不知道因寂寞频繁去找别人对别人是一种_____2_____。我感谢曾经的寂寞，让我知道如何过得很好，更加懂得生活，懂得了解朋友，懂得爱自己深爱的人。不是寂寞时才想起，越是寂寞越是要清楚地明白什么是可以去爱的，什么是不能接受的。一个生活有追求、有目标的人，任何时候都可以承受寂寞与孤独。一个人来到这个世上的时候是孤单地来的，死的时候也是孤单地去的，所以_____3_____人必须承担生活中的寂寞。

1 A. 身边　　　B. 附近　　　C. 身后　　　D. 背景

2 A. 困难　　　B. 打扰　　　C. 难过　　　D. 问题

3 A. 肯定　　　B. 一定　　　C. 注定　　　D. 确定

4~7

　　我不会再去想什么，也许什么都不再重要了。曾经_____4_____，不管欢乐与否，走过了，路过了，人生就不会空白。如今却发现就算走过了很多路、路过了很多坎，我的人生还是缺了什么。始终都没有留下些什么，也没有得到什么，反而失去了许多。我希望往后的路，不会走得太辛苦。

　　既然选择了，就算是跪着也要走完。坚强点，如果不坚强，软弱给谁看！人生就像一次旅行。旅行，只是一种过渡的形式，最终想得到也只是一种感受罢了，可是我们没有_____5_____那么刻意为了感受而感受，生活把什么给了我们，其实想想并不重要，_____6_____的是我们持有什么样的心态，去对待一切。选择什么样的生活是注定的，也是自己在选择，当我们停下来_____7_____，回头看看自己的汗水，也为未来定下位置，有了方向，才能飞得更高、更远。

4 A. 以为   B. 认为   C. 觉得   D. 想过

5 A. 必要   B. 需要   C. 必须   D. 必需

6 A. 主要   B. 重要   C. 严重   D. 厉害

7 A. 时间   B. 的时候   C. 时候   D. 时期

8~11

　　一个人问上帝："为什么天堂里的人快乐，而地狱里的人_____8_____不呢?"于是上帝带他来到地狱，他看到许多人围坐在一口大锅前，锅里煮着美味的食物，可每个人都又饿又失望，因为他们手里的勺子太长，没法把食物_____9_____到自己口中。接着，他们又来到天堂，这里的勺子也很长，可是人们用勺子把食物送到了别人的嘴里。

　　与别人分享快乐可以使快乐永远。假如有人告诉你："你在电话里很会说话"。你认为这没什么了不起。然而要知道，有许多人都觉得这么做非常困难，因此这_____10_____是你值得骄傲的优点。快乐的来源是发现并利用你的真正的优点，这使你的自我意识变得更加美好，你也就愈快乐。

　　你若能学会感激，就会减少很多愤怒，你只有感激，才会真正快乐起来；若一个人就只有怨怼，你的心情自然好不起来。感恩的心将为你创造快乐的_____11_____。

8 A. 到   B. 才   C. 就   D. 却

9 A. 交   B. 送   C. 给   D. 留

10 A. 确定   B. 准确   C. 的确   D. 不一定

11 A. 奇迹   B. 奇怪   C. 神奇   D. 好奇

12~15

　　每个人都有自己的抱负，有些人_____12_____自己过高，根本没有能力做到，于是总是忧郁。有些人做事要求十全十美。往往因小事而自责，结果受害者还是自己。为了_____13_____挫折感，最好还是明智地把目标和要求规定在自己能力范围之内，懂得欣赏自己的成就，自然会心情舒畅了。

　　很多人把希望寄托在他人身上，尤其是妻望夫、父母望子女成龙。假如对方达不到自己的要求，便会大感失望。其实，人各有志，每个人也都有自己的优缺点，何必非得要求别人_____14_____自己的要求呢？

在生活中受到挫折或打击时，最好暂时将烦恼放置在一边，去做自己喜欢的事，如运动、睡眠、娱乐等，等到心境平和后，再重新_____15_____自己的难题。

　　把所有抑郁埋藏在心底，只会令自己忧郁。不如把内心的烦恼告诉自己的知己好友，心情会舒畅。倾诉可取得内心感情与外界刺激的平衡。当遇到不幸、烦恼和不顺心的事之后，不要忧郁压抑，把心事深埋心底，而应将这些烦恼向你依赖、头脑冷静、善解人意的人倾诉，自言自语也行，对身边的动物讲也行。

12 A. 需要　　　B. 要求　　　C. 希望　　　D. 请求

13 A. 以免　　　B. 免不了　　C. 逃避　　　D. 避免

14 A. 满意　　　B. 得意　　　C. 心满意足　D. 满足

15 A. 面临　　　B. 临街　　　C. 面对　　　D. 对面

3 접속사 복문, 고정격식 파악하기

> **Guide**
> 병렬, 점층, 전환, 가설, 목적 등 빈칸 안의 단어가 문장 안에서 어떠한 관계를 나타내는지 파악하는 접속사 복문 문제는 독해 1부분에서 자주 출제된다. 접속사 복문뿐만 아니라 개사와 관련된 고정격식은 듣기, 쓰기 영역에도 빈번하게 출제되고 활용도가 높으므로 확실하게 파악하도록 한다.
>
> **주의** **통째로 외워라!** '虽然……, 但是……' '即使……, 也……'와 같이 접속사가 들어가는 복문을 접속사 성격에 따라 묶어서 외우도록 한다. 이와 마찬가지로 개사 역시 '从……来看' '对……来说'와 같이 함께 자주 짝을 이루어 쓰이는 고정격식을 통째로 외우는 것이 좋다.

독해 급소공략

- **짝꿍이 되는 단어를 캐치하라.**

  보기에 접속사나 개사가 제시되었을 때, 빈칸 앞뒤로 그와 자주 어울려 쓰이는 접속사 복문 구조의 단어나 고정격식 단어를 찾으면 쉽게 답을 고를 수 있다. 평소에 잘 숙지해 둔다면, 문제를 풀 때 지문 전체를 해석할 필요 없이 외워둔 접속사 복문이나 개사 구문만으로도 정답을 맞힐 수 있다.

- **접속사들의 차이점을 정확히 알아두어라.**

  접속사 사이에도 유의어가 있다. 예를 들어 '비록 ~일지라도'라는 뜻의 '虽然'과 '설령 ~하더라도'라는 뜻의 '即使'는 서로 비슷한 뜻이 있다. 하지만 '虽然' 뒤에는 반드시 이루어진 사실이, '即使'는 뒤에 가설을 나타내는 내용이 온다.

- **문맥의 흐름을 이해하라.**

  빈칸의 앞뒤를 살펴서 힌트를 얻을 수도 있지만, **문맥의 흐름 또한 중요하다**. 전체 문장의 흐름을 놓치지 말고 읽어내려 가면서 적절한 접속사와 고정격식을 찾도록 하자.

예제로 감 익히기

Mission 1

빈칸에 들어갈 접속사와 호응하는 단어를 찾고 알맞은 답을 고르세요.

> _____1_____说读别人是与人类智慧对话的话，那么，读自己则是摆脱蒙昧的理智途径。自身的长短自己心里最清楚，也_____2_____这样，才能将"别人赞我，我不大受影响，我不大在意；别人损我，我不大在意"的境界相结合起来。
>
> **1** A. 无论　　　B. 虽然　　　C. 即使　　　D. 如果
>
> **2** A. 只要　　　B. 只有　　　C. 然而　　　D. 要是

만약 ~한다면
1<u>如果</u>说读别人是<u>与人类智慧对话的话</u>,
　　　　　　　　　　~와
那么，读自己则是摆脱蒙昧的理智途径。自身
~하면 ~하다　　　　~해야만 ~하다
的长短自己心里最清楚，也**2**<u>只有</u>这样，才能
将"别人赞我，我<u>不大</u>受影响，我不大在意；
　　　　　　　　그다지 ~않다
别人损我，我不大在意"的境界相结合起来。

1<u>만약</u> 다른 사람을 아는 것이 인류의 지혜와 대화하는 것이라 말한다면, 자신을 아는 것은 어리석음에서 벗어나는 이성적인 방법이다. 자신의 장단점은 자신이 제일 잘 안다. 이렇게 **2**<u>해야만</u> '다른 사람이 나를 칭찬하더라도 크게 영향을 받지 않으며, 다른 사람이 나에게 해를 끼치더라도 역시 크게 영향을 받지 않는다'라는 경지에 이를 수 있다.

摆脱 bǎituō 통 (좋지 못한 상황에서) 벗어나다, 빠져나오다 | 蒙昧 méngmèi 톙 무지하다, 어리석다 | 理智 lǐzhì 몡 이성 | 途径 tújìng 몡 방법, 수단 | 长短 chángduǎn 몡 좋고 나쁨, 장단점 | 在意 zàiyì 통 마음에 두다, 거리끼다 | 境界 jìngjiè 몡 경지

1 D <u>如果</u>说读别人是与人类智慧对话的话，那么，

　　보기에 접속사들이 제시된 것으로 보아, 뒷절에 어떤 단어가 빈칸의 단어와 호응 될 수 있는지 살펴봐야 한다. 뒷부분의 '的话'와 뒷절의 '那么'로 보아 빈칸에는 가정관계를 나타내는 '如果'가 적합하다는 것을 알 수 있다.

　A. 无论 wúlùn 젭 ~에도 불구하고, ~을 막론하고
　　无论什么时候都可以来我家。언제든지 우리 집에 와도 된다.

　B. 虽然 suīrán 젭 비록 ~이지만
　　虽然下了雨，但我们还是出去玩了。비록 비가 왔지만, 우리는 밖에 나가 놀았다.

　C. 即使 jíshǐ 젭 설령 ~하더라도
　　即使你不想来，也得参加今天的晚会。설령 네가 오기 싫다 하더라도 반드시 모임에 참석해야 한다.

　D. 如果 rúguǒ 젭 만약 ~라면
　　如果我做得到，我就去做。만약 제가 할 수 있는 일이라면, 바로 가서 하겠습니다.

I-3. 접속사 복문, 고정격식 파악하기　37

2 B 自身的长短自己心里最清楚，也<u>只有</u>这样，才能将"别人赞我 我不大受影响，

빈칸과 호응하는 단어는 뒷절의 '才'로, '只有'는 '才'와 함께 '只有A, 才B' 형식으로 쓰여 '단지 A해야만 B하다'라는 조건 관계를 나타낸다. '只要' '然而' '要是'는 '才'와 호응하여 쓰지 않는다.

A. 只要 zhǐyào 젭 ~하기만 하면
   <u>只要</u>坚持运动，就会减肥成功。 운동을 꾸준히 하기만 하면, 다이어트에 성공할 수 있다

B. 只有 zhǐyǒu 젭 ~해야만
   <u>只有</u>努力，才能成功。 노력해야만 성공할 수 있다.

C. 然而 ránér 젭 그러나
   虽然他没说什么，<u>然而</u>我知道他在心里想什么。 비록 그가 별말을 하지 않았지만, 나는 그가 무슨 생각을 하는지 안다.

D. 要是 yàoshi 젭 만약 ~라면
   <u>要是</u>你回答对，我就请客。 만약 네 대답이 맞으면, 내가 밥을 살게.

Mission 2

빈칸에 들어갈 개사나 접속사와 호응하는 단어를 찾고 답을 고르세요.

与今天和解，是为了挑战明天。比如一个优秀的舞蹈演员，_____1_____她四十岁的时候身体各部分功能就会退化，肢体的灵活度、协调性，柔韧性都会大不如前。而多年的比赛也会让她伤痕累累，_____2_____继续挑战舞台，坚持训练去参加比赛，_____3_____不能取得好成绩，还有可能会给身体造成终生伤痛。这个时候就是她告别舞台，_____4_____这一段人生和解的时候，她可以去做教练或是其他什么职业，而改行就是她要挑战的另一段人生。 总而言之，我们唯一能做的，不忘昨天，憧憬明天，珍惜今天。

1 A. 从   B. 自   C. 当   D. 离

2 A. 如果   B. 就是   C. 即使   D. 虽然

3 A. 无论   B. 不但   C. 要是   D. 如果

4 A. 与   B. 给   C. 为   D. 按照

与今天和解，是为了挑战明天。比如一个优秀的舞蹈演员，1当她四十岁的时候身体各部分功能就会退化，肢体的灵活度、协调性、柔韧性都会大不如前，而多年的比赛也会让她伤痕累累，2如果继续挑战舞台，坚持训练去参加比赛，3不但不能取得好成绩，还有可能会给身体造成终生伤痛。这个时候就是她告别舞台，4与这一段人生和解的时候，她可以去做教练或是其他什么职业，而改行就是她要挑战的另一段人生。总而言之，我们唯一能做的，不忘昨天，憧憬明天，珍惜今天。

오늘과 타협하는 것은 내일의 도전을 위해서이다. 어느 한 훌륭한 무용가를 예로 들자면, 그녀는 40세 **1때** 몸의 각 부분의 기능이 퇴화하여 몸의 민첩도, 조화성, 유연성이 모두 전과 같지 않았다. 게다가 여러 해 동안의 대회로 그녀의 상처들은 더욱 심해졌다. **2만약** 계속해서 무대에 도전하여 훈련을 계속하고 대회에 참가한다면, 좋은 성적을 얻지 못할 **3뿐만 아니라**, 평생 몸에 고통이 남게 될 것이다. 이 시기가 바로 그녀가 무대를 떠나 인생**4과** 타협할 때이다. 그녀는 가르치는 일을 하거나 다른 직업을 할 수도 있다. 그리고 직업을 바꾼다는 것은 인생의 또 다른 도전이 될 것이다. 결론적으로 말하자면, 그녀가 유일하게 할 수 있는 것은 과거를 잊지 말고, 미래를 바라보며 오늘을 소중히 여기는 것이다.

和解 héjiě 통 타협하다, 화해하다 | **挑战** tiǎozhàn 통 도전하다 | **优秀** yōuxiù 형 훌륭하다, 우수하다 | **舞蹈** wǔdǎo 명 춤, 무용 | **退化** tuìhuà 통 쇠퇴하다, 악화하다 | **肢体** zhītǐ 명 사지, 몸 | **灵活** línghuó 형 민첩하다, 날쌔다 | **柔韧** róurèn 형 유연하면서도 강인하다 | **伤痕** shānghén 명 상처 | **训练** xùnliàn 통 훈련하다 | **终生** zhōngshēng 명 한평생 | **伤痛** shāngtòng 명 고통, 통증 | **改行** gǎiháng 통 직업을 바꾸다 | **总而言之** zǒng'ér yán zhī 접 요컨대, 결론적으로 말하자면 | **憧憬** chōngjǐng 통 동경하다, 지향하다 | **珍惜** zhēnxī 통 소중히 여기다

1 C 当她四十岁的时候

'的时候'와 호응하는 개사가 와야 하고, 문맥상 '~할 때'라는 뜻이 되어야 하므로 답은 '当'이다. '当'은 '的时候'와 함께 '当……的时候'로 '~할 때'라는 뜻으로 자주 쓰인다.

A. **从** cóng 개 ~부터
从星期一开始上课。 월요일부터 수업을 시작한다.

B. **自** zì 개 ~에서부터
我来自韩国。 나는 한국에서 왔다.

C. 当 dāng 개 ~할 때
当你开心的时候, 时光飞逝。 기쁠 때 시간은 쏜살같이 간다.
飞逝 fēishì 통 시간이 쏜살같이 지나가다

D. **离** lí 개 ~에서, ~로부터
他家离火车站很近。 그의 집은 기차역에서 매우 가깝다.

> '离' 뒤에는 '远(멀다)' '近(가깝다)'과 같은 거리감을 나타내는 말이나, '三天(3일)' '三个小时(3시간)'와 같은 구체적인 날짜나 시간을 나타내는 말이 와야 한다.

2 A 如果继续挑战舞台

문맥상 무대에 계속 선다는 것을 가정하는 상황이므로 빈칸에는 가설관계의 접속사가 와야 한다. 보기 중 '만약 ~한다면'이라는 뜻인 '如果'가 가장 적합하다.

A. 如果 rúguǒ 접 만약[MISSION 1의 보기 예문 참고]

B. **就是** jiùshì 접 설령 ~일지라도 [=即使]
他就是给我100万元也不卖。 그가 설령 나에게 백만 위앤을 준다고 해도 팔지 않을 것이다.

C. 即使 jíshǐ 접 설령 ~하더라도 [=就是] [MISSION 1의 보기 예문 참고]

D. 虽然 suīrán 접 비록 ~이지만 [MISSION 1의 보기 예문 참고]

3 **B** <u>不但</u>不能取得好成绩，还有可能会给身体造成终生伤痛

문맥상 좋은 성적을 얻을 수도 없고, 평생 몸에 고통이 남게 된다는 뜻이 되어야 하므로 점층관계의 접속사 단어가 와야 하고, 쉼표 뒤에 있는 '还'와 호응하는 접속사를 찾아야 한다. 보기 중 '不但'은 '还'와 함께 '不但[不仅]A, 而且[还]B'의 형식으로 쓰여 'A뿐만 아니라 B도'라는 뜻을 나타낸다.

A. 无论 wúlùn 접 ~을 막론하고

无论谁都要遵守交通规则。누구를 막론하고 모두 교통규칙을 지켜야 한다.

遵守 zūnshǒu 동 지키다, 준수하다 | 规则 guīzé 명 규칙

B. 不但 búdàn 접 ~뿐만 아니라

这个不但是生日礼物，而且是很有纪念意义的东西。
이것은 생일 선물일 뿐만 아니라, 기념적인 의미가 있는 물건이다.

C. 要是 yàoshi 접 만약 ~라면 [=如果]

要是有想去的地方，我们一起去。만약 가고 싶은 곳이 있으면 우리 함께 가자.

D. 如果 rúguǒ 접 만약 ~라면 [=要是] [MISSION 1의 보기 예문 참고]

4 **A** <u>与</u>这一段人生和解的时候

문맥상 '~와 화해할 때' '~와 타협할 때'라는 뜻이 되어야 하고, 화해나 타협은 혼자 할 수 있는 것이 아니므로 보기 중 '~와'라는 뜻의 개사 '与'가 가장 적합하다. '与' 대신 '跟'이나 '和'를 쓸 수도 있다.

A. 与 yǔ 개 ~와, ~과 [=和, 跟]

与他相比，我还差得远呢。그와 비교해서 나는 (수준, 실력 등이) 한참 멀었어.

B. 给 gěi 개 ~에게

我要给你介绍女朋友。내가 너에게 여자친구를 소개할게.

C. 为 wéi 개 ~에 대해

我为他骄傲。나는 그를 자랑스럽게 생각한다.

骄傲 jiāo'ào 형 자랑스럽다, 자부심을 느끼다

D. 按照 ànzhào 개 ~에 따라, ~에 의해

按照学校规定，校庆日放假一天。학교 규정에 따라 개교기념일에 하루 쉰다.

校庆日 xiàoqìngrì 명 개교기념일

독해 내공 TiP — 독해에 도움 되는 **접속사 복문**과 **고정격식**

1 접속사 복문

[1] 전환관계

- **A，但是B** A하지만 B하다
  你说自己很老，但是看起来还年轻。 당신은 스스로 늙었다고 하지만, 보기에는 아직 젊어요.

- **虽然A，但是B** 비록 A하지만 B하다
  虽然他工作很忙没时间，但是每天给父母打电话。 비록 그는 일이 바빠서 시간이 없지만 매일 부모님께 전화한다.

- **即使A，也B** 설령 A하더라도 B하다
  即使想睡觉，她也要听课。 설령 자고 싶더라도 그녀는 수업을 들어야 한다.

> '虽然A，但是B'와 '即使A，也B'의 비교
> '虽然' 뒤에는 사실을 나타내는 내용이, '即使' 뒤에는 가설을 나타내는 내용이 온다.
> 虽然妈妈没同意，但我要学汉语。 비록 엄마가 동의하지 않았지만 나는 중국어를 배울 것이다.
> 即使妈妈不同意，我也要学汉语。 설령 엄마가 동의하지 않더라도 나는 중국어를 배울 것이다.

[2] 조건관계

- **只有/除非A，才B** A해야만 B한다
  只有努力学习，才能考上大学。 열심히 공부해야만 대학시험에 합격할 수 있다.

- **只要A，就/便A** A하기만 하면 B한다
  只要我们大学的学生，就可以参加这次晚会。 우리 대학의 학생이기만 하면 이번 저녁모임에 참가할 수 있다.

> '只有A，才B'와 '只要A，就B'의 비교
> 두 복문의 조건 절에 해당하는 A부분의 차이점을 기억하라. '只有A，才B'의 A는 필요조건으로 조건이 반드시 갖춰져야 하고, '只要A，就B'의 A부분은 충분조건으로 조건이 있기만 하면 된다.
> 只有身子骨结实了，咱们才能打胜仗。 신체가 강인해야만 승리 할 수 있는 법이다.
> 只要有信念，就有希望。 믿음만 있다면 희망은 보일 것이다.

- **无论/不管A，都B** A를 막론하고 모두 B하다
  无论你去不去，我们都要去那儿。 네가 가는 것에 상관없이, 우리는 모두 그곳에 갈 것이다.

> '无论'이 구를 이끌 때의 특징
> '无论' 뒤의 조건절에는 반드시 둘 이상의 동작이나 상황이 나와야 한다. 이런 조건절은 위의 예문과 같이 동사를 정반[A不A]되게 사용하거나, 아래와 같이 선택을 의미하는 단어[或者/还是], 의문사[谁/哪儿/怎么], 감탄사[多/多么]를 이용하여 만들 수 있다.
> 无论你去还是他去，你们先给我打电话。 네가 가던지 그가 가던지, 너희는 먼저 나에게 전화를 해야 한다.
> 无论谁去，你们先告诉他一声。 누가 가던지 너희는 먼저 그에게 얘기해라.
> 无论多么难，我都不要放弃。 얼마나 어려운지 상관없이 나는 포기하지 않는다.

[3] 가설관계

- **如果/要是，假如A，那么/就B[=如果A的话，就B]** 만약 A라면, 그러면 B하다
  如果你有问题不能解决，那么找我一起商量。 만약 네게 문제가 있어 해결이 안 되면, 그럼 나와 같이 상의하자.

- **幸亏A，要不然B** 다행히 A했으니 망정이지, 그렇지 않았다면 B했다
  幸亏你提醒，要不然我还真把今天要考的事给忘了。
  다행히 네가 깨우쳐 주었기에 망정이지, 아니었으면 나는 정말 오늘 시험 보는 걸 잊어버릴 뻔했다.

- **要不是A，就/该B** 만약 A하지 않았다면 B했다
  要不是你来解决，我肯定还不知道该怎么办。
  만약 네가 와서 해결하지 않았다면, 나는 분명히 아직도 뭘 어떻게 해야 하는지 모르고 있었을 것이다.

[4] 인과관계

- **A，于是B** A해서 B하다
  他的手机响了，于是他拿起了手。 그의 휴대전화가 울리자 그는 수화기를 들었다.

- **A，以致B** A하여 B를 초래하다
  他工作不认真，以致被炒鱿鱼。 그는 열심히 일하지 않아서 해고당했다.

- **(之)所以A，是因为B** A한 이유는 B이기 때문이다
  之所以她这么成功，是因为她毅力很强。 그녀가 이렇게 성공한 것은 그녀의 의지력이 강하기 때문이다.

- **既然A，那么就B** 이왕 A라면 그러면 B하다
  既然你要来我家，那么就把你的孩子带过来吧。 기왕 우리 집에 올 거면 아이도 데리고 와.

- **因为/由于A，所以B** A하기 때문에 그래서 B하다
  因为身体不舒服，所以今天他没去上课。 몸이 안 좋아서 오늘 그는 수업에 가지 않았다.

> **'由于'와 '因为'의 비교**
> '由于'는 뒤에 결과가 나오기 위해 반드시 원인 절이 먼저 와야 하지만, '因为'는 원인 절 위치에 상관없이 쓸 수 있다.
> 由于他平时不努力学习，所以考不上大学了。
> 그는 평소에 공부를 열심히 하지 않았기 때문에 대학에 합격하지 못 했다.
> 他考不上大学，因为平时不努力学习。
> 그는 대학에 합격하지 못 했다. 왜냐하면 평소에 열심히 공부하지 않았기 때문이다.
> 考不上 kǎobushàng 통 불합격하다, 시험에 합격하지 못 하다

[5] 선후관계

- **先A，然后B** 먼저 A한 후, 그러고 나서 B하다
  先做好准备，然后再决定吧。 먼저 준비를 다 한 후, 그러고 나서 결정하자.

[6] 병렬관계

- **一边A，一边B** A하면서 B하다
  他**一边**走，**一边**哼着一只小曲。 그는 걸으면서 노랫가락을 흥얼거렸다.
  哼 hēng 통 흥얼거리다 | 曲 qǔ 명 노래, 멜로디

- **一方面A，一方面B** 한편으로는 A하고, 다른 한편으로는 B하다
  一方面纪念一下，**一方面**表达一下对各方的感激之情。
  한편으로는 기념하고, 다른 한편으로는 각 부분에 대해 감사의 마음을 표현한다.

- **既A，也/又B** A이기도 하고 B이기도 하다
  这本书中**既**有诗、散文，**也**有小说。 이 책 안에는 시와 산문, (또) 소설도 있다.
  他**既**是个老板，**又**是个朋友。 그는 사장이기도 하고, 친구이기도 하다.

> **'既/又A又B'와 '既/也A也B'의 비교**
> '既/又A又B'는 A, B자리에 동사(구)와 형용사를 모두 쓸 수 있지만, '既/也A也B'의 A, B자리에는 동사(구)만 쓸 수 있다.
> 她**也**漂亮**也**聪明。(✕) → 她**又**漂亮**又**聪明。(○) 그녀는 예쁘기도 하고 똑똑하기도 하다.
> 他的父母都是平头百姓，**既**没钱**也**没权。 그의 부모는 모두 평범한 사람이다, 돈도 없고 권력도 없다.
> 平头百姓 píngtóu bǎixìng 명 일반 국민 | 权 quán 명 권력

[7] 선택관계

- **与其A，不如B** A하는 것이 B만 못하다
  与其修这部电脑，**不如**买新的。 이 컴퓨터를 고치느니 하나 사는 게 낫다.

- **(是)A还是B** A인가 B인가?
  昨天给我打电话的，**是**你**还是**他? 어제 내게 전화한 사람이 너니? 아니면 그니?

- **不是A，而是B** A가 아니고 B이다
  我**不是**汉语老师，**而是**韩语老师。 나는 중국어 교사가 아니라 한국어 교사에요.

- **要么A，要么B** A이든지 B이든지
  要么他来，**要么**我去，我们明天总得见一面。 그가 오든지 내가 가든지, 어쨌든 우리는 내일 반드시 한번 만나야 한다.

- **宁愿/宁可A，也不B** 차라리 A하더라도 B하지는 않다
  我**宁愿**自己去挣钱，**也不**向父母伸手。 내가 스스로 돈을 벌러 갈지언정, 부모님에게 손을 내밀지는 않겠다.

- **宁愿/宁可A，也要B** 차라리 A하느니 B하겠다
  父母**宁愿**自己不吃不喝，**也要**让孩子们吃好。 부모님은 자신들이 안 먹고 안 마실지언정 아이에게 잘 먹이려고 한다.

> **'宁愿A，也不B'와 '宁愿A，也要B'의 비교**
> '宁愿A，也不B'는 A를 하겠다는 뜻이고, '宁愿A，也要B'는 B를 하겠다는 뜻이다.
> **宁愿**放弃这次机会，**也不**跟他一起做。 이번 기회를 포기하더라도 그와 함께 일하지 않겠다.
> **宁愿**放弃这次机会，**也要**跟他一起做。 이번 기회를 포기하느니 그와 함께 일하겠다.

[8] 점층관계

- 不但/不仅A，而且(还)B A뿐만 아니라 게다가 B하다
  他不但歌唱得好，而且还会作曲。 그는 노래를 잘할 뿐만 아니라 작곡도 할 줄 안다.

- 不但A，反而B A뿐만 아니라 오히려 B하다
  吃了这个药，病不但没好，反而更严重。 이 약을 먹었으나, 병은 낫지 않을 뿐만 아니라 오히려 더 심각해졌다.

- 除了A以外，还B A뿐만 아니라 또한 B도
  我们班除了韩国留学生以外，还有美国学生和日本学生。
  우리 반은 한국 유학생뿐만 아니라, 미국학생과 일본학생도 있다.

- 连A也/都 심지어 A조차도
  这道汉语问题，连中国人也不知道。 이 중국어 문제는 심지어 중국인조차 모른다.

- 甚至A都…… 심지어 A도 ~하다
  你甚至我的名字都忘了? 너는 심지어 내 이름도 잊은 거니?

  빈칸에 알맞은 접속사를 고르세요.

1 大家在生活上＿＿＿遇到什么困难，都可以随时找我。我会尽力帮忙的。

　A. 只有　　　B. 既然　　　C. 即使　　　D. 无论

2 在现实生活中，你和谁在一起的确很重要，＿＿＿能改变你的成长轨迹，决定你的人生成败。

　A. 如果　　　B. 甚至　　　C. 虽然　　　D. 但是

어휘&해석

1 随时 suíshí 图 수시로, 언제나 | 尽力 jìnlì 图 온 힘을 다하다
여러분이 살면서 어떤 어려움을 만나든지 언제든 저를 찾아오세요. 제가 힘껏 도와드리겠습니다.

2 的确 díquè 图 확실히 | 改变 gǎibiàn 图 바꾸다 | 轨迹 guǐjì 图 궤적, 과정, 흔적 | 决定 juédìng 图 결정하다 | 成败 chéngbài 图 승패
현실 생활에서 당신이 누구와 함께 있는지는 정말 중요하다. 심지어 당신의 성장 과정을 바꿀 수 있고, 당신의 인생 승패를 결정할 수도 있다.

정답

1 **D** 답을 알 수 있는 두 가지 힌트가 존재한다. 빈칸이 있는 구문 뒷절의 '都'는 '无论'과 호응하고, 조건절에 의문사 '什么'가 나오는 접속사 역시 '无论'이다. 'A를 막론하고 모두 B하다'라는 뜻의 '无论[不管] A, 都B' 형식을 기억해 두자.

2 **B** 빈칸을 중심으로 앞절에서 뒷절로 갈수록 점층되는 내용이 나타나고 있으므로 답은 B이다.

2 고정격식

[1] 시간, 장소를 나타내는 개사와 고정격식

从 ~로부터, ~에서

시간이나 장소의 출발점을 나타낸다.
从星期一开始上课。 월요일부터 수업을 시작한다.

- 从……开始/起…… ~부터 시작하여
  他从昨天开始，什么都不吃。 그는 어제부터 아무것도 먹지 않는다.

- 从……到…… ~에서 ~까지
  从北京到上海需要12个小时。 베이징에서 상하이까지 12시간이 걸린다.

- 从……来看 ~로 볼 때
  从我的经验来看，他的问题不能很快就解决。 내 경험으로 볼 때, 그의 문제는 빨리 해결될 수 없다.

自 ~로부터

시간이나 장소의 출발점을 나타내며, '从'이나 '自从'으로 바꿔 쓸 수 있다.
他们来自世界各地。 그들은 세계 각지에서 왔다.

- 自/自从……以来 ~이래로
  自4月份以来，我们没有见过面。 4월 이래로 우리는 만난 적이 없다.

> **'从'과 '自'의 비교**
> '从'과 '自'는 모두 '~로부터'라는 뜻이 있지만 쓰이는 위치가 다르다. '从'은 동사 앞에만 쓸 수 있고, '自'는 동사 앞뒤에 모두 쓸 수 있다.
> 我从韩国来。 / 我来自韩国。 나는 한국에서 왔다.

由 ~로부터, ~이/가

시간이나 장소의 출발점을 나타낼 때는 '~로부터', 행위의 주체를 이끌어 낼 때는 '~이/가'라는 뜻으로 쓰인다.
我们下午两点各自由公司出发。 우리는 오후 2시에 각자 회사에서 출발한다. [~로부터]
今天的会议由小李主持。 오늘의 회의는 샤오리가 주관한다. [~이/가]

主持 zhǔchí 통 주관하다

- 由……至…… ~부터 ~까지
  由首尔至釜山需要5个小时。 서울에서 부산까지 5시간 걸린다.

- 由……组成 ~로 구성되다
  我们班由十个人组成。 우리 반은 10명으로 구성되었다.

离 ~에서, ~로부터

장소나 시간의 간격을 나타낼 때만 쓰기 때문에 뒤에 구체적인 거리나 시간 간격을 나타내는 말이 반드시 와야 한다.

书店离这儿不远。 서점은 여기에서 멀지 않다. [장소의 간격]
离飞机起飞还有两个小时。 비행기가 이륙으로부터 아직 두 시간 남았다. [시간의 간격]

当 ~할 때

当走进教室时，老师正在点名。 교실에 들어갈 때, 선생님께서 출석을 부르고 계셨다.

- **当……以后** ~한 후에
  当我回国以后，每天跟朋友一起出去玩了。 나는 귀국 한 후 매일 친구와 함께 나가 놀았다.

- **当……的时候/时** ~할 때
  当敌人越张狂的时候，就要更加专注。 적이 요란하게 나올 때 더욱 집중해야 한다.
  敌人 dírén 명 적 | 张狂 zhāngkuáng 형 건방지다, 날뛰다 | 专注 zhuānzhù 동 집중하다

在 ~에서

시간, 장소, 범위를 나타낸다.

他在图书馆查资料。 그는 도서관에서 자료를 찾는다. [장소]
他在工作时总是认真。 그는 일할 때 항상 성실하다. [시간]
在我们班里，他最高。 우리 반에서 그가 제일 크다. [범위]

- **在……上** ~으로, ~상 [분야, 방면]
  他在国际上有名气。 그는 국제적으로 알려져 있다.

- **在……中** ~중 [과정, 범위]
  在讨论中，我们找到了解决问题的办法。 우리는 토론 중에 문제를 해결하는 방법을 찾았다. [과정]
  在这批学生中，他是最能干的。 이 한 무리의 학생 중에 그가 제일 유능하다. [범위]
  能干 nénggàn 형 유능하다

- **在……下** ~ (전제 조건) 하에
  在他的帮助下，我终于跟他联系上了。 그의 도움으로 나는 결국 그와 연락이 닿았다.

- **在……方面** ~ (방면)에서
  她在打球方面有很大进步。 그녀는 구기종목 분야에서 매우 큰 발전이 있었다.
  打球 dǎqiú 명 구기 종목

于 ~에서

주로 동사나 형용사 뒤에 쓰여 장소와 시간을 나타낸다.

他出生于农村。 그는 농촌에서 태어났다.

(2) 방향을 나타내는 개사와 고정격식

방향이나 이동 장소를 나타내는 '向' '朝' '往' 개사는 뜻이 같아서 서로 바꿔 쓸 수 있다. 하지만 다음과 같이 그 쓰임이 다르므로 차이점과 함께 자주 쓰이는 고정격식을 익혀 두자.

向 ~을 향하여

동작의 방향을 나타내며, '向' 뒤에는 '介绍' '说明' '表示'과 같은 추상동사[신체 행위가 아닌 동작을 나타내는 동사]가 술어로 올 수 있다.
我们都要向他学习。 우리는 모두 그처럼 공부해야 한다.

朝 ~을 향하여

동작의 방향, 사물, 사람과 함께 쓰인다.
他朝我挥手了。 그는 나를 향해 손을 흔들었다
挥 huī 통 흔들다

往 ~을 향하여

동작의 방향과 장소를 나타내는 어휘와 함께 쓰인다.
我们要往东走。 우리는 동쪽으로 가야 한다.

- **往……拐** ~을 향해 꺾다, 커브를 돌다
  到十字路口，往右拐就是邮局。 교차로에 가서 우회전하면 바로 우체국이다.
  十字路口 shízì lùkǒu 명 사거리, 교차로

> **'向' / '朝' / '往'**
> '向'과 '朝' 뒤에는 바로 사람이 올 수 있으나, '往' 뒤에는 사람이 올 수 없다.
> 她往我挥手了。(×) → 她向[朝]我挥手了。(○) 그녀는 나를 향해 손을 흔들었다.
>
> 집이나 건물의 방향을 나타낼 때는 '朝'를 사용한다.
> 他觉得朝南的房间是好的。 그는 남향집이 좋다고 생각한다.

(3) 대상을 나타내는 개사와 고정격식

대상을 나타내는 주요 개사와 자주 쓰이는 고정격식을 알아보자.

为 ~에게, ~을 위하여

뒤에 주로 대상이나 사람이 온다.
大夫为我治病。 의사가 내 병을 치료해 준다.

- **以……为……** ~을 ~로 여기다
  学生要以学习为主。 학생은 공부가 주가 되어야 한다.

替 ~을 위해, ~을 대신하여
我替他办事。 나는 그를 대신하여 일한다.

- **为/替……着想** ~을 위해 생각하다
  父母都为自己的儿女着想。 부모는 모두 자신의 자녀를 (위해) 생각한다.

对 ~에 대하여, ~에게
사람이나 사물인 대상을 나타낸다. 대상을 이끌어 올 때 '~에 대하여'라는 뜻으로, 사람과 사람의 관계를 나타낼 땐 '~에게'라는 뜻으로 쓰인다.
他对我的工作很感兴趣。 그는 나의 일에 관심이 많다. [~에 대하여]
别对她严厉。 그에게 너무 매섭게 하지 마라. [~에게]

严厉 yánlì 휑 호되다, 매섭다

- **对……来说** ~에 대해 말하자면, ~에게 있어서는
  对他来说，这样的问题很简单。 그에게 있어 이런 문제는 매우 간단하다.

跟 ~와, ~과
뒤에 주로 사람이나 행동과 관련된 말이 온다.
他跟那事没有什么关系。 그는 그 일과 아무런 관련이 없다.

- **跟……商量** ~와/과 상의하다
  这件事我还得跟他商量。 이 일은 그와 상의해 봐야 한다.

- **跟……见面** ~와/과 만나다.
  我要跟他见面。 나는 그와 만나야 한다.

- **跟……一样** ~와/과 같다
  我的爱好跟他一样，我们都喜欢听音乐。 나의 취미는 그와 같아서 모두 음악 듣는 것을 좋아한다.

给 ~에게, ~에 의해
뒤에 주로 사람이 와서 '~에게'라는 뜻으로 쓰인다. 또한 '~에 의해'라는 피동의 뜻을 나타내기도 한다.
我给他介绍了我的女朋友。 나는 그에게 내 여자친구를 소개했다. [~에게]
我的钱包给小偷走了。 내 지갑을 좀도둑이 가져가 버렸다. [~에 의해]

(4) 기타

按照 ~대로, ~따라서
뒤에 주로 기준, 규칙 등을 그대로 따라야 하는 명사들이 온다.
学生们按照30个人排队。 학생들이 30명씩 줄을 선다.

排队 páiduì 동 순서대로 정렬하다

趁(着) ~(시간이나 기회)를 틈타

뒤에 조건, 기회를 의미하는 단어가 오며, 종종 '着'를 붙여 쓴다.
趁着这个机会，我们认识认识吧。 이번 기회를 틈타, 우리 서로 조금 알아가자.

 빈칸에 알맞은 개사를 고르세요.

1 这件事_____小李来说，简直是轻而易举。

　A. 向　　　B. 对　　　C. 为　　　D. 给

2 这桌饭菜可是他特意_____你做的，怎么能不吃就走呢?

　A. 跟　　　B. 为　　　C. 对　　　D. 由

어휘&해석

1 简直 jiǎnzhí 🖲 정말로 | 轻而易举 qīng ér yì jǔ 🖲 식은 죽 먹기, 매우 수월하다
　이 일은 샤오리에게 정말 식은 죽 먹기이다.

2 桌 zhuō 🖲 요리상의 수를 셀 때 쓰임 | 特意 tèyì 🖲 특별히, 일부러
　이 음식은 그가 특별히 너를 위해 준비한 것인데, 어떻게 안 먹고 갈 수가 있니?

정답&풀이

1 B '来说'와 호응하는 개사는 '对'이다. '对……来说'는 '~에 대해 말하자면' '~에게 있어서'라는 뜻으로 자주 쓰이는 고정격식이다.
2 B 문맥상 '너를 위해'라는 뜻이 되므로 대상을 나타내는 '为'가 가장 적합하다.

실력 다지기

1~15 지문을 읽고 빈칸에 들어갈 단어를 보기에서 고르세요.

1~4

　　生命中总有许多来来往往的人，就像我们走路时马路上那些过客，有与我们背道而行的，也有与我们走_____1_____同一个方向的。他们在我们身后，已离我们越来越远。_____2_____他们因为某些原因又重新折回来，可因为我们已相隔得太远了，也早已无法追得上。那些与我们同行的，有的与我们擦肩而过，有的也许会陪我们走一段距离。但时间都不会太长，人生的道路上岔道太多，在每一个路口，我们的选择都会不同。你选择了这条路，他选择了那条路，_____3_____，只有分手。新的道路上，当然还会有新的同行者，可也同样还会有新的岔路口。正是因为有了友情，我们才能感受到人与人之间的温馨。我们的内心仿佛是一只因常常积满忧虑和无奈而倍感沉重的杯子，_____4_____那些为了友情而伸给我们的双手，才愿意真诚地为我们倒空这只杯子，还她快慰和轻松。

1　A. 像　　　　B. 向　　　　C. 给　　　　D. 去

2　A. 虽然　　　B. 但是　　　C. 可是　　　D. 即使

3　A. 可是　　　B. 就是　　　C. 即使　　　D. 于是

4　A. 只有　　　B. 只要　　　C. 于是　　　D. 就算

5~8

　　我的外婆老年痴呆了。外婆先是不认识外公，_____5_____外婆有一天出了门就不见踪迹，最后_____6_____派出所的帮助下家人才终于将她找回，幸亏外婆还认得一个人——我的母亲，记得她是自己的女儿。每次看到她，脸上都会露出笑容，叫她："毛毛，毛毛。"黄昏的时候搬个凳子坐在楼下，唠叨着："毛毛怎么还不放学呢？"——_____7_____毛毛的女儿都大学毕业了。

　　疾病切断了外婆与世界的所有联系，让她遗忘了生命中0的——一切关联，一切亲爱的人，而唯一不能割断的，是母女的血缘，她的灵魂已经在疾病的侵蚀下慢慢地死去，_____8_____永远不肯死去的，是那一颗母亲的心。

5　A. 最后　　　B. 赶快　　　C. 所以　　　D. 然后

6　A. 当　　　　B. 在　　　　C. 让　　　　D. 有

7 A. 而　　　B. 却　　　C. 则　　　D. 连

8 A. 然后　　B. 一直　　C. 然而　　D. 所以

9~12

　　放弃其实就是一种选择。走在人生的十字路口，你必须学会放弃不适合自己的道路；面对失败，你必须学会放弃懦弱；面对成功，你必须学会放弃骄傲；面对老弱病残，你必须学会放弃冷漠。……我们＿＿**9**＿＿在困境中放弃沉重的负担，才会拥有必胜的信念。因此，我们应该学会放弃，明白这点，也许你就会在面临"心苦"＿＿**10**＿＿，找到平衡点，找回自己的人生坐标。＿＿**11**＿＿，不理智的放弃是一种浪费，也是一种对人生的不负责任。放弃，＿＿**12**＿＿是遍历归来的路，又是重登旅程的路。

9　A. 只是　　B. 只好　　C. 只能　　D. 只有

10　A. 中　　B. 上　　C. 时　　D. 方面

11　A. 宁可　　B. 即使　　C. 但是　　D. 还有

12　A. 说是　　B. 要说　　C. 如果　　D. 既是

13~15

　　生命总是＿＿**13**＿＿自己的啼哭中开始，于别人的泪水里抵达终点。泪水＿＿**14**＿＿与伤感、悲痛有关，也和喜乐有关。人在巨大的惊喜或者幸福之前，一时难以找到最好的表达情感的方式，而泪水往往先之一步而出。泪水似乎与女子有缘，泪水就成为和谐爱情的一种润滑剂。但女人们不能过多地使用，因为面对女人的泪水，男人总是惶恐不安，不知所措，＿＿**15**＿＿就不闻不问，要么就溜之大吉。女人请记住许多时候，笑容和泪水同等重要。

13 A. 在　　B. 从　　C. 离　　D. 到

14 A. 再说　　B. 而且　　C. 倒　　D. 不仅

15 A. 一下子　　B. 不是　　C. 或是　　D. 要么

4 문맥에 맞게 추론하기

Guide

앞에서 학습한 것처럼 빈칸과 호응하는 단어를 찾는 센스도 중요하지만, 내용의 진행 과정에 따라 다음에 이어질 문장 혹은 단어를 답하는 형식 또한 중요하다. 단어의 뜻만 대충 알아서는 답을 정확하게 맞힐 수 없으므로 꼼꼼하고 정확하게 독해를 할 줄 알아야 한다.

 겉으로 보이는 뜻에 속지 마라! 표면적인 의미로만 답을 선택하거나 평소에 자신이 알고 있던 상식으로 답을 선택하지 말자. 빈칸의 앞뒤 문맥을 잘 파악하여 논리적으로 사고해야 한다. 이때, 문장과 문장을 이어주는 '접속사'는 이야기 전개 방향을 파악하는 데 중요한 힌트가 된다.

독해 급소공략

- **지문 안에 있는 내용을 근거로 유추하라.**

  빈칸의 내용은 반드시 지문 내용과 직접적 혹은 간접적 관계가 있기 마련! 따라서 지문에 있는 단어가 들어 있는 보기가 답일 확률이 높다. 단, 본인의 상상력을 발휘하는 것이 아닌, **지문을 꼼꼼히 파악하여 지문 내용을 근거로 답을 골라야 한다.**

- **전체적으로 파악하라.**

  전체 내용을 이해해야 풀 수 있는 경우가 많으므로 평소에 논리적이고 차례대로 독해를 하는 연습을 많이 해 두어야 한다. 빈칸과 관련된 부분만 따로 읽지 말고 **전체적으로 지문을 파악하는 연습을** 하자.

- **동사, 형용사를 주의하라.**

  문맥에 맞는 단어를 고를 때는 '술목' '술보'관계의 어휘조합처럼 술어와 어울리는 목적어나 술어가 나와 있는 것이 아니므로, 답을 유추할 수 있는 동사나 형용사를 문맥을 통해 잘 파악할 수 있어야 한다. **빈칸 앞뒤로 연결되는 술어를 주의 깊게 살펴보도록** 하자.

예제로 감 익히기

Mission 1

대화 내용에 주의하여 빈칸에 들어갈 문장을 고르세요.

老板：你真有眼光啊，快买吧。
女生：裤子是好裤子，只是我口袋里的钱有限啊。
老板：那你口袋里有多少钱啊？
女生：80元。
老板：天啊，你开玩笑，赔死我了，再添10元。
女生：没的添，我很想给你130元，可无能为力。
老板：好吧。交个朋友，你给90元。
女生：我不会给你90元的，＿＿＿1＿＿＿。
老板：车费？这和你买裤子有什么关系？
女生：当然，我来自很远很远的地方，我必须坐长途汽车回去，车费10元。

A. 我还要留10元的车费　　　　B. 我喜欢坐车
C. 我平时不坐车　　　　　　　D. 我坐车比买裤子更重要

老板：你真有眼光啊，快买吧。
女生：裤子是好裤子，只是我口袋里的钱有限啊。
老板：那你口袋里有多少钱啊？
女生：80元。
老板：天啊，你开玩笑，赔死我了，再添10元。
女生：没的添，我很想给你130元，可无能为力。
老板：好吧。交个朋友，你给90元。
女生：我不会给你90元的，**1我还要留10元的车费**。
老板：车费？这和你买裤子有什么关系？
女生：当然，我来自很远很远的地方，我必须坐长途汽车回去，车费10元。

사장: 당신 정말 안목이 있네요. 얼른 사세요.
아가씨: 바지가 좋긴 한데, 제 주머니의 돈이 한정되어 있어서요.
사장: 주머니에 얼마가 있는데요?
아가씨: 80위앤이요.
사장: 아이코, 농담하시는군요. (그럼) 제가 아주 손해가 커요. 10위앤만 더 주세요.
아가씨: 더 드릴 돈이 없어요. 저도 130위앤을 드리고 싶지만, 그럴 능력이 없어요.
사장: 좋아요. 우리 친구 합시다. 90위앤에 드릴게요.
아가씨: 저는 90위앤을 드릴 수가 없어요. **110위앤은 차비를 내야 하거든요.**
사장: 차비요? 그거랑 바지 사는 거랑 무슨 상관이 있죠?
아가씨: 당연히 있죠. 저는 정말 먼 곳에 살아요. 꼭 버스를 타고 가야 하는데, 차비가 10위앤이에요.

眼光 yǎnguāng 명 안목 | **裤子** kùzi 명 바지 | **口袋** kǒudai 명 주머니 | **有限** yǒuxiàn 형 한계 있는 | **赔** péi 동 손해보다, 배상하다 | **添** tiān 동 더하다, 덧붙이다 | **车费** chēfèi 명 차비 | **长途** chángtú 형 장거리의

1 **A** 我不会给你90元的，<u>我还要留10元的车费</u>。

빈칸 다음에 이어지는 대화를 살펴보면 여자가 차비에 대해서 얘기하자, 사장이 '차비가 지금 이 얘기와 무슨 상관이 있죠?' 라고 한다. 따라서 그전에 차비에 대한 언급이 있어야 한다는 것을 알 수 있다. 문맥상 보기 중 '10위앤은 차비를 내야 한다'라는 것이 가장 적합하다.

A. 我还要留10元的车费 10위앤은 차비를 내야 한다

B. 我喜欢坐车 차 타는 것을 좋아한다

C. 我平时不坐车 평소에 차를 타지 않는다

D. 我坐车比买裤子更重要 나는 바지를 사는 것보다 차를 타는 것이 더 중요하다

Mission 2

단문을 읽고 빈칸에 들어갈 단어나 문장을 고르세요.

从前，有一只青蛙住在一口井里。有一天，一只大蟹从海里走来，路过井边的时候，它看见了井底的青蛙。青蛙很热情地对蟹说："大蟹兄弟，你看，我住在这儿多快乐呀！世界上再也找不到比这儿更好的地方了。你看吧，我高兴了，就到井边玩玩，玩累了呢就回来睡一会儿。在井里，我是主人，我想做什么就做什么，多好啊！"大蟹听了青蛙的话，就走到井里，仔细看了看，并不觉得井里有什么好玩的，于是大蟹说："青蛙小弟，你见过大海吗？闹水灾的时候，海水不会增加多少。闹旱灾的时候，海水也减少不了多少。____1____你不觉得住在大海才是真正的自由和快乐吗？"青蛙听了大蟹的话很不好意思。它终于明白了一个道理：____2____。

1 A. 幸好　　　B. 难道　　　C. 是不是　　　D. 偶尔

2 A. 原来世界很大，而自己知道的事情却很少
　　B. 大海好，我也要去
　　C. 以后不要跟人家说话
　　D. 大蟹很笨

<u>从前</u>，有一只青蛙住在<u>一口</u>井里。有一天，一只大蟹<u>从海里</u>走来，路过井边<u>的时候</u>，它看见了井底的清蛙。青蛙很热情地<u>对蟹说</u>："大蟹兄弟，你看，我住在这儿多快乐呀！

예전에
입구가 있는 것을 셀 때 쓰임
~에서부터
~할 때
~에게 말하다

예전에 청개구리 한 마리가 우물 안에 살고 있었다. 어느 날 게가 바다에서 나와 우물가를 지나갈 때, 우물 밑의 청개구리를 보게 되었다. 청개구리는 매우 친절하게 게에게 말했다. "내가 여기 사는 게 얼마나 행복한지 보렴!

世界上再也找不到比这儿更好的地方了。你看吧，我高兴了，就到井边玩玩，玩累了呢就回来睡一会儿。在井里，我是主人，我想做什么就做什么，多好啊！"大蟹听了青蛙的话，就走到井里，仔细看了看，并不觉得井里有什么好玩的。于是大蟹说："青蛙小弟，你见过大海吗？闹水灾的时候，海水不会增加多少。闹旱灾的时候，海水也减少不了多少。**1**难道你不觉得住在大海才是真正的自由和快乐吗？"青蛙听了大蟹的话很不好意思。它终于明白了一个道理：**2**原来世界很大，而自己知道的事情却很少。

세상에서 여기보다 더 좋은 곳은 찾을 수 없을 거야. 날 봐. 나는 우물가에서 놀다가 피곤하면 돌아와서 잠을 한숨 잔단다. 우물 안에서는 내가 주인이고, 내가 하고 싶은 걸 할 수 있어. 얼마나 좋니!" 게는 청개구리의 말을 듣고 우물 안으로 가 보았다. 자세히 봐도 우물 안에 뭔가 재미있는 것이 있는 것 같지 않았다. 그래서 게는 말했다. "너 바다를 본 적 있니? 홍수가 나도 바닷물은 얼마 늘어나지 않아. 가뭄이 들어도 바닷물은 얼마 줄어들지 않지. **1**설마 너는 바다에 사는 것이야말로 진정한 자유와 기쁨이 있다는 걸 모르는 거야?" 청개구리는 게의 말을 듣고 부끄러웠다. 결국 한 가지 이치를 깨달았다. **2**알고 보니 세상은 매우 크지만, 자기가 알고 있는 것은 오히려 너무 적었다는 것을.

青蛙 qīngwā 명 청개구리 | 井 jǐng 명 우물 | 蟹 xiè 명 게 | 路过 lùguò 통 거치다, 지나다 | 热情 rèqíng 형 친절하다, 다정하다 | 仔细 zǐxì 형 세심하다, 자세하다 | 闹 nào 통 (재난이나 좋지 않은 일) 일어나다 | 水灾 shuǐzāi 명 수재, 홍수 | 增加 zēngjiā 통 늘어나다, 증가하다 | 旱灾 hànzāi 명 가뭄 | 减 jiǎn 통 줄어들다

1 **B** 难道你不觉得住在大海才是真正的自由和快乐吗？"

빈칸이 있는 문장 끝이 의문을 나타내는 '吗'로 끝나기 때문에 '幸好'와 '偶尔'은 정답과 거리가 멀다. 문맥상 게가 청개구리에게 바다에 사는 것의 자유와 기쁨을 모르냐고 묻는 것이므로, 반어법의 뜻을 나타내는 '难道'가 가장 적합하다.

A. 幸好 xìnghǎo 부 다행히
　幸好这事从未发生过。다행히 이 일은 일어난 적이 없다.

B. 难道 nándào 부 설마 ~하겠는가
　难道你怕他的批评吗？설마 네가 그의 꾸지람을 무서워하는 것은 아니겠지?

C. 是不是 shìbushì 그렇지 않은가?
　咱们走那条路是不是更近啊？우리 저쪽 길로 가는 것이 더 빠를 것 같은데요?

D. 偶尔 ǒu'ěr 부 간혹, 이따금
　我偶尔去中国旅游。나는 가끔 중국 여행을 간다.

2 **A** 它终于明白了一个道理；原来世界很大，而自己知道的事情却很少。

문맥상 빈칸에는 글의 주제를 나타낼 수 있는 문장이 와야 한다. 글은 우물 안이 전부라고 생각했던 개구리가 게의 말을 듣고 자신이 착각했음을 깨닫는 내용이므로 A가 가장 적합이다. 보기를 바르게 해석할 수 있다면 글을 읽지 않고도 쉽게 답을 고를 수 있는 문제이다.

A. 原来世界很大，而自己知道的事情却很少 알고 보니 세상은 매우 크지만, 자신이 알고 있는 것은 오히려 너무 적다

B. 大海好，我也要去 바다가 좋아서 나도 가고 싶다

C. 以后不要跟人家说话 나중에는 그 사람과 말하지 않겠다

D. 大蟹很笨 게는 매우 멍청했다

독해 내공 TIP ········ 자주 출제되는 **관용어**와 **성어** ··

1 관용어

관용어는 표면의 뜻을 보고 바로 알 수 있는 것도 있지만, 겉으로 드러나지 않고 내면에 뜻이 숨어 있는 것이 대부분이다. 글자 자체만 보고 진정한 뜻을 알기 어렵기 때문에 자주 쓰이고 출제되는 관용어를 중심으로 정리하고 기억해두도록 한다.

- **巴不得** bābude = **恨不得** hènbudé 간절히 바라다
  妈妈巴不得立刻见到你。 엄마는 당장 너를 만나고 싶어한다.
  立刻 lìkè 튀 즉시

- **不一定** bùyídìng = **不见得** bújiànde = **未必** wèibì 꼭 그렇지는 않다
  我看他不一定有多少能力。 내가 보기엔 그가 그렇게 능력이 있어 보이지 않는다.

- **只好** zhǐhǎo = **不得不** bùdebù = **只能** zhǐnéng 어쩔 수 없이
  她劝了半天他都不听，她只好默默地走开了。
  그녀가 한참을 설득해도 그가 듣지 않자, 그녀는 어쩔 수 없이 묵묵히 떠났다.

- **不像话** búxiànghuà 말도 안 된다
  真不像话了！这么简单的题都不知道。 정말 말도 안 돼! 이렇게 간단한 문제도 모르다니.

- **不简单** bùjiǎndān = **了不起** liǎobuqǐ 대단하다
  你只学了半年汉语，就说得这么好，真不简单。
  너는 중국어를 반년 동안만 배웠을 뿐인데 이렇게나 잘하다니. 정말 대단하구나.

- **出毛病** chū máobìng = **出故障** chū gùzhàng = **坏了** huài le 고장이 나다
  这个机器经常出毛病。 이 기계는 자주 고장이 난다.
  机器 jīqì 명 기계

- **吃苦** chīkǔ 고생하다
  我觉得吃点苦也没关系。 내 생각엔 좀 고생을 하는 것도 괜찮을 것 같다.

- **不在乎** búzàihu = **不介意** bújièyì = **无所谓** wúsuǒwèi 신경을 쓰지 않는다, 개의치 않는다
  我谁说都不在乎。 나는 누가 말하든 신경을 쓰지 않는다.

- **粗心大意** cū xīn dà yì = **马虎** mǎhu 대충 대충하다
  你做事不要粗心大意。 너 일할 때 대충 대충하지 마라.

- **炒鱿鱼** chǎo yóuyú = **被解雇** bèi jiěgù 해고당하다
  我被公司炒鱿鱼了。 나는 회사에서 해고당했다.

- **出洋相** chū yángxiàng = **闹笑话** nào xiàohuà 비웃음거리가 되다
  这个孩子经常在人前出洋相。 이 아이는 항상 사람들 앞에서 비웃음거리가 된다.

- **吹牛** chuīniú = **说大话** shuō dàhuà 허풍을 떨다
  他吹牛吹得好厉害，你不要相信他。 그는 허풍이 심하니, 너는 그 사람을 믿지 마.

- **动身** dòngshēn = **出发** chūfā 출발하다
  我们是九点一刻的火车票，该动身了。 우리는 9시 15분 기차표야. 출발해야겠어.

- 打交道 dǎ jiāodao = 交往 jiāowǎng 교류하다, 교제하다
  你跟他打交道就知道了。네가 그와 교제해 보면 알게 된다.

- 动脑筋 dòngnǎojīn 연구하다
  请大家开动脑筋思考问题吧。여러분, 머리를 써서 문제를 생각해 보세요.

- 走弯路 zǒuwānlù 시행착오를 겪다, 우여곡절을 겪다
  多听别人的建议可以少走弯路。다른 사람의 제안을 많이 들으면 시행착오를 줄일 수 있다.

- 犯不上 fànbushàng = 犯不着 fànbuzháo = 不值得 bùzhíde ~할 필요 없다
  犯不上这个冒险。이런 모험을 할 가치가 없다.

- 看样子 kànyàngzi = 看起来 kànqǐlai = 看来 kànlái = 看上去 kànshàngqu 보아하니
  看样子他有十几岁。보아하니 그는 열 몇 살 정도인 듯하다.

- 看不起 kànbuqǐ = 轻视 qīngshì 무시하다
  你不要看不起我，我会做得比你更好。너 나 깔보지 마라. 내가 너보다 더 잘할 수 있어.

- 两口子 liǎngkǒuzi = 夫妻 fūqī 부부
  周末两口子想去哪就去哪。주말이면 부부는 가고 싶은 곳으로 간다.

- 拿主意 ná zhǔyi 아이디어를 내다
  你们帮我拿主意呢。너희가 나를 도와 방법을 좀 생각해 내라.

- 碰钉子 pèngdīngzi 거절당하다, 퇴짜를 맞다
  为什么碰钉子的总是我？왜 퇴짜를 맞는 것은 항상 저죠?

- 拍马屁 pāimǎpì 아첨하다
  你别拍马屁，有什么话直接说。너 아부하지 말고, 할 말 있으면 직접 말해.

- 泼冷水 pōlěngshuǐ 찬물을 끼얹다, 흥을 깨다
  大家干得正起劲，可不要泼冷水啊。모두 지금 흥겹게 하고 있는데, 제발 찬물을 끼얹지 마라.
  起劲 qǐjìn 형 열성적이다, 즐겁다

- 费心思 fèi xīnsi = 伤脑筋 shāngnǎojīn 골치 아프다
  别为我的婚事多费心思了。제 혼사로 애를 많이 쓰지 마세요.

- 算了 suànle = 得了 déle 됐다, 그만 해라
  不愿意，那就算了吧！원치 않으면 그만 둬!

- 三天两头儿 sāntiān liǎngtóur 걸핏하면, 자주
  他三天两头儿生病。그는 걸핏하면 병이 난다.

- 说不定 shuōbudìng = 没准儿 méizhǔnr 아마도
  进来看看吧，说不定有你要的书呢。들어와서 봐 봐. 아마 네가 원하는 책이 있을지도 모르잖아.

- 瞎说 xiāshuō = 胡说八道 hú shuō bā dào 헛튼소리를 하다, 함부로 말하다
  你别瞎说。너 함부로 말하지 마라.

- 有把握 yǒu bǎwò = 有信心 yǒu xìnxīn 자신이 있다
  这次有什么把握开店呢？이번엔 무슨 자신이 있어서 가게를 연 거야?

- **一个劲儿** yígejìnr = **不停地** bùtíngde 시종일관, 끊임없이
  他一个劲儿地向我道歉，其实他也没什么错的。
  그는 시종일관 나에게 사과를 하지만 사실 그는 어떤 잘못도 없다.

- **转眼** zhuǎnyǎn = **瞬间** shùnjiān = **刹那** chànà 눈 깜짝할 사이에
  转眼间已是清晨7点了。 눈 깜짝할 사이에 아침 7시가 되었다.

- **有两下子** yǒu liǎngxiàzi = **有本事** yǒu běnshì 능력이 있다
  她讲课真有两下子。 그녀는 강의하는 데에 능력이 있다.

- **拿手** náshǒu 기술이 뛰어나다, 재능이 있다
  你最拿手的菜是什么？ 당신이 가장 잘하는 요리는 무엇인가요?

- **露一手** lòuyìshǒu 솜씨가 뛰어나다, 재능이 있다
  你想露一手儿吗？ 당신은 재능을 나타내고 싶나요?

- **死活** sǐhuó 죽어도 ~하지 않는다[주로 부정문에 쓰임]
  他最大的缺点就是遇到自己不喜欢的事就死活不做，不管是好的还是坏的。
  그의 가장 큰 단점은 자신이 좋아하지 않는 일을 만나면, 그것이 좋은 것이든 나쁜 것이든 한사코 하지 않는 것이다.

- **走后门** zǒuhòumen 뒷거래하다
  他能进这所大学完全是靠走后门的。 이 대학에 들어갈 수 있었던 것은 완전히 뒷거래 때문이다.

- **书卷气** shūjuànqì 학자풍, 학자 타입
  你举手投足都有一股书卷气。 당신은 행동 하나하나 학자풍의 느낌이 있군요.
  举手投足 jǔ shǒu tóu zú 성 일거수일투족

 빈칸에 어울리는 관용어를 고르세요.

1 我还以为班长是个挺认真的人原来他这么_____。

　A. 粗心大意　B. 说大话　　C. 胡说八道　　D. 出故障

2 天这么冷姐姐_____为这点儿钱跑一趟。

　A. 算了　　　B. 一个劲儿　C. 有把握　　　D. 犯不着

어휘&해석

1 挺 tǐng 閉 꽤, 매우 | **认真** rènzhēn 휑 진지하다, 착실하다
　나는 반장이 매우 성실한 사람인 줄 알았는데, 알고 보니 그는 이렇게나 덜렁대는 사람이었다.

2 趟 tàng 양 번, 차례
　날씨가 이렇게 추운데, 누나가 이 적은 돈 때문에 왔다 갔다 할 필요 없다.

정답

1 A　　**2** D

2 성어

성어는 함축적으로 뜻을 지녀 한눈에 의미를 파악하기 어렵다. 관용어와 마찬가지로 문제를 풀 때마다 새로 나오는 것을 하나씩 외워 두는 것이 가장 효율적인 학습 방법이다. 최근에 출제된 성어를 중심으로 정리하였으니 예문을 참고하여 그 뜻을 기억해두도록 한다.

- **哗众取宠** huá zhòng qǔ chǒng 말과 행동으로 사람들의 비위를 맞추어 호감을 얻다
  小李在哗众取宠。샤오리는 지금 아첨을 하고 있다.

- **转眼之间** zhuǎnyǎn zhī jiān 눈 깜짝할 사이에
  转眼之间，半个年头已经过去了。눈 깜짝할 사이에 벌써 반년이 지났다.

- **大手大脚** dàshǒu dàjiǎo 돈을 물 쓰듯 쓰다
  咱们花钱不能那样大手大脚。우리는 돈을 쓸 때 그렇게 물 쓰듯 하면 안 된다.

- **小肚鸡肠** xiǎo dù jī cháng 작은 배와 닭 창자, 마음이 좁다, 포용력이 없다
  我不是个小肚鸡肠的人。나는 속 좁은 사람이 아니다.

- **不知不觉** bùzhī bùjué 자기도 모르는 사이에
  时间不知不觉过去了十年。시간은 모르는 사이에 10년이 지났다.

- **成百上千** chéng bǎi shàng qiān 수백 수천이다, 매우 많다
  老伴曾经经历过成百上千次的失败。사장님은 예전에 수천 번의 실패를 겪었었다.

- **左思右想** zuǒ sī yòu xiǎng 이리저리 생각하다
  她躺在床上左思右想仍是想不明白。그녀는 침대에 누워 이리저리 생각해 봤지만, 여전히 이해가 되지 않았다.

- **轻而易举** qīng ér yì jǔ 식은 죽 먹기, 매우 수월하다
  我轻而易举地打败了对手。나는 아주 가볍게 상대를 물리쳤다.

- **异乎寻常** yìhū xúncháng 보통 때와 다르다
  你今天异乎寻常，有什么事吗? 너 오늘 평소와 다른데, 무슨 일 있니?

- **史无前例** shǐ wú qiánlì 역사상 전례가 없다
  我们正在经历一场史无前例的危机。우리는 지금 전례가 없던 위기를 겪고 있다.

- **眼高手低** yǎn gāo shǒu dī 눈만 높고 손재주는 없다
  我觉得他是眼高手低的人。내 생각에 그는 능력도 없이 눈만 높은 사람이다.

- **温文尔雅** wēn wén ěryǎ 온화하고 품위 있다
  我喜欢温文尔雅的人。나는 온화하고 품위 있는 사람이 좋아.

- **屡见不鲜** lǚ jiàn bù xiān 자주 볼 수 있어서 신기하지 않다
  作弊现象在平常的考试中屡见不鲜。커닝을 하는 것은 평소 시험 중에도 자주 볼 수 있는 일이라 신기하지 않다.
  作弊 zuòbì 통 부정 행위를 하다

- **适可而止** shì kě ér zhǐ 적당한 선에서 멈추다
  喝酒要适可而止。음주는 적당히 해야 한다.

- **惊心动魄** jīng xīn dòngpò 마음이 놀래고 넋을 뒤흔들다, 영혼이 움직일 정도로 놀라다
  我昨晚看到了惊心动魄的场面。 나는 어제 매우 놀라운 장면을 봤다.

- **奋不顾身** fèn bù gù shēn 자신을 돌보지 않고 용감하게 나아가다
  为了抢救一名孩子，他奋不顾身地冲进了火海。
  아이를 구하기 위해, 그는 자신의 몸을 돌보지 않고 불길 속으로 뛰어들었다.
  抢救 qiǎngjiù 동 구하다 | **冲进** chōngjìn 동 뛰쳐들다 | **火海** huǒhǎi 명 불바다

- **无影无踪** wú yǐng wú zōng 그림자도 없고 발자취도 없다, 전혀 자취를 찾을 수가 없다
  他转眼之间就无影无踪了。 그는 순식간에 사라졌다.

- **半信半疑** bàn xìn bàn yí 반신반의하다
  我对她说的话半信半疑。 나는 그녀의 말을 잘 못 믿겠다.

- **莫名其妙** mò míng qí miào 영문을 모르다, 어리둥절하게 하다
  他说了些莫名其妙的话。 그는 영문을 알 수 없는 말을 했다.

- **不偏不倚** bù piān bù yǐ 공정하다, 중립을 유지하다
  他本来不偏不倚。 그는 본래 어느 쪽으로도 치우치지 않는다.

- **言外之意** yán wài zhī yì (말로 직접 표현되지 않고) 숨은 뜻, 암시하는 말
  你听出他这话的言外之意了没有? 당신은 그가 한 말의 숨은 뜻을 알아들었습니까?

- **功亏一篑** gōng kuī yī kuì 작은 일 하나로 인해 큰일을 이루지 못하다
  我们功亏一篑。 우리는 간발의 차로 실패했다.

- **自以为是** zì yǐ wéi shì 자신만이 옳다고 생각하다, 독선적이다
  我自以为是普通感冒就没太在意。 나는 일반 감기라고 생각하고 그렇게 신경을 쓰지 않았다.
  在意 zàiyì 마음에 두다, 신경 쓰다

- **九牛二虎之力** jiǔ niú èr hǔ zhī lì 엄청난 노력[아홉 마리 소와 두 마리 호랑이의 힘]
  我费尽了九牛二虎之力才到了。 나는 매우 힘들게 해서야 겨우 도착했다.
  费尽 fèijìn 동 다 써 버리다

- **欣喜若狂** xīnxǐ ruò kuáng 미친 듯이 기뻐하다
  孩子们听到这个消息后欣喜若狂。 아이들은 이 소식을 듣고 기뻐서 날뛰었다.

- **街头巷尾** jiētóu xiàngwěi 길거리마다
  我在街头巷尾找过他。 나는 길거리마다 돌아다니며 그를 찾았었다.

- **忘乎所以** wàng hū suǒyǐ 매우 흥분하거나 자만하여 모든 것을 잊어버리다
  他高兴得忘乎所以。 그는 매우 기쁜 나머지 아무것도 생각나는 것이 없다

- **捉迷藏** zhuō mícáng 숨바꼭질, 말이나 행동이 숨바꼭질하듯 빙빙 돌려 말하다
  为什么跟我玩捉迷藏呢? 왜 제게 말을 돌려서 하는 건가요?

- **劳逸结合** láoyì jiéhé 일과 휴식의 적당한 안배
  我们要注意劳逸结合。 우리는 일과 휴식을 적절히 안배해야 한다.

- **养家糊口** yǎngjiā húkǒu 집안 식구를 가까스로 부양하다
  养家糊口是没有问题的。 집안 식구를 부양하는 것에 문제가 없다.

- **一筹莫展** yì chóu mò zhǎn 전혀 방도가 없다, 어찌할 수가 없다
  一筹莫展，让人烦恼。 전혀 방법이 없어 사람을 심란하게 한다.

- **疲于奔命** pí yú bēnmìng 바빠서 숨 돌릴 새가 없다
  我现在疲于奔命。 나는 지금 바빠서 숨 돌릴 새가 없다.

- **奄奄一息** yǎnyǎn yì xī 마지막 숨을 모으다
  现在她奄奄一息地躺在病床上。 현재 그녀는 거의 죽음에 이른 상태로 병상에 누워 있다.

- **脱颖而出** tuō yǐng ér chū 송곳 끝이 자루를 뚫고 나와 보이다, 재능을 드러내다
  他开始在运动方面脱颖而出。 그는 운동 방면에서 재능을 드러내기 시작했다.

- **无动于衷** wú dòng yú zhōng 조금도 마음이 끌리지 않는다, 조금의 동요도 없다
  他怎么能这样无动于衷呢？ 그는 어쩜 이렇게 조금의 동요도 없을 수 있을까?

- **百折不挠** bǎizhé bù náo 백 번 좌절 당해도 굽히지 않다
  我们都需要百折不挠的精神。 우리는 어떤 경우에도 좌절하지 않는 정신이 필요하다.

  빈칸에 어울리는 성어를 고르세요.

1 上课，学生专心听课的时候我却看了窗外，然后竟然＿＿＿说出了一句"下雪了！"说出这三个字的那一刹那，这帮孩子都高兴得跳起来了。

  A. 九牛二虎之力　　　　B. 莫名其妙

2 回家乡时，看见很多家新开张的旗袍专卖店，散落在这个城市的＿＿＿。我走进其中一家，挑了一件紫色绣花的买下了。

  A. 养家糊口　　　　　　B. 街头巷尾

어휘&해석

1 专心 zhuānxīn 圈 몰두하다, 열정하다 | 竟然 jìngrán 囝 뜻밖에 | 刹那 chànà 圀 순간, 찰나 | 帮 bāng 窗 사람의 무리를 셀 때 쓰임

수업시간에 학생들이 열심히 수업을 듣고 있을 때, 나는 오히려 창밖을 보고 있었다. 그런데 뜻밖에 나도 모르게 "눈이 내리네!"라는 말이 나왔다. 이 세 마디를 말하는 순간 아이들은 기뻐서 뛰기 시작했다.

2 开张 kāizhāng 圐 개장하다 | 旗袍 qípáo 圀 치파오[중국 여성들의 전통 의상] | 专卖店 zhuānmàidiàn 圀 전문 매장 | 散落 sǎnluò 圐 분산되다 | 紫色 zǐsè 圀 자주색 | 绣 xiù 圐 수놓다

고향에 갔을 때, 새로 개장한 치파오 전문점들을 많이 보였고, 도시 거리마다 널려 있었다. 나는 그 중 한 가게에 들어가서 자주색 꽃이 수놓아진 것을 샀다.

정답

1 B　　**2** B

실력 다지기

1~15 지문을 읽고 빈칸에 들어갈 단어나 문장을 보기에서 고르세요.

1~3

　　我在街头的书店偶遇涂林。当时我在看一本画册，介绍日本茶道的，上面是一些介绍，翻到一页很美的插图，下面有一句话我怎么也翻译不出来，____1____书包里拿出电子辞典，还是不能翻译，____2____之际，涂林出现了，我并不知道涂林是怎么出现的，怎么看到我，怎么到我身边的。只是当我听到"这句话印刷错误，无法翻译"时，一抬头就看到了那张脸，我到现在也无法忘记那个场景。昏黄灯光的书店里，老板在前台用日语和人打着电话，涂林看着我的眼神很平静。我笑了笑把书塞回去，跟在涂林身后从书店出来。我想，故人见面的第一句话应当是"你过得好吗？"可是涂林在我们分别三年后，站在异国宁静的街边，他开口说的第一句话竟然是，小缦，____3____

1 A. 由　　　B. 从　　　C. 在　　　D. 往

2 A. 半信半疑　　　　　　　B. 一筹莫展
　　C. 捉迷藏　　　　　　　　D. 言外之意

3 A. 你是日本人吗　　　　　B. 这书多少钱
　　C. 你过得好吗　　　　　　D. 我很想你

4~7

　　是6年前。那天是圣诞夜，商店的橱窗上画着____4____，到处是喜庆和温暖。可是我没有，什么都没有。我走在寒风中，忽然摸到口袋里还有两块钱，于是我就去超市，想给自己买点儿东西充饥。超市真大，走了两圈，我就迷了路。摸到学习用品区，____5____，很漂亮。我拿在手里，爱不释手。在超市门口，我被两个保安拦住了，他们说我偷了超市里的东西。很多人围拢上来，一个____6____说，你是自己拿出来呢，还是让我们送你去派出所？我明明记得没有拿，谁知道那支钢笔怎么跑到我的口袋里了呢？这时，美映从人群中走出来，她说，美琳，你这丫头，妈妈一时不见，你就惹祸。我一时没有反应过来，呆怔地看着她。她冲我眨眨眼睛，美琳，你过来，跟保安叔叔认个错。说着转身低声下气地对保安说，这孩子还小，别送派出所了，都是我平时管教不严，给她一个改正错误的机会，好不好？还有，____7____。那支钢笔，是美映送给我的第一个礼物，英雄牌的，同时我还有了一个好听的名字，美琳。人群渐渐地散去，美映说，你回家吧！我摇了摇头，又点了点头。

4　A. 圣诞老人和圣诞树　　　　　　B. 老人和小孩
　　C. 一家人　　　　　　　　　　　D. 下雪的风景

5　A. 我又迷了路　　　　　　　　　B. 我想去别的地方
　　C. 我想试一试　　　　　　　　　D. 我看到一支钢笔

6　A. 孩子　　　B. 保安　　　C. 售票员　　　D. 大人

7　A. 我们不用了　　　　　　　　　B. 这支钢笔我们买下了
　　C. 他本来不喜欢这支笔　　　　　D. 我们要走了

8~11

　　我与他其实并不很熟，只是为了一点事要去找他，就托朋友带我去了他家。他事业有成，想象中他应该住花园别墅的，却不料，_____**8**_____。谈妥事情之后，他留我和朋友吃饭，说好了去外面酒店吃，可临到吃饭时，他的妻儿和母亲却在那里推让，_____**9**_____。推让着的三个人都让别人去酒店吃饭，表示自己愿意留下来，一番争执之后，大家还是拗不过他那年迈的母亲，将老人家留在了家中。这让我很歉疚，也很不解。我们去吃饭，怎能将老太太一个人撇在家里？一定得留个人看家吗？席间，为这事我再三向他致歉，他笑笑说，没什么，这是二十多年的习惯了，不管什么时候，家里总要有一个人留守。为什么？怕有小偷？我这一问，他那8岁的儿子大声抢着回答：才不是呢，是在等人！我奶奶在等我姑姑！我还是有点不大明白，现在电话方便，打个电话告诉对方一声就行了，干嘛非得在家里等？他便给我讲了事情的原由。他有个妹妹，妹妹9岁那一年，有一天去上学后就再也没回来，一直没有妹妹的消息。这一等就是二十多年，二十多年来，他家的电话号码从没换过，无论怎么忙，家里也总会有一个人留守。渐渐地，他事业成功，有了自己的公司，有了车，在老街区的筒子楼找不到停车位，总要将车停在离家很远的地方。这样不方便，他就想到搬家。但母亲_____**10**_____不肯离开筒子楼，担心女儿回来找不到她。她让他们搬，说她一个人仍住在老房子里。_____**11**_____，搬家的事谁也没再提过，他们家就一直住在筒子楼里，谁也没嫌过房子简陋。妹妹失踪至今已二十多年，如果妹妹健在，也该有三十多岁了。这二十多年来，家里一直有人，无论再忙，无论有多么重要的活动，总会有一个人留守，等待妹妹的电话，等待妹妹突然回家。听着他的讲述，我既心酸又感动。一次不幸的事件，彻底改变了一个家庭的生活习惯。家里时时刻刻有人守着，等待一个可能永远不会回来的人。

8 A. 他住的房子很豪华　　　　　　　B. 他住的房子离这儿太远
　　C. 去时才知道，他一个人住，没有家人　　D. 去时才知道，他住在很简陋的房子

9 A. 原因是大家都不要去　　　　　　B. 母亲不让孩子们走
　　C. 母亲不想吃饭　　　　　　　　　D. 原因是要留一个人看家

10 A. 死活　　　B. 结果　　　C. 后果　　　D. 看法

11 A. 他让母亲一个人住在这里　　　　B. 可他要搬家
　　C. 他怎么能让母亲一个人住在这里　　D. 他也不想搬家

12~15

当初姐姐与姐夫恋爱时，母亲坚决不同意，说他没有文化也就罢了，连个正经手艺也没有，整天跟着人出去盖房子、打零工，被人_____**12**_____。那时我在省城读大学，见识过城市繁华的母亲，一心盼着姐姐能嫁个城里人。我帮姐姐说话，_____**13**_____，起码得有个好身体，在农村，有地可种，又能余出一份精力出去多挣点钱，已经不错了。母亲没吱声，半天才吐出一句：什么建筑工，在城里人看来，不过就是个民工罢了。母亲这一句总结，让家里人沉默了很长时间，连姐姐自己也为此觉得羞愧，似乎一旦嫁给姐夫，就会跟着陷入社会最底层，永远_____**14**_____不了身。很长一段时间，家里人不再讨论这门婚事。后来，姐夫买了大包的东西，骑着摩托车飞奔到我们家。为了礼节，父母勉强留他在家吃饭。我以为他会慷慨激昂发表一番演讲，可直到饭吃了一半，他也没扯到正题上去。最后，不知这饭该如何收场，这时，姐夫将一整杯酒一饮而下，涨红着脸说：爹，娘，我保证，_____**15**_____就这一句话，让姐姐下定了决心，嫁给姐夫。而父母也叹口气，闪身放了行。

12 A. 看不起　　B. 看来　　C. 说　　D. 动脑筋

13 A. 说我喜欢姐夫　　　　　　　B. 说你让他们结婚吧
　　C. 说建筑工也不是谁都能干的　　D. 说我也同意你的看法

14 A. 翻　　B. 走　　C. 去　　D. 上

15 A. 不管我这辈子吃多少苦，都不会让小潭受一点委屈
　　B. 我要跟她分手了
　　C. 我离开这个国家了
　　D. 我努力做家务了

제2부분

독해 제2부분은 총 10문항으로, 단문을 빠르게 읽고 보기의 옳고 그름을 판단하는 능력을 테스트 한다. 주어진 시간 내에 풀기 위해서는 지문과 보기를 빠르게 대조하며 정확하게 파악할 줄 알아야 한다.

단문 독해하고 일치하는 보기 고르기

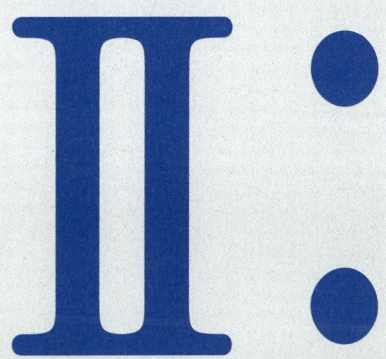

- 중국 문화·풍속 관련 지문 독해하기
- 과학 상식 관련 지문 독해하기
- 실용 상식 관련 지문 독해하기
- 다양한 이야기 지문 독해하기

1 중국 문화·풍속 관련 지문 독해하기

Guide

新 HSK는 중국어 능력을 평가하는 시험으로, 중국에 대해 얼마나 이해하고 있는지에 중점을 둔 지문이 많이 출제된다. 중국 풍속, 문화, 역사 등과 관련된 기본적인 상식과 다양한 어휘, 표현에 관심을 기울여 보도록 한다.

 어려운 단어는 과감히 넘어가라! 생소한 고유명사나 전문용어에 미리 겁먹고 어려워하지 말자. 독해 2부분은 시간 싸움이다. 전문용어가 나올 때는 앞뒤 내용으로 그 뜻을 대략 파악하고 시간 낭비를 하지 않도록 한다.

독해 급소공략

- **보기를 먼저 읽고 상식선에서 아닌 것들을 먼저 제거하라.**

  지문을 읽기 전에 **보기를 먼저 살펴보자**. 지문의 내용이 어떤 것인지 미리 알아볼 수도 있고, **상식적으로 아닌 것들을 먼저 배제해 놓으면 독해하는 데 도움이 된다**. 보기와 지문을 차례차례 빠르게 대조하며 독해하는 습관을 기르도록 한다.

- **중국에 관한 기본 상식을 미리 알아 두어라.**

  중국의 특별한 명절이나 기념일에는 주로 무엇을 하는지, 어떤 것을 먹는지, 그날이 언제인지 정도는 상식적으로 알아 두는 것이 좋다. 중국을 이해하고 알아가기 위해 기본적인 상식을 쌓는다고 생각한다면 재미있게 지문을 읽어 내려갈 수 있을 것이다.

- **객관적인 시선으로 지문을 읽어라.**

  중국에 대해 기본적인 상식을 알아둔다면 문제를 푸는 데 도움이 되기는 하지만, 그것을 믿고 너무 방심해서는 안 된다. 우리와 다른 문화이기 때문에 평소에 두루뭉술하게 이해한 정보를 바탕으로 색안경을 끼고 보기 시작한다면 출제의도와는 먼 답을 선택하게 될 수도 있다.

예제로 감 익히기

Mission 1

단문을 독해하고 일치하는 보기를 골라 보세요.

---

1 国际劳动节又称"五一国际劳动节"，是世界上大多数国家的劳动节。定在每年的五月一日。它是全世界劳动人民共同拥有的节日。五一国际劳动节源于美国芝加哥城的工人大罢工。1889年7月，在恩格斯组织召开的大会上宣布将每年的五月一日定为国际劳动节。这一决定立即得到世界各国工人的积极响应。

　　A. 五一国际劳动节源于美国工人大罢工
　　B. 五一国际劳动节源于中国工人
　　C. 五月十一日定为国际劳动节
　　D. 劳动节只是中国的节日

国际劳动节<u>又称</u>"五一国际劳动节"，是世
　　　　또 ~라 부르다
界上大多数国家的劳动节。<u>定在</u>每年的五月一
　　　　　　　　　　　　　~로 정해지다
日。它是 D <u>全世界劳动人民共同拥有的节日</u>。

A,B 五一国际劳动节<u>源于</u>美国芝加哥城的工
　　　　　　　　　~에서 시작되다

人大罢工。1889年7月，(在)恩格斯组织召开的
　　　　　　　　　　　~에서
大会(上)宣布(将) C 每年的五月一日(定)为国际劳动
　　　　　　将 A 定为 B : A를 B로 정하다
节。这一决定立即(得到)世界各国工人的积极(响应)。
　　　　　　　　　　　　호응을 얻다

A. 五一国际劳动节源于美国工人大罢工
B. 五一国际劳动节源于中国工人
C. 五月十一日定为国际劳动节
D. 劳动节只是中国的节日

국제노동절은 '오일국제노동절'이라고도 하며, 세계적으로 수많은 국가의 노동절이다. 매년 5월 1일로 정해졌다. 그것은 D 전세계 노동자들이 공통으로 지내는 기념일이다. A,B 오일국제노동절은 미국 시카고 노동자들의 대파업으로 시작되었으며, 1889년 7월, 엥겔스조직이 개최한 대회에서 C 매년 5월 1일을 국제노동절로 정하여 발표했다. 이 결정은 바로 세계 각국 노동자들의 적극적인 호응을 얻었다.

A. 오일국제노동절은 미국 노동자들의 파업으로 시작되었다
B. 오일국제노동절은 중국 노동자들로부터 시작되었다
C. 5월 11일은 국제 노동절이다
D. 노동절은 중국에만 있는 기념일이다

劳动节 Láodòng Jié 고유 노동절 | **拥有** yōngyǒu 동 가지다, 지니다 | **芝加哥** Zhījiāgē 고유 시카고 | **罢工** bàgōng 동 파업하다 | **召开** zhàokāi 동 (회의 등을) 열다 | **宣布** xuānbù 동 선포하다, 공표하다 | **立即** lìjí 부 즉시 | **得到** dédào 동 얻다, 획득하다 | **积极** jījí 형 긍정적인, 적극적인 | **响应** xiǎngyìng 동 (남의 의견이나 사상에) 호응하다

Ⅱ-1. 중국 문화・풍속 관련 지문 독해하기　67

1 **A** (○) 본문에 같은 내용이 언급되고 있다. 중국의 노동절이 5월 1일이고, 중국에서 지내는 큰 휴일인 것을 사전에 알고 있으면 답을 쉽게 찾을 수 있다.

  B (×) 노동절은 '중국 노동자(中国工人)'가 아니라 '미국 시카고 노동자(美国芝加哥城的工人)'들로부터 시작되었다고 했으므로 답이 아니다.

  C (×) 숫자에 주의하자. '5월 11일(五月十一日)'이 아니라 '5월 1일(五月一日)'이다.

  D (×) '세계노동자들이 공통으로 지내는 기념일(世界劳动人民共同拥有的节日)'라고 언급하고 있으므로 답이 될 수 없다.

독해 비법 check!

新 HSK에서는 중국어 능력뿐만 아니라 중국 문화에 대해 얼마나 이해를 잘하고 있는지를 평가합니다. 특히 중국 상식과 관련하여 주요 명절에 대한 지문이 자주 출제되므로 대표적인 명절의 기본 지식을 알아둡시다.

- **춘절[春节, 음력 1월 1일]**: 중국 최대 명절로 아침을 먹고 난 후, '压岁钱'이라고 불리는 세뱃돈을 '红包'라고 하는 빨간 봉투에 넣어줍니다. 대문에는 '对联'이라고 하는 복을 비는 글귀와 '福'자를 거꾸로 붙이는데, '거꾸로'라는 뜻의 '倒'와 '오다'라는 뜻의 '到' 발음이 같아서 '복이 오다'라는 뜻을 나타내기 때문이죠. 저녁에는 멀리 있던 가족과 친척들이 모두 모여 만두를 빚어 먹고, 폭죽놀이를 하는 등 갖가지 행사와 놀이를 합니다.

- **청명절[清明节, 4월 5일]**: 절기상 날씨가 따듯하고 초목이 소생하는 시기로 조상의 묘에 가서 묘를 정리하고 돌아가신 조상을 추모합니다. 조상에게 제사를 지낼 때, 후손들은 벌초하고 새 흙을 얹으며 향을 태웁니다. 또, 가짜 종이 돈을 태우며 절을 하거나 묵도합니다.

- **단오절[端午节, 음력 5월 5일]**: '屈原'을 기념하는 날로 대나무 잎에 싸서 쪄낸 '粽子'를 먹고 용머리를 배에 장식한 '龙船'을 타고 경기하는 행사를 합니다. 또 집집이 문 앞에 약초인 쑥과 초포를 걸어 놓는데, 습한 초여름에 병충해가 생겨 쉽게 병에 걸릴 수 있는 것을 막고 치료하는 역할을 합니다.

- **중추절[中秋节, 음력 8월 15일]**: 이날을 기념하기 위해 달을 감상하고, '月饼'을 먹는 풍습이 있습니다. 특히 중추절의 선물로 인기가 많은 '月饼'은 보통 안에 팥이 들어가는데, 요즘엔 고기, 설탕, 호두, 건포도 등 지방마다 다양하고 특색이 있는 소가 들어갑니다. 중주철은 또한 가을의 둥근 달이 단결과 화목의 상징이라 여겨 '团圆节'라고도 부릅니다.

독해 내공 TiP — 중국 상식에 도움 되는 연관 단어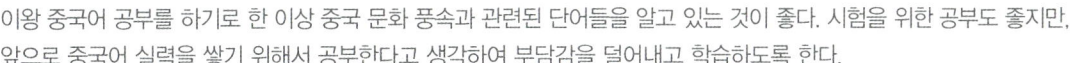

이왕 중국어 공부를 하기로 한 이상 중국 문화 풍속과 관련된 단어들을 알고 있는 것이 좋다. 시험을 위한 공부도 좋지만, 앞으로 중국어 실력을 쌓기 위해서 공부한다고 생각하여 부담감을 덜어내고 학습하도록 한다.

1 식문화

음식·요리

包子 bāozi 명 (소가 든) 찐빵 | 饺子 jiǎozi 명 만두, 교자 | 水饺 shuǐjiǎo 명 물만두 | 面条 miàntiáo 명 국수 | 豆浆 dòujiāng 명 또우지앙, 두유 | 油条 yóutiáo 명 유타오[밀가루 반죽을 발효시켜 길쭉한 모양으로 만든 후, 기름에 튀긴 음식] | 火锅 huǒguō 명 훠궈[중국식 샤부샤부] | 炸酱面 zhájiàngmiàn 명 쟈지앙미엔 | 烤鸭 kǎoyā 명 카오야 | 八宝粥 bābǎozhōu 명 팔보죽, 영양죽 | 鸡蛋汤 jīdàntāng 명 계란탕 | 粉丝 fěnsī 명 (녹말로 만든) 실 모양의 당면 | 月饼 yuèbing 명 위에빙[중추절에 먹는 중국식 빵] | 糖葫芦 tánghúlu 명 탕후루[산사나무의 열매나 해당화의 열매를 꼬치에 꿰어, 설탕물을 묻혀 굳힌 과자] | 炒饭 chǎofàn 명 볶음밥 | 乌龙茶 wūlóngchá 명 우롱차 | 绿茶 lǜchá 명 녹차 | 红茶 hóngchá 명 홍차 | 北京烤鸭 Běijīng kǎoyā 고유 베이징 카오야 | 麻婆豆腐 Mápódòufu 고유 마포또우푸 | 糖醋肉 Tángcùròu 고유 탕추로우 | 干烹鸡 Gānpēngjī 고유 깐펑지 | 宫爆鸡丁 Gōngbàojīdīng 고유 궁바오지딩[네모지게 썬 닭고기·야채·땅콩 등을 넣어 볶은 요리] | 京菜 Jīng cài 고유 베이징 요리 | 江苏菜 Jiāng Sū cài 고유 상하이 요리 | 四川菜 Sìchuān cài 고유 쓰촨 요리 | 广东菜 Guǎngdōng cài 고유 광둥 요리 | 点心 diǎnxin 명 간식

조리법·맛

炒 chǎo 동 볶다 | 烤 kǎo 동 굽다 | 炸 zhá 동 튀기다 | 煎 jiān 동 부치다 | 煮 zhǔ 동 삶다, 끓이다 | 香 xiāng 형 향기롭다, 맛있다 | 酸 suān 형 시다 | 甜 tián 형 달다 | 苦 kǔ 형 쓰다 | 辣 là 형 맵다 | 酸甜苦辣 suān tián kǔ là 성 각양각색의 맛[세상의 온갖 고초를 비유할 때 쓰임] | 油腻 yóunì 형 느끼하다 | 烫 tàng 형 뜨겁다 | 淡 dàn 형 싱겁다 | 咸 xián 형 짜다 | 清淡 qīngdàn 형 담백하다

 단문을 읽고, 보기의 문장과 비슷하거나 일치하는 문장을 찾아 밑줄을 그으세요.

月饼应该是明朝开始的。如果我们综合明朝有关月饼与中秋节民俗的资料来看,应该能够看出月饼取意团圆的历史轨迹:中秋节祭月后,全家人都围坐一起分吃月饼。因为月圆饼也圆,又是合家分吃,所以逐渐形成了月饼代表家人团圆的寓意。

A. 中秋节全家人都围坐一起分吃月饼
B. 月饼是明朝开始的
C. 月饼取意团圆
D. 月饼逐渐形成了月饼代表家人团圆的寓意

어휘&해석

明朝 Míngcháo 고유 명나라, 명조 | 综合 zōnghé 동 종합하다 | 有关 yǒuguān 동 관계가 있다 | 民俗 mínsú 명 민속 | 取意 qǔyì 의미를 취하다 | 团圆 tuányuán 동 한 자리에 모이다 | 轨迹 guǐjì 명 행적, 발자취 | 祭月 jìyuè 달에 제사를 드리다 | 围坐 wéizuò 둘러앉다 | 圆 yuán 형 둥글다 | 合家 héjiā 명 가족 전체 | 分吃 fēnchī 나눠 먹다 | 逐渐 zhújiàn 부 점점 | 代表 dàibiǎo 동 대표하다 | 寓意 yùyì 명 함축된 의미

B 위에빙은 명나라 때부터 시작되었다. 우리가 명나라 때에 위에빙과 중추절 민속에 관한 자료를 종합해 본다면, C 위에빙은 '모임'이라는 단어에서 출처 됐다는 역사적 흔적을 분명히 볼 수 있다. 중추절에는 달에 제사를 드린 후, A 온 가족이 둘러앉아 함께 위에빙을 나눠 먹는다. 위에빙은 둥글게 생겼고, 온 가족이 나눠 먹기 때문에 D 점점 가족 모임을 대표하는 뜻을 지니게 되었다.

A. 중추절에 온 가족이 둘러앉아 위에빙을 나눠 먹는다
B. 위에빙은 명나라 때부터 시작 되었다
C. 위에빙은 '모임'에서 의미를 찾을 수 있다
D. 위에빙은 점점 가족 모임을 대표하는 의미를 갖게 되었다

정답

B 月饼应该是明朝开始的。如果我们综合明朝有关月饼与中秋节民俗的资料来看，应该能够看出 C 月饼取意团圆的历史轨迹：中秋节祭月后，A 全家人都围坐一起分吃月饼。因为月圆饼也圆，又是合家分吃，D 所以逐渐形成了月饼代表家人团圆的寓意。

2 명절 · 기념일

1~3월	元旦 Yuándàn 고유 원단, 설날[1월 1일] | 春节 Chūn Jié 명 설[음력 정월 초하루] | 春联 chūnlián 명 춘련[설에 문이나 기둥에 붙이는 대련] | 红包 hóngbāo 명 세뱃돈을 넣어주는 빨간 봉투 | 拜年 bàinián 동 세배하다 | 压岁钱 yāsuìqián 명 세뱃돈 | 鞭炮 biānpào 명 (한 꿰미에 죽 꿴) 연발 폭죽[주로 음력 1월에 폭죽 터뜨리는 풍습이 있음] | 过年 guònián 동 새해를 맞다 | 万事如意 wànshì rúyì 성 모든 일이 뜻대로 이루어지길 바랍니다[인사말] | 恭喜发财 gōngxǐ fācái 돈 많이 버세요[인사말]
	元宵节 Yuánxiāo Jié 고유 원소절, 정월대보름[음력 1월 15일] | 汤圆 tāngyuán 명 탕위엔[원소절에 먹는 새알 모양의 소를 넣고 끓인 음식]
4~6월	清明节 Qīngmíng Jié 고유 청명절[4월 5일] | 祭拜 jìbài 동 제사 지내다
	端午节 Duānwǔ Jié 고유 단오절[음력 5월 5일] | 粽子 zòngzi 명 쫑즈[단오절에 굴원을 기리기 위해 대나무 잎에 찹쌀을 싸서 찐 음식] | 屈原 Qùyuán 고유 굴원 | 龙船 lóngchuán 명 용선[용머리를 배에 장식한 배]
7~9월	七夕 Qīxī 고유 칠석[음력 7월 7일] | 牛郎 niúláng 명 견우 | 织女 zhīnǚ 명 직녀 | 鹊桥 quèqiáo 명 오작교[견우와 직녀가 만났던 까마귀와 까치로 이루어진 다리]
	中秋节 Zhōngqiū Jié 고유 추석, 중추절[음력 8월 15일] | 团圆 tuányuán 동 한자리에 모이다 | 月饼 yuèbing 명 위에빙[중추절에 먹는 중국식 빵] | 赏月 shǎngyuè 동 달구경하다, 달맞이하다 | 放风筝 fàng fēngzheng 연을 날리다 | 红灯 hóngdēng 명 붉은 등
	重阳节 Chóngyáng Jié 고유 중양절[음력 9월 9일] | 菊花酒 júhuājiǔ 명 국화주 | 花糕 huāgāo 명 꽃 떡 | 等高 dēnggāo 동 산에 오르다 | 踏青 tàqīng 동 답청하다[중양절을 전후로 교외를 거닐며 노는 풍속]
그 외	情人节 Qíngrén Jié 고유 밸런타인데이[2월 14일] | 植树节 Zhíshù Jié 고유 식목일[3월 12일] | 白色情人节 Báisè Qíngrén Jié 고유 화이트데이[3월 14일] | 劳动节 Láodòng Jié 고유 노동절[5월 1일] | 母亲节 Mǔqīn Jié 고유 어머니 날[5월 둘째 주 일요일] | 儿童节 Értóng Jié 고유 어린이 날[6월 1일] | 父亲节 fùqīn Jié 고유 아버지의 날[6월 셋째 주 일요일] | 七一 Qī Yī 고유 중국 공산당 창당 기념일 | 八一建军节 Bā Yī Jiànjūn Jié 고유 중국 해방군 창립기념일[8월 1일] | 国庆节 Guóqìng Jié 고유 국경절[10월 1일] | 圣诞节 Shèngdàn Jié 고유 크리스마스[12월 25일]

단문을 읽고, 보기의 문장과 비슷하거나 일치하는 문장을 찾아 밑줄을 그으세요.

重阳节农历九月九日，为传统的重阳节，又称"老人节"。民间在该日有登高的风俗，所以重阳节又称"登高节"。清明，农历二十四节气之一。中国传统的清明节大约始于周代，距今已有二千五百多年的历史。清明一到，气温升高，正是春耕春种的大好时节，清明节又是一个祭祀祖先的节日。

A. 重阳节农历九月九日
B. 中国清明节始于周代
C. 一到清明，气温就升高
D. 重阳节又称"登高节"

어휘&해석

农历 nónglì 명 음력 | **传统** chuántǒng 명 전통 | **风俗** fēngsú 명 풍속 | **距今** jùjīn 동 지금으로부터 (얼마간) 떨어져 있다 | **春耕** chūngēng 명 봄갈이, 춘경 | **春种** chūnzhòng 동 파종하다 | **祭祀** jìsì 동 (신이나 조상에게) 제사 지내다

A중양절은 음력 9월 9일로 전통의 중양절은 '노인절'이라고도 한다. 민간에서는 이날 높은 곳을 오르는 풍속이 있다. **D**그래서 중양절을 또 '높은 곳을 오르는 날'이라고도 부른다. '청명'은 음력 24절기 중 하나이다. **B**중국 전통의 청명절은 대략 주나라 때부터 시작되었으며, 이미 2천 5백여 년의 역사를 가지고 있다. **C**청명이 되면 기온이 올라가기 때문에 봄갈이와 파종하기에 좋은 시기이다. 청명절은 또 조상에게 제사 드리는 날이라 할 수 있다.

A. 중양절은 음력 9월 9일이다
B. 중국 청명절은 주나라 때부터 시작되었다
C. 청명절이 되면 기온이 올라간다
D. 중양절은 또한 '높은 곳을 오르는 날'이라고도 부른다

정답

A重阳节农历九月九日，为传统的重阳节，又称"老人节"。民间在该日有登高的风俗，**D**所以重阳节又称"登高节"。清明，农历二十四节气之一。**B**中国传统的清明节大约始于周代，距今已有二千五百多年的历史。**C**清明一到，气温升高，正是春耕春种的大好时节，清明节又是一个祭祀祖先的节日。

3 문화·풍속

역사	
	历史 lìshǐ 명 역사 | **唐代** Tángdài 고유 당대 | **宋代** Sòngdài 고유 송대 | **元代** Yuándài 고유 원대 | **明代** Míngdài 고유 명대 | **清代** Qīngdài 고유 청대
	秦始皇 Qínshǐhuáng 고유 진시황 | **孔子** Kǒngzǐ 고유 공자 | **孟子** Mèngzǐ 고유 맹자 | **庄子** Zhuāngzǐ 고유 장자 | **李白** Lǐ Bái 고유 이백 | **杜甫** Dù Fǔ 고유 두보 | **鲁迅** Lǔ Xùn 고유 루쉰
	五四运动 Wǔ Sì Yùndòng 고유 5·4운동[1919년 베이징에서 일어난 반제국주의·반봉건주의 애국 운동] | **文化大革命** Wénhuà Dàgémìng 고유 문화대혁명[1966~1976년까지 벌어졌던 대규모 사상·정치 투쟁의 성격을 띤 권력투쟁] | **红卫兵** hóngwèibīng 명 홍위병[문화대혁명 기간 동안 학생으로 이루어진 조직] | **改革开放** gǎigé kāifàng 명 개혁개방[1978년 덩샤오핑 체제 아래 시작된 체제 개혁 및 대외 개방 정책]

관광·여행	故宫 Gùgōng 고유 고궁[베이징에 있는 청나라 때의 궁전]	颐和园 Yíhéyuán 고유 이화원[베이징에 있는 유명한 황실 정원 중의 하나, 서태후의 별장]	天安门 Tiān'ānmén 고유 천안문	长城 Chángchéng 고유 만리장성 ['万里长城'의 줄임말]	兵马俑 Bīngmǎyǒng 고유 병마용	丝绸之路 Sīchóu zhī lù 고유 비단길, 실크로드	王府井大街 Wángfǔjǐng dàjiē 고유 왕푸징거리[베이징의 번화가]	少林寺 Shàolínsì 고유 소림사	冰灯节 Bīngdēng Jié 고유 빙등제, 얼음축제
	黄河 Huánghé 고유 황허, 황화강	长江 Chángjiāng 고유 창지앙, 양자강	黄山 Huángshān 고유 황산, 황산[안후이성에 있음]	泰山 Tàishān 고유 타이산, 태산[오악(五岳)의 하나로 산동성에 있음]	张家界 Zhāngjiājiè 고유 장가계
의복	旗袍 qípáo 명 치파오[중국 여성이 입는 원피스 모양의 의복]	中山服 zhōngshānfú 명 중산복, 인민복[손중산(孙中山)이 제창·제작했다고 하여 붙여진 명칭]	袍子 páozi 명 (중국식) 두루마기	羽绒服 yǔróngfú 명 오리(거위)털 재킷
	大衣 dàyī 명 외투	毛衣 máoyī 명 스웨터	裤子 kùzi 명 바지	裙子 qúnzi 명 치마	连衣裙 liányīqún 명 원피스	西装 xīzhuāng 명 양복	衬衫 chènshān 명 셔츠	T恤 T xù 명 티셔츠	运动服 yùndòngfú 명 운동복	围巾 wéijīn 명 목도리	手套 shǒutào 명 장갑	皮鞋 píxié 명 가죽 구두	棉鞋 miánxié 명 털신발	袜子 wàzi 명 양말	帽子 màozi 명 모자
생활	京剧 jīngjù 명 경극[중국 전통극]	古典音乐 gǔdiǎn yīnyuè 명 고전 음악, 클래식 음악	太极拳 tàijíquán 명 태극권	武术 wǔshù 명 무술	围棋 wéiqí 명 바둑
	普通话 pǔtōnghuà 명 보통화[현대 중국 표준어]	简体字 jiǎntǐzì 명 간체자	繁体字 fántǐzì 명 번체자	书法 shūfǎ 명 서예	相声 xiàngsheng 명 상성, 만담
	三轮车 sānlúnchē 명 삼륜 자전거	胡同 hútong 명 후통, 골목	四合院 Sìhéyuàn 고유 사합원[베이징 전통 주택 양식]	少数民族 xiǎoshù mínzú 명 소수민족	汉族 Hànzú 고유 한족	满族 Mǎnzú 고유 만주족	回族 Huízú 고유 회족
	聚会 jùhuì 명 모임	晚会 wǎnhuì 명 저녁 모임	终身大事 zhōngshēn dàshì 명 혼인대사, 일생의 큰일[주로 결혼을 가리킴]	对象 duìxiàng 명 결혼 상대자	新郎 xīnláng 명 신랑	新娘 xīnniáng 명 신부[=新妇 xīnfù]	喜糖 xǐtáng 명 결혼식 때 나눠주는 사탕
신조어	独生子女 dúshēng zǐnǚ 명 외아들이나 외동딸	小皇帝 xiǎohuángdì 명 소황제[응석받이로 자란 아이를 말함]	黑孩子 hēiháizi 명 헤이하이즈[산아제한 정책으로 법적 구속을 피하기 위해 호적에 노출되지 않은 아이들]	八零后 bālínghòu 명 바링허우[1980년 이후 태어난 세대]
	啃老族 kěnlǎozú 명 (나이가 들어서도 경제적으로) 부모에게 의존하며 사는 사람	白奴 báinú 명 주로 집, 자동차나 사치품에 집착하는 사람	上班族 shàngbānzú 명 월급쟁이	月光族 yuèguāngzú 명 월광족[한 달 월급을 모두 소비해 버리는 중국의 새로운 소비 계층]	裸婚族 luǒhūnzú 명 소박하고 간단한 결혼식을 진행하려는 사람	本本族 běnběnzú 명 각종 자격증을 취득하여 취업하려는 청년들을 말함	气管炎 qìguǎnyán 명 공처가['妻管严'과 발음이 같은 데서 비롯됨]	山寨 shānzhài 명 모조품, 가짜[산자이에서 정부의 관리를 피해 몰래 숨어서 모조품, 유사품 등을 만든 데서 유래한 말]

단문을 읽고, 보기의 문장과 비슷하거나 일치하는 문장을 찾아 밑줄을 그으세요.

羽绒服内羽绒填料的上衣，外形圆润。羽绒服一般鸭绒量占一半以上，同时可以混杂一些细小的羽毛，将鸭绒经高温消毒，填充在衣服中就是羽绒服了。羽绒服保暖性较好。大部分寒冷地区的人们穿着，也为极地考察人员所常用。

A. 羽绒服内羽绒填料的外衣
B. 羽绒服一般鸭绒量占一半以上，同时可以有一些的羽毛
C. 大部分寒冷地区的人们和极地考察人员穿
D. 羽绒服保暖性好

어휘&해석

填料 tiánliào 명 섞어 넣는 재료, 패딩 | 圆润 yuánrùn 형 (표면이) 반들반들하다 | 占 zhàn 동 차지하다 | 细小 xìxiǎo 형 아주 작다 | 混杂 hùnzá 동 뒤섞(이)다 | 羽毛 yǔmáo 명 깃털 | 经 jīng 동 (사람의 손 등을) 거치다, 통하다 | 消毒 xiāodú 동 소독하다 | 保暖 bǎonuǎn 동 보온(하다) | 考察 kǎochá 동 현지 조사하다 | 常用 chángyòng 동 늘 쓰다 | 寒冷 hánlěng 형 한랭하다, 춥고 차다 | 极地 jídì 명 극지, 극지방

A 오리털 재킷은 가공한 오리털을 채워 넣은 외투로 겉모양은 반들반들하다. **B** 오리털 재킷은 오리털이 반 이상이고, 동시에 미세한 (다른 동물의) 깃털도 섞을 수 있다. 오리털을 고온의 소독을 거쳐 옷에 가득 채우면 바로 오리털 재킷이 된다. **D** 오리털 재킷의 보온성은 비교적 좋다. **C** 대부분 추운 지역의 사람들이 입고 또한 극지의 탐사원들도 자주 사용한다.

A. 오리털 재킷은 오리털로 채워진 외투이다
B. 오리털 재킷은 일반적으로 오리털이 반 이상이고, 동시에 다른 깃털이 있기도 하다
C. 대부분 추운 지역의 사람들과 극지의 탐사원들이 입는다
D. 오리털 재킷은 보온성이 좋다

정답

A 羽绒服内羽绒填料的上衣，外形圆润。**B** 羽绒服一般鸭绒量占一半以上，同时可以混杂一些细小的羽毛，将鸭经高温消毒填充在衣服中就是羽绒服了。**D** 羽绒服保暖性较好。**C** 大部分寒冷地区的人们穿着，也为极地考察人员所常用。

실력 다지기

1~10 지문을 읽고 지문과 일치하는 보기를 고르세요.

1 春节，传统名称为新年、大年、新岁，但口头上又称度岁、庆新岁、过年。古时春节曾专指节气中的立春，也被视为一年的开始，后来改为农历正月初一开始为新年。春节又叫阴历年、农历新年、农历年、旧历年，俗称"过年、大年、过大年"。春节的历史很悠久。这是我国民间最隆重、最热闹的一个传统节日。在春节这一传统节日期间，人们举行各种庆祝活动，这些活动大多以祭祀神佛、除旧布新、迎喜接福、祈求丰年为主要内容。

A. 春节的传统名称是大年或新岁
B. 古时春节被视为一年的开始
C. 春节的历史很短
D. 春节是中国满族的节日

2 中秋节，农历八月十五，我国的传统节日之一。关于节日起源有很多种说法，也有很多关于这天的传说和传统。中秋节与春节、清明节、端午节并称为中国汉族的四大传统节日。自2008年起中秋节被列为国家法定节假日。国家非常重视非物质文化遗产的保护，2006年5月20日，该节日经国务院批准列入第一批国家级非物质文化遗产名录。

A. 中秋节本来就是国家法定的节假日
B. 中秋节是八月十五
C. 关于中秋节的起源没有说法
D. 中秋节被称为中国汉族的四大传统节日之一

3 武术：打拳和使用兵器的技术，是中国传统的体育项目。武术又称国术或武艺，中国传统体育项目。其内容是把踢、打、摔、拿、跌、击、劈、刺等动作按照一定规律组成各种攻防功夫。武术具有极其广泛的群众基础、是中国人民在长期的社会实践中不断积累和丰富起来的一项宝贵的文化遗产。中国武术是中国民族的优秀文化遗产之一。

A. 武术是中国现代的体育项目
B. 武术的内容只包括踢、打、摔
C. 武术具有广泛的群众基础
D. 武术是全世界文化遗产之一

4 旗袍是女性服饰之一，源于满族女性传统服装，在20世纪上半叶由汉族女性改进，由政府于1929年确定为国家礼服之一。1949年之后，旗袍在大陆渐渐被冷落。在现时西方人的眼中，旗袍具有中国的女性服饰文化象征意义。对传统旗袍来说，现在的外露曲线是不可能有的。传统旗袍的裁制一直采用直线，胸、肩、腰、臀完全平直，女性身体的曲线毫不外露。

A. 原来旗袍是汉族女性的传统服装
B. 旗袍，1949年政府确定为国家礼服之一
C. 旗袍在中国女性服饰文化方面具有象征意义
D. 现代旗袍一直采用完全平直的设计，女性身体的曲线毫不外露

5 包子，中国传统食品之一，价格便宜、实惠。包子通常是用面做皮，用菜、肉或糖等做馅儿。不带馅的则称作馒头。在江南的有些地区，馒头与包子是不分的，他们将带馅的包子称作肉馒头。包子一般是用面粉发酵做成的，大小依据馅心的大小有所不同，最小的可以称作小笼包，其他依次为中包、大包。常用馅心为肉、芝麻、豆沙、干菜肉等，出名的有广东叉烧包、上海灌汤包。中国的面相学也有包子脸之说。

A. 包子价格比较贵
B. 在中国整个地区不带馅的也被称为包子
C. 包子是用面粉做的
D. 中国的面相学有苹果脸之说

6 粽子是端午节的节日食品，传说是为纪念屈原而流传的，是中国历史上文化最深厚的传统食品.一直到今天，每年五月初，中国百姓家家都要浸糯米、洗粽叶、包粽子，其花色品种更为繁多。从馅料看，北方多包小枣的北京枣粽；南方则有豆沙、鲜肉、八宝、火腿、蛋黄等多种馅料，其中以浙江嘉兴粽子为代表。吃粽子的风俗，千百年来，在中国盛行不衰，而且流传到朝鲜、日本及东南亚诸国。

A. 粽子是中秋节的节日食品
B. 北方多包小枣的粽子
C. 粽子有百年历史
D. 粽子只在中国吃

7 1949年10月2日,中央人民政府通过《关于中华人民共和国国庆节的决议》,规定每年10月1日为国庆节,并以这一天作为宣告中华人民共和国成立的日子。从此,每年的10月1日就成为全国各族人民隆重欢庆的节日了。每年国庆,要举行不同形式的庆祝活动,以加强本国人民的爱国意识,增强国家的凝聚力。

A. 中国的国庆节为10月2日
B. 世界各国国庆节为10月1日
C. 每年国庆,各国没什么庆祝活动
D. 以国庆庆祝活动增强国家的凝聚力

8 在古代中国,食品卫生条件较差,相对于其他食品而言,经过煮沸的面条最为洁净,可以大大减少肠胃疾病的发生,因此面条成为中国最常见的食品之一。由于制条、调味的不同,从而使中国各地出现了数以千计的面条品种,遍及各地。著名的面条有:北京的炸酱面、龙须面;山东的福山拉面;济南的打卤面。

A. 从古代,中国不吃面条
B. 面条成为中国最常见的食品之一
C. 中国只有一个地方出现了数以千计的面条品种
D. 北京的小面很有名

9 在日常生活中,中国人邀请别人到家里做客大多用打电话或者口头邀请的方式。如果是比较重要的活动,就会发请帖邀请客人。到中国人家里做客,最好在约定的时间里到达,提前或者迟到都是不礼貌的。客人告辞的时候,主人会礼貌地说"还早哪,再坐一会儿吧。","怎么刚来就要走呀"什么的。如果客人发现主人还有事情做,就应该主动告辞,要再一次向主人表示感谢和歉意,如说"感谢你们"、"打扰您了"等等。当然,如果是关系比较近的人,那么,主人和客人之间就不必太客气了。

A. 即是关系近的人,主人和客人之间也要客气
B. 中国人邀请别人到家里做客只用打电话的方式
C. 到中国人家里做客最好提前到达
D. 客人发现主人还有事情做,就应该主动告辞

10. 豆浆是中国人民喜爱的一种饮品，又是一种老少皆宜的营养食品，在欧美享有"植物奶"的美誉。豆浆含有丰富的植物蛋白和磷脂，还含有维生素B1、B2和烟酸。此外，豆浆还含有铁、钙等矿物质，尤其是其所含的钙，虽不及豆腐，但比其他任何乳类都高，非常适合于老人、成年人和青少年。

A. 豆浆是世界人民喜爱的一种饮品
B. 欧美没有豆浆
C. 豆浆富含钙
D. 豆浆不适合于老人

2 과학 상식 관련 지문 독해하기

> **Guide**
> 과학 상식과 관련된 영역은 한글 지문으로 접했을 때도 어렵기 때문에 중국어로 된 지문을 읽게 되면, 더욱 낯설고 두렵게 느껴질 것이다. 앞부분에서 언급했던 것처럼 어려운 고유명사나 전문용어들은 일단 건너뛰자. 보기를 먼저 보고 지문에 나올 내용을 미리 유추한다면, 독해하기에는 상대적으로 쉬운 영역이다.
>
> **주의** **미리 겁먹지 마라!** 과학 상식과 관련된 지문에 나오는 단어 중에 어려운 어휘들은 중국인조차 모르는 단어일 수도 있다. 따라서 중간마다 어려운 단어가 나와서 당황스럽더라도 보기와 지문을 순서대로 차례차례 대조해 나간다면 뜻밖에 쉽게 답을 고를 수 있다.

독해 급소공략

• 주요 어휘를 중심으로 외워라.

새로운 어휘가 나올 때마다 공부하고 외우는 것은 부담스럽기도 하고, 시간 낭비이기도 하다. 과학 상식에 나오는 명사는 주로 사물이나 상황의 고유 명칭이므로 독해하는 데 방해요소가 되지 않는다. 다만, 이런 고유 명칭이 길어질 경우, 단어가 어디에서 끝나는지 모를 수가 있다. 따라서 새로 나오는 품사 중 명사보다는 부사, 개사, 동사, 형용사를 위주로 암기하여 독해하도록 한다.

• 그때그때 체크하라.

과학 상식과 관련된 분야는 무궁무진하다. 따라서 생소한 단어나 구문 등은 문제를 풀면서 그때그때 한 번씩 정리해 두는 것이 좋다. 독해 내공 Tip에 제시된 자주 출제되고 도움되는 단어들만이라도 주의 깊게 체크하고 넘어가자.

• 속독과 정독, 두 마리 토끼를 잡아라.

독해 2부분은 보기와 지문을 계속 대조하며 문제를 풀어야 하므로 평소에 항상 속독하는 습관을 들여야 제시간 안에 풀 수 있다. 하지만 **속독을 한 후 정답을 체크할 때에는 다시 한번 꼼꼼히 정독해 보자.** 어렴풋이 대충 넘어갔던 내용을 되짚어 번역하는 연습을 꾸준히 한다면, 실제 시험에서 탄탄한 독해 실력을 발휘할 수 있을 것이다.

예제로 감 익히기

Mission 1

단문을 독해하고 일치하는 보기를 고르세요.

> **1** 因特网起源于美国国防部高级研究计划管理局建立的阿帕网。网站(Website)开始是指在因特网上，根据一定的规则，使用HTML等工具制作的用于展示特定内容的相关网页的集合。简单地说，网站是一种通讯工具，人们可以通过网站来发布自己想要公开的资讯，或者利用网站来提供相关的网络服务。人们可以通过网页浏览器来访问网站，获取自己需要的资讯或者享受网络服务。
>
> A. 因特网起源于阿拉伯
> B. 网站是一种邮局工具
> C. 人们可以通过网页来发布自己想要公开的资讯
> D. 现在用因特网的人越来越多

A因特网起源于美国国防部高级研究计划
　　　　　～에 기원하다
管理局建立的阿帕网。网站(Website)开始是指
在因特网上，根据一定的规则，使用HTML等
　～에서　　　　～를 근거하여
工具制作的用于展示特定内容的相关网页的集
　　　　　～에 사용되는
合。简单地说，B网站是一种通讯工具。C人
　　간단하게 말해서
们可以通过网站来发布自己想要公开的资讯，
　　　　通过+명사+来=用+명사+来 (명사)를 이용하여
或者利用网站来提供相关的网络服务。人们可
以通过网页浏览器来访问网站，获取自己需要
　　　　　　　　　　　　　　정보를 얻다
的资讯或者享受网络服务。
　　　～또는, 혹은

A. 因特网起源于阿拉伯
B. 网站是一种邮局工具
C. 人们可以通过网页来发布自己想要公开的资讯
D. 现在用因特网的人越来越多

A인터넷의 기원은 미국 국방성 고급연구계획관리국에서 만든 '아보왕'이었다. 웹 사이트(Website)는 인터넷에서 일정한 규칙에 근거해 HTML 등의 도구를 사용하여 제작한 것으로 특정한 내용과 서로 관련 있는 웹 페이지의 집합을 보여주는 것으로 시작되었다. 간단하게 말해서, B웹 사이트는 일종의 통신도구이고 C사람들은 웹 사이트를 이용해서 자신이 공개하고 싶은 정보를 공개하거나, 웹 사이트를 이용해서 관련 있는 인터넷서비스를 하는 것이다. 사람들은 웹 페이지 서핑을 통해 웹 사이트를 방문하고 자신이 필요로 하는 정보를 얻거나 인터넷서비스를 누린다.

A. 인터넷은 아랍에서 시작되었다
B. 웹 사이트는 우체국의 도구이다
C. 사람들은 웹 페이지를 통해 자신이 공개하고 싶은 자료를 공개할 수 있다
D. 현재 인터넷을 사용하는 사람이 날이 갈수록 많아지고 있다

因特网 yīntèwǎng 몡 인터넷 | **国防部** guófángbù 몡 국방부 | **高级** gāojí 휑 (단계, 직별 등이) 고급의 | **规则** guīzé 몡 규칙 | **工具** gōngjù 몡 도구 | **制作** zhìzuò 동 만들다, 제작하다 | **展示** zhǎnshì 동 드러내다, 전시하다 | **特定** tèdìng 휑 특정한 | **相关** xiāngguān 동 상관이 있다 | **集合** jíhé 동 모으다 | **发布** fābù 동 선포하다, 발표하다 | **公开** gōngkāi 동 공개하다 | **提供** tígōng 동 (자료·의견 등을) 제공하다 | **资讯** zīxùn 몡 정보 | **浏览** liúlǎn 동 훑어보다 | **网络** wǎngluò 몡 네트워크 | **访问** fǎngwèn 동 방문하다 | **获取** huòqǔ 동 얻다 | **享受** xiǎngshòu 동 누리다, 즐기다 | **服务** fúwù 동 서비스하다

1 A (×) '阿拉伯'는 '아랍'이라는 뜻으로, 인터넷의 기원은 '阿帕网'이지, '阿拉伯'가 아니다.

   B (×) 웹 사이트는 '우체국 도구(一种邮局工具)'가 아니라, '통신 도구(一种通讯工具)'이다.

   C (○) 보기 내용 그대로 본문에 언급되고 있다. 보통 내용 순서대로 A~D까지의 보기가 제시되는 경우가 많으므로 차례차례 대조해 나가는 것이 좋다.

   D (×) 사람들이 다양한 인터넷서비스를 누린다고 했을 뿐, 사용하는 사람이 많아진다는 내용은 언급되지 않았다.

독해 비법 check!

- **사전 찾지 않기**: 처음에 공부할 때는 생소한 단어들이 많으므로 답답해서 바로 사전을 찾게 됩니다. 하지만 시험장에서도 사전을 찾을 수는 없으니 이런 습관은 빨리 버리셔야 합니다. 문제를 풀 때 어려운 고유명사나 전문용어가 나오더라도 그냥 넘어가세요. 문제를 풀 때만큼은 항상 실전과 같은 자세로 임하고 자신이 아는 어휘를 최대한 활용해야 합니다.

- **시간 재서 풀기**: 독해 2부분은 보기와 지문 내용을 일일이 비교해야 하므로 어려워서 문제를 못 푸는 것이 아니라, 시간이 부족해서 문제를 못 푸는 경우가 많습니다. 따라서 본인이 어느 정도 실력이 쌓이고 자신감이 붙었다면 시간을 재서 문제를 풀며 속도를 내도록 연습하는 것이 좋습니다.

 **과학 상식**에 도움 되는 연관 단어

과학 상식과 관련한 어휘들을 '우주·기계·실험' '자연·생물' '의료·인체'로 분류하여 정리하였다. 기출이 되었거나 한번쯤은 나올 수 있는 어휘들이니 생소하더라도 부담을 갖지 말고 반복해서 학습한다면, 시험에서 당황하지 않을 수 있다.

1 우주 · 기계 · 실험

우주	宇宙 yǔzhòu 뎽 우주 | 太空 tàikōng 뎽 우주 | 地球 dìqiú 뎽 지구 | 太阳系 tàiyángxì 뎽 태양계 | 概念 gàiniàn 뎽 개념 | 轨道 guǐdào 뎽 궤도 | 月球 yuèqiú 뎽 달 | 碎块 suìkuài 뎽 (부서진) 조각, 부스러기 | 恒星 héngxīng 뎽 항성 | 能量 néngliàng 뎽 에너지 | 系统 xìtǒng 뎽 계통, 체계, 시스템 | 运转 yùnzhuǎn 동 회전하다, 운행하다 | 环绕 huánrào 동 둘러싸다, 에워싸다 | 侦察 zhēnchá 동 정찰하다 | 载人 zàirén 동 사람을 태우다 | 探索 tànsuǒ 동 탐색하다 | 错开 cuòkāi 동 충돌하지 않게 하다, 겹치지 않게 하다 | 惯性 guànxìng 뎽 관성
기계·가전	机器 jīqì 뎽 기계 | 电梯 diàntī 뎽 엘리베이터 | 监视器 jiānshìqì 뎽 감시 카메라, CCTV 모니터 | 电脑 diànnǎo 뎽 컴퓨터 | 打印机 dǎyìnjī 뎽 프린터 | 复印机 fùyìnjī 뎽 복사기 | 扫描仪 sǎomiáoyí 뎽 스캐너 | 冰箱 bīngxiāng 뎽 냉장고 | 微波炉 wēibōlú 뎽 전자레인지 | 电饭锅 diànfànguō 뎽 전기밥솥 | 照相机 zhàoxiàngjī 뎽 카메라 | 数码相机 shùmǎxiàngjī 뎽 디지털카메라 | 摄影 shèyǐng 동 촬영하다 | 拍照 pāizhào 동 사진 찍다 | 电风扇 diànfēngshàn 뎽 선풍기 | 吸尘器 xīchénqì 뎽 (진공) 청소기 | 录音机 lùyīnjī 뎽 녹음기 | 麦克风 màikèfēng 뎽 마이크 | 游戏机 yóuxìjī 뎽 게임기 | 电灯 diàndēng 뎽 전등 | 遥控器 yáokòngqì 뎽 리모컨 | 光盘 guāngpán 뎽 CD | 电池 diànchí 뎽 건전지 | 部 bù 양 휴대전화나 기기 등을 셀 때 쓰임
실험·수리	实验 shíyàn 동 실험(하다) | 修理 xiūlǐ 동 수리하다 | 装 zhuāng 동 설치하다 | 说明书 shuōmíngshū 뎽 설명서 | 针对 zhēnduì 동 겨누다, 초점을 맞추다 | 传播 chuánbō 동 전파하다 | 拨打 bōdǎ 동 전화를 걸다 | 撞 zhuàng 동 (두 물체가 세게) 부딪치다 | 拦 lán 동 가로막다, 저지하다 | 真相 zhēnxiàng 뎽 진상, 실상 | 模样 múyàng 뎽 모양 | 横向 héngxiàng 뎽 가로의 | 纵向 zòngxiàng 뎽 세로의 | 拆 chāi 동 (붙여 놓은 것을) 뜯다, 떼어 내다 | 审视 shěnshì 동 자세히 살펴보다 | 规模 guīmó 뎽 규모 | 行驶 xíngshǐ 동 (차, 배 등이) 통행하다, 운항하다 | 顺畅 shùnchàng 뎽 순조롭다, 원활하다 | 越过 yuèguò 동 (일정 범위를) 넘다, 초월하다 | 侧 cè 뎽 옆, 측면

 단문을 읽고, 해당 문장과 비슷하거나 일치하는 문장을 찾아 밑줄을 그으세요.

　　有许多人相信轮回，也有人不相信，不管想信不相信，世上有些事却真实存在，让人称奇。出生在中国珠海的周静文在母亲肚子里5个月的时候就开始记事了。听起来真是不可思议。周静文说，在母亲肚子里时，一天忽然开始记事了。她感觉自己像醒过来一样，之前似乎经历过一次非常痛苦的事似的。

A. 有许多人相信轮回
B. 周静文在母亲肚子里5个月的时候就开始记事了
C. 周静文在母亲肚子里时，一天忽然开始记事了
D. 周静文感觉自己醒过来一样，之前似乎经历过一次非常痛苦的事

> **어휘&해석**

轮回 lúnhuí 동 윤회하다 | 不管 bùguǎn 접 ~에 상관없이 | 真实 zhēnshí 형 진실 | 称奇 chēngqí 동 기이하다고 여기다 | 珠海 Zhūhǎi 고유 주하이 | 记事 jìshì 동 일을 기억하다 | 听起来 tīngqǐlai 동 듣자니 ~인 것 같다 | 不可思议 bù kě sī yì 불가사의하다 | 忽然 hūrán 갑자기 | 醒过来 xǐngguòlái (혼미한 상태에서) 깨어나다 | 似乎 sìhū 부 마치 ~인 것 같다 | 痛苦 tòngkǔ 형 고통스럽다 | 似的 shìde 조 ~와 같다

A많은 사람은 윤회를 믿고, 어떤 사람들은 믿지 않는다. 믿든 안 믿든 세상에 몇몇 일들은 진실로 존재하고, 사람들에게 기이하게 여겨진다. 중국 주하이에서 태어난 **B**쪼우징원은 엄마 배 속의 5개월 때를 기억할 수 있다. 들어보면 정말 불가사의하다. **C**쪼우징원이 말하길, 엄마 배 안에서의 하루가 갑자기 기억나기 시작했다. **D**그녀는 자신이 잠에서 깨어난 것 같았고, 예전에 매우 고통스러운 일을 겪은 것 같이 느꼈다.

A. 많은 사람들은 윤회를 믿는다
B. 쪼우징원은 엄마 배 속의 5개월 때를 기억할 수 있다
C. 쪼우징원은 엄마 배 안에서의 하루가 갑자기 기억나기 시작했다
D. 쪼우징원은 자신이 잠에서 깨어난 것 같았고, 예전에 매우 고통스러운 일을 겪은 것 같이 느꼈다

> **정답**

A有许多人相信轮回，也有人不相信，不管想不相信，世上有些事却真实存在，让人称奇。出生在中国珠海的**B**周静文在母亲肚子里5个月的时候就开始记事了。听起来真是不可思议。周静文说，**C**在母亲肚子里时，一天忽然开始记事了。**D**她感觉自己想醒过来一样，之前似乎经历过一次非常痛苦的事。

2 자연·생물

자연·식물	自然 zìrán 명 자연 | 植物 zhíwù 명 식물 | 物种 wùzhǒng 명 종 | 玫瑰 méigui 명 장미 | 菊花 júhuā 명 국화 | 土豆 tǔdòu 명 감자 | 黄瓜 huángguā 명 오이 | 萝卜 luóbo 명 무 | 胡萝卜 húluóbo 명 당근 | 花生 huāshēng 명 땅콩 | 西瓜 xīguā 명 수박 | 苹果 píngguǒ 명 사과 | 梨 lí 명 배 | 葡萄 pútáo 명 포도 | 草莓 cǎoméi 명 딸기 | 森林 sēnlín 명 삼림, 숲 | 树梢 shùshāo 명 나무 | 木头 mùtou 명 목재 | 砍 kǎn 동 (땔감을) 베다, 패다 | 棵 kē 양 그루[포기식물을 셀 때 쓰임] | 土地 tǔdì 명 토지, 땅 | 沙漠 shāmò 명 사막 | 沙尘暴 shāchénbào 황사 현상 | 海域 hǎiyù 명 해역 | 海峡 hǎixiá 명 해협 | 能源 néngyuán 명 에너지원, 에너지 | 湿润 shīrùn 형 습윤하다, 축축하다 | 偏僻 piānpì 형 궁벽하다, 외지다
동물	宠物 chǒngwù 명 애완동물 | 哺乳动物 bǔrǔ dòngwù 명 포유동물 | 狗 gǒu 명 개 | 猫 māo 명 고양이 | 狼 láng 명 이리, 늑대 | 蛇 shé 명 뱀 | 猪 zhū 명 돼지 | 牛 niú 명 소 | 虎 hǔ 명 호랑이 | 熊猫 xióngmāo 명 판다 | 羊 yáng 명 양 | 鼠 shǔ 명 쥐 | 兔子 tùzi 명 토끼 | 长颈鹿 chángjǐnglù 명 기린 | 猴子 hóuzi 명 원숭이 | 鲨鱼 shāyú 명 상어 | 鲸鱼 jīngyú 명 고래 | 海豚 hǎitún 명 돌고래 | 海狮 hǎishī 명 바다사자 | 虾 xiā 명 새우 | 青蛙 qīngwā 명 (청)개구리 | 麻雀 máquè 명 참새 | 蝴蝶 húdié 명 나비 | 鹦鹉 yīngwǔ 명 앵무새 | 孔雀 kǒngquè 명 공작 | 啃 kěn 동 쏠다, 갉아먹다 | 禽流感 qínliúgǎn 명 조류독감 | 搏斗 bódòu 동 싸우다, 격투하다 | 养 yǎng 동 양육하다 | 喂 wèi 동 (음식이나 약을) 먹이다

단문을 읽고, 보기의 문장과 비슷하거나 일치하는 문장을 찾아 밑줄을 그으세요.

传统的宠物是指养着用于玩赏、做伴的动物，也指特别偏爱的东西。植物也可以做为宠物。所以今天的宠物定义为：用于观赏、作伴、舒缓人们精神压力的动植物或其他物品。宠物是人们不是为了经济目的，而是为了精神目的而豢养的动植物。

A. 宠物是作班的动物
B. 宠物是特别偏爱的东西
C. 植物也是宠物
D. 宠物是人们为了精神目的豢养

어휘&해석

宠物 chǒngwù 몡 애완동물 | 指 zhǐ 동 설명하다 | 用于 yòngyú 동 ~에 쓰다 | 玩赏 wánshǎng 동 감상하다 | 做伴 zuòbàn 동 곁에 있어 주다 | 偏爱 piān'ài 동 편애하다 | 植物 zhíwù 몡 식물 | 定义 dìngyì 몡 정의 | 舒缓 shūhuǎn 동 경감시키다 | 精神压力 jīngshén yālì 정신적 스트레스 | 豢养 huànyǎng 동 (동물을) 기르다

전통적으로 애완동물이란 감상하고, **A**곁에 있어 주는 동물을 의미하고, 또 **B**특별히 사랑하는 것을 의미하기도 했다. **C**식물도 애완동물이 될 수 있다. 그래서 오늘날의 애완동물의 정의는 감상하고, **A**곁에 있어주며 사람의 스트레스를 경감시켜 주는 동식물 혹은 기타 물품을 말한다. 애완동물은 사람들이 경제적 목적을 위해서 키우는 것이 아니라 **D**정신적 목적을 위해서 기르는 동식물인 것이다.

A. 애완동물은 곁에 있어 주는 동물이다
B. 애완동물은 특별히 사랑하는 것이다
C. 식물도 애완동물이다
D. 애완동물은 사람이 정신적 목적을 위해 기르는 것이다

정답

传统的宠物是指养着用于玩赏、**A**做伴的动物，**B**也指特别偏爱的东西。**C**植物也可以做为宠物。所以今天的宠物定义为：用于观赏、**A**作伴、舒缓人们精神压力的动植物或其他物品。宠物是人们不是为了经济目的，而是**D**为了精神目的而豢养的动植物。

3 의료·인체

의료	治疗 zhìliáo 동 치료하다	诊断 zhěnduàn 동 (병을) 진단하다	误诊 wùzhěn 동 오진하다	消毒 xiāodú 동 소독하다	挂号 guàhào 동 등록하다, 수속하다	住院 zhùyuàn 동 입원하다	出院 chūyuàn 동 퇴원하다	病毒 bìngdú 몡 바이러스	临床 línchuáng 동 진료하다, 임상(실험)하다	分裂 fēnliè 동 (세포 등이) 분열하다	过敏 guòmǐn 동 (약물이나 외부 자극에) 알레르기 반응을 보이다	流行性感冒 liúxíng gǎnmào 유행성 감기	癌症 áizhèng 몡 암	感冒 gǎnmào 몡 감기	咳嗽 késou 동 기침하다	发烧 fāshāo 동 열나다	打针 dǎzhēn 동 주사 맞다	量 liáng 동 (체온, 혈압 등을) 재다	打喷嚏 dǎ pēntì 재채기하다	失眠 shīmián 몡 불면(증)	糖尿病 tángniàobìng 몡 당뇨병	移植 yízhí 동 이식하다	病例 bìnglì 몡 병례	隐患 yǐnhuàn 몡 잠복해 있는 병
	营养素 yíngyǎngsù 몡 영양소	吸收 xīshōu 동 흡수하다	热量 rèliàng 몡 열량[=卡路里 kǎlùlǐ]	酵母 jiàomǔ 몡 효모(균)	水溶性 shuǐróngxìng 몡 수용성	蛋白质 dànbáizhì 몡 단백질	维生素 wéishēngsù 몡 비타민	氨基酸 ānjīsuān 몡 아미노산
인체	呼吸道 hūxīdào 몡 호흡 기관	飞沫 fēimò 몡 공중에 퍼진 타액, 침	肺 fèi 몡 폐, 허파	胳膊 gēbo 몡 팔	腿 tuǐ 몡 다리	肩膀 jiānbǎng 몡 어깨	胸 xiōng 몡 가슴	腰 yāo 몡 허리	背 bèi 몡 등	肚子 dùzi 몡 배	手指 shǒuzhǐ 몡 손가락	脚指头 jiǎozhǐtou 몡 발가락	眼睛 yǎnjing 몡 눈	鼻子 bízi 몡 코	嘴 zuǐ 몡 입	舌 shé 몡 혀	牙(齿) yáchǐ 몡 치아	嗓子 sǎngzi 몡 목(구멍)	脖子 bózi 몡 목	机体 jītǐ 몡 생물체, 유기체	结构 jiégòu 몡 구성, 구조	新陈代谢 xīnchén dàixiè 몡 (신진) 대사

단문을 읽고, 보기의 문장과 비슷하거나 일치하는 문장을 찾아 밑줄을 그으세요.

　　过敏是一种机体的变态反应，是人对正常物质(过敏原)的一种不正常的反应，当过敏原接触到过敏体质的人群才会发生过敏，过敏原有花粉、粉尘、异体蛋白、化学物质、紫外线等几百种。在过敏反应的发生过程中，过敏介质起着直接的作用。

A. 过敏原有花粉
B. 过敏是一种变态反应
C. 过敏原接触到过敏体质的人就会发生过敏
D. 过敏介质有直接的作用

어휘&해석

过敏 guòmǐn 통 알레르기 반응을 보이다 | 机体 jītǐ 명 생물체, 유기체 | 变态 biàntài 명 (일부 동물, 생물 바이러스의) 변태 | 反应 fǎnyìng 명 반응 | 过敏原 guòmǐnyuán 명 알레르기 원인이 되는 병원체 | 接触 jiēchù 통 닿다, 접촉하다 | 体质 tǐzhì 명 체질 | 花粉 huāfěn 명 꽃가루 | 粉尘 fěnchén 명 먼지 | 异体蛋白 yìtǐ dànbái 명 (자형이 서로 다른) 이체 단백질 | 化学物质 huàxué wùzhì 명 화학 물질 | 紫外线 zǐwàixiàn 명 자외선 | 介质 jièzhì 명 매개체

　　B알레르기는 생물체의 변형 반응으로, 사람이 정상적인 물질(알레르기 병원체)에 대해 비정상적인 반응을 보이는 것을 말한다. C알레르기 병원체가 알레르기 체질의 사람들과 접촉하면서 과민 반응이 발생한다. A알레르기 병원체로는 꽃가루, 먼지, 이체 단백질, 화학물질, 자외선 등 수백 가지가 있다. 알레르기 반응이 발생하는 과정 중에 D알레르기 매개체가 직접적인 작용을 일으킨다.

A. 알레르기 병원체에는 꽃가루가 있다
B. 알레르기는 일종의 변형 반응이다
C. 알레르기 병원체가 알레르기 체질의 사람과 접촉하면 과민 반응이 발생한다
D. 알레르기 매개체는 직접적인 작용을 일으킨다

정답

　　B过敏是一种机体的变态反应，是人对正常物质(过敏原)的一种不正常的反应，C当过敏原接触到过敏体质的人群才会发生过敏，A过敏原有花粉、粉尘、异体蛋白、化学物质、紫外线等几百种。在过敏反应的发生过程中，D过敏介质起着直接的作用。

실력 다지기

1~10 지문을 읽고 지문과 일치하는 보기를 고르세요.

1 随着现代科技的不断发展，人类研制出了各种人造卫星，这些人造卫星和天然卫星一样，也绕着行星运转。人造卫星的概念可能始于1870年。第一颗被正式送入轨道的人造卫星是前苏联1957年发射的人卫1号。从那时起，已有数千颗环绕地球飞行。人造卫星还被发射到环绕金星、火星和月亮的轨道上。人造卫星用于科学研究，而且在近代通讯、天气预报、地球资源探测和军事侦察等方面已成为一种不可或缺的工具。

A. 人造卫星和天然卫星是一样的东西
B. 第一颗被正式送入轨道的人造卫星是美国指导的
C. 人造卫星用于天气预报
D. 人造卫星的概念可能从1957年开始

2 禽流感，全名鸟禽类流行性感冒，是由病毒引起的动物传染病，通常只感染鸟类，感染猪。禽流感病毒高度针对特定物种，但在有些情况下会感染人。自从1997年在香港发现人类也会感染禽流感之后，此病症引起全世界卫生组织的高度关注。

A. 禽流感只感染鸟类
B. 禽流感不会感染猪
C. 世界卫生组织高度关注禽流感
D. 人类不会感染禽流感

3 美国国家航空航天局简称NASA，是美国负责太空计划的政府机构。总部位于华盛顿哥伦比亚特区，拥有最先进的航空航天技术，它在载人空间飞行、航空学、空间科学等方面有很大的成就。它参与了包括美国阿波罗计划、航天飞机发射、太阳系探测等在内的航天工程。为人类探索太空做出了巨大的贡献。

A. 美国国家航空航天局总部在美国纽约
B. 美国国家航空航天局拥有最先进的航空航天技术
C. 美国国家航空航天局没参与太阳系探测
D. 美国国家航空航天局是国际机构

4 流行性感冒是流感病毒引起的急性呼吸道感染，也是一种传染性强、传播速度快的疾病。其主要通过空气中的飞沫、人与人之间的接触或与被污染物品的接触传播。典型的临床症状是：发烧、全身疼痛、没力气和轻度呼吸道症状。一般秋冬季节是其高发期，所引起的死亡现象也非常严重。

   A. 流感病毒引起慢性呼吸道感染
   B. 流感是传播速度慢的疾病
   C. 流感一般在春夏季节发病率最高
   D. 得了流感会死亡

5 月球就是最明显的天然卫星的例子。在太阳系里，除水星和金星外，其他行星都有天然卫星。太阳系已知的天然卫星总数至少有160颗。天然卫星是指环绕行星运转的星球，而行星又环绕着恒星运转。

   A. 地球是天然卫星
   B. 水星有天然卫星
   C. 太阳系里天然卫星总数为160颗以下
   D. 天然卫星是指环绕行星运转的星球

6 宇宙是由空间、时间、物质和能量所构成的统一体。是一切空间和时间的综合。一般理解的宇宙指我们所存在的一个时空连续系统，包括其间的所有物质、能量和事件。宇宙根据大爆炸宇宙模型推算，宇宙年龄大约200亿年。

   A. 不能算宇宙的年龄
   B. 宇宙没有时间概念
   C. 宇宙发生过大爆炸
   D. 只有中国承认宇宙

7 大熊猫是一种有着独特黑白相间毛色的活泼动物。大熊猫的种属是一个争论了一个世纪的问题，最近的DNA分析表明，现在国际上普遍接受将它列为熊科、大熊猫亚科的分类方法，目前也逐步得到国内的认可。国内传统分类将大熊猫单列为大熊猫科。它代表了熊科的早期分支。成年熊猫长约120~190厘米，体重85到125公斤。大熊猫以竹子为食。与其他六种熊类不同，大熊猫没有冬眠行为。

   A. 大熊猫是黑毛的动物
   B. 只有中国接受把大熊猫列为熊科、大熊猫亚科的分类方法
   C. 成年熊猫长约80厘米
   D. 大熊猫没有冬眠行为

8 维生素B也叫作维他命B，是某些维生素的总称，它们常常来自于相同的食物来源，如酵母等。维生素B曾经被认为是像维生素C那样具有单一结构的有机化合物，但是后来的研究证明它其实是一组有着不同结构的化合物，于是它的成员有了独立的名称，如维生素B1，而维生素B称为了一个总称，有的时候也被称为维生素B族、维生素B杂或维生素B复合群。维生素B都是水溶性维生素，它们有协同作用，调节新陈代谢，维持皮肤和肌肉的健康，增进免疫系统和神经系统的功能，促进细胞生长和分裂。

A. 维生素B具有单一结构的有机化合物
B. 维他命B和维生素B各不相同
C. 维生素B是水溶性维生素
D. 维生素C能调节新陈代谢

9 蛋白质是生命的物质基础，没有蛋白质就没有生命。因此，它是与生命及与各种形式的生命活动紧密联系在一起的物质。机体中的每一个细胞和所有重要组成部分都有蛋白质参与。蛋白质占人体重量的16.3%，即一个60kg重的成年人其体内约有蛋白质9.8kg。人体内蛋白质的种类很多，性质、功能各异，但都是由20多种氨基酸按不同比例组合而成的，并在体内不断进行代谢与更新。

A. 即使没有蛋白质，人也可以活下去
B. 蛋白质占人体重量的16.3%
C. 人体内蛋白质只有一种
D. 蛋白质在体内没有变化

10 科学是反映事实真相的学说。科学首先是一种学说，这种学说是对事实真相的客观反映。科学与事实真相的关系是密不可分的。科学有别于真理，真理就是一定前提条件下的正确的客观规律及其描述，而科学就是一定条件下的合理的方法、实践机器描述；科学不一定是真理，真理就一定是科学。

A. 科学反映人们的想象
B. 科学是对事实真相的客观反映
C. 真理不一定是科学
D. 真理与科学是两码事

3 실용 상식 관련 지문 독해하기

Guide

실용 상식 문제는 일반적으로 신문이나 잡지에 나오는 기사 형식의 지문들이 나온다. 육하원칙이 분명한 사실관계의 지문들이기 때문에 다른 유형보다 독해하는 것이 훨씬 수월하다.

주의 **육하원칙을 캐치하라!** '언제' '어디서' '누가' '무엇을' '어떻게' '왜'의 육하원칙은 이 유형의 기본적인 뼈대라 할 수 있다. 육하원칙을 빨리 파악할 수 있다면 문제 풀기가 한결 쉬워진다.

독해 급소공략

- **관련되는 단어를 꼼꼼히 챙겨라.**

  뉴스나 기사관련 어휘들에 관심을 두자. 문제 풀이 시간이 짧으므로 주요 관건이 되는 관련사, 수사 등을 정확히 파악한다면, 사건의 발생 순서에 따라 독해하기가 쉬워진다.

- **평소에 기사를 많이 접하라.**

  평소에도 기사를 자주 접하여 읽는다면 독해력 향상에 도움이 된다. 중국 신문 기사뿐 아니라 한국어 기사도 평소에 많이 읽어두는 것이 좋다. 중국 신문 기사는 인터넷을 이용하여 틈이 나는 대로 접하도록 하자.

- **문장을 통째로 암기하라.**

  뉴스나 기사관련 글은 정확한 표현이나 문장이 많으므로 외워둘 필요가 있다. 지문 전체가 아니더라도 중요하다고 생각하는 문장 한 두 문장 정도는 외워두면 독해력이 향상될 뿐만 아니라 듣기 영역이나 쓰기 영역의 문제를 풀 때도 도움을 받을 수 있다.

예제로 감 익히기

Mission 1

단문을 독해하고 일치하는 보기를 고르세요.

---

1 2007年-2009年世界金融危机是一场在2007年8月9日开始浮现的金融危机。自次级房屋信贷危机爆发后，投资者开始对按揭证券的价值失去信心，引发流动性危机。即使很多国家的中央银行多次向金融市场注入巨额资金，也无法阻止这场金融危机的爆发。直到2008年9月9日，这场金融危机开始失控，并导致相当大型的金融机构倒闭或被政府接管。

A. 2007年-2009年世界金融危机从2008年8月9日开始浮现
B. 2007年-2009年世界金融危机是从次级房屋信贷危机爆发后开始的
C. 在2007年-2009年世界金融危机时只有美国中央银行多次注入过巨额资金
D. 在2007年-2009年世界金融危机时小型的金融机构倒闭

2007年-2009年世界金融危机是一场在 A <u>2007年8月9日开始浮现的金融危机</u>。B <u>自次级房屋信贷危机爆发后</u>，投资者开始对按揭证券的价值失去信心，引发流动性危机。即使 C <u>很多国家的中央银行多次向金融市场注入巨额资金</u>，也无法阻止这场金融危机的爆发。直到2008年9月9日，这场金融危机开始失控，并导致相当 D 大型的金融机构倒闭或被政府接管。

A. 2007年-2009年世界金融危机从2008年8月9日开始浮现
B. 2007年-2009年世界金融危机是从次级房屋信贷危机爆发后开始的
C. 在2007年-2009年世界金融危机时只有美国中央银行多次注入过巨额资金
D. 在2007年-2009年世界金融危机时小型的金融机构倒闭

2007년~2009년 세계 금융위기는 A 2007년 8월 9일에 나타나기 시작했던 금융위기이다. B 비우량 주택담보대출 폭발 이후, 투자자들이 담보대출증권의 가치에 대해 믿음을 잃기 시작하면서 유동성 위기를 일으켰다. 설령 C 많은 나라의 중앙은행이 여러 번 금융시장을 향해 거액의 자금을 투입했지만, 이번 금융위기 폭발을 저지할 수는 없었다. 2009년 9월 9일 금융위기가 통제력을 잃기 시작하면서, 상당수의 D 대형 금융기관이 부도나거나 정부에 의해 인수 관리되기 시작했다.

A. 2007년~2009년 세계금융위기는 2008년 8월 9일에 나타나기 시작하였다
B. 2007년~2009년 세계금융위기는 비우량 주택담보대출 위기가 폭발하면서 시작되었다
C. 2007년~2009년 세계금융위기 때 미국 중앙은행만이 여러 번 거액의 자금을 투입하였다
D. 2007년~2009년 세계금융위기 때 소형 금융기관들은 도산하였다

金融 jīnróng 명 금융 | 危机 wēijī 명 위기 | 浮现 fúxiàn 동 떠오르다 | 次级 cìjí 명 비우량 주택담보대출 | 按揭 ànjiē 동 대출하다 | 证券 zhèngquàn 명 증권 | 引发 yǐnfā 동 촉발하다 | 流动性危机 liúdòngxìng wēijī 명 유동성 위기 | 注入 zhùrù 동 주입하다, 투입하다 | 巨额 jù'é 형 거액의 | 无法 wúfǎ 동 ~할 수 없다 | 阻止 zǔzhǐ 동 막다 | 爆发 bàofā 명동 폭발(하다) | 失控 shīkòng 동 통제력을 잃다 | 导致 dǎozhì 동 (~을) 초래하다, 일으키다 | 接管 jiēguǎn 동 인수하여 관리하다 | 机构 jīgòu 명 기관 | 倒闭 dǎobì 동 부도나다, 망하다

1 A (×) 연도가 틀렸다. 세계금융위기는 2008년이 아니라 2007년 8월 9일에 나타나기 시작했다.

B (○) 먼저 보기와 본문을 서로 대조하면서, 답이 아닌 것들을 제거해 나가자. '自次级房屋信贷危机爆发后，投资者开始对按揭证券的价值失去信心，引发流动性危机'에서 답임을 알 수 있다.

C (×) 본문에서는 '많은 나라가 거액의 자금을 투입했다(多国中央银行多次向金融市场注入巨额资金)'라는 언급은 있지만, '미국(美国)'이 포함 되었는지는 구체적으로 제시되지 않았다.

D (×) '소형 금융기관(小型的金融机构)'이 아니라 '대형 금융기관(大型的金融机构)'이 도산했다.

독해 비법 check!

- **깨진 불도 다시 보기:** A, B, C, D 네 가지 보기에 제시된 문장이 지문에서 제시된 문장과 조금이라도 다르다면 꼼꼼히 살펴 봐야 합니다. 특히 수사와 관련하여 지문에 있는 숫자가 보기에 그대로 나왔다 하더라도, 숫자가 들어 있는 해당 부분의 문장까지 보기의 내용과 일치하는지 확인해야 합니다.

- **철저히 복습하기:** 실전처럼 문제를 푸는 것도 중요하지만, 답을 확인하고 나서 복습하는 과정 또한 매우 중요합니다. 문제를 풀면서 몰랐던 단어는 체크해 두었다가 반드시 외워 자신의 것으로 만드세요. 매일 30개 또는 50개씩 목표를 세우고, 각 단어의 용법을 알 수 있는 관련 예문까지 함께 꾸준히 암기하여 어휘력을 높인다면 자신감이 생길 것입니다.

 **실용 상식**에 도움 되는 연관 단어

실용 상식과 관련한 어휘들을 '경제·상업' '사회 일반' '정치·법률'로 분류하여 정리하였다. 독해 2부분뿐만 아니라, 독해 1·3부분에도 도움이 되는 어휘들이므로 잘 기억해두도록 하자.

1 경제 · 상업

경제	旺季 wàngjì 명 성수기 | 淡季 dànjì 명 비수기 | 合同 hétong 명 계약 | 股份 gǔfèn 명 주권, 주식 | 股票 gǔpiào 명 주식, (유가) 증권 | 保险 bǎoxiǎn 명 보험 | 投资 tóuzī 명 투자 | 经济危机 jīngjì wēijī 명 경제 공황 | 金融危机 jīnróng wēijī 명 금융 위기 | 通货膨胀 tōnghuò péngzhàng 명 통화 팽창, 인플레이션 | 财富 cáifù 명 자산, 부 | 创业 chuàngyè 동 창업하다 | 破产 pòchǎn 동 파산하다 | 资产 zīchǎn 명 자산 | 收入 shōurù 명 수입 | 消费 xiāofèi 동 소비하다 | 畅销 chàngxiāo 동 잘 팔리다 | 赔偿 péicháng 동 배상하다, 물어 주다 | 成本 chéngběn 명 원가, 자본금 | 利息 lìxī 명 이자 | 私债 sīzhài 사채 | 债券 zhàiquàn 명 채권 | 指 zhǐ 동 가리키다 | 综合 zōnghé 동 종합하다 | 推算 tuīsuàn 동 추산하다, 미루어 계산하다 | 耗资 hàozī 동 소모하다, 돈을 들이다 | 更新 gēngxīn 동 갱신하다, 새롭게 바뀌다 | 上涨 shàngzhǎng 동 (수위나 물가가) 오르다 | 紧密 jǐnmì 동 긴밀하다 | 更新 gēngxīn 동 경신하다, 새롭게 바뀌다 | 货币 huòbì 명 화폐 | 通货 tōnghuò 명 통화, 화폐 | 膨胀 péngzhàng 동 팽창하다 | 换算 huànsuàn 동 환산하다 | 兑换 duìhuàn 명 환전 | 投资 tóuzī 동 투자하다 | 亏损 kuīsǔn 동 적자 나다, 손해보다 | 可持续发展 kě chíxù fāzhǎn 명 지속 가능한 발전
상업	货 huò 명 물건 | 快递公司 kuàidì gōngsī 명 택배회사 | 送货 sònghuò 동 물건을 발송하다 | 退货 tuìhuò 동 물건을 환불하다 | 新款 xīnkuǎn 명 신상품 | 大小 dàxiǎo 명 크기 | 样式 yàngshì 명 스타일, 디자인 | 推荐 tuījiàn 동 추천하다 | 收银台 shōuyíntái 명 계산대 | 信用卡 xìnyòngkǎ 명 신용카드 | 现金 xiànjīn 명 현금 | 排队 páiduì 동 줄을 서다 | 结账 jiézhàng 동 계산하다 | 付款 fùkuǎn 동 돈을 지불하다 | 售后服务 shòuhòu fúwù 명 AS, 애프터서비스 | 网上交易 wǎngshàng jiāoyì 온라인 거래 | 进口 jìnkǒu 동 수입하다 | 出口 chūkǒu 동 수출하다 | 协商 xiéshāng 동 협상하다, 협의하다 | 运输 yùnshū 동 운송하다, 수송하다 | 划时代 huàshídài 동 새로운 시대를 열다 | 免费 miǎnfèi 동 무료로 하다 | 优惠 yōuhuì 명 특혜의, 우대의 | 买一送一 mǎi yī sòng yī 명 하나 사면 하나를 덤으로 주다

 단문을 읽고, 보기의 문장과 비슷하거나 일치하는 문장을 찾아 밑줄을 그으세요.

老有所养、安享晚年是每个人的美好愿望，然而，2000年一场金融危机似乎是美国民众的口袋一下子瘪了下去，政府社保系体也有入不敷的信号，一向潇洒的美国民众开始为未来担忧。由于人口结构改变，以及寿命的延长，美国社保金目前已处于难以为继的状态，社保缴纳金也不断提高。

A. 安享晚年是每个人的愿望
B. 2000年发生过金融危机
C. 美国民众开始为未来担心
D. 美国社保金目前维持不了以前的水平

어휘&해석

老有所养 lǎo yǒu suǒ yǎng 셩 노년에 부양해 줄 사람이 있다 | 安享 ānxiǎng 통 편히 누리다, 향유하다 | 愿望 yuànwàng 명 희망, 바람 | 口袋 kǒudai 명 주머니 | 瘪 biě 형 홀쭉하다, 쭈그러지다 | 不敷 bùfū 통 부족하다 | 潇洒 xiāosǎ 형 자연스럽고 품위가 있다, 멋스럽다 | 担忧 dānyōu 통 걱정하다 | 结构 jiégòu 명 구조 | 寿命 shòumìng 명 수명 | 延长 yáncháng 통 연장하다 | 处于 chǔyú 통 (어떤 상태·환경) 처하다, 놓이다 | 难以为继 nán yǐ wéi jì 셩 이어가기 어렵다, 계속하기 어렵다 | 缴纳 jiǎonà 통 (규정에 따라) 납부하다, 납입하다

　　노년에 부양해 줄 사람이 있고 **A**말년을 편안하게 누리는 것은 모든 사람의 아름다운 소망이다. 그러나 **B**2000년도의 금융위기는 미국 국민의 주머니를 한번에 푹 꺼지게 한 것과 같았다. 정부의 사회 보장 시스템도 수입이 부족했고, 줄곧 품위를 지켰던 **C**미국 국민도 미래에 대해 걱정하기 시작했다. 인구 구조의 변화와 수명의 연장으로 **D**미국 사회 보장금은 현재 이미 이어가기 어려운 상황에 놓였고, 사회 보장 납부금도 끊임없이 상승하고 있다.

A. 말년을 편안하게 누리는 것은 모든 사람의 소망이다
B. 2000년도에 금융위기가 발생했다
C. 미국 국민은 미래에 대해 걱정하기 시작했다
D. 미국 사회 보장금은 현재, 예전의 수준으로 유지하기 어렵다

정답

　　老有所养、**A**安享晚年是每个人的美好愿望，然而，**B**2000年一场金融危机似乎是美国民众的口袋一下子瘪了下去，政府社保系体也有入不敷的信号，一向潇洒的**C**美国民众开始为未来担忧。由于人口结构改变，以及寿命的延长，**D**美国社保金目前已处于难以为继的状态，社保缴纳金也不断提高。

2 사회 일반

대중매체	报纸 bàozhǐ 명 신문 | 电视台 diànshìtái 명 TV 방송국 | 广播电台 guǎngbō diàntái 명 라디오방송국 | 转播 zhuǎnbō 통 중계방송 | 直播 zhíbō 통 생방송을 하다 | 新闻 xīnwén 명 뉴스 | 信息 xìnxī 명 소식, 뉴스 | 频道 píndào 명 채널 | 韩流 Hánliú 고유 한류 | 迷 mí 명 팬, 애호가, 마니아 | 火爆 huǒbào 형 왕성하다, 열기가 넘친다 | 倾倒 qīngdǎo 통 탄복하다, 흠모하다, 매료되다 | 闻名 wénmíng 형 유명하다
교육	留学 liúxué 통 유학하다 | 考试 kǎoshì 통 시험보다 | 高考 gāokǎo 명 대입시험 | 培训机构 péixùn jīgòu 명 학원 | 补课 bǔkè 명 보충수업 | 毕业 bìyè 통 졸업하다 | 毕业典礼 bìyè diǎnlǐ 명 졸업식 | 硕士 shuòshì 명 석사 | 博士 bóshì 명 박사 | 练功 liàngōng 통 기예를 연마하다 | 设计 shèjì 통 설계하다, 디자인하다 | 开设 kāishè 통 (강좌·과정 등을) 개설하다 | 课程 kèchéng 명 교과목, 커리큘럼 | 讲座 jiǎngzuò 명 강좌 | 历史 lìshǐ 명 역사 | 哲学 zhéxué 명 철학 | 文学 wénxué 명 문학 | 数学 shùxué 명 수학 | 物理 wùlǐ 명 물리 | 化学 huàxué 명 화학 | 美术 měishù 명 미술 | 学位 xuéwèi 명 학위 | 研究生 yánjiūshēng 명 연구생, 대학원생 | 读研究生 dú yánjiūshēng 대학원에서 공부하다 | 论文 lùnwén 명 논문 | 导师 dǎoshī 명 지도교수 | 字数 zìshù 명 글자 수 | 字体 zìtǐ 명 글씨체 | 修改 xiūgǎi 통 수정하다
가정	小家庭 xiǎojiātíng 명 소가족 | 大家庭 dàjiātíng 명 대가족 | 代沟 dàigōu 명 세대차이 | 婚姻 hūnyīn 명 혼인, 결혼 | 离婚 líhūn 통 이혼하다 | 计划生育 jìhuà shēngyù 명 가족계획 | 沟通 gōutōng 통 소통하다 | 房东 fángdōng 명 집주인 | 租 zū 통 임대하다 | 中介公司 zhōngjiè gōngsī 명 중개회사 | 住房 zhùfáng 명 주택 | 公寓 gōngyù 명 아파트 | 楼房 lóufáng 명 다층 건물 | 邻居 línjū 명 이웃 | 隔壁 gébì 명 이웃집 | 居民 jūmín 명 주민 | 房租 fángzū 명 집세 | 搬家 bānjiā 통 이사하다 | 大城市 dàchéngshì 명 대도시
	房子 fángzi 명 집 | 屋子 wūzi 명 방 | 厨房 chúfáng 명 주방 | 客厅 kètīng 명 거실 | 卧室 wòshì 명 침실 | 书房 shūfáng 명 서재 | 阳台 yángtái 명 베란다 | 窗帘 chuānglián 명 커튼 | 家具 jiājù 명 가구 | 衣柜 yīguì 명 옷장 | 书架 shūjià 명 책장 | 抽屉 chōuti 명 서랍 | 鞋柜 xiéguì 명 신발장 | 地毯 dìtǎn 명 카펫

직장	职业 zhíyè 몡 직업 | 名片 míngpiàn 몡 명함 | 简历 jiǎnlì 몡 이력 | 面试 miànshì 몡 면접시험 | 工资 gōngzi 몡 월급, 임금 | 收入 shōurù 몡 수입 | 待遇 dàiyù 몡 대우 | 工薪族 gōngxīzú 샐러리맨 | 奖金 jiǎngjīn 몡 보너스
	打工 dǎgōng 동 아르바이트하다 | 轮流 lúnliú 동 차례로(교대로) ~하다 | 招聘 zhāopìn 동 채용하다, 모집하다 | 截至 jiézhì 동 ~까지 마감이다, ~에 이르다 | 就业 jiùyè 동 취업하다 | 上班 shàngbān 동 출근하다 | 下班 xiàbān 동 퇴근하다 | 加班 jiābān 동 연장근무하다 | 升职 shēngzhí 동 승진하다 | 出差 chūchāi 동 출장가다 | 失业 shīyè 동 실업하다 | 解雇 jiěgù 동 해고하다 | 炒鱿鱼 chǎo yóuyú 해고하다 | 退休 tuìxiū 동 퇴임하다 | 创业 chuàngyè 동 창업하다

단문을 읽고, 보기의 문장과 비슷하거나 일치하는 문장을 찾아 밑줄을 그으세요.

中国大学招生，主要看4-9门学科的高考成绩。因为中国大学招生，完全看学生的高考成绩，那么大学考试考得好坏就决定一个学生一生的命运。中国大学招生，除了少数专业以外，大部分专业不进行面试，而美国高校特别注重对学生的面试，这一点值得推荐。

A. 中国高考考4-9门学科
B. 中国大学大部分不进行面试
C. 中国大学招生只看学生的高考成绩
D. 美国大学重视学生的面试成绩

어휘&해석

招生 zhāoshēng 동 학생을 모집하다 | 学科 xuékē 몡 학과목 | 成绩 chéngjì 몡 성적 | 决定 juédìng 동 결정(하다) | 命运 mìngyùn 몡 운명 | 除了……以外 chúle……yǐwài ~이외에 | 专业 zhuānyè 몡 전공 | 进行 jìnxíng 동 진행하다 | 面试 miànshì 몡 면접 | 高校 gāoxiào 몡 대학교 | 注重 zhùzhòng 동 중시하다 | 值得 zhídé 동 ~할 가치가 있다 | 推荐 tuījiàn 동 추천(하다)

　　A중국 대학에서 학생을 모집할 때는 주로 4~9과목의 대입시험 성적을 본다. 중국 대학에서 학생을 모집할 때 C학생들의 대입시험 성적만 보기 때문에 대입시험 성적이 좋고 나쁜지가 한 학생의 일생의 운명을 결정한다. 중국 대학생 학생 모집에서는 소수의 전공 이외에 B대부분 전공에서 면접을 진행하지 않는다. 그러나 D미국 대학은 학생의 면접을 특별히 중요시하는데, 이 점은 추천할 만하다.

A. 중국 대학 시험은 4~9과목을 시험 본다
B. 중국 대학에서는 대부분 전공에서는 면접을 진행하지 않는다
C. 중국 대학생 학생 모집에서는 학생들의 대입시험 성적만 본다
D. 미국 대학은 학생의 면접을 특별히 중요시한다

정답

　　A中国大学招生，主要看4-9门学科的高考成绩。因为中国大学招生，C完全看学生的高考成绩，那么大学考试考得好坏就决定一个学生一生的命运。中国大学招生，除了少数专业以外，B大部分专业不进行面试，而D美国高校特别注重对学生的面试，这一点值得推荐。

3 정치 · 외교 · 법률

정치	政治 zhèngzhì 명 정치	政治家 zhèngzhìjiā 명 정치가	政府 zhèngfǔ 명 정부	国会 guóhuì 명 국회	国际 guójì 명(형) 국제(적인)	党派 dǎngpài 명 당파, 정당	会谈 huìtán 통 회담하다	外交 wàijiāo 명 외교	革命 gémìng 명(통) 혁명(하다)	改革开放 gǎigé kāifàng 명 개혁 개방	社会主义 shèhuì zhǔyì 명 사회주의	占 zhàn 통 (~퍼센트를) 차지하다	联邦 liánbāng 명 연방(국)	总统 zǒngtǒng 명 총통, 대통령	内阁 nèigé 명 내각	国务院 guówùyuàn 명 국무원	市长 shìcháng 명 시장	公务员 gōngwùyuán 명 공무원	分支 fēnzhī 명 갈라져 나온 것, 분파	协议 xiéyì 통 협의하다	批评 pīpíng 통 비평하다	发言 fāyán 통 발언하다	召开 zhàokāi 통 (회의 등을) 열다	政权 zhèngquán 명 정권	权力 quánlì 명 권력	派系 pàixì 명 정당, 집단 등의) 파벌	行政 xíngzhèng 명 행정	执政党 zhízhèngdǎng 명 집권당	在野党 zàiyědǎng 명 야당	委员会 wěiyuánhuì 명 위원회	全国人民代表大会 Quánguó Rénmín Dàibiǎo Dàhuì 명 전국인민대표대회	召开 zhàokāi 통 (회의를) 열다, 소집하다
외교	外交 wàijiāo 명 외교	外交官 wàijiāoguān 명 외교관	使节 shǐjié 명 외교 사절	大使 dàshǐ 명 대사	领事 lǐngshì 명 영사	主权 zhǔquán 명 주권	共和国 gònghéguó 명 공화국	王国 wángguó 명 왕국	君主制 jūnzhǔzhì 명 군주제	中立国 zhōnglìguó 명 중립국	独立 dúlì 통 독립하다	首脑会谈 shǒunǎo huìtán 명 정상회담	联合 liánhé 통 연합하다	合作 hézuò 통 협력하다, 합작하다	同盟 tóngméng 통 동맹하다	解除 jiěchú 통 제거하다	正常化 zhèngchánghuà 통 정상화하다	统治 tǒngzhì 통 통치하다	制裁 zhìcái 통 제재하다	宣言 xuānyán 명 (국가 정당의) 선언(문)
법률	一系列 yíxìliè 형 일련의, 연속의	法定 fǎdìng 형 법으로 정한, 법률로 규정된	执行 zhíxíng 통 집행하다	遇难 yùnàn 통 사고로 죽다	查明 chámíng 통 조사하여 밝히다, 명확하게 조사하다	嫌疑 xiányí 명 혐의	争论 zhēnglùn 통 변론하다, 논쟁하다	拘留 jūliú 통 구류를 받다	制定 zhìdìng 통 제정하다	签订 qiāndìng 통 체결하다	托诉 tóusù 통 고소하다, 소송하다	争议 zhēngyì 통 논쟁하다	约束 yuēshù 통 구속하다, 단속하다

 단문을 읽고, 보기의 문장과 비슷하거나 일치하는 문장을 찾아 밑줄을 그으세요.

在经过半年来激烈的角逐，美国中期选举终于结束，选民在11月2日投票选出435名国会众议员、37名国会参议员，以及全美50个州中的37个州长和地方官员。截至北京时间3点18分，在众议院，共和党得票已经达到超过半数的240席，从而获得多数党地位，民主党仅仅得到180席。

A. 美国在11月2日投票选出了435名国会众议员
B. 全美50个州有37个州长和地方官员
C. 共和党的票超过了半数
D. 民主党得到了180席

어휘&해석

激烈 jīliè 형 격렬하다, 치열하다 | 角逐 juézhú 통 각축하다, 승부를 겨루다 | 选举 xuǎnjǔ 통 선거하다 | 选民 xuǎnmín 명 선거 유권자, 선거인 | 投票 tóupiào 통 투표하다 | 众议员 zhòngyìyuán 명 중의원, 하원의원 | 参议员 cānyìyuán 명 참의원, 상원의원 | 截至 jiézhì 통 ~에 이르다 | 过半数 guòbànshù 명 과반수 | 仅仅 jǐnjǐn 부 단지, 다만

반년 간의 치열한 각축이 지나고 미국 중간 선거가 결국 끝났다. **A** 유권자들은 11월 2일 435명 국회 하원의원들을 투표로 선출했고, 37명 국회 상원 의원 및 **B** 전 미 50개 주 중의 37개 주지사와 지방 관원들을 투표했다. 베이징 시간으로 3시 18분 의회에서 **C** 공화당은 득표가 이미 반수를 넘어선 240석을 얻어서 다수당의 지위를 얻었고, **D** 민주당은 180석만을 얻었을 뿐이다.

A. 선거인들은 11월 2일 435명 국회 하원의원들을 투표해서 선출했다
B. 50개 주 중의 37개 주지사와 지방 관원들을 투표했다
C. 공화당은 득표가 반수를 넘었다
D. 민주당은 180석 득표를 얻었다

> 정답

　　在经过半年来激烈的角逐，美国中期选举终于结束，**A** 选民在11月2日投票选出435名国会众议员、37名国会参议员， 以及**B** 全美50个州中的37个州长和地方官员。截至北京时间3点18分，在众议院，**C** 共和党得票已经达到超过半数的240席，从而获得多数党地位，**D** 民主党仅仅得到180席。

실력 다지기

1~10 지문을 읽고 지문과 일치하는 보기를 고르세요.

1 目前在中国如果不给孩子报个英语班，家长都不好意思跟人说。从这一搞笑的话中，幼儿学英语的火爆程度便可见一般。近日《北京晨报》调查显示，幼儿学英语已成普遍现象，几乎所有幼儿园目前都开设英语课，少的每周要开2节课，课程长度大概都在半个小时左右。而社会上的培训机构幼儿班，每周也平均有2小时的课程。也就是说，许多3岁以上的孩子每周至少有3个小时花在英语上。

A. 幼儿学英语已成为普遍现象
B. 所有幼儿园都开设了英语课
C. 三岁以上的孩子每周起码有2个小时花在英语上
D. 目前对中国人来说学英语是常见的事情

2 奥巴马还宣布要加强和东南亚10国合作，此次亚洲之行，他专门到访印度尼西亚，和中国政府正在大力扩大马六甲海域国家的港口建设不无关系；马六甲海峡是中国石油输入最重要的命脉航线，是中国85%石油进口的必经之地。对中国而言，谁控制了马六甲海峡和印度洋，谁就把手放在了中国的战略石油通道上，谁就能随时威胁中国的能源安全。

A. 奥巴马总统要加强和印度合作
B. 马六甲海峡是中国85%石油出口的地区
C. 奥巴马这次到印度尼西亚，和中国无关
D. 对中国来说，马六甲海峡和印度洋是重要的石油通道

3 亚洲运动会简称亚运会，是亚洲地区规模最大的综合性运动会，也是亚洲体坛最大的盛会，由亚洲运动联合会的成员国轮流主办。亚运会的前身是远东运动会，1911年由菲律宾体育协会发起组织，每两年举办一次。1948年，参加世界奥林匹克运动会的亚洲体育界人士协商，倡议重新恢复远东运动会，并扩大规模，改称亚洲运动会，每四年举办一次，时间正好与奥运会错开。1951年3月，第一届亚运会在印度首都新德里举行。

A. 目前亚运会每两年举办一次
B. 亚运会由亚洲运动联合会的成员国家轮流主办
C. 亚运会时间正好与奥运会是一样的
D. 第一届亚运会在印度尼西亚举行

4 2010年11月15日14时，上海一栋高层公寓起火。据附近居民介绍，公寓内住着不少退休教师，起火点位于10-12层之间，整栋楼都被大火包围着，楼内还有不少居民没有离开。截至11月19日10时20分，大火已导致58人遇难，另有70余人正在接受治疗。事故原因已初步查明，是由无证电焊工违规操作引起的，四名犯罪嫌疑人已经被公安机关依法拘留。

A. 公寓内住着退休教师们
B. 这次火灾发生在上海一所学校
C. 大火最终导致70人遇难
D. 到目前为止还不知道事故的原因

5 农业局信息中心消息，目前北京蔬菜平均价格比去年同期上升50.2%，以创下了历史上最高的水平。虽然大风天气不太利于蔬菜的运输，但是菜价真正上扬的原因还是因为通货膨胀。11月1日，北京市蔬菜平均价格为每公斤2.79元。

A. 目前北京蔬菜平均价格为5.2元
B. 大风天气与北京蔬菜价格上升没有关系
C. 北京鸡肉平均价格一直在上升
D. 北京蔬菜价格上升的主要原因是通货膨胀

6《哈利·波特》系列共有七本，其中前六部以霍格沃茨魔法学校为主要舞台，描写主人公哈利·波特在霍格沃茨魔法学校六年的学习生活冒险故事。让数不清的读者为之倾倒，这不能不说是文学史上的一个奇迹。罗琳这个富有想象力的魔法妈妈带给了无数人欢笑与泪水，更带给了全世界的哈迷一个美丽的梦。《哈利·波特》以其小说的闻名，带动了一系列相关文化内容的开发，包括电影，游戏，玩具，游乐园，相关书籍等。

A.《哈利·波特》只出版了一本
B.《哈利·波特》是魔法学校的学习生活冒险故事
C. 罗琳是《哈利·波特》的主人公
D.《哈利·波特》只是小说，没拍成电影

7 人民币是中华人民共和国大陆地区的法定货币。国际上更常用的缩写是RMB(Ren Min Bi)。《中华人民共和国中国人民银行法》第三章第十六条及第十七条规定:"中华人民共和国的法定货币是人民币。""人民币的单位为元,人民币辅币单位为角、分"。主辅币换算关系:1元等于10角,1角等于10分。人民币没有规定法定含金量,它执行价值尺度、流通手段、支付手段等职能。人民币按照材料的自然属性划分,有金属币(硬币)、纸币。中国人民银行自1948年12月1日成立以来,至今已发行五套人民币。

A. 人民币国际上常用的缩写是RMB
B. 1元等于1角
C. 人民币按照模样划分
D. 中国银行到现在发行6套人民币

8 无论在练功教室还是在舞台,舞蹈者穿的都是专门设计的服装。对舞蹈者来说,练功服绝不仅仅是为了好看,它们中每一件都有其切实的作用。紧身衣和紧身裤袜是舞蹈者最基本的练习服。在古典芭蕾领域,女孩子通常穿黑色紧身衣配上粉色的紧身裤袜。有的学校则喜欢让他们的姑娘穿短袜和各种带色的紧身衣。有时在紧身衣外面还穿一条用很薄的材料制作的围腰短裙。男孩子一般穿白色的短袖圆领汗衫配黑色的紧身裤袜。

A. 对舞蹈者来说,练功服绝不仅仅是为了好看,而是有切实的作用的
B. 无论在练功教室还是在舞台上,舞蹈者穿的都是运动服
C. 女孩子一般穿白色的短袖圆领汗衫
D. 对男舞蹈者来说,紧身衣和紧身裙子是舞蹈者最基本的练习服

9 化石是存留在岩石中的古生物遗体或遗迹,最常见的是骸骨和贝壳等。研究化石可以了解生物的演化并能帮助确定地层的年代。简单地说,化石就是生活在遥远的过去的生物的遗体或遗迹变成的石头。在漫长的地质年代里,地球上曾经生活过无数的生物,这些生物死亡后的遗体或是生活时遗留下来的痕迹,许多都被当时的泥沙掩埋起来。

A. 研究化石可以了解生物的演化
B. 化石是死了不久的生物遗体的石头
C. 地球上曾经生活过无数种的人
D. 许多生物都被当时的尘沙掩埋起来了

10 中国的普通高等学校招生全国统一考试简称高考，是中华人民共和国的重要的全国性考试之一。普通高等学校招生全国统一考试的定义是：合格的高中毕业生和具有同等学力的考生参加的选拔性考试。高等学校根据考生成绩，按已确定的招生计划，德、智、体全面衡量，择优录取。因此，高考应具有较高的信度、效度，必要的区分度和适当的难度。高考以省为单位。虽然名义上为全国统一考试，但部分试题并不是全国统一的。考试的形式是闭卷考试，考试内容由国家教育部统一划定(高考考试大纲)，考试采用笔试方式。

A. 中国高考是选拔性考试
B. 高考的形式是面试
C. 考试内容只有英语
D. 高考采用绘画考试

4 다양한 이야기 지문 독해하기

Guide

우화나 일상생활의 내용을 다루는 신변잡기와 관련된 지문은 보기에는 쉽게 느껴지지만, 답을 고르기가 어렵다. 객관적인 사실 그대로를 설명하는 과학이나 실용 상식 관련 지문들과 달리, 문장 내용을 제대로 이해하지 않으면 오답을 고를 수 있기 때문이다. 따라서 여기에서는 문장의 숨겨진 의미를 잘 파악하며 독해하는 연습을 하도록 한다.

주의 **꼼꼼하게 비교하라!** A, B, C, D 네 개의 보기 문장이 비슷한 부분들이 많으므로 헷갈리지 말고 하나씩 대조하며 꼼꼼하게 독해해야 한다.

독해 급소공략

• 접속사에 주의하라.

문장과 문장을 이어 주는 **접속사를 유의해서 보면** 도입 부분이 어디인지, 결론 부분이 어디인지 **이야기의 흐름을 파악할 수 있다.** 또한 가설인지, 사실인지, 순접인지, 역접인지 **이야기의 전개 방향을 파악할 수 있다.**

• 속뜻을 간파하라.

지문이 다른 유형에 비해 상대적으로 쉽다고 두루뭉술하게 독해를 하면 실수를 할 수밖에 없다. 겉으로 보이는 **표면적인 뜻이 아닌, 문장의 속뜻을 생각하며** 지문의 내용을 간파하도록 한다.

• 문장이 아닌 전체를 파악하라.

이야기 지문은 내용 흐름이 계속 이어지는 부분이 있기 때문에, 어느 한 문장을 보고 답을 고르면 틀리기 쉽다. 처음 시작과는 달리 예상을 깨는 방향으로 이야기가 전개될 수도 있으므로 **전체적인 문맥을 생각하며** 문제를 풀어야 한다.

예제로 감 익히기

Mission 1

단문을 독해하고 일치하는 보기를 고르세요.

---

1 现在人们活得很辛苦，因为物价涨得很厉害。我们有什么还没涨价的？几乎没有。比如说，方便面涨价了，鸡蛋涨价了，面粉涨价了，汽油涨价了，羽绒服涨价了。除了工资，身边的一切几乎都涨价了，但是我们依然需要坚强地活下去，因为墓地现在也涨价了。

A. 物价都涨价了
B. 学费涨价了
C. 墓地还没涨价
D. 汽油到现在还不能用

现在人们活得很辛苦，因为物价涨得很
　　　　　　~하는 정도　왜냐하면
厉害。我们有什么还没涨价的？几乎没有。
　　　　　　　　아직 ~하지 않다
比如说，方便面涨价了，鸡蛋涨价了，面粉涨
예를 들어 말하자면
价了，D汽油涨价了，羽绒服涨价了。除了工
　　　　　　　　　　　　　　　　~이외에
资，A身边的一切几乎都涨价了，但是我们依
　　　　　　　　　　　　　　　　그러나
然需要坚强地活下去，C因为墓地现在也涨价
　　　　　　동사+下去: 계속 ~하다
了。

A. 物价都涨价了
B. 学费涨价了
C. 墓地还没涨价
D. 汽油到现在还不能用

요즘 사람들은 매우 피곤하게 산다. 왜냐하면 물가가 너무 심하게 올랐기 때문이다. 우리에게 아직 가격이 오르지 않은 물건이 있는가? 거의 없다. 예를 들어 라면의 가격이 올랐고, 계란의 가격이 올랐다. 밀가루의 가격이 올랐고, D기름의 가격이 올랐고, 다운재킷의 가격이 올랐다. 월급 이외에 A주변의 모든 것이 거의 다 올랐다. 그러나 우리는 여전히 굳세게 열심히 살아가야 한다. 왜냐하면 C묘지의 땅 가격도 올랐기 때문이다.

A. 물가가 모두 올랐다
B. 학비가 올랐다
C. 묘지는 아직 가격이 오르지 않았다
D. 기름은 지금까지도 여전히 사용할 수 없다

辛苦 xīnkǔ 혱 고생스럽다, 수고롭다 | 物价 wùjià 몡 물가 | 厉害 lìhai 혱 극심하다, 심각하다 | 涨价 zhǎngjià 동 가격이 오르다 | 鸡蛋 jīdàn 몡 계란 | 面粉 miànfěn 몡 밀가루 | 汽油 qìyóu 몡 기름, 휘발유 | 羽绒服 yǔróngfú 몡 다운재킷 | 工资 gōngzī 몡 월급, 임금 | 身边 shēnbiān 몡 곁, 주변 | 一切 yíqiè 몡 일체, 전부 | 依然 yīrán 틧 여전히 | 坚强 jiānqiáng 혱 굳세다 | 墓地 mùdì 몡 묘지, 무덤

1 **A** (◯) 문장을 읽고 그 내용의 핵심이 무엇인지 파악하도록 한다. A는 본문을 요약한 주제로, 물건들을 나열하며 모든 것의 가격이 올랐음을 표현하고 있으므로 즉, 물가가 올랐다는 것을 알 수 있다.

　B (✕) 본문에서 언급되지 않은 내용이다.

　C (✕) '묘지의 가격이 올랐다(因为墓地现在也涨价了)'라는 것은 묘지의 땅 값도 올랐으니 열심히 살아야 한다는 것을 해학적으로 표현하고 있다.

　D (✕) '汽油(기름)'라는 단어가 본문에 언급되긴 했지만, 현재 사용 여부와 관련해서는 알 수 없다.

독해 비법 check!

- **다양한 지문 연습하기:** 이야기와 관련된 주제나 상황은 무궁무진합니다. 따라서 평상시에 중국어로 된 문장을 눈에 보이는 대로 늘 가까이 두는 습관을 하세요. 자신만의 노트를 만들어서 정리하고 암기하는 것도 중요하지만, 중국 인터넷 사이트나 중국어 관련 책 등 내 주변에서 쉽게 접할 수 있는 도구를 모두 활용하도록 노력합시다.

- **수식하는 표현 살피기:** 이야기와 관련된 지문은 서술하는 방식의 글이 많습니다. 따라서 생동감이 넘치고 이미지가 살아 있는 묘사 표현이 많이 나옵니다. 이런 표현들은 시험을 떠나 중국어 실력을 높이는 데 도움이 많이 되니 문제를 풀고 복습할 때 반드시 확인하고 넘어가도록 합니다.

독해 내공 TIP — 이야기 지문에 도움 되는 연관 단어

일상생활에서 일어나는 에피소드류 글의 소재는 무궁무진하다. 본문 내용과 보기가 완전히 일치하지 않는 경우가 많으므로, 인물의 심리나 행동에 주의를 기울여 전체 이야기가 어떻게 전개되는지 파악해야 한다. '동작·상황' '심리상태' '인물묘사'로 분류하여 다음과 같이 관련 어휘를 정리하였다.

1 동작·상황

동작	报到 bàodào 동 보고하다, 알리다 | 昏睡 hūnshuì 동 혼수상태이다, 정신 없이 잠자다 | 陷入 xiànrù 동 (불리한 지경에) 빠지다, 몰두하다 | 传递 chuándì 동 (차례차례) 전달하다 | 撒娇 sājiāo 동 어리광부리다, 애교를 떨다 | 携带 xiédài 동 지니다, 데리다 | 依靠 yīkào 동 의지하다, 기대다 | 微笑 wēixiào 동 미소짓다 | 轻狂 qīngkuáng 형 경망스럽다, 방정맞다 | 彷徨 pánghuáng 동 배회하다, 방황하다 | 收回 shōuhuí 동 거두어들이다, 회수하다 | 守护 shǒuhù 동 지키다 | 淹死 yānsǐ 동 익사하다, 물에 빠져 죽다 | 刻 kè 동 조각하다, 새기다 | 匹配 pǐpèi 동 결혼하다, 혼인하다 | 抓住 zhuāzhù 동 체포하다, 붙잡다 | 举手 jǔshǒu 동 손을 들다 | 破 pò 동 깨다 | 罚款 fákuǎn 동 벌금을 부과하다 | 划船 huáchuán 동 배를 젓다 | 慌乱 huāngluàn 형 허둥대다
상황	欠 qiàn 동 빚지다 | 陈列 chénliè 동 진열하다 | 空落落 kōngluòluò 형 (풍경이) 텅 비다, 한산하다 | 气氛 qìfēn 명 분위기 | 危险 wēixiǎn 형 위험하다 | 罕见 hǎnjiàn 형 보기 드물다, 희한하다 | 悄然 qiǎorán 형 조용하다, 고요하다 | 可观 kěguān 형 굉장하다 | 华丽 huálì 형 화려하다 | 偏僻 piānpì 형 외지다 | 偏远 piānyuǎn 형 외지다, 후미지다 | 领悟 lǐngwù 동 깨닫다 | 贫困 pínkùn 형 가난하다 | 富有 fùyǒu 형 부유하다 | 拥挤 yōngjǐ 동 붐비다, 혼잡하다 | 堵车 dǔchē 동 차가 막히다 | 瘫痪 tānhuàn 동 마비되다, 정지되다 | 控制 kòngzhì 동 통제하다 | 遥远 yáoyuǎn 형 (시간이나 거리가) 아득히 멀다 | 冒 mào 동 (밖으로) 내뿜다, 터져 나오다 | 飘逸 piāoyì 동 (사방으로) 흩날리다 | 散伙 sànhuǒ 동 (조직이나 단체가) 해산하다 | 蒸腾 zhēngténg 동 김이 오르다 | 落地 luòdì 동 착지하다 | 远离 yuǎnlí 동 멀리 떠나다 | 昂贵 ánguì 형 (가격이) 높다, 비싸다 | 分辨 fēnbiàn 동 판별하다, 구별하다 | 降温 jiàngwēn 동 기온이 떨어지다 | 刮大风 guā dàfēng 바람이 강하게 불다

 Mini Test 단문을 읽고, 보기의 문장과 비슷하거나 일치하는 문장을 찾아 밑줄을 그으세요.

人在韩国行，当然要说韩语，否则寸步难行。但韩语不灵时，只好请英语帮忙，也可以解决一些问题。我是第一次来韩国，也需要学习一些简单的韩语。可我韩语七窍只通六窍，但我们的英语都还行，于是互换名片之后，英语就成了汉语和韩语之间沟通的桥梁。

A. 在韩国，英语也可以解决一些问题
B. 作者韩语说得不太好
C. 作者的英语水平还好
D. 作者在韩国用英语沟通

어휘&해석

行 xíng 동 여행하다 | 否则 fǒuzé 접 그렇지않으면 | 寸步 cùnbù 명 아주 짧은 거리 | 灵 líng 형 영험하다, 신통하다 | 七窍 qīqiào 명 (인체의) 일곱 구멍[두 눈, 두 콧구멍, 두 귀, 입] | 互换 hùhuàn 동 서로 교환하다 | 名片 míngpiàn 명 명함 | 沟通 gōutōng 동 잇다, 연결하다 | 桥梁 qiáoliáng 명 교량, 다리

한국 여행을 할 때는 당연히 한국어를 할 줄 알아야 한다. 그렇지 않으면 아주 짧은 거리도 여행하기 힘들다. 그러나 한국어를 잘 하지 못할 때는 어쩔 수 없이 **A**영어의 도움으로 문제들을 해결할 수 있다. 나는 한국에 처음 와서 **B**어느정도의 간단한 한국어를 공부하는 게 필요하다. 그러나 내 한국어는 일곱 개 구멍 중에 단지 여섯 곳 만 통한다. 하지만 **C**영어 실력은 괜찮은 편이라서 서로 명함을 주고 받은 후에는 **D**영어가 중국어와 한국어 사이에서 소통의 통로가 된다.

A. 한국에서 영어로도 문제를 해결할 수 있다
B. 필자는 한국어를 잘 못 한다
C. 필자의 영어 수준은 괜찮은 편이다
D. 필자는 한국에서 영어로 소통한다

> 정답
>
> 　　人在韩国行，当然要说韩语，否则寸步难行。但韩语不灵时，只好请英语帮忙，**A**也可以解决一些问题。我是第一次来韩国，**B**也需要学习一些简单的韩语。可我韩语七窍只通六窍，但**C**我们的英语都还行，于是互换名片之后，**D**英语就成了汉语和韩语之间沟通的桥梁。

2 심리상태

희망적	愉悦 yúyuè 휑 기쁘다 ｜ 嗜 shì (아주) 좋아하다 ｜ 珍惜 zhēnxī 동 아끼다 ｜ 刻骨铭心 kè gǔ míngxīn 성 (감격하여) 마음에 깊이 간직하다 ｜ 宁静 níngjìng 휑 (마음이) 편안하다 ｜ 平淡 píngdàn 휑 평범하다 ｜ 期盼 qīpàn 동 기대하다 ｜ 渴望 kěwàng 동 갈망하다 ｜ 感激 gǎnjī 감격하다, 고마움을 느끼다 ｜ 单相思 dān xiāngsī 동 짝사랑하다 ｜ 开心 kāixīn 휑 (기분이) 즐겁다 ｜ 表扬 biǎoyáng 동 칭찬하다 ｜ 夸奖 kuājiǎng 동 칭찬하다 ｜ 谦虚 qiānxū 동 겸허하다, 겸손하다 ｜ 肯定 kěndìng 동 긍정적이다 ｜ 悲欢离合 bēi huān lí hé 슬픔과 기쁨, 헤어짐과 만남 ｜ 自豪 zìháo 휑 스스로 긍지를 느끼다 ｜ 赞美 zànměi 동 찬양하다, 찬미하다 ｜ 满意 mǎnyì 동 만족하다 ｜ 答应 dāying 동 동의하다 ｜ 兴奋 xīngfèn 동 감격하다, 흥분하다
비관적	难受 nánshòu 휑 (마음이) 슬프다, 상심하다 ｜ 受辱 shòurǔ 동 모욕을 당하다, 치욕을 당하다 ｜ 伤害 shānghài 동 상처를 입히다 ｜ 宠爱 chǒng'ài 동 총애하다, 편애하다 ｜ 自卑 zìbēi 동 열등감을 가지다 ｜ 恨死 hènsǐ 동 매우 원망하다 ｜ 发愁 fāchóu 동 골치 아파하다, 걱정하다 ｜ 冷淡 lěngdàn 동 냉담하다, 차갑다 ｜ 悲伤 bēishāng 휑 상심하다 ｜ 骄傲 jiāo'ào 휑 거만하다 ｜ 埋怨 mányuàn 동 원망하다 ｜ 遗憾 yíhàn 동 유감스럽다 ｜ 讽刺 fěngcì 동 풍자하다 ｜ 怀疑 huáiyí 동 의심하다 ｜ 后悔 hòuhuǐ 동 후회하다 ｜ 否定 fǒudìng 동 부정적이다 ｜ 讨厌 tǎoyàn 동 싫어하다 ｜ 苦恼 kǔnǎo 동 몹시 괴롭다 ｜ 可惜 kěxī 동 섭섭하다 ｜ 害羞 hàixiū 동 부끄러워하다, 수줍어하다 ｜ 恐惧 kǒngjù 휑 무섭다, 두렵다 ｜ 憎恨 zēnghèn 동 증오하다 ｜ 不满 bùmǎn 동 불만족하다 ｜ 嫉妒 jídù 동 질투하다

 단문을 읽고, 보기의 문장과 비슷하거나 일치하는 문장을 찾아 밑줄을 그으세요.

当时韩愈只有十一岁，十二郎就更小了，韩愈和十二郎相依为命。韩愈十九岁的时候离开了家乡，在以后的十年中，韩愈跟十二郎只见过三次面。就在韩愈决定回家乡跟十二郎永远生活在一起的时候，却听到了十二郎死去的消息。韩愈非常难过，于是写了一篇怀念十二郎的文章。

A. 从韩愈十一岁以后，和十二郎互相依靠。
B. 韩愈十九岁的时候离开了老家
C. 韩愈听到了十二郎死去的消息。
D. 韩愈写了一篇有关十二郎的文章。

> **어휘&해석**

相依为命 xiāng yī wéi mìng 형 서로 의지하며 살아가다 | **家乡** jiāxiāng 명 고향 | **死去** sǐqù 동 죽다 | **难过** nánguò 형 (마음이) 슬프다, 상심하다 | **于是** yúshì 접 그래서 | **怀念** huáiniàn 동 그리워하다 | **依靠** yīkào 동 의지하다 | **老家** lǎojiā 명 고향 | **有关** yǒuguān 형 관련이 있다

당시 한위는 11살 밖에 되지 않았고, 스얼랑은 더 어려서 **A**한위와 스얼랑은 서로 의지하며 살았다. **B**한위는 19살 때 고향을 떠났고, 이후 10년 동안 한위와 스얼랑은 세 번 만났을 뿐이었다. 한위가 고향에 돌아가서 스얼랑과 영원히 함께 살기로 계획했을 때, **C**스얼랑이 죽었다는 소식을 들었다. 한위는 너무 마음이 아파서 **D**스얼랑을 그리워하는 글을 지었다.

A. 한위는 11살 이후부터 한위와 서로 의지하였다
B. 한위는 19살 때 고향을 떠났다
C. 한위는 스얼랑이 죽었다는 소식을 들었다
D. 한위는 스얼랑에 관한 글을 지었다

> **정답**

当时韩愈只有十一岁，十二郎就更小了。**A**从那以后，韩愈和十二郎相依为命。**B**韩愈十九岁的时候离开了家乡，在以后的十年中，韩愈跟十二郎只见过三次面。正当韩愈打算回到家乡，跟十二郎永远生活在一起的时候，却**C**听到了十二郎死去的消息。韩愈非常难过，于是**D**写了一篇怀念十二郎的文章。

3 인물묘사

외모	外貌 wàimào 명 외모 | 年幼 niányòu 형 어리다 | 瘦 shòu 형 여위다 | 瘦猴 shòuhóu 명 여윈 사람[말라깽이] | 苗条 miáotiao 형 날씬하다 | 胖 pàng 형 뚱뚱하다 | 帅 shuài 형 잘생기다 | 美丽 měilì 형 아름답다 | 可爱 kě'ài 형 귀엽다 | 典雅 diǎnyǎ 형 우아하다
	面目 miànmù 명 용모, 얼굴 모습 | 皱纹 zhòuwén 명 주름 | 卷发 juǎnfà 명 곱슬머리 | 直发 zhífà 명 생머리 | 刘海 liúhǎi 명 앞머리 | 染发 rǎnfà 동 머리를 염색하다 | 烫发 tàngfà 동 머리를 파마하다 | 剪发 jiǎnfà 동 머리카락을 자르다 | 目光 mùguāng 명 시선, 눈길 | 双眼皮儿 shuāngyǎnpír 명 쌍꺼풀 | 身高 shēngāo 명 키 | 体重 tǐzhòng 명 체중 | 涂口红 tú kǒuhóng 립스틱을 바르다
성격·태도	脾气 píqi 명 성격 | 魄力 pòlì 명 박력, 패기, 투지 | 平实 píngshí 형 수수하다, 꾸밈없다 | 平淡 píngdàn 형 보통이다, 평범하다 | 细心 xìxīn 형 세심하다 | 待遇 dàiyù 동 (사람을) 대하다 | 体贴 tǐtiē 형 자상하다 | 耐心 nàixīn 형 참을성 있다, 인내심 있다 | 勤劳 qínláo 형 부지런하다 | 懒惰 lǎnduò 형 게으르다 | 坚定 jiāndìng 형 (입장이) 확고하다, 꿋꿋하다 | 善良 shànliáng 형 착하다 | 内向 nèixiàng 형 내성적이다, 내향적이다 | 外向 wàixiàng 형 외향적이다 | 开朗 kāilǎng 형 (성격이) 명랑하다, 쾌활하다 | 吝啬 lìnsè 형 인색하다 | 敏感 mǐngǎn 형 예민하다, 민감하다 | 谨慎 jǐnshèn 형 신중하다 | 大方 dàfang 형 시원스럽다 | 坦率 tǎnshuài 형 솔직하다[=直率 zhíshuài]

단문을 읽고, 보기의 문장과 비슷하거나 일치하는 문장을 찾아 밑줄을 그으세요.

李成龙，男，24岁，未婚，本届大学毕业。电脑、英文写作及口语水平高。希望在电脑公司工作，月薪不低于3000元。

A. 李成龙还没结婚
B. 李成龙今年大学毕业
C. 李成龙计算机水平高
D. 李成龙要在电脑公司工作

어휘&해석

未婚 wèihūn 형 미혼의 | 本届 běnjiè 명 이번에 | 及 jí 접 및, 그리고 | 希望 xīwàng 동 희망하다 | 电脑 diànnǎo 명 컴퓨터 | 月薪 yuèxīn 명 월급 | 低于 dīyú 형 ~보다 낮다 | 计算机 jìsuànjī 명 컴퓨터

　　이청룽. 남. 24세. **A**미혼. **B**이번에 대학 졸업. **C**컴퓨터, 영어 작문 및 회화 실력이 높다. **D**컴퓨터 회사에서 일하기를 희망하고, 월급은 3000위앤 이상이기를 바란다.

A. 이청룽은 아직 결혼하지 않았다
B. 이청룽은 올해 대학 졸업한다
C. 이청룽은 컴퓨터 수준이 높다
D. 이청룽은 컴퓨터 회사에서 일하기 원한다

정답

　　李成龙，男，24岁，**A**<u>未婚</u>，**B**<u>本届大学毕业</u>。**C**<u>电脑</u>、英文写作及口语<u>水平高</u>。**D**<u>希望在电脑公司工作</u>，月薪不低于3000元。

실력 다지기

1~10 지문을 읽고 지문과 일치하는 보기를 고르세요.

1. 南京许女士的女儿今年考上了外地一所大学，送女儿去学校报到回家后，许女士心里总觉得空落落的；也许是因为没孩子在家不热闹了，许女士到了家里不是少了一个人，好像是少了许多人；今年中秋节也因为女儿没在家，两口子觉得没过节的气氛了，很不习惯。这么多年来女儿还是第一次离开家，离开她独自生活，看不到女儿，许女士心里别提有多难受了。

   A. 许女士的女儿是高中生
   B. 许女士现在心里很难过
   C. 今年中秋节许女士家过得很热闹
   D. 现在许女士跟女儿住在一起

2. 不管是微笑还是大笑，都会让人从心里感到愉悦，但是对于英国女科学家克莱儿·艾伦来说，笑可是会给她带来极大的危险！因为她患有罕见的嗜眠症，只要笑上一、两声，就可能突然倒地昏睡。她说"每当我发出笑声后几秒钟，我的手就会失去力量，我的脑袋就会睡觉，陷入昏睡般的瘫痪状态中。"克莱儿目前服用一种最新药物，这种药物可以让她维持3个半小时的深度睡眠，她每天晚上会服两次药，奇怪的病情终于获得控制，一个月大概只会发生几次。

   A. 克莱儿发疯了
   B. 克莱儿能治别人的病
   C. 克莱儿是文学家
   D. 克莱儿只要笑，就会突然倒地睡觉

3. 54岁的林芳是浙江省宁波家具厂老板，有"收藏老家具"的喜好。他花港币数千万元，还欠下了700万元债务，打造了私人博物馆，现在这个博物馆已正式对外开放。博物馆被古色古香的高大围墙包围着，里面陈列着116个从全国各地搬来的传统家具。

   A. 林芳是个工厂老板
   B. 林芳卖了很多房子
   C. 林芳没有债务
   D. 林芳的博物馆还没开放

4 32岁的张金鹏是中国第一位职业旅行家，新书《背包十年》的作者。他从2001年开始背包旅行，至今已游过30多个国家与地区。他希望自己能够成为一个梦想的传递者。他说："我从许多前辈旅行家那里获得关于旅行的梦想，我想告诉我的晚辈，人生不只是拥有房子、车子，应该还有别的东西。"自由与梦想，虽然看起来遥远，但只要坚持，就不只是个梦想。

A. 张金鹏是作家，不是旅行家
B. 张金鹏到32个国家旅行过
C. 房子、车子是人生的全部
D. 自由与梦想只要坚持就能实现

5 当别的年幼的孩子在父母怀中撒娇的时候，广西柳州6岁的孤儿阿龙却一个人生活着。他一个人住，一个人洗衣做饭，一个人养狗，一个人读书认字，一个人入睡。小小的年纪，阿龙为什么会一个人居住？他还有亲人嘛，他们在哪里？广西新闻网报导，阿龙的父亲去世了。阿龙是个艾滋病毒携带者。和阿龙比较亲近的只有84岁的奶奶。但唯一可以依靠的奶奶，却不愿跟他一起住。

A. 阿龙的妈妈离家出走了
B. 啊龙跟奶奶住在一起
C. 奶奶愿意接受阿龙
D. 阿龙得了艾滋病

6 毕业，就像一个大大的句号，从此，我们告别了一段纯真的青春，一段年少轻狂的岁月，一个充满幻想的时代。毕业前的这些日子，时间过得好像流沙，想挽留，一伸手，有限的时光却悄然溜走，毕业答辩，毕业晚会，举手话别，各奔东西……一切似乎都预想得到，一切又走得太过无奈。

A. 时间跟流沙有关系
B. 毕业就是个大大的问号
C. 时间过得很慢
D. 毕业前的日子很快就过去了

7 大胖拿到去美国签证的那一天，是他两个月以来最开心的一天。他是我最好的朋友之一。我们四个兄弟，也是同一间屋子的室友。老大学计算机，网名大胖；老二是帅哥瘦猴，每次聚会总是吸引不少女生的目光；小高在我们四个中排行老三，但是最高，学中文，爱写散文，话不多，但有哲理的话总是从他那里冒出来。我像是个毫无特色的人，除了喜欢做实验。

A. 大胖是我弟弟
B. 大胖快要去美国了
C. 我爱写散文
D. 小高是我们四个中的老大

8 小李最后选择了我们童年梦想过的职业。他要去当老师，而且，不是在繁华的都市，也没有可观的工资。他申请去了青海，那儿有个全国志愿者的支教项目。他说自己是从农村来的，知道山里的孩子会有多渴望知道外面的世界。而我早早地保送了本校的研究生，少了申请出国的辛苦，少了找工作的忙碌，少了选择的彷徨，也少了很多刻骨铭心的回忆。

A. 小李当过老师
B. 我是留学生
C. 小李是在农村出生的
D. 我想当公司职员

9 家并不是很脏，只是一周下来，沙发上堆着一些收回未整理好的衣物，一一折好，放入衣柜。虽基本上门窗紧闭，但所有家具上似乎都蒙着一层薄薄的灰尘，阳光中，那些尘埃轻舞飞扬着，有一种美好在内心蒸腾。这样的日子里，暖和的阳光、洁净的空气、明亮的房间、飘逸的窗帘……。随便找一个温暖舒适的角落，一本书、一首曲，享受一下闲着没事的时间。那样的时候，爱一个人恋一个家，守护一份亲情的感觉单纯而美好！我需要的只是这样简单宁静的幸福。

A. 我每天打扫房间
B. 我需要的是简单宁静的幸福
C. 我的房间乱七八糟
D. 所有家具上蒙着一层厚厚的灰尘

10 还在生日前十多天，你就在电话中问我想要什么生日礼物，谢谢你一直都记得这个日子。你知道，我是个不太重视生日的人，只想轻松而安静地度过这一天，在我看来，一家人在一起，平平淡淡也是幸福。如今我们远离家乡，你又一次身在异地，虽然近了些，却也是千里之外，但这一次，恰是周末，我如此渴望我们一家团聚，像个孩子似地期盼着那一天早日到来。

A. 我很重视生日
B. "我"和"你"现在住在一起
C. 我渴望一家团聚
D. 我的生日是十月

제3부분

제3부분은 총 20문항으로, 장문을 읽고 제시된 문제에 답을 하는 유형이다.
이런 유형은 지문을 통째로 읽으면서 문제를 풀지 말고, 제시된 문제를 먼저 보고 지문에서 읽어야 하는 내용을 읽고 답을 찾아야 한다.

장문 독해하고 질문에 답하기

- 글의 주제 파악하기
- 내용 전개 파악하기
- 세부 정보 파악하기

1 글의 주제 파악하기

Guide

독해 3부분은 긴 지문을 읽고 한 지문에 나온 여러 개의 문제를 풀어야 하므로, 시간 안에 풀기 위해서는 통째로 하는 해석이 아닌 부분해석으로 지문의 핵심을 파악해야 한다. 그런 의미에서 글의 주제를 파악하는 유형은 주제문을 찾기만 하면 되기 때문에 비교적 쉬운 유형이라고 할 수 있다.

주의 글의 도입부와 말미에 집중하자! 대부분 지문은 핵심 문장이나 단어를 통해서 주요 내용을 알 수 있는데, 이런 핵심 문장은 주로 글의 첫 단락이나 마지막 단락에 있으므로, 처음과 끝만 잘 해석해도 글 전체를 꿰뚫어 볼 수 있다.

독해 급소공략

- **지문의 성격을 파악하라.**

    글의 종류에 따라 특징이 있다. 인물에 대한 서술문이라면, 해당 인물의 행동이나 성격을 통해 글의 주제를 알 수 있고, 설명문이라면 무언가를 설명하는 것이 그 글의 주제가 될 것이다. **장르를 파악하고 진정 말하고자 하는 것이 무엇인지** 찾아낼 수 있도록 하자.

- **세부 내용을 종합해라.**

    주제를 물어보는 문제보다 다른 문제들을 먼저 풀면 글 속의 세부 내용을 살펴볼 수 있고, 이렇게 주제를 뒷받침하고 있는 세부 내용을 꼼꼼히 살피다 보면 글의 전반적인 내용을 파악할 수 있다. 단, **세부 내용에 너무 휘말려 글의 중심 내용을 흐리지 않도록 한다.**

- **객관성을 가지고 문제에 임하라.**

    글의 성격에 따라 주제나 목적이 명확하게 나타나지 않을 수도 있다. 이럴수록 본인의 느낌으로 글을 파악하기 쉬운데, 이는 오답을 고르는 지름길이다. **반드시 주요 인물이나 사건, 감정을 지문에 나타난 그대로 객관적으로 바라보고** 무엇이 중심인지 파악하도록 한다.

예제로 감 익히기

Mission 1

지문을 읽고 질문에 알맞은 답을 고르세요.

1~4

万事开头难，"超人搬家服务中心"开业后的第一个客人，是住在釜山大学附近的一个女学生。接到电话，我心中暗喜：只是从釜山大学的后门到前门，地形又很熟悉。但一到地方，我就被散落在地上的大大小小二十几个行李给吓傻了。我们花了将近一个小时才将所有的东西搬上车，临出发时，我意气风发地踩上油门，车子却怎么也不前进！车坏了？没油了？上上下下检查了好几次，正当我怀疑是不是行李太重导致车子开不动时，一位好心的韩国叔叔提醒我，原来是我没有放开离合器！

在各大小搬家公司竞争激烈的韩国，我们几个没有任何经验的留学生想靠这份工作"发财"，可能性几乎为零。但是"超人搬家服务中心"对我们来说，已经超越了钱的概念，我们的执著，我们的付出，我们的经历，是学校里学不来，用多少钱也买不来，拿什么也代替不了的。

1 我是做什么的?
  A. 做生意做生意   B. 客人
  C. 搬家公司职员   D. 司机

2 这篇短文所讲的是什么?
  A. 万事开头难   B. 做公司老板很难
  C. 搬家很难   D. 我跟女学生很熟悉

3 "超人搬家服务中心"对我们来说有什么意义?
  A. 钱的手段   B. 工作
  C. 超越了钱的概念   D. 我们的执著

4 跟本文不符合的是?
  A. 在韩国，搬家公司竞争很激烈   B. 我是韩国人搬家公司竞争很激烈
  C. 我们的第一客人是女学生   D. 我对釜山大学附近很熟悉

²万事开头难。¹"超人搬家服务中心"开业后的第一个客人，是住在釜山大学附近的一个女学生。接到电话，我心中暗喜：只是从釜山大学的后门到前门，地形有很熟悉。但一到地方，我就被散落在地上的大大小小二十几个行李给吓傻了。我们花了将近一个小时才将所有的东西搬上车，临出发时，我意气风发地踩上油门，车子却怎么也不前进！车坏了？没油了？上上下下检查了好几次，正当我怀疑是不是行李太重导致车子开不动时，一位好心的韩国叔叔提醒我，原来是我没有放开离合器！

在各大小搬家公司竞争激烈的韩国，⁴我们几个没有任何经验的留学生想靠这份工作"发财"，可能性几乎为零。但是³"超人搬家服务中心"对我们来说，已经超越了钱的概念。我们的执著，我们的付出，我们的经历，是学校里学不来，用多少钱也买不来，拿什么也代替不了的。

1 我是做什么的?
  A. 做生意　　　　　B. 客人
  C. 搬家公司职员　D. 司机

2 这篇短文所讲的是什么?
  A. 万事开头难
  B. 做公司老板很难
  C. 搬家很难
  D. 我跟女学生很熟悉

3 "超人搬家服务中心"对我们来说有什么意义?
  A. 挣钱的手段　　　B. 工作
  C. 超越了钱的概念　D. 我们的执著

²모든 일의 시작은 어렵다. ¹'슈퍼맨 이사 서비스 센터'가 개업한 후, 첫 번째 손님은 부산대학 근처에 사는 한 여학생이었다. 전화를 받고 나는 속으로 몰래 기뻐했다. 부산대학 후문에서 정문까지의 거리이기도 했고, 지형도 매우 익숙한 곳이었다. 그러나 가서 본 순간, 나는 땅에 흩어져 있는 크고 작은 스물여 개의 가방에 놀라 멍해졌다. 거의 한 시간 동안 모든 물건을 차 안으로 옮겼고, 막 출발하려고 할 때, 늠름하게 가속페달을 힘껏 밟았는데, 오히려 차는 아무리 해도 앞으로 가지 않는 것이다. 차가 고장 난 걸까? 기름이 없나? 위아래 전체를 몇 번씩이나 검사하고, 짐이 너무 무거워서 차가 못 가는 것이 아닐까를 의심하고 있을 때, 마음씨 좋은 한국 아저씨가 나에게 알려 주셨는데, 알고 보니 내가 클러치를 열지 않은 것이었다!

크고 작은 이삿짐센터들의 경쟁이 치열한 한국에서, **몇 명의 아무런 경험도 없는 유학생들이** 이 일을 통해 '대박'이날 가능성은 제로에 가깝다. 그러나 ³슈퍼맨 이사 서비스 센터'는 우리에게 이미 돈의 개념을 초월했다. 우리의 고집, 우리가 바친 것들, 우리의 경험은 학교에서는 배울 수 없는 것들이고, 얼마의 돈으로도 살 수 없으며, 어떤 것으로도 대체할 수 없다.

1 나는 무엇을 하는 사람인가?
  A. 장사하다　　　　B. 손님
  C. 이삿짐센터 직원　D. 기사

2 이 글이 이야기 하는 것은 무엇인가?
  A. 모든 일은 시작이 어렵다
  B. 회사 사장은 매우 어렵다
  C. 이사는 매우 어렵다
  D. 나와 여학생은 매우 잘 안다

3 '슈퍼맨 이사 서비스 센터'는 우리에게 어떠한 의미를 지니는가?
  A. 돈 버는 수단　　B. 일
  C. 돈의 개념을 초월함　D. 우리의 고집

4 跟本文不符合的是?

A. 在韩国，搬家公司竞争很激烈
B. 我是韩国人
C. 我们的第一客人是女学生
D. 我对釜山大学附近很熟悉

4 본문과 부합하지 않는 것은?

A. 한국에서 이삿짐센터의 경쟁은 매우 치열하다
B. 나는 한국인이다
C. 우리 첫 손님은 여학생이다
D. 나는 부산대학 근처를 매우 잘 안다

超人 chāorén 명 초인, 슈퍼맨 | **搬家** bānjiā 통 이사하다 | **暗喜** ànxǐ 통 속으로 몰래 기뻐하다 | **地形** dìxíng 명 지형 | **熟悉** shúxī 형 익숙하다 | **散落** sànluò 통 분산되다, 흩어지다 | **意气风发** yìqì fēngfā 성 원기 왕성하고 기개가 늠름하다 | **踩上** cǎi 통 힘껏 밟다 | **油门** yóumén 명 가속 페달 | **离合器** líhéqì 명 클러치 | **也许** yěxǔ 부 어쩌면, 아마도 | **竞争** jìngzhēng 통 경쟁하다 | **激烈** jīliè 형 격렬하다, 치열하다 | **任何** rènhé 대 어떠한, 무슨 | **靠** kào 통 기대다 | **发财** fācái 통 큰돈을 벌다, 부자가 되다 | **几乎** jīhū 부 거의 | **零** líng 수 영, 제로[zero] | **超越** chāoyuè 통 능가하다, 초월하다 | **概念** gàiniàn 명 개념 | **执著** zhízhuó 형 집착하다, 끈기 있다 | **付出** fùchū 통 (돈이나 대가를) 지불하다 | **代替** dàitì 통 대체하다, 대신하다

---

1 C 첫 문장의 '超人搬家服务中心(슈퍼맨 이사 서비스 센터)'를 통해 나는 이삿짐센터에서 일하고 있음을 알 수 있다. 본문 중간에 차를 운전하는 모습이 묘사되어 '司机(기사)'라고 생각할 수 있으나, 이삿짐센터의 일 때문에 운전한 것이므로 직업이라고 할 수 없다.

2 A 주제를 물어보고 있는 문제이다. 이사 회사를 개업한 첫날의 힘들었던 경험을 이야기하는 글로 첫 번째 줄에 있는 '万事开头难(모든 일의 시작은 어렵다)'에 주요 내용이 함축되어 있다.

3 C 본문에 '超越了钱的概念(돈의 개념을 초월함)'이라고 답이 그대로 제시되어 있다. B는 지문을 일차원적으로 해석한 것으로 마지막 문장의 의미를 파악하지 못했을 때 답으로 고르기 쉽다. D의 '我们的执著(우리의 고집)'은 마지막 문장에 언급되기는 했으나, 이 일에 대한 본인들의 의지를 묘사하는 것이므로 답이 될 수 없다.

4 B 본문과 일치하지 않는 내용을 묻는 문제이다. 마지막 문단의 내용을 통해 이 글의 배경은 한국이며 필자는 유학생이므로 한국인이 아님을 알 수 있다.

독해 내공 TiP — 자주 출제되는 **주제 문제** 질문 유형

글의 주제를 묻는 문제는 글의 요점이나 필자의 관점 등을 묻는 유형으로, 글 속의 중요하고 핵심적인 내용들을 잘 연결하여 전체적인 글의 뜻을 파악하도록 노력해야 한다.

1 글의 주제를 묻는 유형

本文的主题是什么?
본문의 주제는 무엇인가?

本文主要讲的是什么?
본문에서 주로 말하는 것은 무엇인가?

本文的主要内容是什么?
본문의 주요 내용은 무엇인가?

本文告诉我们什么道理?
본문은 우리에게 어떤 이치를 알려 주는가?

这篇短文要说什么?
이 글에서 말하고 있는 것은 무엇인가?

这篇短文所讲的内容是?
이 글에서 이야기하는 내용은?

这篇短文的主要思想是什么?
이 글의 중심 사상은 무엇인가?

这里所说的意思是?
여기서 이야기하는 의미는?

这段话告诉我们什么?
이 글에서 우리에게 말하고자 하는 것은 무엇인가?

2 글의 주제를 유추하는 유형

他本想说什么?
그가 원래 하고 싶었던 말은 무엇인가?

根据他的情况可以知道什么?
그의 상황을 근거로 알 수 있는 것은?

本文提醒了我们什么?
본문에서 우리에게 일깨워주는 내용은 무엇인가?

글의 주제로 알맞은 문장에 밑줄을 그으세요.

1

　　来这里上班已经有一段时间了，虽然只是个操作工，但还是能感觉到一点点的幸福。今天老婆已经等我第三次了，人有这样的感觉就算付出再多也值得。每次都讲下次不让她等了，可是老婆说不等的时候，心里那滋味就是不一样，最后老婆还是等我了，好幸福。记不得哪天开始爱上老婆了，就感觉在身体的右上方萌芽了，回来在老婆那栋楼后面，很想抱抱，可是老婆不让，还是老婆最后妥协了，抱着老婆，幸福的感觉跃然在心里，那一刻时间好像在静止，老婆抱着我说我的肚子在动，老婆真的还调皮，这种感觉很美。

2

　　小张是北京网球队的运动员。几天前，小张到上海去参加比赛，比赛后他给父母写了一个封信。信中说"我打败了一个上海的运动员，得了第一名。"父母看完信后非常高兴。
　　小张今天要回家了。父母一早就忙着做好吃的东西，为的是欢迎儿子。没有想到，儿子一到家就难过地对父母说"不好意思，我打败了。"老张很奇怪，马上叫妻子把信拿来，又仔细地看了一遍，对儿子说"你的信上说你得了第一名啊！"小张接过信一看，脸红了。他说"对不起，我把标点符号的位置写错了。我是想说；我打败了，一个上海的运动员得了第一名。"

어휘&해석

1 操 cāo 동 종사하다 | 老婆 lǎopo 명 아내, 처 | 就算 jiùsuàn 접 설령 ~하더라도 | 付出 fùchū 동 지급하다 | 滋味 zīwèi 명 기분 | 萌芽 méngyá 동 싹트다 | 抱 bào 동 안다, 껴안다 | 妥协 tuǒxié 동 타협하다 | 跃然 yuèrán 생생하게 나타나다 | 静止 jìngzhǐ 동 정지하다 | 调皮 tiáopí 형 장난이 심하다

　이곳에 출근한 지도 벌써 어느 정도 됐다. 단지 노동자 일뿐이지만, <u>소소한 행복을 느낄 수 있다</u>. 오늘은 부인이 벌써 나를 세 번째 기다린 날이다. 사람이 이렇게 느낄 수 있다는 건, 설령 더 많은 것을 지급해야 할지라도 가치 있는 것일 것이다. 매번 그녀에게 기다리지 말라고 얘기하지만, 부인은 기다리지 않을 때면 기분이 이상해서 결국 마지막엔 나를 기다리게 된다고 했다. 너무 행복하다. 언제 그녀를 좋아하게 되었는지 기억이 나지는 않지만, 몸의 오른편에서 새싹이 돋아난 느낌이다. 부인이 있는 건물 뒤로 돌아가서 포옹하고 싶었지만, 부인은 하지 못하게 했고, 나중에야 허락해 주었다. 그녀를 안고 있는 행복한 느낌이 생생하게 마음속에 남아 있고, 그 순간 시간이 정지된 것 같았다. 부인은 나를 안으면서 내 배가 움직이고 있는 것 같다고 말했다. 부인은 정말이지 장난꾸러기 같다. 이런 느낌은 참 아름답다.

2 网球 wǎngqiú 명 테니스 | 封 fēng 양 통[편지를 셀 때 쓰임] | 打败 dǎbài 동 (싸워) 이기다, 지다 | 难过 nánguò 형 괴롭다, 슬프다 | 奇怪 qíguài 형 이상하게 생각하다 | 仔细 zǐxì 부 자세히 | 脸红 liǎnhóng 동 얼굴이 빨개지다 | 标点 biāodiǎn 명 구두점 | 符号 fúhào 명 부호 | 位置 wèizhi 명 위치

　샤오장은 베이징의 테니스 선수이다. 며칠 전, 샤오장은 상하이에서 열리는 경기에 참가하였다. 경기 후에 그는 부모님께 편지를 썼는데, 편지에 "상하이 운동선수에게 승리했습니다. 일등을 했어요."라고 했다. 부모님은 편지를 받고 정말 기뻐했다.
　샤오장이 오늘 집으로 왔다. 부모는 이른 아침부터 맛있는 음식을 만들며 아들의 환영파티를 준비했다. 뜻밖에 아들은 집에 오자마자 힘들어하며 부모에게 "죄송해요. 제가 졌어요."라고 말했다. 아버지가 매우 이상하게 여겨 부인에게 편지를 가지고 오라고 했고, 다시 한번 자세히 보고 아들에게 "편지에서 네가 일등을 했다고 했잖니!"라고 했다. 샤오장은 편지를 받고 훑어본 후 얼굴이 빨개지며 "죄송해요. 제가 문장의 쉼표를 잘못 찍었어요. 제가 하고 싶었던 말은 '<u>제가 졌어요. 상하이 선수가 일등을 했어요</u>'였어요."라고 말했다.

정답

1 但还是能感觉到一点点的幸福。[지문 첫 번째 줄]　　**2** 我打败了，一个上海的运动员得了第一名。[지문 마지막 줄]

실력 다지기

1~20 지문을 읽고 주어진 질문에 알맞은 보기를 고르세요.

1~4

　　隔多年，我已记不清当年为什么会来到韩国，却清晰地记得，当飞机离开首都机场的那一刹那从眼睛里出来的眼泪。离开父母身边的孩子是辛苦的，独自体验着人生的酸甜苦辣，你无处撒娇，没有人能让你依靠，饭菜不如家中可口，房间从所未有的简陋，语言的障碍使你局限在一个小小的圈子里，陌生的环境有时候给人以莫名的恐惧。不得不承认，人的适应能力是超强的，渐渐地，熟悉了这个陌生的国家，陌生的环境，朋友多了起来，生活也变得丰富多彩起来。

　　离开父母的孩子也是幸福的，孤单地在异国努力地生活，让你迅速变得成熟，独立；生活中不断出现的麻烦，锻炼了你解决问题的能力。拮据的经济状况，让你深刻体会挣钱的辛苦；和父母离得远了，心却更加近了。

　　在韩国的生活，让我更加明白自己想要得到什么，让我收获了更多的友谊，让我学会冷静地面对困难，也让我的未来充满了颜色。也许那时，我觉得自己处在人生低谷，生活过得很苦，等走过这段再回头看，才发现，那段日子其实很甜，很甜。

1 我来韩国的原因是什么？
　　A. 记不清　　　　　　　　　B. 学韩语
　　C. 离开父母　　　　　　　　D. 要学辛苦

2 现在我的韩国生活怎么样？
　　A. 孤单　　　　　　　　　　B. 生活变得丰富多彩起来
　　C. 很拮据　　　　　　　　　D. 想回家

3 生活中不断出现的麻烦，给我的帮助是什么？
　　A. 让我锻炼解决问题的能力　　B. 让我深刻体会挣钱的辛苦
　　C. 让我迅速变得成熟、独立　　D. 让我感到很幸福

4 这篇短文所讲的内容是：
　　A. 体会经验让自己成长　　　　B. 要感谢父母
　　C. 要学会冷静地面对困难　　　D. 推荐在外国的生活

5~8

年轻时，他说不上是坏人，人长得不差，工作也还可以，好抽烟不上瘾，好喝酒不贪杯，他们还有了一儿一女。但是，妻子就是看他不顺眼。天亮，整条街就听她在哭闹。那段时间，她的骂声比闹钟还准，她的骂声一起，一条街就热闹起来。他一句也不反应，默默地做饭，默默地带孩子吃饭上学，她骂得累了，就进屋吃他做的饭，然后上班。中午下班，他忙做饭，她又忙着哭闹，哭闹累了接着吃饭上班。

两年后，忽然听不到她的骂，街上有些寂寞。听老婆婆们说，她要离婚，他不同意，她就跟人私奔了。他默默地带着孩子，认真地做着家务，邻居们都劝他，世界上女人很多，不必留恋，离了算了，他不说话，只是笑笑，继续过他的日子。又过两年，她灰头土脸地回来。大家都以为他会狠狠地修理她，然后赶出家门。他却像没事人似的，给她摆筷子盛饭，仿佛她离去的两年时间，只是单位加了个班。街上的老婆婆们都为他愤愤不平，真是个没用的人。但自那以后，他们家再也没有骂声，日子平静。

现在，他们都退休了，常在老街上看到他俩相依地走过，是老街上一道让人温暖的风景。上次去他家找他女儿，正逢着他们家聚会，满堂欢笑。问他是怎么想的，谁知他们都淡淡一笑，他说受罪才纵容，不纵容，她怎么会还找着回家的门？她说，没有这几年的时间，怎么知道他其实是最适合我的？

婚姻中有许多危机，站在恨的角度过，就是不幸得没完没了；站在爱的角度过，就可能是每天都幸福。

5 关于"他"，下列不正确的是：
- A. 他不是那么坏的
- B. 长得不怎么样
- C. 工作还行
- D. 抽烟抽得不怎么厉害

6 两年后，忽然听不到妻子的骂声是因为：
- A. 妻子可能离开了不在家了
- B. 妻子自己放弃了
- C. 带孩子辛苦没力气了
- D. 丈夫劝了她几句

7 妻子再回来时，丈夫的反应是：
- A. 狠狠地修理她了
- B. 把她赶出了家门
- C. 像没事人似的，给她做饭
- D. 加班去了

8 本文的主题是：

A. 婚姻中有许多危机　　B. 站在爱的角度过婚姻生活
C. 受罪也得忍着　　　　D. 不要听别人的话

9~12

我们总是不由自主地会去羡慕别人所拥有的东西，羡慕别人的工作，羡慕朋友买的新房，羡慕别人的车子等等，唯独忽视了一点，我们自己也是别人所羡慕的对象。其实人总是在这样互相羡慕的。有的人常常幻想有一天一觉醒来，自己就会成为某某一样的人。可能是因为我们深知自己人生的缺憾，所以就会拿那些我们认为比较完美的人生来作比较，当做人生的坐标。其实这个世界上并不存在十全十美，那些我们所羡慕的人同时也在承受着他们的不如意。很多时候，得到的就是所承担的，每件事都像硬币一样有两面，有正面就有负面。

人，尤其是女人往往喜欢拿自己和别人作比较，结果是"人比人气死人"，其实不妨和自己比比，看看自己是否越来越好了，是否离自己期望的目标越来越接近了。时不时给自己鼓励，你会做得更好。说不定在你羡慕别人的同时，别人也正在羡慕你呢。当然，有的人的确值得我们羡慕，不完全是因为他们得到的多，而是因为他们善于经营。羡慕别人是因为我们期待完美，期望可以活得更好。可是我们却忽视了一点，每个人的处境都不同，别人永远无法模仿。不过我们可以通过观察别人的长处来修正自己的短处，与其仰望别人的幸福，不如注意别人经营幸福的方法；与其羡慕别人的好运气，不如借鉴别人努力的过程。

不要再去羡慕别人，好好算算上天给你的恩典，你会发现你所拥有的太多了。而缺失的那一部分，虽不可爱，却也是你生命的一部分，接受它且善待它，你的人生会快乐许多。

所以，真的不必去羡慕别人。守住自己所拥有的，想清楚自己真正想要的，我们才会真正地快乐！

9 我们忽视了什么？

A. 别人所拥有的东西
B. 我们总是不知不觉地会去羡慕别人
C. 我们自己也是别人所羡慕的对象
D. 人往往喜欢拿自己和别人作比较

10 人们羡慕别人的原因是什么?
  A. 因为探知自己人生的缺憾
  B. 一种好奇心
  C. 一种鼓励
  D. 关心别人

11 有的人值得我们羡慕,是因为:
  A. 他们得到的很多
  B. 他们善于经营
  C. 他们很聪明
  D. 他们没有缺点

12 本文的主题是什么?
  A. 不要羡慕别人,要发现你所拥有的
  B. 要接受别人
  C. 我们要真正地快乐
  D. 好好算算自己的收入

13~16

小李离毕业还有两年就成天想着怎么找一份好工作。于是,他不停地找关系为找工作打好基础。教授劝他说:"你现在还是个学生,任务是学习,不要整天想着找工作。"可小李却说:"学习的目的是什么? 不就是为了找份好工作吗? 如果能找到一份好工作,为什么还要学习呢?"教授带着小李到了自己的办公室,拿出一个盒子打开,里面有许多珠子。他说:

"这些珠子都是我收藏的,可以送给你一颗。"教授先拿起一颗珠子开始向年轻人介绍它的颜色、光泽等,说得很长。但小李看得出来,那只是一颗普通的玻璃珠子,他当然不会要它。教授又拿出另一颗珠子,同样天花乱坠地说了很多,年轻人仍然没有要。老师笑了笑,把盒子递给年轻人,"说,你想要哪颗珠子你自己挑吧。"小李毫不犹豫地抓起一颗珠子,他看得出来,那是一颗珍珠。教授才说:"你会挑珍珠,别人当然也会。如果你只是一颗普通的玻璃珠子,再怎么找关系也没有用,如果你努力把自己变成一颗珍珠,你还需要这么辛苦地去找关系吗?"

13 小李每成天忙着做什么?
  A. 努力学习
  B. 找关系
  C. 找人才市场
  D. 收集珠子

14 教授带小李到办公室做了什么？
　　A. 告诉小李自己的功绩　　　　B. 让小李挑盒子里面的珠子
　　C. 让小李知道自己的错　　　　D. 说人际关系有多重要

15 小李为什么选择了那颗珠子？
　　A. 那颗珠子很漂亮　　　　　　B. 小李本来对珠子很有兴趣
　　C. 他觉得什么都无所谓　　　　D. 小李看得出来，那是一颗珍珠

16 教授本想说什么？
　　A. 不要找关系　　　　　　　　B. 要努力把自己变成一个优秀的人物
　　C. 怎样能挑到珍珠　　　　　　D. 挑珍珠很重要

17~20

　　几年来很多中国父母，特别是受过一定教育的城市父母，都有一个梦想，那就是把孩子送出国。相比以前在国内读完本科再出国，现在很多家长选择让小孩读完高中就出国，甚至小学阶段都放到了国外，留学低龄化，已经成为备受关注的社会现象。

　　凯文今年只有10岁，正是在父母面前撒娇的年龄，可是，2年前他的父母却决定将他寄养在洛杉矶的一个朋友家中，以便他可以在美国的私立学校读书。寄宿家庭的张阿姨介绍说："凯文很懂事，也很独立，学习习惯也好，我十分乐意让他同我的儿子一起生活。"每周凯文都同在广州的父母通电话，当问到想不想家时，他只是笑笑说："还好吧！"凯文的父母在中国都是做生意的，平时很忙。只有每年不定期地会飞来美国看他两三次，一般是在圣诞节前后。

　　与凯文的父母不同，有些爱子心切的中国父母不忍心将孩子一人扔在美国上学，所以父母中的一方（往往是母亲）会陪同孩子在美国上学，照顾孩子的生活起居和学习。为了支持孩子在美国上学，洛杉矶留学生小玲的妈妈特地辞职，专程陪她。小玲妈妈说"孩子年龄小，又是一个女孩子，自己一个人在异国他乡，实在放心不下。"当谈到陪读的生活时，这位妈妈说"美国的生活与我想象的大不一样，我自己还要学习很多东西，才能照顾孩子。"

17 近来，很多中国父母的梦想是什么？
　　A. 孩子考上名牌大学　　　　　　B. 让孩子留学
　　C. 让孩子来城市住下　　　　　　D. 读完本科

18 成为备受关注的社会现象是：
　　A. 让孩子高中就出国　　　　　　B. 留学低龄化
　　C. 孩子跟父母分别住　　　　　　D. 在父母面前撒娇

19 有些中国父母跟孩子一起留学的原因是：
　　A. 照顾孩子的生活起居和学习　　B. 父母自己控制不住
　　C. 孩子要跟父母一起留学　　　　D. 父母在中国辞职

20 本文的主题是什么？
　　A. 很多中国父母都要把子女送出国
　　B. 在美国的生活很难
　　C. 中国孩子都要去美国
　　D. 美国的生活与我想象的大不一样

2 내용 전개 파악하기

> **Guide**
> 독해 3부분에서는 원인, 결과, 태도, 목적 등을 묻는 문제도 많이 출제된다. 인물이 어떤 행동을 취한 이유나 태도, 사건이나 사물에 대한 원인 및 결과 등을 묻는 문제들이다. 이런 문제들은 내용 전개가 어떻게 되는지 문장과 문장을 잇는 접속사나 필자의 의도를 알 수 있는 각종 관련 단어들에 주의하여 독해한다면 쉽게 풀 수 있다.
>
> **주의** **복문 형식에 주의하라!** 문장 속 복문 형식만 잘 파악하더라도 앞절과 뒷절의 관계가 순접인지, 역접인지, 전환, 점층, 인과 등 이야기 전개가 어떻게 흐르는지 판단할 수 있다.

독해 급소공략

• 질문의 유형을 잘 파악하라.

지문을 읽기 전에 질문에서 요구하는 것이 무엇인지를 잘 살펴보자. 원인, 결과, 목적 등 무엇을 묻는지 알고 질문과 관련된 키워드를 빠르게 검색해야 한다.

• 문장부호에 주의하라.

지문이 길고 많은 문제를 풀어야 하므로, 내용 전개가 어떻게 되는지 빨리 파악해야 한다. 평소에 문장부호의 쓰임을 정확히 익혀 둔다면, 문장 구조를 쉽게 파악할 수 있다. 한국어와 비슷하게 쓰이는 부호도 있지만, 다음과 같이 중국어에서만 쓰이는 부호도 있다.

、 문장에서 동등한 관계의 어휘를 나타낼 때 쓰인다.
— 화제를 전환하거나 부연 설명을 할 때 쓰인다.
《》 책이나 신문 등의 이름이나 제목을 표시할 때 쓰인다.
： 제시적 성격의 구절 뒤에 다음 문장을 끌어내거나 관련 명사를 나열할 때나 대화체의 인용문을 쓸 때 " "앞에 쓰인다.

• 앞뒤 문장을 살펴라.

사건의 원인이나 결과를 물을 때에는 한 문장에서 찾기 어려운 경우가 많다. 그럴 때에는 **질문과 같은 문장을 지문에서 찾은 후**, 그 문장의 바로 앞뒤 문장을 살피고 원인, 결과 등을 파악한다.

예제로 감 익히기

Mission 1
지문을 읽고 질문에 알맞은 답을 고르세요.

1~3

　　街口总是坐着一位白发苍苍的老乞丐。他很少说话，从不像其他乞丐那样低声下气地乞求，不给钱就不放你走。只是，他的眼神里有一种渴望和乞求，口袋里没有零钱的时候，我总是绕道走，好像做了见不得人的事情。有时候走过去了，才突然觉得奇怪，我凭什么这样？但下次还是一样，不敢空着手从他身边过，感觉对不起他的等待。

　　有一天我听了他说的话。他说，那些整钞都是他自己放进去的。我吃惊地张大了嘴巴，问为什么。他说："你见别人这么大方，你还好意思小气吗？"我问他："那你为什么不放五十、一百的呢？"他说："别人给那么多，你再给少了好意思吗？给多了又舍不得，干脆就不给了。""那你为什么从来不张嘴向人要呢？"我问，"你跟他们要，收入会多一点儿吧？"他说："你硬要，他会觉得你在抢钱；你不要，他就不觉得你讨厌，下次兴许就能给一点。"我想想也对，又问他："你为什么不去人最多的广场那儿呢？"他说："你钓过鱼吧？鱼最多的地方，钓鱼的人也最多。"我开始有点佩服他了。

1 我没有零钱的时候，为什么绕道走？
　　A. 做了见不得人的事情　　B. 觉得奇怪
　　C. 感觉对不起老乞丐的等待　　D. 别人都这么做

2 老乞丐为什么把那些整钞自己放进去？
　　A. 因为钱没有地方放　　B. 让别人看
　　C. 炫耀自己有钱　　D. 没什么意思

3 我对老乞丐有什么感觉？
　　A. 佩服　　B. 可怜
　　C. 喜欢　　D. 对不起

街口总是坐着一位白发苍苍的老乞丐。他很少说话，从不像其他乞丐那样低声下气地乞求，不给钱就不放你走。只是，他的眼神里有一种渴望和乞求，口袋里没有零钱的时候，我总是绕道走，好像做了见不得人的事情。有时候走过去了，才突然觉得奇怪，我凭什么这样？但下次还是一样，不敢空着手从他身边过，¹感觉对不起他的等待。

有一天我听了他说的话。他说，那些整钞都是他自己放进去的。我吃惊地张大了嘴巴，问为什么。²他说："你见别人这么大方，你还好意思小气吗？"我问他："那你为什么不放五十、一百的呢？"他说："别人给那么多，你再给少了好意思吗？给多了又舍不得，干脆就不给了。""那你为什么从来不张嘴向人要呢？"我问，"你跟他们要，收入会多一点儿吧？他说，你硬要，他会觉得你在抢钱；你不要，他就不觉得你讨厌，下次兴许就能给一点。"我想想也对，又问他，"你为什么不去人最多的广场那儿呢？"他说："你钓过鱼吧？鱼最多的地方，钓鱼的人也最多。"³我开始有点佩服他了。

1 我没有零钱的时候，为什么绕道走？
A. 做了见不得人的事情
B. 觉得奇怪
C. 感觉对不起老乞丐的等待
D. 别人都这么做

길목엔 항상 백발의 늙은 거지가 앉아 있었다. 그는 말이 거의 없었고, 다른 거지들처럼 고분고분한 태도로 구걸하거나 돈을 안 주면 안 보내준다거나 한 적이 없다. 단지 그의 눈빛에 갈망과 구걸의 욕구가 있을 뿐이었다. 주머니에 잔돈이 없을 때, 나는 항상 다른 길로 갔다. 마치 면목없는 일을 한 것처럼. 어떤 때는 그냥 지나치면 조금 이상한 기분마저 들었다. 내가 무엇 때문에 이럴까? 그러나 다음번에도 똑같이 빈손으로 그의 앞을 지나갈 수가 없었다. ¹그의 기다림에 미안한 기분마저 들었다.

어느 날 나는 그가 한 말을 들을 수 있었는데, 그렇게 놓여 있던 지폐들은 모두 자신이 스스로 넣어 둔 것이라고 했다. 나는 너무 놀라 입을 다물 수가 없었다. 이유를 물었더니 ²"다른 사람이 이렇게 대범하게 준 것을 보고, 당신은 본인의 인색함을 부끄러워하지 않을 수 있겠습니까?"라고 했다. 나는 그에게 다시 물었다. "그러면 왜 50위앤, 100위앤은 넣어 두지는 않는 거죠?" 그는 말했다. "다른 사람이 그렇게 많이 줬는데, 당신이 조금 주면 부끄럽지 않겠습니까? 많이 주기는 아깝고, 아예 주지 않게 되는 거죠." 나는 물었다. "그럼 당신은 왜 여태껏 사람들에게 직접 요구하지 않습니까?" 그는 말했다. "당신은 사람들에게 달라고 하면 수입이 더 많아질 거 같죠? 당신이 강제로 달라고 하면 상대방은 자기 돈을 빼앗는다고 생각할 겁니다. 당신이 원하지 않으면 상대방은 당신을 싫어하지는 않죠. 다음에 아마 기꺼이 얼마를 줄 것입니다." 내가 생각하기에도 맞는 말인 것 같아서 다시 물었다. "당신은 왜 사람이 제일 많은 광장에 가지 않는 겁니까?" 그는 말했다. "당신은 낚시해 본 적이 있죠? 물고기가 많은 곳엔 낚시하는 사람도 많은 법입니다." ³나는 그에게 감탄하기 시작했다.

1 나는 잔돈이 없을 때 왜 돌아가는가?
A. 면목없는 짓을 해서
B. 이상하다고 생각해서
C. 늙은 거지가 기다린 게 미안해서
D. 다른 사람도 이렇게 하니까

2 老乞丐为什么把那些整钞自己放进去?
　A. 因为钱没有地方放
　B. 让别人看
　C. 炫耀自己有钱
　D. 没什么意思

3 我对老乞丐有什么感觉?
　A. 佩服　　　　　B. 可怜
　C. 喜欢　　　　　　D. 对不起

2 늙은 거지는 왜 그 돈을 스스로 넣어 두었는가?
　A. 돈을 둘 곳이 없어서
　B. 다른 사람들에게 보이게 하려고
　C. 자신이 돈 있는 것을 자랑하려고
　D. 별 뜻 없다

3 내가 늙은 거지에게 느낀 감정은?
　A. 감탄하다　　　　B. 불쌍하다
　C. 좋아하다　　　　　D. 미안하다

发苍苍 fācāngcāng 형 백발이 희끗희끗하다 | **乞丐** qǐgài 명 거지 | **从不** cóngbù 부 이제까지 ~한 적 없다 | **低声下气** dī shēng xià qì 성 고분고분 조심하다 | **乞求** qǐqiú 동 구걸하다 | **眼神** yǎnshén 명 눈빛 | **渴望** kěwàng 동 갈망하다 | **口袋** kǒudai 명 주머니 | **零钱** língqián 명 잔돈 | **绕道** ràodào 동 (목적지로 곧장 가지 않고) 돌아가다 | **见不得** jiànbude 동 면목이 없다 | **等待** děngdài 동 기다리다 | **钞** chāo 명 지폐 | **张** zhāng 동 (입을) 열다 | **嘴巴** zuǐba 명 입 | **大方** dàfāng 형 대범하다, 시원시원하다 | **好意思** hǎoyìsi 형 부끄럽지 않다 | **小气** xiǎoqi 형 인색하다 | **舍不得** shěbude 동 아까워 하다 | **干脆** gāncuì 부 차라리, 아예 | **硬** yìng 부 억지로, 완강히 | **抢** qiāng 동 빼앗다 | **讨厌** tǎoyàn 동 싫어하다 | **兴许** xīngxǔ 부 어쩌면 | **钓鱼** diàoyú 동 낚시하다 | **佩服** pèifú 동 감탄하다 | **炫耀** xuànyào 동 자랑하다

1 C '感觉对不起他的等待(그의 기다림에 미안한 기분이 들다)'라고 했으므로 답은 C이다. '好像做了见不得人的事情(마치 면목없는 짓을 한 것 같다)'라고 했으므로 사실이 아니기 때문에 A는 답이 될 수 없다.

2 B 늙은 거지의 말 중 '你见别人这么大方, 你还好意思小气吗?(다른 사람이 이렇게 대범하게 준 것을 보고, 당신은 본인의 인색함을 부끄러워하지 않을 수 있겠습니까?)'를 통해 다른 사람들에게 보여주려고 스스로 돈을 넣어두었음을 알 수 있다.

3 A 글의 앞부분만 봤을 때 '可怜(불쌍하다)'과 '对不起(미안하다)'의 감정을 느꼈을 거라고 생각할 수도 있으나, 거지와 대화를 하면서 거지에게 많은 비결과 지혜가 있는 것을 알고는 '我开始有点佩服他了(나는 감탄하기 시작했다)'라고 했으므로 답은 A이다.

독해 내공 TIP — 자주 출제되는 **내용 전개** 질문 유형

내용 전개를 묻는 문제는 주로 사건의 원인이나 결과, 태도를 묻는 유형으로, 글을 읽을 때 자신의 감정은 배제하고 필자의 관점에서 객관적으로 판단하여 답을 찾도록 노력해야 한다.

1 원인·결과를 묻는 유형

孩子为什么哭了?
아이들은 왜 우는가?

失眠的主要原因是什么?
불면증의 주요 원인은 무엇인가?

根据本文, 为什么小吴通过考试?
본문에 따르면 왜 샤오우는 시험에 통과했는가?

根据本文, 老人为什么前后说法不一样?
본문에 따르면 노인은 왜 앞뒤 말이 다른가?

2 태도·심정을 묻는 유형

我对他有什么感觉?
나는 그에 대해 어떤 감정을 가지고 있는가?

他现在心情怎么样?
그는 지금 심정이 어떠한가?

他在班里表现怎么样?
그는 반에서 태도가 어떠한가?

我对老乞丐有什么感觉?
나는 늙은 거지에게 어떤 감정을 느끼는가?

作者对环境污染什么态度?
필자는 환경오염에 대해 어떠한 태도를 갖고 있는가?

3 방법·목적을 묻는 유형

患者应该做什么?
환자는 반드시 무엇을 해야 하는가?

我为他做了什么?
나는 그를 위해 무엇을 했는가?

我怎么样才能跟他和好?
나는 어떻게 해야 그와 화해할 수 있을까?

预防病的最好办法是什么?
병을 예방하는 가장 좋은 방법은 무엇인가?

단문을 읽고 질문에 답해 보세요.

1~2

　　现在的我，手里拿着录取通知书，心里充满了无限的感恩。这段报研教会了我许多，曾经的我即使遇到再多的挫折也不会担心，因为知道自己可以克服。可是如今，在异国他乡，陌生的环境，陌生的语言，让我丧失了自信，让我感到迷茫。不过，现在我尝试用一颗平常心来面对生活，努力追求梦想。相信2011年我会获得更加精彩。

1 我为什么心里充满了感恩?

2 我以前为什么再遇到挫折也不会担心?

3~4

　　如今，已坚持一个月不间断运动的我充分体会到了锻炼身体的乐趣和成果。之前设定的腹肌回归计划已圆满完成，下一步的目标则已确立。但无论如何，付诸于行动是最重要的。是的，这一年，我最大的收获就是减去了那身肥肉，恢复了身材，可能这不是件大得不得了的事，但对我，意义非凡。

3 我现在体会到了什么?

4 我最大的收获是什么?

어휘&해석

1~2 录取 lùqǔ 图 채용하다, 뽑다 | 充满 chōngmǎn 图 충만하다, 넘치다 | 通知书 tōngzhīshū 图 통지서 | 无限 wúxiàn 图 무한하다 | 感恩 gǎn'ēn 图 감사 | 遇到 yùdào 图 만나다, 맞닥뜨리다 | 挫折 cuòzhé 图 좌절, 실패 | 克服 kèfú 图 극복하다, 이기다 | 异国 yìguó 图 외국, 타국 | 陌生 mòshēng 图 생소하다, 낯설다 | 丧失 sàngshī 图 잃어버리다, 상실하다 | 迷茫 mímáng 图 멍하다 | 追求 zhuīqiú 图 추구하다 | 梦想 mèngxiǎng 图 꿈 | 精彩 jīngcǎi 图 멋지다, 뛰어나다

지금 나는 손에 입학통지서를 들고 있고, 감사하는 마음으로 가득하다. 이 대학원 입학시험은 내게 많은 것을 가르쳐 주었다. 예전에는 설령 매우 심한 좌절을 겪더라도 스스로 극복할 수 있다는 것을 알고 있었기 때문에 걱정하지 않았다. 그러나 지금, 이국땅의 낯선 환경과 낯선 언어는 (이런) 자신감을 잃게 하고, 나를 멍하게 한다. 하지만 지금은 나는 평상심을 갖고 생활을 하고, 노력하며 꿈을 좇고 있다. 2011년에는 더욱 멋진 것을 얻으리라 믿는다.

1 나는 왜 마음속에 감사하는 마음이 가득한가?　　**2** 예전에 나는 왜 실패해도 걱정하지 않았는가?

3~4 如今 rújīn 图 현재, 지금 | 坚持 jiānchí 图 지속하다 | 不间断 bújiànduàn 끊임없이 | 充分 chōngfèn 图 충분히 | 体会 tǐhuì 图 느끼다, 체득하다 | 乐趣 lèqù 图 즐거움 | 设定 shèdìng 图 설정하다, 규정을 세우다 | 腹肌 fùjī 图 복근 | 回归 huíguī 图 되돌아가다 | 圆满 yuánmǎn 图 원만하다, 충분하다 | 无论如何 wúlùn rúhé 어쨌든 | 付诸 fùzhū 图 행동을 옮기다 | 收获 shōuhuò 图 소득, 성과 | 肥肉 féiròu 图 비계 | 不得了 bùdéliǎo 图 (정도가) 심하다 | 非凡 fēifán 图 평범하지 않다, 뛰어나다

지금 벌써 한 달 동안 계속 운동을 하고 있는 나는 충분히 운동의 즐거움과 성과를 느꼈다. 예전에 세웠던 복부 근육을 회복하는 계획을 원만하게 완성했고, 다음 목표도 벌써 정했다. 그러나 어쨌든 행동으로 옮기는 것이 가장 중요하다. 그렇다. 올해 나의 제일 큰 성과는 바로 몸에 있는 불필요한 살을 줄이고, 몸매를 회복하는 것이다. 이것은 대단한 일이 아닐 수도 있겠지만, 내게는 특별한 의미가 있다.

3 나는 지금 무엇을 느꼈는가?　　**4** 나의 제일 큰 수확은 무엇인가?

정답

1 因为通过这段报研，学到了很多东西　　**2** 因为自己可以克服
3 锻炼身体的乐趣和成果　　**4** 减肥成功, 恢复了身材

실력 다지기

1~20 지문을 읽고 주어진 질문에 알맞은 보기를 고르세요.

1~4

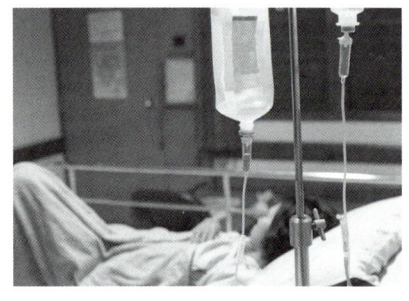

2011年我的好朋友郑老师知道自己得了重病，那时她的女儿刚过完两岁生日，郑老师希望她的丈夫在她死后给女儿找个新妈妈，她的丈夫没有答应。于是她偷偷写了十几封信，寄给远在美国的我。郑老师在去世前常对女儿说："妈妈要去美国了，很久才能回来，你要听爸爸的话，学会自己吃饭，穿衣服，自己睡觉。妈妈回来的时候，你一定要说妈妈，一定要亲妈妈。"不久郑老师就去世了，我把郑老师在世时写给女儿的信寄给郑老师的丈夫。郑老师在信中说："妈妈在美国很忙。你要听话，别让爸爸生气。"这时郑老师的丈夫明白，太太这样做是为了女儿接受新妈妈而做了准备。一年过去了，我平均每个月都给郑老师的丈夫寄一封信，当我手中只剩最后一封信时郑老师的丈夫告诉我，他有了一个女朋友，但是担心女儿接受不了，于是我寄出了最后一封信。信中说："乖女儿，妈妈过几天就从美国回家了。妈妈给你买了你喜欢吃的糖果，还有漂亮的裙子，到时候你要最快地认出妈妈。一定要扑到妈妈的怀里，亲妈妈呀。"郑老师的丈夫含着眼泪把妻子的信读给女儿听。

他告诉女儿："妈妈在美国一年长胖了一点儿，妈妈很想你，你见到妈妈一定要让妈妈抱，让妈妈亲，好吗？"见到女儿乖乖地点头，他笑了。郑太太是相貌平凡的女人，但是在爱情婚姻上她是个伟大的女人。

1 郑老师知道了自己的病以后做了什么？
A. 偷偷写了十几封信，寄给了美国的我
B. 放弃了活下去的想法
C. 跟丈夫打架
D. 对女儿说自己去天堂

2 我帮郑老师做了什么？
A. 把郑老师的信寄给了郑先生
B. 跟郑老师的丈夫结婚
C. 回中国去了
D. 接受了郑老师的女儿

3 郑老师给女儿写信是因为:
  A. 为女儿接受新妈妈而做了准备
  B. 女儿不懂事、没礼貌
  C. 让女儿学文字
  D. 不让女儿知道自己的病

4 根据上文,郑老师是什么样的人?
  A. 说话算数的人　　　　　　B. 写信写得很好
  C. 是伟大的妈妈　　　　　　D. 长得不错

5~9

失眠指因一些压力或营养不均衡,导致情绪不安,临床以经常性不能获得正常睡眠为特征的一种病状。本病以经常不能获得正常睡眠为特征,表现为睡眠时间的减少或睡眠质量不高,或不易入睡、或睡眠不实,睡后一醒,醒后不能再睡,或时睡时醒,甚至彻底不眠。人的睡眠有心神控制,而身体阴阳的正常运作是保证心神调节失眠的基础,清代《类政治载》,也说:"阳气自动而之静,则眠;阴气自静而之动,则眠。"凡影响气血阴阳规律的运动,情绪不安,不能由动转静的因素都会成为失眠病症的病因,或饮浓茶,或大喜大悲,大惊大恐等直接影响心神,发病多较急,因体虚不足,或他病之后等原因,发病一般较缓。本病的病位在心,因神经不安则失眠,但与肝胆脾胃肾关系密切。治疗总以不要焦急、补充营养,调节阴阳以安神魂为大法。

5 失眠的主要原因:
  A. 工作紧张　　　　　　　　B. 不想睡觉
  C. 情绪不安　　　　　　　　D. 营养均衡

6 根据本文,失眠表现特征中下面不正确的是:
  A. 睡眠时间的减少
  B. 不想入睡
  C. 睡后一醒,醒后不能再睡
  D. 睡眠质量不高

7 保证心神调节失眠的基础是：
   A. 身体阴阳的正常运作
   B. 营养均衡
   C. 减少压力
   D. 心神控制

8 人的睡眠受到谁的控制？
   A. 心神   B. 营养
   C. 压力   D. 肝胆脾胃肾

9 解决失眠的最好办法是什么？
   A. 锻炼身体   B. 情绪安定
   C. 补充营养   D. 心理焦急

10~14

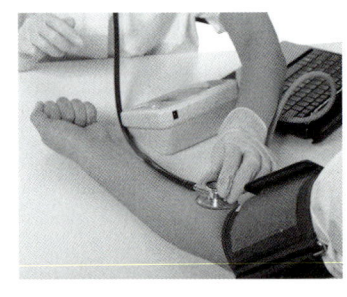

调查发现，洗肾风险会暴增。47岁的餐厅主管张慧丽说，她在10年前，因为出血住院，意外得知罹患高血压及肾脏轻微萎缩，也被转介至医学中心肾脏科，她只有吃降高血压药，却一直没有医生告诉他，要追踪肾功能、限制蛋白质摄取，以免肾功能退化要洗肾。

直到3年前，她因高血压引发左眼视网膜病变，视力逐渐丧失，她被告知可能会洗肾：去年9月，她更引尿毒指数破表，开始洗肾，那时候她才知道，早就应该做低蛋白饮食控制，却为时已晚。张慧丽的体型较胖，但除高血压外，血糖、血脂却正常。连一些医生都很意外她竟是因为单纯的高血压，却要洗肾，一般民众更不知道了。

虽然糖尿病肾病变是造成患者洗肾的头号元凶，但内科医师黄瑞仁提醒民众，可不能小看高血压的控制，因为从高血压的病情轻到重，患者的洗肾风险可从3被拉高到22倍。洗肾患者中，有43%源自糖尿病，10%源于高血压，高血脂患者也有风险。三高患者应定期抽血，了解自己的肾病指标与慢性肾病分期，以免不知不觉中，走到洗肾的命运。

10 张慧丽最初得了什么病？
   A. 高血压   B. 肾脏病
   C. 眼视网膜病   D. 糖尿病

11 张慧丽视力逐渐丧失的原因是什么？
   A. 高血压 B. 洗肾
   C. 长时间工作 D. 血糖高

12 洗肾患者中有多少源自糖尿病？
   A. 3% B. 22%
   C. 43% D. 10%

13 三高患者应该做什么？
   A. 定期抽血 B. 洗肾
   C. 少吃糖类 D. 吃药

14 本文所讲的主要内容是什么？
   A. 高血糖、高血压、高血脂 B. 慢性肾病
   C. 病情严重恶化 D. 三高患者的洗肾

15~17

和人一样，狗和猫在节日期间因暴饮暴食而得病的情况并不少见。对于缺乏现代宠物调养意识的主人来说，在节日期间忽视了爱犬爱猫的饮食、医疗和保健要领，让宠物与人共饮共食，玩耍逗乐，结果，宠物因突然改变饮食习惯，过多饮食或吞吃骨头、硬壳果实等食物而发生腹泻、呕吐，甚至肠梗阻等情况屡见不鲜。预防性的保健措施中，饮食无疑是一项十分重要的内容。切忌暴饮暴食，保持良好的饮食习惯，是防止宠物患"节日病"的最佳良方。

走亲访友是宠物得呼吸道疾病的主要途径。房间里开空调，宠物容易感冒。如果朋友家也有小狗小猫，宠物自然要亲近一番，许多细菌就会相互传染。所以家有宠物的主人出去走亲访友，最好是将爱犬爱猫送到宠物"托儿所"寄养几小时。

15 宠物在节日期间得病的主要原因是什么？
   A. 不睡 B. 暴食
   C. 吃果实 D. 走亲访友

16 预防"节日病"的最好办法是什么?

　　A. 过多饮食　　　　　　　　B. 不要改变饮食习惯

　　C. 不要吃骨头　　　　　　　D. 避免暴食

17 宠物的呼吸道疾病的主要途径是什么?

　　A. 开空调　　　　　　　　　B. 主人带宠物去朋友家

　　C. 暴饮暴食　　　　　　　　D. 主人没有宠物调养意识

18~20

　　现代父母都很忙,和幼儿交谈是一种非常方便、有效的教育方式。良好的交流能帮助培养孩子的自信心、自我价值感和与他人良好的关系,也会让幼儿生活得更愉快,在以后的人生成长过程中对自己和他人都能保持良好的感觉。

　　听父母说话和父母对他们说话是幼儿学习语言的主要方式。研究表示,一个孩子在能够说一个字之前要至少听到这个字500遍以上。这意味着父母应该创造更多的机会让幼儿听到谈话。另外,在与幼儿的交谈中,父母们还可以帮助孩子寻找表达自己想法的词汇和句子,纠正错误和扩大他们的词汇量,解释他们还不明白的词语,会极大地促进孩子的语言能力。

　　亲子交谈有助于了解孩子,在孩子还小的时候,如果家长们就和孩子建立一个密切的关系,有助于孩子在遇到问题和挫折时会寻求您的帮助。作为家长也会对孩子的情绪变化比较敏感。与父母关系密切,孩子在成长过程中较少出现精神健康方面的问题。

　　家长应认真听孩子说的话,那是他们的思想、意见和感情的表达过程。有时尽管不太清晰准确,但却包含很多咨询。在此过程中能让家长更加了解自己孩子的性格、品行和成长的过程。

18 良好的交流不能帮助培养孩子的什么?

　　A. 与他人良好关系

　　B. 孩子的自信心

　　C. 孩子的自我价值感

　　D. 独立心

19 一个孩子在能够说一个字之前要听到这个字多少遍：

　　A. 500不止　　　　　　　　　　　B. 正好500遍

　　C. 不到500遍　　　　　　　　　　D. 500遍就够了

20 家长要认真听孩子说话，是因为：

　　A. 让家长更加了解自己孩子的性格、品行

　　B. 不然孩子会生气

　　C. 家长要学听别人说的话

　　D. 孩子需要语言练习

3 세부 정보 파악하기

Guide

단어의 의미나 시간, 장소, 인물, 숫자 등 구체적인 정답을 찾는 유형의 문제는 다른 문제 유형의 비해 쉽게 답을 찾을 수 있어서 독해 3부분 문제를 푸는 시간을 절약하는 데 많은 도움을 주는 부분이다. 그러나 이런 부분일수록 실수하지 않도록 문제와 답을 꼼꼼히 봐야 한다.

주의 핵심 키워드 찾기! 글에 제시된 문제의 힌트가 되는 숫자나 단어를 하나하나 대충 보지 않도록 유의하자. 또, 글에서 자주 출현하는 단어나 표현도 핵심 키워드일 가능성이 많다.

독해 급소공략

- **하나씩 제거하라.**

  네 개의 보기 중 정답은 하나이다. **지문과 비교하면서 가장 거리가 먼 보기부터 제거하면서** 문제를 푼다면 시간을 절약할 수 있다.

- **문맥상 의미에 유의하라.**

  단어나 문장의 뜻을 묻는 문제는 겉으로 드러나는 표면적인 의미로만 판단해서는 실수할 수가 있다. **반드시 질문하는 해당 단어나 문장의 앞뒤 문장을 살펴서** 문맥상 어떻게 쓰였는지 파악하도록 한다.

- **숫자가 나온 부분을 유심히 보아라.**

  시간이나 수량 등을 묻는 문제에서는 **글에 숫자가 제시된 문장을 찾는다면** 문제를 쉽게 풀 수 있다.

  她什么时候出国了？- 她在1998年去美国了。
  他能说几口语言？- 他在很多地方住过，所以他能说的语言超过4种了。

예제로 감 익히기

Mission 1
지문을 읽고 질문에 알맞은 답을 고르세요.

1~3

我爱哭，天生的性格。平常高兴时笑着笑着也会流泪，更别提伤心的事了。不能听到一些感伤的话。看书看电视也如此，看到感人的情节或是伤感的镜头，总难抑住自己的情感。我一直认为，哭和笑一样，是情感的一种表现方式，是情绪的一种宣泄。而大凡好像爱笑的女生也都爱哭，我就爱笑，也爱哭。快乐时流泪，伤心时流泪，委屈时流泪，感动时流泪，当然疼痛时也可以流泪。

有人说眼泪流多了就贬值。而我不以为意。想哭时就哭，绝不压抑自己的情感。当很难用语言表达情感的时候，眼泪是唯一的语言。家人团聚，流幸福的泪水；朋友分手，流伤心的泪水；有时流泪也没有任何理由，只是想哭的时候就想哭了。流泪的时候，没有时间的限制，有时只是一瞬间，有时却情难抑制，可以流泪到头痛。

1 我平时哭的原因是什么?
　A. 高兴
　B. 听到感伤的话
　C. 天生的性格
　D. 看电视时

2 我一直以为什么?
　A. 常哭不好
　B. 爱笑的女性一般都不哭
　C. 快乐时不要哭
　D. 哭和笑都是情感的一种表现方式

3 根据这段文章，作者对"眼泪流多了就贬值"的看法?
　A. 非常同意
　B. 没有意见
　C. 不同意
　D. 她自己平时不哭，所以不知道她自己平时不哭，所以不知道

¹我爱哭，天生的性格。平常高兴时笑着笑着也会流泪，更别提伤心的事了。不能听到一些感伤的话。看书看电视也如此，看到感人的情节或是伤感的镜头，总难抑住自己的情感。²我一直认为，哭和笑一样，是情感的一种表现方式，是情绪的一种宣泄。而大凡好像爱笑的女生也都爱哭，我就爱笑，也爱哭。快乐时流泪，伤心时流泪，委屈时流泪，感动时流泪，当然疼痛时也可以流泪。

³有人说眼泪流多了就贬值。而我不以为意。想哭时就哭，绝不压抑自己的情感。当很难用语言表达情感的时候，眼泪是唯一的语言。家人团聚，流幸福的泪水；朋友分手，流伤心的泪水；有时流泪也没有任何理由，只是想哭的时候就想哭了。流泪的时候，没有时间的限制，有时只是一瞬间，有时却情难抑制，可以流泪到头痛。

1 我平时哭的原因是什么？
   A. 高兴
   B. 听到感伤的话
   C. 天生的性格
   D. 看电视时

2 我一直以为什么？
   A. 常哭不好
   B. 爱笑的女性一般都不哭
   C. 快乐时不要哭
   D. 哭和笑都是情感的一种表现方式

3 根据这段文章，作者对"眼泪流多了就贬值"的看法？
   A. 非常同意
   B. 没有意见
   C. 不同意
   D. 她自己平时不哭，所以不知道

¹나는 천성적으로 잘 우는 성격이다. 평소엔 기쁠 때 웃다가도 결국에 눈물이 나고, 슬플 때는 더 말할 것도 없다. 마음 아픈 얘기는 듣지도 못 한다. 책을 보고, TV를 볼 때도 그렇다. 감동적인 이야기를 듣거나 가슴 아픈 화면을 보면, 항상 자신의 감정을 억누르지 못하겠다. ²나는 줄곧 우는 것과 웃는 것이 감정의 한 표현방식이며, 감정 배출의 표현방식으로 서로 같은 것이라고 여겨왔다. 그리고 대부분 잘 웃는 여성이 잘 울기도 하는 것 같다. 바로 내가 잘 웃고, 잘 운다. 기쁠 때 눈물을 흘리고, 슬플 때 눈물을 흘리고, 억울할 때 울고, 감동할 때 울고, 당연히 아플 때도 운다.

³어떤 사람은 눈물을 많이 흘리면 그 가치가 떨어진다고도 말하지만, 나는 그렇게 생각하지 않는다. 울고 싶을 때 울고, 절대 자신의 감정을 억누르지 않는다. 언어로 표현하기 어려운 감정일 때 눈물은 유일한 언어이다. 가족이 모이면 행복한 눈물이 흐르고, 친구와 헤어지면 가슴 아픈 눈물이 흐르고, 어떨 때는 이유 없이 눈물이 흐른다. 단지 울고 싶을 때 그냥 울 뿐이다. 눈물이 흐를 때는 시간제한이 없다. 어떤 때는 한순간에 흐르고 말뿐이고, 어떤 때는 참기가 어려워 머리가 아플 때까지 울기도 한다.

1 내가 평소에 우는 이유는 무엇인가?
   A. 기뻐서
   B. 슬픈 이야기를 들어서
   C. 천성적인 성격으로 인해
   D. TV를 볼 때

2 내가 줄곧 생각해 왔던 것은 무엇인가?
   A. 자주 우는 것은 좋지 않다
   B. 잘 웃는 여성은 일반적으로 잘 울지 않는다
   C. 기쁠 때 울면 안 된다
   D. 울음과 웃음은 모두 감정의 표현방식이다

3 본문에 따르면, 필자가 '눈물을 많이 흘리면 가치가 떨어진다'라는 것에 어떤 견해를 보이는가?
   A. 매우 동의한다
   B. 불만이 없다
   C. 동의하지 않는다
   D. 그녀 스스로 평소에 울지 않기 때문에 모르겠다

天生 tiānshēng 형 타고난, 천성적인 | 流泪 liúlèi 동 눈물 흘리다 | 伤心 shāngxīn 동 상심하다 | 感伤 gǎnshāng 형 슬프다 | 感人 gǎnrén 형 감동적이다 | 情节 qíngjié 명 줄거리 | 镜头 jìngtóu 명 장면, 화면 | 抑住 yìzhù 동 누르다 | 宣泄 xuānxiè 동 감정을 배출하다 | 情绪 qíngxù 명 기분 | 大凡 dàfán 부 대부분 | 委屈 wěiqu 형 속상하고 분하다, 섭섭하다 | 贬值 biǎnzhí 동 평가절하하다, 값어치가 떨어지다 | 压抑 yāyì 동 억압하다 | 瞬间 shùnjiān 명 순간, 눈 깜짝할 사이 | 不以为意 bù yǐ wéi yì 성 개의하지 않다, 그렇지 않다[=不以为然] | 绝不 juébù 부 결코 ~아니다 | 团聚 tuánjù 동 (가족이) 한자리에 모이다 | 任何 rènhé 대 어떠한 | 限制 xiànzhì 동 제한하다 | 抑制 yìzhì 동 억제하다

1 C 필자가 평소에 우는 이유는 글 시작의 '我爱哭，天生的性格(나는 천성적으로 잘 우는 성격이다)'에서 알 수 있다. B, C, D의 경우에도 울지만, 전체적으로 포괄할 수 있는 것을 선택하여야 하므로 답은 C이다.

2 D '我一直认为，哭和笑一样，是情感的一种表现方式(나는 줄곧 우는 것과 웃는 것이 감정의 한 표현방식이며, 감정 배출의 표현방식으로 같다고 여겨왔다)'를 통해 답이 D임을 알 수 있다. A, B, C는 글의 내용과 반대되는 내용들이다.

3 C '有人说眼泪流多了就贬值(어떤 사람은 눈물을 많이 흘리면 그 가치가 떨어진다고도 말한다)'라는 질문의 내용 바로 뒤로 '而我不以为意(그러나 나는 그렇다고 생각하지 않는다)'라고 하고 있다. 즉, 동의하지 않음을 알 수 있다.

독해 내공 TiP — 자주 출제되는 **세부 정보** 질문 유형

글의 핵심 단어 및 표현을 얼마나 잘 파악하고 이해하고 있는 지는 묻는 유형으로, 독해의 가장 기본적인 유형이라 할 수 있다. 본문에서 질문의 키워드와 관련된 부분을 빨리 찾아서 답을 고를 수 있어야 한다.

1 글의 세부 내용을 묻는 유형

他听了多少遍?
그는 몇 번을 들었는가?

成功的关键是什么?
성공의 관건은 무엇인가?

我一直认为什么?
내가 줄곧 생각해 왔던 것은 무엇인가?

他们最常见的误区是?
그들이 자주 보는 오류는?

得病的主要途径是什么?
병에 걸리는 주요 경로는 무엇인가?

感冒患者中有多少吃药?
감기 환자 중 얼마나 많은 사람이 약을 먹는가?

2 글의 내용과 일치 여부를 묻는 유형

关于经理的办法，正确的是?
책임자에 방법에 관해 정확한 것은?

根据上文，下列说法正确的是?
윗글을 근거로, 아래 견해 중 정확한 것은?

下面哪个内容与本文不符合?
아래 어떤 내용이 본문과 일치하지 않는가?

在中国经济方面，下面没有提到?
중국 경제 방면에서, 아래 언급하지 않은 내용은?

3 단어나 문장의 뜻을 묻는 유형

划线部分是什么意思?
밑줄 친 부분은 무슨 뜻인가?

本文所讲的"三高"指的是什么?
본문에서 이야기하는 '삼고'란 무엇인가?

文中划线句子"三天两头"是什么意思?
밑줄 친 문장에 "三天两头"는 무슨 뜻인가?

단문을 읽고 질문에 답해 보세요.

1~2

　　健康的皮肤含水分量约在20～30%，含油分量需维持在70～80%的程度。若含水分量降到10%以下，会感受到皮肤发紧和干燥感。人的皮肤上还有一层起皮肤保护膜作用的天然皮脂膜，起着阻挡皮肤水分蒸发的作用。

1 皮肤水分量降到多少会感到干燥感?

2 天然皮肤膜的作用是什么?

3~4

　　12月21日，中国国家电网公司表示，它已同意为7家巴西电力输送公司支付10亿美元。国家电网说，它也已获得30年运营电力输送权和其他基础设施的权利，这些基础设施向巴西人口稠密的东南地区提供电力。

3 中国国家电网公司为巴西电力输送公司做了什么?

4 基础设施为谁提供电力?

어휘&해석

1~2 皮肤 pífū 명 피부 | 水分量 shuǐfènliàng 명 수분량 | 由分量 yóufènliàng 명 유분량 | 维持 wéichí 동 유지하다 | 发紧 fājǐn 동 팽팽하게 당기다 | 干燥 gānzào 형 건조해지다 | 皮脂 pízhī 명 피지 | 阻挡 zǔdǎng 동 저지하다, 가로막다 | 蒸发 zhēngfā 동 증발하다

　　건강한 피부의 수분량은 약 20~30%이고, 유분량은 70~80% 정도를 유지해야 한다. 만약 수분량이 10% 이하로 떨어지면 피부가 땅기는 증상과 건조함을 느낄 수 있다. 사람의 피부에는 얇은 층의 피부 보호막 역할을 하는 천연 피지막이 있는데, 피부의 수분 증발을 막는 역할을 한다.

1 피부 수분량이 어느 정도로 떨어져야 건조함을 느끼는가?　　**2** 천연 피지막은 어떤 역할을 하는가?

3~4 输送 shūsòng 동 수송하다, 운송하다 | 支付 zhīfù 동 지급하다 | 运营 yùnyíng 동 (기구 등을) 운영하다 | 设施 shèshī 명 시설 | 权利 quánlì 명 권리 | 巴西 Bāxī 고유 브라질 | 稠密 chóumì 형 조밀하다, 촘촘하다 | 提供 tígōng 동 제공하다, 공급하다

　　12월 21일, 중국국가전력공사는 이미 7곳의 브라질 전력 운송 회사에게 10억 달러를 지급하기로 동의했다고 발표했다. 국가전력공사가 발표하길, 그들은 30년 동안 전력 운송 자금의 운영과 기타 기초시설의 권리를 갖게 되었다. 이런 기초시설로 브라질의 인구밀도가 높은 동남지역에 전력을 공급하게 될 것이다.

3 중국 국가전력공사가 브라질 전력 수송을 위해서 한 일은 무엇인가?　　**4** 기초시설은 누구에게 전력을 공급하게 되는가?

정답

1 降到10%以下　　**2** 阻挡皮肤水分蒸发
3 要支付10亿美元　　**4** 在巴西东南地区的人们

실력 다지기

1~20 지문을 읽고 주어진 질문에 알맞은 보기를 고르세요.

1~4

到过中国的外国人常说：<u>不到长城非好汉，不吃北京烤鸭真遗憾</u>。北京烤鸭是明朝的宫廷食品，到今天已经有三百多年的历史了。明朝的时候，宫廷的厨师把生长在南京湖中的鸭子放到火上，做成烤鸭。烤熟以后的鸭子，又香又脆，虽然很肥，但是一点儿也不腻。后来，明朝的首都从南京搬到北京，烤鸭的技术也从南京带到了北京。厨师用北京填鸭做的烤鸭，皮儿很薄，肉非常嫩，更加好吃。北京烤鸭很快变成北方风味中的一道名菜。

1 划线部分是什么意思?
   A. 中国有长城和北京烤鸭
   B. 长城和北京烤鸭很有名
   C. 不吃北京烤鸭，会后悔的
   D. 你一定要去长成

2 关于中国首都，下面正确的是：
   A. 明朝时，首都是南京，后来清朝的时候把首都改为北京
   B. 中国首都一直是北京
   C. 明朝的首都从南京搬到北京
   D. 明朝的首都是南京

3 北京烤鸭的特点是什么?
   A. 肉很脆   B. 油腻
   C. 很肥   D. 皮儿很厚

4 这篇文章的主要内容是什么?
   A. 北京烤鸭很香
   B. 吃北京烤鸭的人
   C. 北京烤鸭的由来和风味
   D. 长城和北京烤鸭

5~8

您的工作内容是一成不变或具有创造力、挑战性？若为后者，请注意，有一篇刊登于《社会科学研究》杂志上的多伦多大学研究结果指出：工作越有创造性，职员的压力越大。

这项研究的多伦多大学教授说"创造性的工作当然有很多好处。不过我们的研究同时发现，创造性工作也会带来不好的结果，如压力过大等"从事创造性工作者在休息时间收到的公司或客户邮件、电话、短信的可能性越大，工作带来的紧张和不安越多，压力也越容易产生。

研究显示，那些工作具创造性的雇员并不是都受雇于创造性的行业，例如：设计和写作业。相反的他们在工作中有很多学习新事物的机会，独立解决问题和提高自己能力和技能的机会。这些从事创造性工作的人面临更多来自工作的压力，也很难平衡工作和家庭生活。

多伦多大学教授表示，减压的方法之一是静下心来想想工作对私人生活的影响有多深，再努力划分清楚工作和休息的时间。建议您下次在家里接到老板或客户的电话时，可以考虑不要接听。

此外，长期睡眠不足会严重损害免疫系统，一定要保持充足睡眠，好好照顾自己，多运动，练练气功保健养生，增强体力和免疫力。有足够的体力可以对抗压力，并能缓解紧张情绪。

5 工作的创造性与职员的压力有什么关系：
A. 创造性越有，压力越大
B. 并无关系
C. 创造性影响到工作时间
D. 工作创造性大的人要注意《社会科学研究》杂志

6 从事创造性工作者不能休息的原因是什么？
A. 在休息时间收到邮件、电话、短信的可能性很大
B. 工作带来紧张
C. 要做的事情太多了
D. 压力大

7 教授建议什么？

A. 努力划分清楚工作和休息的时间

B. 不要接所有的电话

C. 多学习

D. 长睡眠

8 长睡眠不足带来的问题是什么？

A. 营养不足　　　　　B. 工作压力

C. 损害免疫系统　　　D. 导致很多病

9~12

寒冷的春雨敲打着窗子。本来我的情绪就因手术后长期恢复不好而压抑，这样一来就更加低落了。四周沉寂无人，我自然产生一种孤独感，仿佛自己被这个世界遗忘了。显然，没有我它照样很好。

这时，邮递员来了，带来一张纸条。这是一位老师写的，我每天早晨在去学校的路上遇到她，后来偶然相识了。"亲爱的珍妮，"她写道，"我的班马上就要上课了，但在我的学生来到之前我必须写上几句话。今天早晨我没见到你的微笑和招手致意，自从你病了后一直如此。我祝愿你早日恢复健康。收到这个条子你可能很惊讶。但是没有你，对我来说这个世界就失去了快乐。如果我不告诉你，你会知道吗？"一下子，因绝望而麻痹了的感觉消失了。有人想念我，有人需要我。这个认识比医生所能开的任何药物更有效。我仔细地把这些话重读了一遍，玩味着每一个字。最后一句引起了我的深思："如果我不告诉你，你会知道吗？"

我们中的许多人自以为深于世故，喜欢掩饰自己的情感。我们不习惯使用爱、赞美、同意这些字眼，尽管这些字可能会给那些痛苦的人短暂的安慰，甚至可能使他们原来沉闷的生活闪耀出一些光芒。如果我们不得到一些字眼，一些手势，怎么能知道有人想念我，有人需要我，有人爱我呢？

9 我的心情为什么压抑？

A. 因为寒冷

B. 因为手术后长期恢复不好

C. 因为春雨

D. 因为本来这样

10 老师为什么给我写信？

　　A. 要知道没来上课的原因

　　B. 要祝愿

　　C. 让我知道，有人想念我

　　D. 留给我作业

11 我收到了老师的信以后怎么样了？

　　A. 很感动，重读了一遍

　　B. 更绝望了

　　C. 想要吃医生开的药

　　D. 有了新的想法

12 在本文中提到的是什么？

　　A. 要掩饰自己的情感

　　B. 要习惯使用爱、赞美、同意这些字眼

　　C. 要安慰别人

　　D. 要说出给别人鼓励的话

13~16

　　一个年轻人来到一个陌生的地方碰到一位老人，年轻人问："这里如何？"老人反问："你的家乡如何？"年轻人说："简直糟糕透了。"老人接着说："那你快走，这里同你的家乡一样糟。"又来了另一个年轻人问同样的问题，老人也同样反问，年轻人回答说："我的家乡很好，我很想念家乡……"老人便说："这里也同样好。"旁边的人觉得很奇怪，问老人为什么前后说法不一致？老人说："你要寻找什么，你就会找到什么！"——在不同人的眼中，世界也会变得不同。其实星星还是那颗星星，世界依然是那个世界。你用欣赏的眼光去看，就会发现很多美丽的风景；你带着满腹怨气去看，你就会觉得世界一无是处。

　　法国著名大作家雨果说："世界上最宽阔的东西是海洋，比海洋更宽阔的是天空，比天空更宽阔的是人的心灵。"让我们像大海那样笑纳百川，像高山那样巍巍矗立，摒弃自卑、自负和自满，去正确地欣赏别人吧！有人认为，在越来越个性化的社会交际中，"欣赏自己"已被越来越多的人们接受和应用。这本是一件好事，因为它起码表明了人已经开始注重个人在社会中的价值和作用，有利于个性的张扬和主观能动性的发挥。

看看你身边这些你从来不曾欣赏过的人，你会发现，他们虽不如明星、大款那般被传媒"炒"得火爆，但他们却仍旧认认真真地生活着，努力地工作着，真诚地与人打着交道。他们在与人交往中所表现的同情、关切、微笑和互相帮助都是朴实而真切的。这些人就生活在你的四周，他们是你的亲人、朋友、同事和邻居，他们在你失败受挫时安慰你、帮助你；在你成功兴奋时会鼓励你、赞美你；下雨时，他们会拉你同在一个屋檐下躲雨；刮风了，他们会为你披上一件御寒的风衣。这些人才是你真正应该欣赏的人。

或许他们身上也存在着各种各样的缺点和不足，他们烦恼时也会喊一喊、骂一骂，他们在背后也要议论别人的长处和缺陷，他们也喝酒、抽烟、打麻将，也有七情六欲。社会有多复杂，他们就有多复杂。但这些"恶习"谁能保证自己身上就没有呢？真正懂得交际艺术的人，是知道怎样用欣赏的目光把一堆粗树根变成艺术品，明白善意的批评也许会使恶魔变成漂亮的天使。

善于理智欣赏别人的人，他总会得到更多人的欣赏和帮助。学会欣赏别人，会帮你成功。

13 根据上文老人为什么前后说法不一样？
  A. 老人不懂年轻人说什么
  B. 老人让年轻人自己找原因
  C. 因为不一样的想法让人看到不一样的东西
  D. 老人只是说说而已

14 法国作家雨果所说的意思是：
  A. 人有很多想法
  B. 海洋比人的心灵宽
  C. 人有很多东西要想
  D. 要看看最宽的东西

15 根据上文"我们应该欣赏"谁？
  A. 明星   B. 媒体
  C. 周围的人   D. 邻居

16 与上文不符的是：
  A. 要欣赏同事和邻居
  B. 只要欣赏别人，就会成功
  C. 身边的人没有缺点
  D. 真正懂得交际艺术的人，是知道怎样用欣赏的目光看东西

17~20

有这样一句话：今日的你是你过去习惯的结果；今日的习惯，将是你明日的命运。改变所有让你不快乐、不成功的习惯模式，你的命运将改变，好的习惯领域越大，生命将越自由、充满活力，成就也会越大。

成功有时候也并非想像中的那么困难，每天都养成一个好习惯，并坚持下去，也许成功就指日可待了。每天养成一个好习惯很容易，难就难在要坚持下去。这是信念和毅力的结合，所以成功的人那么少，也就不足为奇了。

"一个人要有伟大的成就，必须天天有些小成就。"上帝对人类最公平的两件事之一，就是每个人都是一天只有24小时。虽然我们并不知道所谓"一寸光阴"到底有多长，但是既然光阴与黄金相比，其价值昂贵也就可知了。那么如何利用好?每天这24小时，好好管理自己的时间，以求得最大的效用，这无论对个体或集体而言，都是十分必要的。

一个人是否每天都有明确的目标，是否每天有合理的时间安排，而不是乱七八糟、混乱不堪的生活，这对于离成功的远近无疑有着重要的影响。随着时代的发展，在现代化的大都市生活的人们，日子过得更紧张，每个人的时间就像高速公路上面瘫痪的交通状况一样，只有保持好的生活习惯，有明确的时间管理观念，才能够在匆忙的人群中寻找到一丝安逸的步伐。

17 成功的关键是什么?
  A. 养成好习惯并坚持下去   B. 要学会成功的领域
  C. 需要很多钱   D. 充满活力

18 成功的人为什么那么少?
  A. 成功本来就很难   B. 很少人追求成功
  C. 需要信念和毅力   D. 成功的人命中注定

19 上帝对人类最公平的两件事之一是什么?
   A. 24小时　　　　　　　　　B. 黄金
   C. 家人　　　　　　　　　　D. 成就

20 对离成功的远近有重要的影响的是?
   A. 明确的目标、合理的时间安排
   B. 时代的发展
   C. 现代化的大都市生活
   D. 紧张感

5급 독해

新 HSK 독해 영역은
제1부분, 제2부분, 제3부분으로
나뉘며, 총 45문항이다.
독해 영역 실전 모의고사 3세트로
마지막 실력 점검을 해본다.

모의고사

IV.

- 모의고사 1
- 모의고사 2
- 모의고사 3

二、阅 读

第一部分

第1~15题：请选出正确答案。

1~4.

每次有篮球比赛，丈夫连饭都顾不上吃，妻子对此一点儿__1__也没有。有一天，妻子喊了好几遍，丈夫__2__没有听见她说的话似的，妻子很__3__，就哭着回自己妈妈家，女儿回家后，发现爸爸一个人在家看篮球比赛，女儿问，"__4__?"爸爸头也不回说，"回自己的爸爸家去了。"

1. A 办法　　B 方法　　C 想法　　D 意见
2. A 好像　　B 差点儿　　C 几乎　　D 一定
3. A 奇怪　　B 生气　　C 麻烦　　D 低声
4. A 你在干什么　　　　B 我回家了
   C 妈妈呢　　　　　　D 看什么

5~8.

天下没什么__5__是永远的，只要你__6__到了这一点，你就会知道，什么变化都有可能发生。所以我们不用让__7__长久地停留在我们的内心深处。__8__烦恼解决不了，那一定是你自己想不开，而并不是烦恼本身不走。

5. A 东西　　B 事实　　C 办事　　D 工作
6. A 以为　　B 认为　　C 成为　　D 认识
7. A 高兴　　B 担心　　C 麻烦　　D 烦恼
8. A 假如　　B 无论　　C 而　　　D 虽然

9~11.

　　海洋生物学家经常穿着潜水衣游到鲨鱼的身边，与鲨鱼近距离__9__，可鲨鱼好像并不在乎他的存在。科学家说："鲨鱼__10__并不可怕的。可怕的是你一见到鲨鱼，自己就害怕了。"__11__如此。只要你见到鲨鱼时，心里不害怕，那么你就很安全。要是在鲨鱼面前，你能够毫不紧张，那么鲨鱼就不会在乎你，马上从你的身边游走了。

9. A 接触　　B 一点　　C 接　　D 送
10. A 准确　　B 正确　　C 其实　　D 虽然
11. A 相信　　B 原来　　C 的确　　D 即使

12~15.

　　两个小姐妹决定在屋后挖一个洞。两个大孩子站在一边看她们。"你们在干什么?"其中一个问道，"我们打算挖一个深洞，一直把地球挖__12__！"大孩子们笑起来，告诉她们这是不可能的。一个孩子自信地说："不能实现没关系，看看我们挖地洞时的发现吧！"

　　并不是所有的目标都会实现，并不是所有的工作最终都能成功，并不是所有的关系都能持久，并不是所有的希望都能__13__，并不是所有的梦想都会__14__。当你达不到目标时，也许你可以这么说："__15__！"

12. A 出去　　B 出来　　C 上去　　D 穿
13. A 满足　　B 感动　　C 感谢　　D 坚持
14. A 变　　　B 成　　　C 实现　　D 现实
15. A 真可惜　　　　　　　　B 对不起，我错了
　　C 看看我们路上的发现　　D 从头开始

第二部分

第16~25题：请选出与试题内容一致的一项。

16. 颐和园是中国现存规模最大、保存最完整的皇家园林，中国四大名园之一。位于北京市海淀区，占地约二百九十公顷。利用昆明湖、万寿山为基址，以杭州西湖风景为蓝本，汲取江南园林的某些设计手法和意境而建成的一座大型天然山水园，也是保存得最完整的一座皇家行宫御苑，被誉为皇家园林博物馆。

    A 颐和园是中国规模最大的皇家园林
    B 颐和园位于苏州
    C 杭州西湖以颐和园为蓝本
    D 颐和园被誉为民间园林博物馆

17. 泰山雄伟，海拔1545米，地质年龄近30亿年，山体分三层台阶式地质结构，好像登天台阶，坐北朝南，山体通体打开，一眼望遍全山。泰山以主峰为中心，呈放射状分布，由自然景观与人文景观融合而成。构成长达十公里的地府——人间——天堂的一条轴线。

    A 泰山海拔1545米
    B 泰山分四层台阶式地质结构
    C 泰山地质年龄是30亿年以上
    D 泰山没有人文景观的特点

18. 三级跳又称为三级跳远，是田径中的其中一个项目之一。三级跳远起源于18世纪中叶的苏格兰和爱尔兰，男子三级跳远于1896年被列为首届奥运会比赛项目，女子三级跳远于20世纪80年代初逐渐广泛开展，1992年被列为奥运会比赛项目。

    A 三级跳起源于18世纪末
    B 男子三级跳于1899年被列为奥运会比赛项目
    C 三级跳是田径项目
    D 女子三级跳于20世纪80年代被列为奥运会的比赛项目

19. 刘翔是中国田径(110米跨栏)一级运动员，1983年出生在上海市，1998年刘翔开始转向跨栏训练。2004年雅典奥运会上，以12.91秒的成绩打破了保持11年之久的世界纪录。2009年在东亚运动会田径男子110米栏决赛中，刘翔以13秒66的成绩轻松夺得冠军，成就"三冠王"。在第16届亚运会上，刘翔以13秒09打破110米栏亚运会纪录，实现三连冠。

　　A 刘翔出生于1998年
　　B 刘翔在雅典奥运会上夺得了冠军
　　C 刘翔在东亚运动会上以12.91秒的成绩夺得了冠军
　　D 刘翔在第16届亚运会上成就三冠王

20. 赛车运动起源距今已有超过100年的历史。最早的赛车比赛是在城市间的公路上进行的。许多车手因为公路比赛极大的危险性而丧生，于是专业比赛赛道应运而生。第一场赛车比赛于1887年4月20日在巴黎举行。

　　A 赛车运动有不到100年的历史
　　B 最早的赛车比赛是在乡镇的马路上进行
　　C 第一场赛车比赛于1887年在北京举行
　　D 目前，赛车在专业比赛赛道上进行

21. 我朋友毕业后，在一家知名杂志社工作。到第三年，她已经成为这家杂志社的副主编，并且是下一任主编的不二人选，在外人眼里，她的工作(兴鲜)耀眼，几乎拥有这个年纪梦寐以求的一切，可她自己知道，她活得并不快乐。

　　A 我在杂志社工作
　　B 目前，我朋友成为杂志社的主编
　　C 我朋友对杂志社工作没兴趣
　　D 我朋友的梦想是当主编

22. 我们等待着梦想有一天变成现实，却很少有人跳出现实去寻找梦想，即使，那个梦，曾经是你的全部。梦想不是奢侈品，它自然而然的生长于我们的心中，或长或短，或大或小，如果有机会，请你静下心来，跟你已经再见了的梦想，重新见面。

　　A 很多人跳出现实去寻找梦想
　　B 很多人没有自己的梦想
　　C 梦想是奢侈品
　　D 要追求梦想

23. 也许是我天生和舞蹈有缘，4岁的时候我被沈阳的一位舞蹈老师挑中了，在父母的支持下，我开始学习舞蹈，直到18岁。在这14年中，我深刻地感受到舞蹈是我此生的挚爱。没有舞蹈，我的生活将无法继续。

    A 我是舞蹈家
    B 我从4岁开始学舞蹈
    C 父母一直反对我学舞蹈
    D 我舞蹈已经学了18年了

24. 每个人都有梦，但真正能够坚持到最后的人又有几个？其实他们并不是实现不了梦想，而是在追梦的过程中选择了放弃。我的梦想已经被我抛弃过一次，因而我会格外珍惜这次机会。这一次我绝不会放手，即使等待我的是失望，我也要追求我的梦。比起青春有憾，我宁愿在梦想的道路上撞到无悔。

    A 每个人都梦想成真
    B 每个人都坚持到底了
    C 很多人在追梦的过程中放弃
    D 我实现了梦想

25. 很难想象一个8个月大的婴儿也会被诊断出患有忧郁症，但根据儿童心理学家表示，这种现象的确存在。而父母可以通过观察，早日发现微兆，并寻求儿科医生与相关医疗协会的帮助，让幼童早日走出忧郁。幼儿忧郁的问题还不是那么广为人知，甚至许多儿科医生对这方面也没有过多的研究。所以，传统上父母的爱心与亲人的照料，仍然是预防幼儿忧郁的最佳方式。

    A 八个月大的婴儿不能患有忧郁症
    B 父母通过观察早日发现婴儿忧郁症
    C 幼儿忧郁症很多人都知道
    D 药物治疗是预防幼儿忧郁的最佳方式

第三部分

第26~45题：请选出正确答案。

26~28.

天气比较寒冷，风刮在脸上有一种刀刮的感觉，刚出校门，大家都在叫苦怨天。当路过彩票中心的时候，我提议买一张碰碰运气，得到大家的同意。不过在付钱的时候才发现'钱不够!'彩票2元一张不算太贵，不过我身上只有1元，也够穷了。不过没多大阻碍，基金不够，大家一起凑一下就行了。

如果买中了去吃酸鸡汤。同行的学员听到后说了句：中了就去吃酸鸡汤，如果没中怎么办？我们答道：其实没中上也不要紧，去吃完饭后，直接把2张彩票甩在桌上对老板说声"结账，这儿有320元，不用补了"。大家的玩笑顿时引来快乐的心情，街上的气氛就温暖起来。

有些事情就是这样，过程带来的快乐往往比结果更让人愉快。

26. 我提议什么?

  A 买彩票   B 看球赛
  C 买股票   D 在一起共餐

27. 关于彩票，下列正确的是?

  A 没买   B 大家一起凑钱买了
  C 借钱买了   D 回家拿了钱买彩票

28. 这段文章说明什么?

  A 过程比结果更让人快乐   B 过程比结果重要
  C 只有大家同意，才能快乐   D 买彩票让人愉快

29~32.

每个人都有一个舒适区域，在这个区域内是很自我的，不愿意被打扰，不愿意被压迫，不愿意和陌生的面孔交谈，不愿意被人指责，不愿意按照规定的时限做事，不愿意主动地去关心别人，不愿意去思考别人还有什么没有想到。这在学生时代是很容易被理解的，有时候这样的同学还跟"冷酷""个性"这些字眼沾边，算作是褒义。然而相反，在工作之后，你要极力改变这一现状。否则，你会很快变成鸡尾酒会上唯一没有人理睬的对象，或是很快因为压力而内分泌失调。但是，如果你能很快打破学生期所处的舒适区域，比别人更快地处理好业务、人际、舆论之间的关系，那就能很快地脱颖而出。

很多人喜欢在学习和玩耍之间先选择后者，然后在最后时间一次性赶工把考试要复习的东西突击完成。<u>但是在工作中请不要养成这样的习惯</u>，因为工作是永远做不完的，容不得你"突击"。又或者，当你在徘徊和彷徨如何实施的时候，你的领导已经看不下去，自己去做了。—这是一个危险的信号。

29. 人们怎么看待在学生时代，每个人拥有的舒适区域？

    A 不被接受　　　　　　　　B 算是没什么不好
    C 很成问题　　　　　　　　D 大家都没有意见

30. 在工作以后，没改变自己舒适区域的结果是什么？

    A 没有人理你　　　　　　　B 跟他们合作愉快
    C 业务效率提高　　　　　　D 没有压力

31. 根据本文，划线部分的意思是什么？

    A 不要拖延工作　　　　　　B 不要出去玩
    C 工作要完成　　　　　　　D 不要说领导的坏话

32. 这里所说的"危险的信号"是什么意思？

    A 你可能被炒鱿鱼　　　　　B 你可能得病
    C 你可能坚持不了　　　　　D 领导留给你更多的工作

33~37.

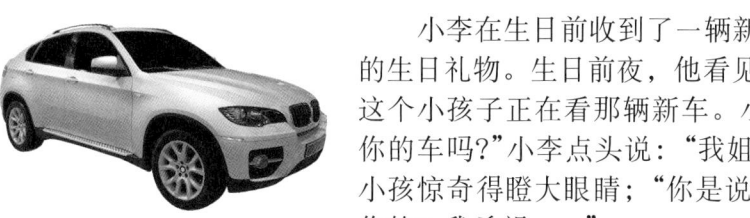

小李在生日前收到了一辆新轿车，是他姐姐送给他的生日礼物。生日前夜，他看见门口站着一个小孩子，这个小孩子正在看那辆新车。小孩问道："先生，这是你的车吗？"小李点头说："我姐姐送给我的生日礼物。"小孩惊奇得瞪大眼睛；"你是说这车是你姐姐白白送给你的？我希望……"

小李当然知道他希望什么，他一定是希望他也有一个这样的姐姐。可是，那小孩接下去说的话却让小李十分惊讶。"我希望我将来也能像你的姐姐那样。"小李不由自主地问了一句："你愿意坐我的车吗？""真的吗？我很愿意。"车开了一段路，小孩说道；"先生，你能不能把车开到我家门口？"

<u>小李知道这小孩想干什么了</u>，可惜他还是想错了。车停下后，小孩很着急地爬上台阶跑进了屋。过了一小会儿，他背着一个脚有残疾的小妹妹返回来了。他指着这车对她说："妹妹，你看看那辆新车，是不是跟我刚才告诉你的一样？等我将来工作了，我也会送你一辆一样的新车。到那时候，你就可以坐在车里，亲眼看一看摆放在商店橱窗里的那些好东西了。"

33. 小孩希望什么?

　　A 希望有这样的姐姐　　　　B 能买给妹妹一辆车
　　C 想开车　　　　　　　　　D 快一点长大

34. 根据划线部分，小李以为小孩想干什么?

　　A 小孩想开车回家　　　　　B 炫耀坐这样的车
　　C 去妹妹那儿　　　　　　　D 给爸爸、妈妈看

35. 孩子为什么要送给妹妹一辆新车?

　　A 妹妹要自己开车　　　　　B 妹妹喜欢这种车
　　C 妹妹想当赛车选手　　　　D 希望妹妹幸福

36. 小孩子为什么让小李开车到自己家门前?

　　A 给妹妹看　　　　　　　　B 向妹妹炫耀
　　C 让妹妹坐车　　　　　　　D 让妹妹开车

37. 这篇文章要说什么?

　　A 要重视礼物　　　　　　　B 买了车，让人坐一会儿
　　C 懂得关心别人　　　　　　D 要学开车

38~41.

　　我是个现实的人，现实到从来就不会"想"做什么，只有"要"做什么，"该"做什么。我的生活就像有个无形的框，四周有墙，头上是房顶，我只在这规定的范围内活动，从不越界。就像我从来不喝饮料，只喝菊花茶。我不知道自己是否真的喜欢菊花，只知道比起饮料，菊花茶更健康。突然觉得自己很悲哀。20岁正是逐梦的年纪，我却似乎没有梦。想象这20年，每一步都是按部就班，甚至有时候看到手牵手走在一起的高中生，我就会后悔，当年怎么就那么听话，竟然没有想过谈场恋爱。

　　如果有一次实现梦想的机会，我会想实现什么？是去北美念研究生？成为一名很成功的记者？或是趁着大学的最后时光谈场恋爱？我不知道。现实的我想出来的都是些很现实的东西。突然很想冲出自己的条条框框，干点什么疯狂的事，但我却已然失去了构想一件疯狂的事的能力。

　　很喜欢一句话："<u>有些事只有经历过你才会懂</u>。"没错，我经历了纠结，经历了挣扎，经历了激烈的思想斗争，我才真正明白什么是我想要的。其实我不是没有梦想，只是误以为梦想太过于遥不可及，我回过头看，梦想却就在触手可及的那个地方，那是上天赐予的礼物，我会努力牢牢地抓住。

38. 根据这段文章，我是什么样的人？

　　A 不够实际　　　　　　B 非常有规律
　　C 只追求梦想　　　　　D 喜欢菊花茶

39. 我只喝菊花茶的原因是什么？

　　A 喜欢　　　　　　　　B 菊花茶更健康
　　C 喜欢菊花茶的香味　　D 已经习惯了

40. 划线部分是什么意思？

　　A 要经历很多事　　　　B 不要害怕苦难
　　C 经历之前不要说话　　D 要珍惜生活

41. 上天赐予的礼物是什么？

　　A 家庭　　　　　　　　B 梦想
　　C 现实　　　　　　　　D 时间

42~45.

城市建筑在某种意义上成为了一个城市的文化符号，如果说香水可以代表一个人的气质与性格，那么建筑对于一个城市来说便有着异曲同工之妙。

站在艺术气息浓郁、如诗如画的欧洲街头，你就会看到古老的城堡中身着盔甲的骑士为了守护公主而挥剑对敌，也会看到相依相伴的半白老人映着搀扶着走过河畔，而站在韩国街头，你会发现在这个将东西方文化生活气息融于一体的国度，不仅有古色古香的东方宫殿，大大小小的欧式风情咖啡馆，还有着特有的韩国式建筑，它们是一张张文化名片，回忆着韩国历史，诉说着韩国人的信仰，展示着现代韩国人的智慧。

42. 根据本文，可以代表一个人的气质与性格的是什么?

    A 城市   B 城市建筑
    C 香水   D 文化

43. 欧洲街头的特点是什么?

    A 文化气息浓厚   B 看样子大家都很忙
    C 安静   D 古老

44. 韩国街头特点是什么?

    A 文化气息浓郁   B 只有东方文化
    C 古老   D 东方式、欧式、韩国式都有

45. 根据本文，下面不正确的是：

    A 城市建筑成为了文化符号
    B 欧洲街头文化气息浓郁
    C 韩国街头很安静
    D 欧洲街头很美

二、阅 读

第一部分

第1~15题：请选出正确答案。

1~4.

　　一位硕士，从来没谈过恋爱，到了四十几岁，父母非常着急，每天找人为他介绍女朋友。过了一段时间，介绍人都说__1__："给他介绍的女孩都不错，他也说可以考虑，怎么每次他都不再__2__，难道还要人家女孩追他？"父母连忙解释："儿子可能是不会谈恋爱。"于是，父母给他讲谈恋爱的方法，但一点效果都没有，再次约会，硕士仍像木头__3__。六个月后，儿子突然带回一个女朋友，并很快结婚。婚后，硕士对爱人非常好，一天闲谈，公婆问儿媳："你们是怎么开始的？儿媳说："他可浪漫呢，送我鲜花，请我看电影，还带我吃烛光晚餐，好感动。"父母__4__明白，儿子并不傻，谈恋爱也是不用教。当他有了爱的欲望，就什么方法都会了。

1. A 夸奖　　B 批评　　C 抱怨　　D 厌恶
2. A 说　　　B 挽留　　C 联系　　D 练习
3. A 样子　　B 一样　　C 一点　　D 得多
4. A 并不　　B 好奇　　C 原来　　D 终于

5~8.

　　二十岁的女孩，如果你还是一名学生，就请不要抱怨书本对你的眷顾，__5__校园内的乏味无法比社会上的精彩，但它却是你塑造心灵、开启未来的良师和益友。几年的校园时光在人的一生中很短也很长。二十岁的女孩，如果你__6__参加工作了，就请学会用心去经营自己的事业。__7__挫折与失败的时候，不要害怕后果，只需明晰教训，因为，二十岁的公司新人，有重新崛起的机遇。一个智慧的女孩，她会把挫折与失败__8__是成功的一种前奏，并用歌声与微笑去划起我们人生的船。

5. A 即使　　B 尽管　　C 无论　　D 宁愿
6. A 曾经　　B 已经　　C 再　　　D 才
7. A 就　　　B 虽然　　C 遭遇　　D 看
8. A 看作　　B 又　　　C 而　　　D 却

9~12.

　　12月份的时候，单位进行最后一批福利分房，先要交3万元。我们一下子还真拿不__9__来这么多钱。我不属于会存钱的那类人，平时的消费项目太多了，吃要好的用要好的，哪知道什么备用？那一天，我一筹莫展，背着妈妈小声地和先生商量办法，最后和先生互相埋怨，差点吵了起来。那天晚上我第一次失眠了。没想到，第二天妈妈就急着回去了。当天晚上，妈妈再次敲响了我家的门。一进门，妈妈突然拿出了一个大纸袋。我疑惑不解，在妈妈的示意__10__打开一看，__11__是2万元钱。妈妈说："这是我和你爸为你们准备的，孩子年轻总有用钱的时候，我和你爸老了，不__12__儿女们存点钱还能干什么呢？"我的眼泪一下就下来了，我想起了妈妈挤得干干的牙膏和带着破洞的毛巾。我们用父母给的钱顺利地交了房款。不久后妈妈又回老家了，这么多年，我第一次想到了该为父母做点什么。

9. **A** 出　　**B** 进　　**C** 来　　**D** 去

10. **A** 中　　**B** 里　　**C** 下　　**D** 上

11. **A** 原来　**B** 本来　**C** 向来　**D** 一直

12. **A** 为　　**B** 让　　**C** 叫　　**D** 给

13~15.

　　人生__13__就是一本永远无法读懂的书，越想读懂，越难读懂；越想选择，越无法选择；很多时候，我们总是想去选择自己走的路，可是很多时候，我们却依然按着老天指定的路来走。有时候我想往左，老天偏要我向右；有时候我想往右，老天偏要我往左。我站在命运的路口彷徨着、徘徊着、踌躇着、思考着该走的路，可是__14__我怎么选择，走来走去，走的依然是老天早已给我安排好的路。人生的路就像一个圆，无论我往左走，还是往右走，到最后，走来走去依然走不出这个圆，也许，这就是所谓的命。有时候，我总觉得，老天就像一个编剧，编出每个人与众不同的故事。编出人间的悲欢离合，编出每个人看似相同却截然不同的命运。老天也像一个导演，在你想笑的时候却叫你哭，在想哭的时候却叫你笑。你不能主宰你自己，你只能__15__安排，不管你有多么的无奈。

13. **A** 其实　　**B** 真实　　**C** 如此　　**D** 正确

14. **A** 如果　　**B** 不管　　**C** 可是　　**D** 看样子

15. **A** 听见　　**B** 看见　　**C** 听从　　**D** 听说

第二部分

第16~25题：请选出与试题内容一致的一项。

16. 相声是中国传统的曲艺表演艺术，起源于华北地区的民间说唱曲艺，在明朝时已经盛行。相声按内容分类，可分为讽刺性、歌颂性和娱乐性等。按表演形式分，相声有单口相声，对口相声等。其中，对口相声是最受观众喜爱的形式。"说、学、逗、唱"是相声演员的四个基本功。说，就是讲故事。学，就是模仿生活中的各种人物、方言和自然界中的各种声音。"逗"就是制造笑料，引人发笑。

   A 相声是中国现代的曲艺表演艺术
   B 相声起源于北京
   C 相声在清朝时已经盛行
   D 对口相声是最受观众欢迎的形式

17. 如果说爱情是一杯浓郁的咖啡，你喜欢它的味道吗？如果把甜蜜、苦涩、伤感、纠结、缠绵、酸楚、幽怨的情绪揉碎后撒到咖啡杯里，与咖啡一起搅拌，你敢喝下它吗？它将是一种什么样的味道？是酸还是甜？是苦还是辣？其实，爱情本来就是一杯百味咖啡，你用什么心情喝下它，它就是什么味道。

   A 爱情只有一种
   B 爱情就像一种一起喝咖啡
   C 爱情是很苦的
   D 爱情是百味的

18. 始建于1395年的崇礼门是首尔的"南大门"，也曾是韩国历史最为悠久的木结构建筑之一，被誉为韩国的"国宝第一号"，1962年韩国政府对城楼进行大规模修缮时还发现了记载朝鲜时代修建年号的衡量。不幸的是这座具有悠久历史的遗迹在2008年2月毁于大火，令人惋惜不已。

   A 崇礼门是在1962年建设的
   B 崇礼门跟"南大门"不一样
   C 韩国历史最为悠久的建筑是崇礼门
   D 崇礼门被修缮过

19. 发明了红地毯的人也许用心良苦，或者 居心叵测，让这个原本不存在的入场式，成了比颁奖礼还重要的仪式。它公平地给了每个人亮相的机会，也明确地告诉你，亮相，只有这一次。为了这"最初"的印象，明星们费尽了心思。这不到一小时的时间，却是场最惊心动魄的"战争"。

   A 发明了红地毯的人已经死了
   B 个别颁奖仪式中有"走红地毯"的仪式
   C 为了走红地毯，明星们很辛苦
   D 红地毯上发生过战争

20. 时间如流沙般慢慢地从我的手指流过，这时我才发现自己只是时间的过客而已，面对时间的流逝我不知道该做什么、该说什么，我感到只有时间流逝后的那份凉凉的感觉，不知道自己是迷茫，还是对自己的不后悔，但总是感觉时间就这样流逝了，生命的时光就这样点点消逝，自己的青春就这样随时间老人的脚步离自己而去，心里是说不出的苦涩。

   A 我喜欢时间流逝的感觉
   B 我对时间的流逝感到后悔
   C 我对时间的流逝没什么感觉
   D 我对时间的流逝有苦涩的感觉

21. 教育应该为孩子的一生打下良好的基础，错误的教育比不教育更糟糕。用生长的眼光看，人生的每个阶段都有自身的价值，每个阶段的价值都应得到实现。若以未来的名义剥夺孩子们的童年和青春，其实也就剥夺了他们的未来，那是残酷的。教育应该远离功利和实用，应该培养健康、善良的生命，活泼、智慧的头脑，丰富、高贵的灵魂。

   A 不教育比错误的教育更糟糕。
   B 人生的每个阶段都有自身的代价
   C 教育应该跟功利和实用有关
   D 不要以未来的名义剥夺孩子们的童年

22. 关于火锅的起源，有两种说法：一种说是在三国时期或隋炀帝时代，那时的"铜鼎"，就是火锅的前身；另一种说是火锅始于东汉，出土文物中的"斗"就是指火锅。可见火锅在中国已有1900多年的历史了。四川火锅早在左思的《三都赋》中有记录。可见其历史至少在1700年以上。

   A 关于火锅的起源有很多种说法

   B 火锅始于东汉

   C 火锅在中国已有900多年的历史了

   D 火锅只是中国的

23. 北京大学，简称北大，创建于1898年，是中国近代第一所国立大学，被公认为中国的最高学府，也是亚洲和世界最重要的大学之一。在中国现代史上，北大是中国"新文化运动"与"五四运动"等运动的中心发祥地，也是多种政治思潮和社会理想在中国的最早传播地，有"中国政治晴雨表"之称，享有极高的声誉和重要的地位。

   A 北京大学建设于1989年

   B 北京大学是私立大学

   C 北京大学跟五四运动有关

   D 北京大学在上海

24. 臭豆腐是一项流传于全中国及世界其他地方的豆腐发酵制品，但在各地的制作方式、食用方法均有相当大的差异。臭豆腐分臭豆腐干和臭豆腐乳两种，都是相当流行的小吃。臭豆腐乳曾作为御膳小菜送往宫廷。臭豆腐在上海，台湾是颇具代表性的小吃。

   A 臭豆腐是发酵制品

   B 臭豆腐只在中国大陆吃

   C 臭豆腐以前只在民间吃

   D 臭豆腐是杭州的代表性的小吃

25. 圣诞老人是一位专门为好孩子在圣诞节前夜送上礼物的神秘人物。传说每到12月24日晚上，有个神秘人会驾乘由12只驯鹿拉的雪橇，挨家挨户地从烟囱进入屋里，然后偷偷把礼物放在好孩子床头的袜子里，或者堆在壁炉旁的圣诞树下。虽然没有人真的见过神秘人的样子，但是人们通常装扮成头戴红色圣诞帽子，大大的白色胡子，一身红色棉衣，脚穿红色靴子的样子，因为总在圣诞节前夜出现发礼物，所以习惯地称他为"圣诞老人"。

    A 圣诞老人是实际人物
    B 圣诞老人把圣诞礼物放在孩子的父母跟前
    C 没有人真的看过圣诞老人
    D 圣诞老人在圣诞节当天出现

第三部分

第26~45题：请选出正确答案。

26~28.

夫妻二人有了婚姻，再有一个常居的地方，这个地方就称之为家了。这里成为你劳累一天休息的地方，这里成为你和爱人共同营造的天地。但在这里却有一个常规不能走到这里。那就是理。人不讲道理，是一个缺点，人只知讲理，是一个盲点。通常，越有知识的人越相信有理走遍天下。有理也许可以走遍天下，但走到家庭就走不通了。常有人说："家不是讲理的地方，夫妻间不是讲理的关系。"这句话听起来很没有道理，但千真万确，这句话是真理。

对于女性来说，当初嫁给老公，不是因他擅长讲理。而是指望他能疼自己、爱自己一辈子。如今他忘了疼自己爱自己，经常要和自己讲道理。对男性来说，当初娶老婆，不是因为她擅长讲理，而是因她可爱，她处处关心自己，下雨记得提醒自己带伞或送伞；自己在外应酬不快，回去可以与她说说而不是压在心里；她能照顾自己、疼自己一辈子。如今她忘了照顾自己、疼自己，却事事与自己讲道理。这心里能好受吗？

其实当夫妇之间开始据理力争时，家里恐怕就开始蒙上阴影。两人都会不自觉地伤害对方，最后只能两败俱伤，难以收拾。记住，家不是讲理的地方，家是讲爱的地方。

26. 根据上文，对"家"的解释中不正确的是？

  A 劳累一天休息的地方   B 夫妻共同营造的天地
  C 夫妻常居的地方   D 讲理的地方

27. 根据上文，对于女性来说，结婚最重要的是什么？

  A 丈夫擅长讲理   B 丈夫爱自己一辈子
  C 女人要做家务   D 生孩子

28. 这段文章说明了什么？

  A 夫妻之间不要吵架   B 夫妻之间要讲理
  C 家是讲爱的地方   D 夫妻互相要照顾

25. 圣诞老人是一位专门为好孩子在圣诞节前夜送上礼物的神秘人物。传说每到12月24日晚上，有个神秘人会驾乘由12只驯鹿拉的雪橇，挨家挨户地从烟囱进入屋里，然后偷偷把礼物放在好孩子床头的袜子里，或者堆在壁炉旁的圣诞树下。虽然没有人真的见过神秘人的样子，但是人们通常装扮成头戴红色圣诞帽子，大大的白色胡子，一身红色棉衣，脚穿红色靴子的样子，因为总在圣诞节前夜出现发礼物，所以习惯地称他为"圣诞老人"。

   A 圣诞老人是实际人物
   B 圣诞老人把圣诞礼物放在孩子的父母跟前
   C 没有人真的看过圣诞老人
   D 圣诞老人在圣诞节当天出现

第三部分

第26~45题：请选出正确答案。

26~28.

夫妻二人有了婚姻，再有一个常居的地方，这个地方就称之为家了。这里成为你劳累一天休息的地方，这里成为你和爱人共同营造的天地。但在这里却有一个常规不能走到这里。那就是理。人不讲道理，是一个缺点，人只知讲理，是一个盲点。通常，越有知识的人越相信有理走遍天下。有理也许可以走遍天下，但走到家庭就走不通了。常有人说："家不是讲理的地方，夫妻间不是讲理的关系。"这句话听起来很没有道理，但千真万确，这句话是真理。

对于女性来说，当初嫁给老公，不是因他擅长讲理。而是指望他能疼自己、爱自己一辈子。如今他忘了疼自己爱自己，经常要和自己讲道理。对男性来说，当初娶老婆，不是因为她擅长讲理，而是因她可爱，她处处关心自己，下雨记得提醒自己带伞或送伞；自己在外应酬不快，回去可以与她说说而不是压在心里；她能照顾自己、疼自己一辈子。如今她忘了照顾自己、疼自己，却事事与自己讲道理。这心里能好受吗？

其实当夫妇之间开始据理力争时，家里恐怕就开始蒙上阴影。两人都会不自觉地伤害对方，最后只能两败俱伤，难以收拾。记住，家不是讲理的地方，家是讲爱的地方。

26. 根据上文，对"家"的解释中不正确的是?

　　A 劳累一天休息的地方　　B 夫妻共同营造的天地
　　C 夫妻常居的地方　　　　D 讲理的地方

27. 根据上文，对于女性来说，结婚最重要的是什么?

　　A 丈夫擅长讲理　　　　　B 丈夫爱自己一辈子
　　C 女人要做家务　　　　　D 生孩子

28. 这段文章说明了什么?

　　A 夫妻之间不要吵架　　　B 夫妻之间要讲理
　　C 家是讲爱的地方　　　　D 夫妻互相要照顾

29~32.

一个朋友的婚礼上，司仪拿出一张百元钞票问在场所有人，谁想要请举手，大家想怕是司仪想出来整人的花招吧，没人说话。司仪说：我说真的，想要的请举手。终于有人举手了，接着越来越多的人举手了。司仪看了看大家，换了一张旧的百元钞票，举手的人明显地少了许多。司仪笑了笑了又换了张皱巴巴的有点破损的旧百元钞票，但是现场举手的人寥寥无几了。司仪请了一位小男孩上台，并把那张旧钞票放在他的手里。说：因为他一直举着手，下面的人哄堂大笑。小男孩的脸有些发红，司仪摆摆手示意大家安静，拿出那张新的百元钞票说：我这张新的跟你那张旧的换换，可以吗？小男孩说：不用了，谢谢叔叔，新的旧的都一样。司仪点点头，让小男孩拿着钱下去了，司仪让新郎新娘手拉手走上台，说：再美丽的容颜，总有老去的一天。再浪漫的爱情，也会随着生活的变化而变化。就如同我手中的钞票一样，随着时间的变化会慢慢变皱，变旧。但是也像那小男孩说的新的旧的都是一百元。它的价值不会因为上面的皱褶而改变。不是吗？希望新人能懂得爱情真正的价值和意义，不要等到容颜老去，或是激情化为平淡的时候，就忘记了刚才亲口说出的《爱你一生一世》的誓言，请你们珍惜对方一辈子。

29. 司仪拿出一张百元钞票的原因是什么？

　　A 整人的花招　　　　　　　　B 让人举手
　　C 把钞票送给别人　　　　　　D 要比喻成爱情

30. 司仪让小男孩上台做什么？

　　A 逗他笑　　　　　　　　　　B 请他换张钱
　　C 让他发红　　　　　　　　　D 让他安静

31. 司仪对新郎新娘要说什么？

　　A 要懂得爱情真正的价值和意义　B 不要说出誓言
　　C 要珍惜自己　　　　　　　　D 要追求浪漫的爱情

32. 根据上文，下面解释正确的是哪一项？

　　A 这件事发生在婚礼上　　　　B 司仪是男的
　　C 大家都同意了司仪的想法　　D 小男孩一直在吵

33~37.

越来越多的女人，越来越搞不明白，无论是热恋阶段，还是初婚时期的那个男人，他的语言细胞曾经是多么的发达；如今，这是怎么了？结婚才几年啊，他竟成了"闷罐子"。有人说：男人是行动型的动物。那么，男人沉默的背后究竟意味着什么呢？英国社会学家马克经过调查发现：男人每天的说话量，是女人的一半。但男人们也大多用于朋友圈中、工作中，而与爱人的聊天交流，每天可能不足15分钟，用词量不超过10%。其实，男人有很多沉默的方法，每一种都可能是一次推心置腹的心灵对话的开始。前提是，你要知道他们真正想说什么，然后采取相应的对策。

女人喜欢通过谈话来建立关系、巩固关系，在家里则喜欢通过絮叨来显示自己的领导地位，表达对男人的关心。男人则不这么想，无论他婚前多么能说会道，婚后的男人更愿意直接说出自己的具体愿望，比如"今晚想和你一起出去吃饭"、"我想休息"、"我要开会了"。

然而，女人受不了了，男人越是这样，女人越是有话要说。男人这时候往往比女人显得更理性，面对女人的唠叨，他不会直接反驳。许多男人习惯选择沉默，一方面是用沉默来表达自己当时的情绪、思想和态度，另一方面就是故意以沉默来保持彼此的距离，女人会为此感到特别受伤。对此，女人往往会说"他们没有感情，简直冷血"，这其实是一个误解。婚后的男人更习惯于用心去交流他们的情感和爱慕。女人絮叨得越厉害，男人会离你越远，虽然他沉默不语，但心里已竖起一道"防护墙"。

你常常会发现自己熟悉的那个男人，说着笑着，突然沉默起来；家里热着闹着，他却坐在沙发上发呆；你热情洋溢地向他抛过去一串话，他竟毫无知觉。其实这个时候，沉默发呆只是男人的外表神情，说不定他的头脑里正想什么稀奇古怪的点子，或在思考某些古怪的问题，或者什么事触发了他的灵感。在他进入沉默的思索状态时，那是一种类似于"闭关修炼"的境界。

他们不希望任何人把他从思索的状态中拉出来，更不希望有人打断或扰乱他在沉默中"修炼"。 男人总是很小心，并尽可能避免暴露自己的弱点，尤其是在危机情况下，男人会极度自我封闭。如果女人在这个时候唠叨不休，男人会更加生气。因为男人也需要安全感，希望取得保障，梦想在女人面前展现最完美的自己。

33. 女人对什么不明白？

  A 为什么要结婚
  B 男人为什么不做家务
  C 男人为什么婚后说得不多
  D 男人常常跟朋友见面

34. 男人跟女人在哪个方面不同？

    A 女人喜欢在外面
    B 男人喜欢跟孩子玩
    C 女人喜欢通过谈话建立关系
    D 男人喜欢安静

35. 女人为什么受不了了？

    A 男人婚前后不一样了
    B 家太吵了
    C 男人除了直接的愿望以外没什么话说
    D 孩子们不努力学习

36. 男人沉默的原因是什么？

    A 不想跟爱人说话
    B 不太习惯说话
    C 用沉默来表达自己的心情
    D 自己也不懂该说什么

37. 女人唠叨不休时，男人为什么会生气？

    A 需要安全感
    B 希望女人在自己面前完美
    C 太吵了
    D 男人本来喜欢安静

38~41.

其实人与人之间本身并无太大的区别，真正的区别在于心态，"要么你去控制生命，要么生命控制你。你的心态决定谁是坐骑，谁是骑师。"在面对心理低谷之时，有的人向现实妥协，放弃了自己的理想和追求；有的人没有低头认输，他们不停审视自己的人生，分析自己的错误，勇于面对，从而走出困境，继续追求自己的梦想。

我们不能控制自己的遭遇，但我们可以控制自己的心态；我们改变不了别人，我们却可以改变自己；我们改变不了已经发生的事情，但是我们可以调节自己的心态。正确的心态能让你的人生更坦然舒心。当然，心态是依靠你自己调整的，只要你愿意，你就可以给自己一个正确的心态。

改变心态，就是改变人生。有什么样的心态，就会有什么样的人生。要想改变我们的人生，其第一步就是要改变我们的心态。只要心态是正确的，我们的世界也会是光明的。

38. 人与人的区别在哪儿？

A 财产 B 家庭
C 学历 D 心态

39. 在面对心理低潮时，该做什么？

A 向现实妥协
B 放弃自己的理想
C 分析自己的错误，勇于面对
D 跟家人商量

40. 怎么能给自己一个正确的心态？

A 修养 B 自己调整
C 只要你愿意 D 要求别人来帮忙

41. 我们为什么要保持正确的心态？

A 让你的人生更好一些
B 让世界光明
C 要改变我们周围的人
D 勇于面对人生

42~45.

　　幸福是什么？幸福不一定是"很多的钱、很高的官职、举世闻名。"平凡人自有平凡人的幸福，只要你懂得怎样生活，只要你不放弃对美好生活的追求，你就不会被幸福抛弃。

　　快乐是什么？其实快乐是一件非常简单的事，快乐就在每个人的身边，可并不是每一个人都清楚这一点。"只有简单着，才能快乐着。"不奢求华屋美厦，不垂涎山珍海味，不追名逐利，过一种简朴素净的生活，才能感受到生活的快乐,内心充实富有的生活，这才是自然的生活。有劳有逸，有工作的乐趣，也有与家人共享天伦的温暖、自由活动的空间，还用去忙里偷闲吗？

　　"简朴生活"并不是要你放弃所有的一切。实行它，必须从你的实际出发。你可以开一部昂贵的车子，但仍然可以使生活简化。一个基本的概念就在于你想要改进你的生活品质而已，关键是诚实地面对自己，想想生命中对自己真正重要的是什么。

　　很多时候，不快乐并不是因为快乐的条件没有齐备，而是因为活得还不够简单。

42. 根据本文，要过幸福的生活，该怎么做？

　A 应该多挣点钱　　　　　　B 要拥有很高的地位
　C 以自己的实力闻名　　　　D 不放弃对美好生活的追求

43. 根据本文，下面不正确的是：

　A 快乐是很简单的东西　　　B 快乐就在你身边
　C 简朴生活必须从你的实际出发　D 每一个人都清楚快乐

44. 这里所说的"简朴生活"指的是什么？

　A 有劳有逸　　　　　　　　B 要求华屋美厦
　C 努力工作　　　　　　　　D 追名逐利

45. 我们不快乐的原因是什么？

　A 不成功　　　　　　　　　B 工作不稳定
　C 生活不够简单　　　　　　D 生活本来就无聊

二、阅 读

第一部分

第1~15题：请选出正确答案。

1~4.

　　对于孩子来说，情感特征之一就是希望得到周围人们的关心。孩子从入学那天___1___，就有一种共同的心理状态，即对老师具有带先天性的信任感。在他们的心灵之中，老师的形象是高大的。所以，他们既希望得到老师的关爱，又渴望从老师那里___2___对自己的称赞和肯定。孩子们的这种心理，如果每个教师都能深深了解和掌握，多主动关心他们，多表扬鼓励他们，___3___，培养人、教育人的工作就会收到较好的___4___。

1. **A** 中　　　**B** 起　　　**C** 里　　　**D** 来
2. **A** 获得　　**B** 认识　　**C** 知道　　**D** 相信
3. **A** 就　　　**B** 那么　　**C** 而且　　**D** 但是
4. **A** 后果　　**B** 结果　　**C** 效果　　**D** 效益

5~9.

　　有一___5___情侣，相约下班后去用餐、逛街，可是女孩因为公司会议___6___延误了，当她冒着雨赶到的时候已经迟到了30多分钟，他的男朋友很不高兴地说：你每次都这样，现在我什么心情也没了，我以后再也不会等你了！刹那间，女孩___7___崩溃了，她心里在想：或许，他们再也没有未来了；同样的在同一个地点，另一对情侣也面临同样的处境；女孩赶到的时候也迟到了半个钟头，他的男朋友说：我想你一定忙坏了吧！___8___他为女孩拭去脸上的雨水，并且脱去外套盖在女孩身上，此刻，女孩流泪了。但是流过她脸颊的泪却是温暖的。你体会到了吗？其实爱、恨往往只是在我们的一念之间！爱___9___要懂得宽容，很多事可能只是在于你心境的转变罢了。

5. **A** 双　　　**B** 个　　　**C** 副　　　**D** 对
6. **A** 却　　　**B** 才　　　**C** 而　　　**D** 就

7. A 所以 　　B 于是 　　C 终于 　　D 因而
8. A 接着 　　B 无论 　　C 只 　　　D 才
9. A 先 　　　B 更加 　　C 再加上 　D 不仅

10~12.

　　过去总认为，感冒是__10__呼吸传染给他人的。可是近年来发现；人的手更能传染感冒。一个科学家让20名健康的人到感冒病人房间里住了3个晚上。由于他们__11__了正常的活动、营养和清洁卫生，__12__都没传染上感冒。但没有和病人同居，而只是握了手没有及时洗手的人，却有71%被传染上感冒，因为感冒病人喷出来的唾液中，仅有8%是带有感冒病毒的。

10. A 通过 　　B 和 　　　C 比 　　　D 看
11. A 保持 　　B 坚持 　　C 做 　　　D 说
12. A 可是 　　B 所以 　　C 因为 　　D 终于

13~15.

　　回家乡时，看见很多__13__新开张的旗袍专卖店，散落在古城扬州的街头巷尾，没有奢侈品店的华丽，没有小众精品店的矫饰刻意，它们像刚懂得涂脂抹粉的女子，青春四溢。其实__14__的旗袍，已经改良了许多。我走进其中一家，挑了一件紫色绣花的买下，是雅致的花色，我还看重它简洁的蕾丝领。古典但不守旧，素净却还有些俏皮。

　　我始终认为，无论做衣服，还是穿衣服，比起潮流，更重要的是心意。日本的和服也好，韩国的韩服也罢，在我眼里都不及中国的旗袍来得心意满盈。旗袍是最能够__15__女性美与东方韵味的服饰。

13. A 楼 　　　B 家 　　　C 所 　　　D 件
14. A 过去 　　B 以前 　　C 已经 　　D 如今
15. A 体现 　　B 想出 　　C 显 　　　D 出来

第二部分

第16~25题：请选出与试题内容一致的一项。

16. 2010年1月27日，在美国旧金山举行的苹果公司发布会上，传闻已久的平板电脑——iPad由首席执行官史蒂夫·乔布斯亲自发布。iPad定位介于苹果的智能手机iPhone和笔记本电脑产品之间，通体只有四个按键，与iPhone布局一样，提供浏览互联网、收发电子邮件、观看电子书、播放音频或视频等功能。

　　A 苹果公司发布会在美国洛杉矶举行
　　B 苹果公司为手机公司
　　C iPad提供浏览因特网
　　D iPhone介于iPad和笔记本电脑之间

17. 生食，即"有机种植"的新鲜蔬果和谷类不经过烹饪直接生吃。生的食物最大限度地保留各种营养素，促进人体新陈代谢正常化，除去各种废弃物，帮助预防糖尿病、癌症、肥胖、便秘等成人疾病，恢复并能维持健康。因此，生食是最天然、健康的食品。

　　A 生食对人体消化很有好处
　　B 生食促进新陈代谢正常化
　　C 生食可以治病
　　D 中国人都吃生的

18. 和服能显示庄重、安稳、宁静，符合日本人的气质。不仅如此，和服同时也顺应日本的自然；日本绝大部分地区温暖湿润，因此服装的通气性十分重要。由于和服比较宽松，衣服上的透气孔有8个之多，且和服的袖、襟、裾均能自由开合，所以十分适合日本的风土气候。

　　A 和服是日本的衣服
　　B 日本人都喜欢和服
　　C 和服比较紧
　　D 和服适合中国国土气候

19. 天安门位于中华人民共和国首都北京市区中心，面临长安街。天安门原是明、清两朝皇城的正门，公元1420年建成，当时名叫承天门。1651年更名为天安门。1949年10月1日，中华人民共和国在这里举行了开国大典，并被设计入国徽。1961年，天安门被中华人民共和国国务院公布为第一批全国重点文物保护单位之一。

    A 天安门位于北京海淀区
    B 天安门是明朝的皇宫
    C 天安门建设于1949年
    D 天安门被公布列为国家重点文物

20. 北海公园位于北京市中心区，城内景山西侧，在故宫的西北面，与中海、南海合称三海。属于中国古代皇家园林。全园以北海为中心，面积约71公顷，水面占583亩，陆地占480市亩。是中国现存最古老、最完整、最具综合性和代表性的皇家园林之一，1925年开放为公园。是中国保留下来的最悠久最完整的皇家园林，为中国全国重点文物保护单位。

    A 北海公园面积约583公顷
    B 北海公园是最具代表性的皇家园林之一
    C 北海公园在北京市边缘
    D 北海公园是最完整的私人园林

21. 2008年北京奥运会即第二十九届夏季奥林匹克运动会于2008年8月8日20时开幕，2008年8月24日闭幕。本届奥运会口号为"同一个世界，同一个梦想"，主办城市是中国北京。参赛国家及地区 204个，参赛运动员 11,438人，设302项(28种运动)比赛项目。

    A 2008年奥运会于2008年8月24日开幕
    B 2008年奥运会主办城市是中国北京
    C 2008年奥运会参赛国为302个
    D 2008年奥运会参赛运动员为204人

22. 食品安全指食品无毒、无害，符合应当有的营养要求，根据世界卫生组织的定义，食品安全是"食物中有毒、有害物质对人体健康影响的公共卫生问题"。食品安全也是一门专门探讨在食品加工、存储、销售等过程中确保食品卫生及食用安全，降低疾病隐患，防范食物中毒的一个跨学科领域。

    A 食品安全只强调无害
    B 食品安全是防范中毒
    C 食品安全是一门科学
    D 食品安全包括个人卫生问题

23. 《晚秋》这部电影讲述的故事并不复杂。华侨安娜在杀害丈夫后被抓捕送进监狱，七年后安娜乘上前往家乡西雅图的长途汽车，而同上一辆车的"勋"因没带够车钱，前来向同是亚裔的安娜借补车钱，并将自己的手表作为抵押交给对方，并单方约定西雅图再相见。就这样一段各自不同背景的两个陌生人由此展开了一段简单却曲折的爱情。

    A 《晚秋》是关于中国人的故事
    B 《晚秋》是科幻电影
    C 《晚秋》里的安娜是罪犯
    D 《晚秋》的故事很复杂

24. 现在韩国"大学路"的露天舞台、音乐会、诗朗诵会以及各种话剧表演每天都在吸引着无数年轻人的脚步。不仅如此，街舞、摇滚、行为艺术等各种新的艺术形式也在不断走上大学路的街头，给这里增加了别样的新鲜感和异国情趣。

    A 在韩国大学路上有很多大学
    B 大学路的街头吸引着很多年轻人
    C 韩国大学路有很多吃的东西
    D 大学路很有传统情趣

25. 变脸是运用在川剧艺术中塑造人物的一种特技。是揭示剧中人物内心思想感情的一种浪漫主义手法。变脸，原指戏曲中的情绪化妆，后来指一种瞬间多次变换脸部妆容表演特技。这种表演许多剧种都有，以川剧最为著名。另有同名电影和游戏。

    A 变脸是中国北京传统艺术
    B 变脸有同名电影
    C 变脸揭示剧中故事背景
    D 变脸是多次变换身体的表演

第三部分

第26~45题：请选出正确答案。

26~29.

　　今年的第一场雪，似乎来得比往年更早一些！上课，学生专心听课的时候我却开了小差，边讲边把眼光溜向了窗外，然后竟然莫名地冒出了一句"下雪了！"说出这三个字的那一刹那我便懊恼。这帮孩子，我花了这么长的时间才收拾，如今这三个字可能会让我功亏一篑啊！
　　不过，下雪了！今年的第一场雪终于如期而来了！下课，回办公室后我发了条短信"下雪了"给两个朋友。这两个朋友，一个已越走越远，一个是若即若离。不确定自己当时的想法，下雪了，似乎把我的思维也弄混乱了，就像上课时莫名其妙脱口而出的那句话。"我这儿也下了很大的雪，好美！"我笑，无论走得多远，无论多么疏于联系，原来我们依然在同一片天空下！雪越下越大，手机中的短信也如雪花般的飞来，难道都是雪花惹动了我们久不联系的心思，难道一片片雪花都变成了我们心中一份份美好的祝福。

26. 今年第一场雪，跟去年比？

　　A 下了更多　　　　　　　　B 更早一点
　　C 下了之后更冷了　　　　　D 下了更少

27. 我看了第一场雪之后做了什么？

　　A 在外边玩　　　　　　　　B 给朋友发短信
　　C 打扫雪地　　　　　　　　D 跟爱人约会

28. 我对这场雪的感觉怎样？

　　A 麻烦　　　　　　　　　　B 没什么感觉
　　C 温暖　　　　　　　　　　D 一种祝福

29. 本文说的"功亏一篑"是什么意思？

　　A 孩子们很懂事　　　　　　B 担心孩子们继续吵
　　C 看了下雪之后有点儿烦　　D 不能用自己的能力让孩子安静下来

30~33.

在大学里面他们整天为了那几个学分跑来跑去，我不知道他们活得累不？他们在学分面前丧失了自我，成了学分的奴隶。在他们眼里好像谁拿到的学分越多谁就越有能力，与学分无关的事情，他们连看一眼都不看。

学校里面的学生的各个部门只会骗那些为了学分而丧失自我的人，到最后他们的部门里就剩下他们部长了，到来年继续骗那些小弟弟和小妹妹。

而我只能说你们活得太假了，你们连大街上乞讨的都不如，人家虽穷，但是人家没有丧失自己，获得的是真实的自我，不象你们一样活得很虚伪。我就不知道你们的心里是怎么想的？连一点爱心都没有的你们又有什么资格演讲感恩。<u>你们不配去演讲感恩</u>，因为这个世界需要的是真实的人。而不是你们那些虚伪的人，你们去捞你们的学分去吧！

30. 作者对什么不满意？

  A 学生们只追求学分   B 人活得太累
  C 大学生活   D 只得学习，不能出去玩

31. 作者要强调什么？

  A 劳逸结合
  B 努力学习
  C 不要活得快乐
  D 不要丧失自己，不要活得虚伪

32. 作者说话的语气怎么样？

  A 不满   B 劝告
  C 着急   D 生气

33. "你们不配去演讲感恩"作者这样说的原因是什么？

  A "你们"不够感激
  B "你们"不够真实
  C "你们"演得不好
  D "你们"说得不太好

34~37.

　　电脑谁都会用,可当电脑遇到"生病"时,谁又会去修呢?我是一个用电脑的人,可自己向来不会去修"它",怕会伤害"它",所以,我自己只会用它,一般电脑坏了,只好让人来修,我只能在旁边看,学一点是一点,这样,它若再出现同一个情况时,我自己就能给"它"修了,我感到很高兴。
　　世间有许多自己不知的东西和不知的人和事,在工作中,学会课堂以外的知识,让自己与电脑更了解,更紧密,往后,"它"若有什么毛病,我自己就可以修它,轻碰轻修,完整无缺,不是吗?自己动手去做,去学,去修,我相信自己会越来越懂电脑了,不仅会用它,还可修它,太好了。在实践中掌握课堂以外的知识,<u>双管齐下</u>,自己的电脑水平会更上一层楼的。

34. 电脑"生病"是什么意思?

　　A 电脑坏了　　　　　　　　B 电脑没有了
　　C 很多人对电脑没兴趣　　　D 电脑开不来

35. 我为什么高兴?

　　A 自己能把电脑修好　　　　B 学会了电脑
　　C 用了电脑　　　　　　　　D 对电脑有了兴趣

36. "双管齐下"是什么意思?

　　A 比喻两件事同时进行或同时采用两种方法
　　B 管得很多
　　C 要做的很多
　　D 要学习的很多

37. 根据本文下面正确的是?

　　A 电脑用起来很难
　　B 大家修电脑很难
　　C 要掌握课堂以外的知识
　　D 要自己动手做起

38~41.

今天,终于淅淅沥沥地下了一场秋雨,早几天还穿裙子的我,今天已经穿上了较厚的外套了。伴随着这凉凄凄的雨,还有那潮湿的心,不知道为什么,每当碰到下雨天,心就会莫名地伤感,其实,忧伤也没什么不好的,虽然有那么一点点孤独,但是却能释放很多不快的压抑,让我的心灵得以净化,可以整理乱乱的思绪,等到忧伤过后,一切就会变得清晰了。我向来不喜欢吵杂的环境,喜欢一个人默默地看一本古典文学,喜欢一个人静静地坐在电脑前,听一曲伤感的歌。

只可意会,不能言传的冷静,智慧,是我重视的,喜欢看雨,因为它能洗刷我那烦躁的心,能拥有一份心静如水的心情真的很重要。我的人生路上,一切都是平平淡淡,做我自己,很少在乎别人的看法,守住自己的一方静土,安然舒适,喜欢上网,因为在网络里我是悠然自得的,人活着,开心就好!

38. 根据这段话,现在是什么季节?

    A 冬天   B 夏天
    C 不知道   D 秋天

39. 我碰到下雨天感觉怎么样?

    A 高兴   B 幸福
    C 没有感觉   D 伤感

40. 我为什么觉得"忧伤"没什么不好?

    A 可以让我冷静下来   B 可以整理乱乱的思绪
    C 本来喜欢忧伤的感觉   D 可以让我阅读很多书

41. 我重视什么?

    A 一个人的生活   B 安静
    C 冷静,智慧   D 古典文学

42~45.

　　我一直知道，我是幸福的。只是，有时我不愿承认而已。而当我抛开一切偏见与固执自问时，我承认我是幸福的。如那日，我们一家三口在黄昏里游走在城市的街道上，我们不打车，不骑车，只是享受三个人在一起散步的时光。总会在这样的时刻，满满的幸福。连微寒的空气也无从靠近，似乎周身被暖暖的气息围绕着。看那一路上孩子欢蹦乱跳的喜悦之情，大声呼喊着一家三口在一起的欢乐。其实，只是在别人看似平常的散步，出行，对于我们来说却也是难得的机会。只因彼此的忙碌，只为让生活更加丰富。主要还是我爱人一个月难得有一两天的假期。这样的时刻对于我们像是欢乐的节日，我们彼此珍惜。看着一路上他与孩子嬉笑打闹的欢畅，我开始温暖起来。

　　其实，幸福真的就这么简单。吃完饭，我们又去了附近的超市，买了一些零食。我们决定回家。还是慢慢地步行，一路走一路说说笑笑，儿子打开那袋牛奶糖，分给我和老公一人一颗，放进嘴里。甜甜的，香香的。我问儿子："幸福是什么味道的？"儿子不加思索地说："幸福是甜甜的，幸福是香香的。"

　　人生的路很长很长，幸福就在路上。只要你愿意，只要你张开双臂，你就能将幸福拥抱。

42. 作者对自己的生活有什么感觉？

　　A 不肯承认幸福　　　　　　B 很幸福
　　C 不满　　　　　　　　　　D 很累

43. 对于家人一起散步的事情，作者怎么想？

　　A 很平常的事　　　　　　　B 难得的机会
　　C 没时间　　　　　　　　　D 只一个人珍惜

44. 作者对幸福的看法是：

　　A 简单　　　　　　　　　　B 复杂
　　C 要努力争取　　　　　　　D 不在乎

45. 怎么做，才能感到幸福？

　　A 努力追求　　　　　　　　B 放弃
　　C 只要我们自己愿意　　　　D 要别人送给我们

MEMO

MEMO

다락원
홈페이지 접속

新 HSK 급소공략 – 5급 독해

지은이 양주희
펴낸이 정규도
펴낸곳 (주)다락원

초판 1쇄 발행 2011년 7월 14일
초판 5쇄 발행 2023년 9월 21일

기획·편집 이상윤, 오제원
디자인 박나래, 임미영

🍎**다락원** 경기도 파주시 문발로 211
전화 (02)736-2031(내선 250~252/내선 430~439)
팩스 (02)732-2037
출판등록 1977년 9월 16일 제406-2008-000007호

Copyright ⓒ 2011, 양주희

저자 및 출판사의 허락 없이 이 책의 일부 또는 전부를 무단 복제·전재·발췌할 수 없습니다. 구입 후 철회는 회사 내규에 부합하는 경우에 가능하므로 구입처에 문의하시기 바랍니다. 분실·파손 등에 따른 소비자 피해에 대해서는 공정거래위원회에서 고시한 소비자 분쟁 해결 기준에 따라 보상 가능합니다. 잘못된 책은 바꿔 드립니다.

ISBN 978-89-277-2074-4 14720
ISBN 978-89-277-2056-0(set)

www.darakwon.co.kr
다락원 홈페이지를 방문하시면 상세한 출판 정보와 함께 동영상 강좌, MP3 자료 등 다양한 어학 정보를 얻으실 수 있습니다.

新 HSK 급소공략 시리즈

각 분야 최고 강사들이 집필한 다락원『新 HSK 급소공략』시리즈는 총 9권으로 구성된 급수별, 분야별 新 HSK 수험서입니다.

新 HSK 급소공략 4급
新 HSK 4급 공략자를 위한 분야별 교재

듣기
4×6배판 | 본서+해설서+MP3 CD 1장
독해
4×6배판 | 본서+해설서
쓰기
4×6배판 | 본서+해설서

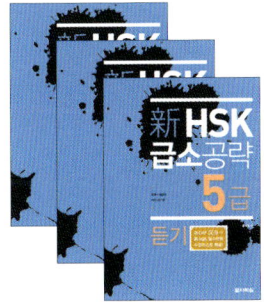

新 HSK 급소공략 5급
新 HSK 5급 공략자를 위한 분야별 교재

듣기
4×6배판 | 본서+해설서+MP3 CD 1장
독해
4×6배판 | 본서+해설서
쓰기
4×6배판 | 본서+해설서

新 HSK 급소공략 6급
新 HSK 6급 공략자를 위한 분야별 교재

듣기
4×6배판 | 본서+해설서+MP3 CD 1장
독해
4×6배판 | 본서+해설서
쓰기
4×6배판 | 본서+해설서

---

www.darakwon.co.kr

다락원 홈페이지를 방문하시면 상세한 출판 정보와 함께 동영상 강좌, MP3 자료 등 다양한 어학 정보를 얻으실 수 있습니다.

다락원 TEL.(02)736-2031 FAX.(02)732-2037

新 HSK 급소공략
5급 독해

新 HSK 5급 독해 만점을 향한 공략법 대공개!

명쾌한 유형 분석과 풍부한 실전문제, 모의고사 3회분
출제 유형에 따른 빈틈 없는 공략법을 알고, 풍부한 실전문제로 실력을 다진다!

상세한 문제 해설과 정답 찾기 요령 공개
미션을 하나하나 따라가며 숨어 있는 정답을 쏙쏙 찾아내는 안목을 기른다!

독해 내공 Tip으로 독해 기본 실력을 UP
일목요연하게 정리된 핵심 어법과 표현 및 문형으로 독해 내공을 탄탄히 쌓는다!

정가 15,000원

ISBN 978-89-277-2074-4
ISBN 978-89-277-2056-0(set)

新 HSK
급소공략
5급 독해
해설서

양주희 저

2013년 汉办(한빤)
新 HSK 필수어휘
수정리스트 제공!

다락원

新HSK 급소공략 5급 독해

해설서

양주희 저

다락원

이 책의 순서

I 제1부분 : 빈칸에 알맞은 단어나 문장 고르기
1. 술어-목적어, 술어-보어 어휘조합   4
2. 유의어 구분하기   11
3. 접속사 복문, 고정격식 파악하기   18
4. 문맥에 맞게 추론하기   25

II 제2부분 : 단문 독해하고 일치하는 보기 고르기
1. 중국 문화·풍속 관련 지문 독해하기   32
2. 과학 상식 관련 지문 독해하기   39
3. 실용 상식 관련 지문 독해하기   45
4. 다양한 이야기 지문 독해하기   51

III 제3부분 : 장문 독해하고 질문에 답하기
1. 글의 주제 파악하기   58
2. 내용 전개 파악하기   66
3. 세부 정보 파악하기   73

IV 모의고사 3회
1. 모의고사 1   82
2. 모의고사 2   101
3. 모의고사 3   122

2013년 汉办 新HSK 5급 필수어휘 수정리스트는 해설서 141~143쪽에 있습니다.

I: 빈칸에 알맞은 단어나 문장 고르기

1 술어-목적어, 술어-보어 어휘조합 p.20

정답	1 C	2 D	3 A	4 A	5 A	6 C	7 B	8 D
	9 A	10 B	11 A	12 B	13 A	14 B	15 A	

1~4

　　不管你是否准备**1好**，有一天一切都会结束。你的财富、名望和权利都将变**2成**细枝末节的事情，不管你拥有的还是别人亏欠的，都不再重要。你来**3自**哪里，用什么样的方式生活都不重要了。重要的不是你所买到的，而是你所创造的。重要的不是你所得到的，而是你所付出的。重要的不是你的成功，而是你的价值。重要的不是所学到的，而是你所传授的。重要的不是你的能力，而是你的性格。重要的不是你认识多少人，而是在你离开时，有多少人感到这是永久的损失。重要的不是你的记忆，而是爱你的人的记忆。重要的不是你为人所怀念的时间有多长，重要的是谁在怀念你，重要的是他们为什么怀念你。我们的一生不是因为偶然而变得重要，不是因为环境而变**4得**重要。而是我们自己的选择，选择让自己的生命有意义。

　　당신이 준비가 **1다 되었든** 아니든 상관없이, 어느 날 모든 것이 끝날 수 있다. 당신의 재산, 명예와 권리가 모두 사소한 것으로 변하게 **2되는 것이다**. 당신의 소유이든 아니면 다른 사람에게 빚을 진 것이든 상관없이 더는 중요하지 않게 된다. 당신이 **3어디서** 왔든, 어떤 방식으로 생활하는지도 중요하지 않다. 중요한 것은 당신이 산 것들이 아니라, 당신이 만든 것들이다. 중요한 것은 당신이 얻은 것이 아니라, 당신이 바친 것들이다. 중요한 것은 당신의 성공이 아니라, 당신의 가치이다. 중요한 것은 배운 것이 아니라, 당신이 전수한 것이다. 중요한 것은 당신의 능력이 아니라, 당신의 성격이다. 중요한 것은 당신이 얼마나 많은 사람을 아느냐가 아니라, 당신이 떠날 때 얼마나 많은 사람이 이것을 영원한 손실이라고 생각하는 가이다. 중요한 것은 당신의 기억이 아니라, 당신을 사랑하는 사람들의 기억이다. 중요한 것은 당신을 사람들이 얼마나 오랫동안 기억하느냐가 아니라, 누가 당신을 기억하느냐, 그들이 왜 당신을 기억하는 가이다. 우리의 일생은 우연 때문에 중요해지는 것이 아니고, 환경 때문에 **4중요해지는 것이** 아니다. 우리 스스로 선택 때문에 자신의 삶이 더욱 의미 있어지게 되는 것이다.

不管 bùguǎn 젭 ~을 막론하고, ~에 상관없이 | **结束** jiéshù 통 끝나다 | **财富** cáifù 몡 재산 | **名望** míngwàng 몡 명성 | **权利** quánlì 몡 권리 | **细枝末节** xìzhī mòjié 젱 지엽적인 문제, 사소한 일 | **亏欠** kuīqiàn 통 빚지다 | **创造** chuàngzào 통 창조하다 | **付出** fùchū 통 바치다, 지불하다 | **价值** jiàzhí 몡 가치 | **传授** chuánshòu 통 (학문·기예 등을) 전수하다 | **永久** yǒngjiǔ 혱 영구한, 영원한 | **记忆** jìyì 몡통 기억(하다) | **怀念** huáiniàn 통 회상하다, 그리워하다 | **偶然** ǒurán 톈 우연히, 뜻밖에 | **环境** huánjìng 몡 환경

1 C 不管你是否准备好,

문맥상 '준비가 다 되었든 아니든 상관없이'라는 뜻을 나타내야 하고, '准备(준비하다)'와 호응하는 보어가 와야 하므로 답은 '好'이다. '完'은 단순히 '마무리하다' '끝나다'라는 뜻만 있을 뿐, '잘 마무리 짓다'라는 뜻은 없으므로 답이 될 수 없다.

A. 完 wán 통 끝나다
　我说完了，你可以出去。 나 할 말 다 끝났으니, 너희 나가 봐.

B. 光 guāng 통 싹 다 비우다
　对不起，没留给你就吃光了。 미안해. 너에게 남겨 주지 못하고 내가 싹 다 먹어버렸어.

C. **好** hǎo 통 잘 끝나다
　我把作业做好了，现在可以出去玩吗? 숙제를 다 했으니 지금 나가서 놀아도 되죠?

D. 道 dào 통 말하다[보어로 쓰임]
他问道："我们什么时候可以出发？" 그가 물었다. "우리는 언제 출발하는 건가요?"

2 D 名望和权利都将变成细枝末节的事情，

빈칸 앞의 동사 '变(변하다)'과 호응하는 보어가 와야 한다. 보기 중 '변하게 되다'라는 뜻에 가장 적합한 단어는 '成'이다. '变成'은 '~로 변하다'라는 뜻으로 자주 쓰인다.

A. 中 zhōng 명 ~가운데, ~하는 과정
这个场面在昨晚梦中出现过。이 장면이 어젯밤 꿈에 나타났었다.

B. 里 lǐ 명 ~안
他把这件事放在心里。그는 이 일을 마음속에 담아 두었다.

C. 上 shàng 명 ~위
你的东西在椅子上放着。너의 물건은 의자 위에 있다.

D. 成 chéng 통 ~로 변하다, ~로 바뀌다
我把这篇中文文章翻译成英文了。나는 이 중국어 글을 영어로 번역하였다.

3 A 你来自哪里，

문맥상 '~에서 오다'라는 뜻이 되어야 한다. '自' '从' 모두 '~에서'라는 뜻이지만, '从'은 동사 뒤에 쓸 수 없으므로 답은 '自'이다. '来自'는 '~에서 오다'라는 뜻으로 자주 쓰인다.

A. 自 zì 개 ~에서
这篇文章来自英文教材。이 글은 영어 교과서에서 발췌했다.

B. 从 cóng 개 ~에서
我是从韩国来的。나는 한국에서 왔다.

C. 上 shàng 통 닫다, 부착하다
大家都闭上眼睛，不要说话。모두 눈을 감고 말하지 마세요.

D. 去 qù 통 가다
你把这个东西带去。너 이거 가지고 가.

4 A 我们的一生不是因为偶然而变得重要，不是因为环境而变得重要

동사(变)와 보어(重要) 사이에 쓸 수 있는 조사가 와야 하는데, '变'은 '변하다'라는 뜻으로 보기 중 동사 뒤에 올 수 있는 조사는 '得'뿐이다. 또한 앞절의 '变得重要'를 통해서 답을 유추할 수 있다.

A. 得 de 조 동사 뒤에 쓰여 정도를 나타냄
你说得好，这就她也明白了吧。너 말 잘했어. 이제 그녀도 알아들었을 거야.

> 또한 '得'는 술어 뒤에서 술어의 정도나 결과를 더 부각해 준다.
> 打扫得干净 깨끗하게 청소하다 | 漂亮得很 매우 예쁘다 | 说得流利 유창하게 말하다 | 看得很清楚 매우 또렷하게 보다

B. 地 de 조 부사와 동사 사이에 쓰임
你好好地听她的话。너는 그녀의 말을 잘 들어라.

C. 上 shàng 통 닫다, 부착하다
他穿上外套就出去了。그는 외투를 걸치고 바로 나갔다.

D. 去 qù 통 가다[동사 뒤에서 화자로 부터 멀어짐을 나타냄]
他已经出去了。그는 이미 나갔다.

5~8

　　幸福生活是人人追求的。幸福的定义也许是同样的，但追求的目标却大不相同，幸福的内涵也各不相同，幸福的感受更是各人不同的。瞎子能看**5到**世界，会觉得幸福；学生能**6得到**好成绩，会觉得幸福；一对夫妻能生个孩子，会觉得幸福。幸福只是一种感觉，一种感受，没有绝对的标准，更没有适合于任何人的标准。不同的人，不同的时期，对幸福的追求是不同。生活的压力太大，要活**7得**开心并不容易。开心过一天，不开心也过一天，何不开开心心地过一天？开心和幸福一样，都是一种感觉，关键是**8调整**自己的心态！

　　행복한 생활은 누구나 추구하는 것이다. 행복의 정의 역시 아마 같을 것이다. 하지만 추구하는 목표는 많이 다르다. 행복의 내용도 서로 다르고, 행복의 느낌은 더욱 다르다. 맹인은 세상을 볼 수 **5있으면** 행복을 느낄 것이고, 학생은 좋은 성적을 **6얻을 수** 있으면 행복하다고 느낄 것이고, 부부는 아이를 낳을 수 있는 것에 행복을 느낄 것이다. 행복은 단지 일종의 느낌이자 감상으로 절대적인 기준은 없다. 어떤 이에게 적합하다고 하는 기준은 더욱 없다. 서로 다른 사람들이 각자 다른 시기에 행복을 추구하는 것이 다르다. 생활의 스트레스가 너무 크면, **7즐겁게 산다는 것은** 절대 쉽지 않다. 즐겁게 하루를 살 수 있고, 불행하게 하루를 살 수 있다면, 당연히 즐겁게 살아야 하는 것이 아닌가? 즐거움과 행복은 같다. 모두 일종의 느낌으로 자신의 마음 상태를 **8조절하는** 것이 관건이다.

幸福 xìngfú 형 행복하다 | 追求 zhuīqiú 동 추구하다 | 定义 dìngyì 명 정의 | 也许 yěxǔ 부 아마도 | 目标 mùbiāo 명 목표 | 内涵 nèihán 명 내용, 의미 | 各不相同 gè bù xiāngtóng 성 서로 다르다 | 瞎子 xiāzi 명 맹인 | 感觉 gǎnjué 명 느낌 | 感受 gǎnshòu 명 체험, 감상 | 绝对 juéduì 형 절대적인 | 标准 biāozhǔn 명 표준 | 任何 rènhé 대 어떤 | 何不 hébù 부 어찌 ~하지 않느냐? | 压力 yālì 명 스트레스 | 关键 guānjiàn 명 관건, 핵심

---

5 A 瞎子能看<u>到</u>世界，

빈칸에는 동사 '看'과 어울리는 보어가 와야 한다. 보기의 단어 모두 보어로 쓸 수 있으나, 문맥상 '~을 보다'라는 뜻을 나타내기에 가장 적합한 단어는 '到'이다.

A. 到 dào 동 동작이 목적에 도달했거나 결과가 있음을 나타냄
他看到一个熟人走来。그는 아는 사람이 걸어오는 것을 보았다.

> '看'과 관련한 표현들을 한 단어처럼 알아두자.
> 看出 간파하다, 알아차리다 | 看成 ~로 간주하다

B. 成 chéng 동 (~로) 변하다, 바뀌다
我把你看成是自己的家人。나는 너를 내 가족으로 생각하고 있다.

C. 了 le 조 동작의 완료를 나타냄
我们已经吃好了，你一个人出去吃吧。우리는 밥을 다 먹었어. 너 혼자 나가서 먹어.

D. 出 chū 동 드러나거나 완성됨을 나타냄
我看出他的公司存在一些问题。나는 그의 회사에 문제가 조금 있다는 것을 알아차렸다.

6 C 学生能<u>得到</u>好成绩，

목적어 '成绩'와 어울리는 술어를 찾아야 한다. 문맥상 '좋은 성적을 얻다'라는 뜻을 나타내야 하므로 보기 중 '얻다'라는 뜻의 '得到'와 '赢得'가 될 수 있다. 하지만 '赢得'는 '支持(지지)' '胜利(승리)'와 같은 추상적인 것만 목적어로 가질 수 있기 때문에 답이 될 수 없고, 구체적인 것과 추상적인 것 모두를 목적어로 가질 수 있는 '得到'가 답이다.

A. 看到 kàndào 동 보이다, 보다
我看到了他要买的衣服。나는 그가 사고 싶어하는 옷을 봤다

B. 想到 xiǎngdào 동 생각나다
他想到今天小李没来上课。그는 오늘 샤오리가 수업에 오지 않은 게 생각났다.

C. 得到 dédào 동 얻다
我得到了奖励。나는 상을 받았다

D. 赢得 yíngdé 동 얻다
他赢得了大家的支持。그는 모두의 지지를 얻었다.

7 B 要活得开心并不容易

정도보어의 기본 형식을 알고 있으면 쉽게 풀 수 있는 문제로, 정도보어는 주로 술어[동사, 형용사]와 보어 사이에 구조조사 '得'를 쓴다. 빈 칸 앞이 동사(活)이고 뒤가 형용사(开心)인 것으로 보아 구조조사 '得'가 와야 함을 알 수 있다.

- A. 的 de 조 명사나 대사 앞에서 관형어 역할을 함
  这是我买的书。 이건 내가 산 책이다.

- **B. 得** de 조 동사와 보어 사이에 쓰임
  他高兴得跳起来了。 그는 기뻐서 뛰어 올랐다.

- C. 地 de 조 동사나 형용사를 수식함
  他奇怪地问他了。 그는 이상히 여겨 그에게 물었다.

- D. 了 le 조 동작의 완료를 나타냄
  昨天播的最后一集，你看了吗? 너 어제 방송된 마지막 회 봤니?

  播 bō 동 방송하다 | 集 jí 양 회[드라마를 셀 때 쓰임]

> 구조조사의 간단 규칙:
> 的+명사/대사, 地+동사, 동사/형용사+得

8 D 关键是调整自己的心态！

목적어 '心态'와 호응하는 술어가 와야 한다. 문맥상 '마음의 상태를 조절하다'라는 뜻이 되어야 하는데, '调节'는 눈에 보이는 수치, 숫자나 사물을 조절할 때 쓰이기 때문에 답이 될 수 없고, 눈에 보이지 않는 비율, 심리 상태, 환경 등을 조절할 때 쓰이는 '调整'이 답으로 가장 적합하다.

- A. 调节 tiáojié 명동 조절(하다)
  为了节约能源，要调节室温。 에너지를 절약하기 위해 실내온도를 조절해야 한다.

- B. 变化 biànhuà 명동 변화(하다)
  目前的情况已发生变化。 지금 상황은 이미 많이 변했다.

- C. 变得 biànde 동 ~로 바뀌다
  她变得很漂亮。 그녀는 정말 예뻐졌다.

- **D. 调整** tiáozhěng 동 조절하다
  公司调整了我的工资。 회사에서 내 월급을 조절했다.

9~11

她是第一次来韩国，对韩国的印象很不错。虽然时间不够未能远行，但是感觉首尔有许多小店，能 **9 满足** 女孩子逛街的需求；同时，**10 作为** 中国大陆唯一的代表参加亚洲音乐节，觉得很荣幸，这将是她首次登上韩国舞台，并且希望以后来韩国 **11 开** 自己的演唱会。

그녀는 한국에 처음 왔는데, 한국에 대한 인상이 매우 좋았다. 비록 시간이 충분하지 않아 멀리 가 보지는 못했지만, 서울은 작은 가게들이 매우 많아 여자들의 쇼핑 욕구를 **9 만족시켜**주는 곳이라고 생각한다. 또한, 중국의 유일한 대표**10로** 아시아 음악제에 참가하게 되어 큰 영광이라고 생각한다. 이것은 그녀가 처음으로 한국 무대에 오르게 된 것으로, 나중에 한국에 와서 자신의 콘서트를 **11 열고** 싶은 바람이 있다.

印象 yìnxiàng 명 인상 | 远行 yuǎnxíng 먼 길을 가다 | 感觉 gǎnjué 동 느끼다 | 首尔 Shǒu'ěr 고유 서울 | 逛街 guàngjiē 동 쇼핑하다 | 需求 xūqiú 수요, 필요 | 唯一 wéiyī 형 유일한, 하나밖에 없는 | 音乐节 yīnlèjié 명 음악제 | 荣幸 róngxìng 형 매우 영광스럽다 | 舞台 wǔtái 명 무대 | 演唱会 yǎnchànghuì 명 콘서트

9 A 能满足女孩子逛街的需求

'需求'와 호응하는 술어가 와야 하며, 문맥상 '요구를 만족시키다'라는 뜻이 되어야 한다. 보기 중 '满意'와 '满足' 모두 '만족하다'라는 뜻이다. 하지만 '满意'는 '마음에 들어 만족하다'라는 뜻의 자동사로 뒤에 목적어와 같이 쓰지 않기 때문에 답이 될 수 없다. 반면, '满足'는 '요구하는 정도까지 이루어져서 만족하다'라는 뜻의 타동사로 뒤에 목적어가 올 수 있으므로 답으로 적합하다.

- **A. 满足** mǎnzú 동 만족하다
  他一直想满足他的要求。 그는 줄곧 그의 요구를 만족시켜 주고 싶어했다.

- B. 满意 mǎnyì 동 만족하다
  他对自己很满意。 그는 자신에게 매우 만족한다.

- C. 感想 gǎnxiǎng 명 동 감상(하다)
  你对这篇文章有什么感想？ 너는 이 글을 보고 어떤 느낌을 받았니?

- D. 要求 yāoqiú 명 동 요구(하다)
  总部要求上报进展情况。 본부에서 진행 상황을 보고하라고 요구했다.
  上报 shàngbào 동 상부에 보고 하다

10 B 作为中国大陆唯一的代表参加亚洲音乐节，

'代表'와 호응하는 술어가 와야 한다. '대표로서'라는 뜻이 되어야 하므로 문맥상 빈칸에는 신분이나 직업 등을 나타낼 수 있는 단어 '作为'가 적합하다. '作为'는 '~의 자격으로' '~로서'라는 뜻으로 뒤에 반드시 명사 목적어를 취한다.

- A. 成为 chéngwéi 동 ~가 되다
  成为一名成功的作家后，他不理我了。 성공한 작가가 된 후 그는 나를 상대하지 않았다.
  理 lǐ 동 상대하다

- **B. 作为** zuòwéi 동 ~로서
  作为一名记者，我应该跟他见面。 기자로서 나는 반드시 그를 만나야겠다.

- C. 担任 dānrèn 동 맡다
  他担任了办公室主任。 그는 사무실 주임을 맡았다.

- D. 当作 dàngzuò 동 ~로 삼다
  把这里当作我们的家，怎么样？ 여기를 우리 집으로 하는 게 어때?

11 A 并且希望以后来韩国开自己的演唱会

목적어 '演唱会'와 어울리는 술어가 와야 한다. 문맥상 '콘서트를 열다'라는 뜻이 되어야 하므로 보기 중 '열다' '개최하다'라는 뜻의 단어 '开'가 정답이다.

- **A. 开** kāi 동 열다, 개최하다
  昨天在首都体育馆开的演唱会，你看了吗？ 어제 수도체육관에서 열린 콘서트 봤니?

- B. 关 guān 동 닫다
  你别关上门。 너 문 닫지 마.

- C. 出 chū 동 나가다
  我要跟他出去玩。 나는 그와 나가 놀고 싶다.

- D. 过 guò 조 과거 경험을 나타낼 때 쓰임
  我去过她家。 나는 그녀의 집에 가봤다.

12~15

人的一生，会认识许许多多的人，也会**12经历**许许多多的事，难免在这些人，这些事情里找不**13到**最初的自我。万万不可在这条路上迷失自己。所以，在缘在的时候，尽情地去**14享受**你们所拥有的快乐吧，别等到错过之后，后悔自己当初没有把握。不要期盼有下辈子，因为这辈子你想做的都未必能做到，下辈子不一定有收获。在现实生活里，一定要相信自己，要肯定自己。因为，我们的内心是什么，看到的世界就是什么，所以，只有保持阳光心态，才会在所有的不幸与困难面前勇敢地站立**15起来**。不损害任何人利益的前提下，做自己喜欢的事，爱自己所爱的人，过好属于自己的这一生！

사람은 평생 수많은 사람을 알게 되고, 또 수많은 일을 **12겪게 된다**. 이런 사람들과 이런 일들 속에서 제일 처음의 나 자신을 잃어**13버리기** 마련이다. 하지만 절대 여기에서 자신을 잃어버리면 안 된다. 따라서 인연이 있을 때는 마음껏 당신의 기쁨을 **14누려라**. 놓치고 나서 자신이 애초에 잡지 못했음을 후회하지 말고, 다음 생을 바라지 마라. 왜냐하면 이생에서 당신이 하고 싶었던 것 모든 것을 꼭 다 할 수는 없듯이, 다음 생에서도 꼭 결과물들이 생기는 건 아니기 때문이다. 현실 생활에서 반드시 자신을 믿고 인정해라. 왜냐하면 우리의 마음이 어떤지에 따라 보이는 세상이 달라지기 때문이다. 긍정적인 마음의 상태를 유지해야만 모든 불행과 어려움 앞에서도 똑바로 **15서 있을** 수 있다. 다른 사람의 이익에 손해를 끼치지 않는다는 전제하에 자신이 좋아하는 일을 하고, 자신이 사랑하는 모든 사람을 사랑하고, 자신이 속한 인생을 살아라!

难免 nánmiǎn 동 면하기 어렵다, ~하게 마련이다 | 万万不可 wànwàn bùkě 절대로 안 된다 | 缘 yuán 명 인연 | 尽情 jìnqíng 부 실컷, 마음껏 | 错过 cuòguò 동 (시기나 대상)놓치다, 엇갈리다 | 后悔 hòuhuǐ 동 후회하다, 뉘우치다 | 把握 bǎwò 동 붙들다, 잡다 | 期盼 qīpàn 동 바라다, 소망하다 | 下辈子 xiàbèizi 명 다음 생애, 내세 | 未必 wèibì 부 반드시 ~한 것은 아니다[=不一定] | 肯定 kěndìng 동 확신하다 | 不幸 búxìng 명 불행 | 困难 kùnnan 명 어려움 | 勇敢 yǒnggǎn 형 용감하다 | 损害 sǔnhài 동 해를 끼치다 | 前提 qiántí 명 전제, 전제 조건 | 属于 shǔyú 동 ~에 속하다

12 B   也会<u>经历</u>许许多多的事，

'会'는 조동사로 뒤에 동사가 와야 하므로 보기 중 동사인 '看到'와 '经历'를 답으로 생각할 수 있다. 하지만 문맥상 뒤의 목적어 '事'와 함께 '많은 일을 겪다'가 되어야 하기 때문에 가장 적합한 것은 '经历'이다.

- A. 看到 kàndào 동 보다
  我<u>看到</u>她走进教室去了。나는 그녀가 교실에 들어가는 것을 봤다.

- **B. 经历** jīnglì 동 겪다
  在<u>经历</u>了许多事情之后，他终于取得了成功。수많은 일을 겪은 후, 그는 결국 성공했다.

- C. 经理 jīnglǐ 명 대표, 책임자
  他是我们公司的<u>经理</u>。그는 우리 회사 대표이다.

- D. 精力 jīnglì 명 힘, 정력, 에너지
  现在他的主要<u>精力</u>都放在他的作品上了。지금 그는 주된 힘을 모두 그의 작품에 쏟고 있다.

13 A   这些事情里找不<u>到</u>最初的自我。

동사 '找'의 결과보어가 와야 한다. '찾지 못했다[잃어버리다]'라는 결과를 나타낼 수 있는 보어는 보기 중 '到'뿐이다.

- **A. 到** dào 동 동작이 목적에 도달했거나 결과가 있음을 나타냄
  我找<u>到</u>他了。나는 그를 찾아냈다.

- B. 起 qǐ 동 동사 뒤에서 역량이 충분한지, 아닌지를 나타냄
  你买不<u>起</u>这件衣服。너 이 옷 비싸서 못 사.

- C. 开 kāi 동 열다, 개최하다
  他的演唱会<u>开</u>得很成功。그의 콘서트는 매우 성공적으로 열렸다.

- D. 了 le 조 동작의 완료를 나타냄
  她已经走<u>了</u>，你不要等她。그녀는 이미 떠났어. 그녀를 기다리지 마.

14 B   尽情地去享受你们所有的快乐吧

빈칸에는 목적어 '快乐'와 호응하는 술어가 와야 한다. 문맥상 '기쁨을 누리다'라는 뜻을 나타낼 수 있는 것은 '享受'이다. '享有'는 '사회에서의 권리나 명성 등을 누리다'라는 뜻으로 여기에서는 답으로 적합하지 않다.

A. 享有 xiǎngyǒu 동 누리다
学生可以享有半价优惠。 학생은 반 가격의 특혜를 누릴 수 있다.
优惠 yōuhuì 명 특혜

B. 享受 xiǎngshòu 동 누리다, 즐기다
我们在享受春节日的喜庆。 우리는 설날의 기쁨을 즐기고 있다.

C. 感想 gǎnxiǎng 명 감상, 느낌
请你们谈谈看过这部影片后的感想。 여러분, 영화를 본 후의 느낌을 이야기해 주십시오.

D. 观看 guānkàn 동 감상하다
我们观看棒球比赛。 우리는 야구 경기를 관람한다.

15 A   与困难面前勇敢地站立起来

보기가 모두 보어인 것으로 보아, 동사 '站立'와 호응하는 보어가 와야 함을 알 수 있다. '站立'는 '일어서다'라는 뜻으로 보기 중 '아래→위'의 방향성을 나타내는 '起来'와 가장 잘 어울린다.

A. 起来 qǐlai 동 일어나다
要去的同学，请把手举起来。 가고 싶은 학생은 손을 들어주세요.

B. 上去 shàngqu 동 올라가다
他已经走上去了。 그는 이미 올라갔다.

C. 下来 xiàlai 동 내려오다
这件旧物是我爷爷留下来的。 이 옛날 물건은 우리 할아버지께서 남기신 것이다.

D. 开来 kāilai 동 분리하다
你把这两个问题区别开来吧。 너 이 두 문제를 구별해 봐.

2 유의어 구분하기 p.33

정답	1 A	2 B	3 C	4 A	5 A	6 B	7 B	8 B
	9 B	10 C	11 A	12 B	13 D	14 D	15 C	

1~3

　不知道什么时候，我不再害怕孤独，记得以前很多时候明明**1身边**常有好多人陪，但心总像是落的壳子，使我左右摇晃地找不到一个平衡点。我一个懂得寂寞的人，这样会让自己更懂得欣赏自己、爱自己、接受自己，给自己一个享受自我的空间。在生活寂寞时会让一个人害怕、失落、忧郁，很想有一个人爱自己，也会去试着找别人来陪伴自己，也许她不知道因寂寞频繁去找别人对别人是一种**2打扰**。我感谢曾经的寂寞，让我知道如何过得很好，更加懂得生活，懂得了解朋友，懂得爱自己深爱的人。不是寂寞时才想起，越是寂寞越是要清楚地明白什么是可以去爱的，什么是不能接受的。一个生活有追求、有目标的人，任何时候都可以承受寂寞与孤独。一个人来到这个世上的时候是孤单地来的，死的时候也是孤单地去的，所以**3注定**人必须承担生活中的寂寞。

　언제부터인지 모르겠지만, 나는 더는 외로움을 두려워하지 않게 되었다. 기억에 예전에는 분명히 **1곁**에 항상 많은 사람이 함께 있었지만, 마음은 항상 안이 비어 있는 포장 상자와 같이 흔들려서 중심점을 찾지 못했다. 외로울 줄 아는 사람은 자신을 좋게 여기고, 자신을 사랑하고, 자신을 받아들이게 되고 자신에게 자아의 공간을 누릴 수 있게 한다. 살면서 외로울 때 어떤 사람은 두렵고, 낙담하고, 우울하여 다른 사람이 자신을 사랑해주기를 바란다. 또 다른 사람을 찾아가 자기와 같이 있어달라고 한다. 아마 그녀는 외로움 때문에 자주 다른 사람을 찾는 것이 다른 사람에게는 **2방해**가 된다는 것을 모를 것이다. 나는 예전의 외로움에 감사하다. 내게 어떻게 더 잘 지낼 수 있는지 알게 해 주었고, 삶을 더욱 이해하고 친구를 이해할 수 있게 해 주었고, 자신이 깊이 사랑하는 사람임을 알게 해 주었다. 고독할 때가 돼서야 생각하는 것이 아니고, 고독할수록 어떤 것을 사랑해야 하는지 어떤 것을 받아들이면 안 되는 건지 분명해졌다. 살면서 추구하는 것이 있고, 목표가 있는 사람은 언제든지 적막함과 고독을 받아들일 줄 안다. 사람이 이 세상에 올 때는 외롭게 오고, 죽을 때도 외롭게 간다. 그래서 사람은 살면서 반드시 외로움을 받아들이도록 **3운명 지어져** 있는 것이다.

害怕 hàipà 형 두려워하다 | **孤独** gūdú 형 고독하다 | **陪** péi 동 동반하다 | **落空** luòkōng 동 허사가 되다, 물거품이 되다 | **壳子** kézi 명 (물건의) 포장 상자 | **摇晃** yáohuàng 동 흔들리다 | **平衡点** pínghéngdiǎn 명 균형점, 중심점 | **寂寞** jìmò 형 외롭다 | **享受** xiǎngshòu 동 누리다 | **充实** chōngshí 동 충족시키다 | **依赖** yīlài 동 의지하다, 기대다 | **失落** shīluò 동 낙담하다, 풀이 죽다 | **忧郁** yōuyù 형 우울하다 | **频繁** pínfán 형 잦다, 빈번하다 | **承担** chéngdān 동 맡다, 감당하다

1 A 明明身边常有好多人陪,

빈칸은 주어 자리로 빈칸 뒤의 술어 '陪'와 호응하는 단어가 와야 한다. 또한, 문맥상 '곁에 사람들이 있었다'라는 뜻을 나타내야 하므로 '身边'이 답이다. '附近'은 장소를 나타내는 말로 술어 '陪'와 호응하는 주어가 아니므로 답이 될 수 없다.

- **A. 身边** shēnbiān 명 곁, 신변
  他**身边**都是韩国人。 그의 곁에는 모두 한국 사람들이다.

- B. **附近** fùjìn 명 부근, 가까운 곳
  我家**附近**没有咖啡店。 우리 집 근처에는 커피숍이 없다.

- C. **身后** shēnhòu 명 사후
  他在**身后**留下了好名声。 그는 사후에 좋은 명성을 남겼다.

- D. **背景** bèijǐng 명 배후
  我不知道他的**背景**。 나는 그의 배후에 대해서 아는 것이 없다.

2 B 也许她不知道因寂寞频繁去找别人对别人是一种<u>打扰</u>

문맥상 '자주 다른 사람을 찾는 것이 피해가 되고 민폐가 된다'라는 뜻에 맞는 단어가 와야 한다. 따라서 보기 중 가장 적합한 것은 '打扰'이다.

- A. 困难 kùnnan 혱 (상황이) 힘들다
  我突然呼吸困难了。 나는 갑자기 호흡 곤란이 왔다.
  呼吸 hūxī 몡 호흡

- **B. 打扰** dǎrǎo 몡 민폐 동 귀찮게 하다
  多有打扰，对不起。 민폐를 많이 끼쳐 죄송합니다.

- C. 难过 nánguò 혱 마음이 아프다, 힘들다
  她解释后，我才明白了她为什么那么难过。 그녀가 설명한 후, 나는 그녀가 왜 그렇게 힘들어 했는지 알게 되었다.
  解释 jiěshì 동 설명하다, 해명하다

- D. 问题 wèntí 몡 문제
  我看你是没有问题的。 내가 볼 때 너는 문제 없어.

3 C 所以<u>注定</u>人必须承担生活中的寂寞

문맥상 '사람들의 외로움은 이미 정해진 것이다'라는 뜻의 동사가 와야 하므로 답은 '注定'이다.

- A. 肯定 kěndìng 분 분명히, 확실히
  我知道他肯定认识她。 그가 분명히 그녀를 알고 있다는 것을 안다.

- B. 一定 yídìng 분 반드시
  我明天一定去。 나는 내일 반드시 갈 것이다.

- **C. 注定** zhùdìng 동 이미 정해져 있다, 운명으로 정해지다
  他注定要成功。 그가 성공할 것이라는 건 이미 정해졌다.

- D. 确定 quèdìng 동 확신하다
  您怎么确定我回来？ 당신은 어떻게 내가 올 거라고 확신했습니까?

> '肯定'은 '분명히' '확실히'라는 뜻으로 가능성에 대해 확신할 때 사용하는 말로 쓰이고, '一定'은 '반드시'라는 뜻으로 다짐이나 계획할 때 쓰인다.

4~7

　　我不会再去想什么，也许什么都不再重要了。曾经**4以为**，不管欢乐与否，走过了，路过了，人生就不会空白。如今却发现就算走过了很多路、路过了很多坎，我的人生还是缺了什么。始终都没有留下些什么，也没有得到什么，反而失去了许多。我希望往后的路，不会走得太辛苦。

　　既然选择了，就算是跪着也要走完。坚强点，如果不坚强，软弱给谁看！人生就像一次旅行。旅行，只是一种过渡的形式，最终想得到也只是一种感受罢了，可是我们没有**5必要**那么刻意为了感受而感受，生活把什么给了我们，其实想想并不重要。**6重要**的是我们持有什么样的心态，去对待一切。选择什么样的生活是注定的，也是自己在选择，当我们停下来**7的时候**，回头看看自己的汗水，也为未来定下位置，有了方向，才能飞得更高、更远。

나는 더는 뭔가를 생각하지 않을 것이다. 아마 무엇도 더는 중요하지 않게 될 것 같다. 예전에는 기쁘든 기쁘지 않든 상관없이 걷고 지나가다 보면, 인생에 비어 있는 부분은 있지 않을 것이라고 **4생각했었다**. 하지만 지금은 많은 길을 걷고, 많은 고비를 지났다 하더라도 인생에 여전히 무엇인가 빌 수 있다는 걸 알았다. 이제껏 뭔가를 남긴 것도 없고, 얻은 것도 없으며 오히려 많은 것을 잃었다. 앞으로의 길은 너무 고생스럽지 않기를 바란다.

이왕 선택을 한 것이라면, 설사 무릎을 꿇을지라도 좀 더 굳세게 끝까지 걸어야겠다. 강하지 못하고 약하게 군다면 누구에게 보여 줄 수 있겠는가! 인생은 여행과 같다. 여행은 일종의 과도기 형식이며, 마지막에 얻을 수 있는 것은 일종의 감상뿐이다. 그러나 우리는 그렇게 일부러 느끼기 위해 무언가를 할 **5필요는 없다**. 삶이 우리에게 무엇을 주는지는 사실 중요한 것이 아니다. **6중요한 것은** 우리가 어떤 마음가짐으로 사물을 대하는 가이다. 어떤 삶을 선택할지는 운명으로 정해져 있기도 하고, 자신이 선택하기도 한다. 우리가 멈추게 **7될 때**, 자신이 땀 흘렸던 순간을 되돌아 보자. 또한, 미래를 위해 자리를 잘 잡고, 목표한 방향이 있다면, 더 높고 멀리 날 수 있을 것이다.

与否 yǔfǒu 명 여부 | 路过 lùguò 동 지나치다 | 空白 kòngbái 명 공백 | 就算 jiùsuàn 접 설령 ~하더라도 | 跪 guì 동 무릎을 꿇다 | 坚强 jiānqiáng 형 굳세다, 꿋꿋하다 | 软弱 ruǎnruò 형 연약하다 | 过渡 guòdù 동 넘어가다, 이행하다 | 罢了 bàle 조 (문장 끝에 쓰여) 단지 ~일 따름이다 | 刻意 kèyì 애써서, 힘껏 | 持 chí 동 (입장이나 태도를) 유지하다 | 汗水 hànshuǐ 명 땀 | 位置 wèizhi 명 위치

4 A 曾经<u>以为</u>, …… 如今却发现就算走过了很多路、…… 我的人生还是缺了什么

빈칸 뒤로 '우리 인생은 여전히 공백이 있을 수 있다는 것을 알았다(我的人生还是缺了什么)'라고 한 것으로 보아 자신이 오해했었음을 나타내는 단어가 와야 한다. 따라서 '~라고 잘못 여기다'라는 뜻의 단어 '以为'가 적합하다.

A. 以为 yǐwéi 동 ~라고 여기다[부정적인 어기를 내포함]
  很多人都以为他有女朋友。 많은 사람은 그에게 여자친구가 있는 줄 안다.

B. 认为 rènwéi 동 ~라고 여기다
  我认为他不会拒绝我。 나는 그가 나를 거절하지 못 할 거라고 생각한다.

C. 觉得 juéde 동 ~라고 생각하다
  我觉得这部电影很有意思。 내 생각에 이 영화는 매우 재미있는 것 같다.

D. 想过 xiǎngguo 생각해 보다
  我从来没想过你回来。 나는 이제까지 네가 돌아온다고 생각해본 적이 없다.

5 A 可是我们没有<u>必要</u>那么刻意为了感受而感受,

빈칸에는 술어 역할을 할 수 있는 동사가 와야 한다. 문맥상 '어떤 행위나 동작을 해야 한다'라는 뜻을 가져야 하므로 답은 '必要'이다. '需要'는 뒤에 필요한 물품이나 인재 등 구체적인 것이 목적어로 나와야 하므로 답이 될 수 없다.

A. 必要 bìyào 동 필요하다
  你没必要道歉。 너는 사과할 필요가 없다.

B. 需要 xūyào 동 필요하다
  我只需要10万元。 나는 10만 위앤만 있으면 된다.

C. 必须 bìxū 부 반드시
  我们必须想办法解决这个问题。 우리는 반드시 방법을 생각하여 문제를 해결해야 한다.

D. 必需 bìxū 형 필수적이다
  集中力是必需的。 집중력은 필수이다.

6 B <u>重要</u>的是我们持有什么样的心态,

문맥상 '중요한 것은 ~이다'라는 뜻이 되야 하므로 '主要'와 '重要'를 생각할 수 있다. 하지만 빈칸 뒤에 '的'가 있다는 사실에 주목하자. '主要'는 '是'와 같이 쓰일 때 '的'를 필요로 하지 않고, '主要是~'로 쓰이기 때문에 답이 될 수 없다.

A. 主要 zhǔyào 형 주요하다
  今天要你来主要是让你感受一下春天的感觉。
  오늘 너를 오라고 한 주된 이유는 너에게 봄의 느낌을 느끼게 하기 위해서이다.

B. 重要 zhòngyào 형 중요하다
  你这次失败了不要紧，重要的是以后要坚持努力。
  네가 이번에 실패 한 건 별거 아니야. 중요한 것은 이후에도 계속 노력을 해야 한다는 것이지.
  不要紧 búyàojǐn 형 별거 아니다, 괜찮다

C. 严重 yánzhòng 형 심각하다
  目前他的情况很严重。 현재 그의 상황은 매우 심각하다.

D. 厉害 lìhai 형 심하다, 대단하다
  他很厉害，没有不知道的问题。 그는 정말 대단해. 모르는 문제가 없어.

> '严重'은 '상황이나 사태가 심각하다'라는 뜻이고, '厉害'는 '정도가 심하다'라는 뜻을 나타낸다. 병의 정도나 문제의 정도를 표현할 때는 '严重' '厉害'를 모두 다 쓸 수 있으며, '厉害'는 '대단하다'라는 뜻으로 사람에게 칭찬할 때도 쓸 수 있다.

7　B　当我们停下来的时候,

빈칸에는 '当'과 호응하는 단어가 와야 한다. '的时候'는 '当'과 함께 '当……的时候(时)' '~할 때'라는 뜻으로 자주 쓰이는 고정격식 중에 하나이니 잘 알아두도록 하자.

A. 时间 shíjiān 명 시간
　时间晚了。我该走了。 시간이 늦어서 가 봐야 해.

B. 的时候 de shíhou ~할 때[앞의 동사와 결합해서 씀]
　当他醒来的时候,大家都在他身边看他。 그가 깨어났을 때, 모두 그의 곁에서 그를 보고 있었다.

C. 时候 shíhou 명 때
　他明年这个时候又回来。 그는 내년 이때쯤 다시 올 것이다.

D. 时期 shíqī 명 (특정) 시기
　最近一段时期,他的身体不太好。 최근에 그의 몸이 좋지 않았다.

> '的时候'는 '동사+的时候'로 쓰이고 '时候'는 명사로 단독으로 쓰인다.

8~11

　一个人问上帝:"为什么天堂里的人快乐,而地狱里的人 8才 不呢?"于是上帝带他来到地狱,他看到许多人围坐在一口大锅前,锅里煮着美味的食物,可每个人都又饿又失望。因为他们手里的勺子太长,没法把食物 9送 到自己口中。接着,他们又来到天堂,这里的勺子也很长,可是人们用勺子把食物送到了别人的嘴里。

　与别人分享快乐可以使快乐永远。假如有人告诉你:"你在电话里很会说话"。你认为这没什么了不起。然而要知道,有许多人都觉得这么做非常困难,因此这 10的确 是你值得骄傲的优点。快乐的来源是发现并利用你的真正的优点,这使你的自我意识变得更加美好,你也就愈快乐。

　你若能学会感激,就会减少很多愤怒,你只有感激,才会真正快乐起来;若一个人就只有怨怼,你的心情自然好不起来。感恩的心将为你创造快乐的 11奇迹。

　한 사람이 신에게 물었다. "왜 천당의 사람들은 기뻐하는데, 지옥의 사람들은 8전혀 그렇지 못합니까?" 그러자 신은 그를 데리고 지옥에 갔다. 그는 매우 많은 사람이 큰 냄비 앞에 둘러앉아 있는 것을 보았고, 냄비 안에는 맛있는 음식이 끓고 있었다. 그러나 사람들은 배를 고파하며 실망하고 있었다. 왜냐하면 그들의 손에 있는 숟가락은 너무 길어서, 음식을 떠 입안에 9넣을 수가 없었기 때문이다. 그러고 나서 그들은 또 천당에 가 보았다. 이곳의 숟가락은 매우 길지만 사람들은 숟가락으로 음식을 다른 사람의 입안에 넣어 주고 있었다.

　다른 사람과 기쁨을 함께 나누면 기쁨이 영원할 수 있다. 만약 어떤 사람이 당신에게 "당신은 전화할 때 말을 참 잘하시네요."라고 말을 했다면, 당신은 별로 대단한 것이 아니라고 생각할 것이다. 그러나 알아야 할 것은, 많은 사람이 이런 말을 듣는 것은 아니라는 점이다. 그렇기에 이것은 10분명 당신이 자랑스러워 할 장점이다. 기쁨은 당신이 진정으로 장점을 발견하고 활용하는 데에서 온다. 이것은 당신의 자아의식을 더욱 아름답게 할 것이고 당신을 더욱 기쁘게 할 것이다.

　당신이 만약에 감사하는 것을 배운다면, 많이 분노하는 것을 줄일 수 있고, 감사하기에 진정으로 기쁠 수 있을 것이다. 만약 한 사람의 마음속에 원한만 가득하다면, 그의 기분은 당연히 좋아질 수 없다. 은혜에 감사하는 것은 곧 당신에게 기쁨의 11기적을 만들어 줄 것이다.

上帝 shàngdì 명 신 | 天堂 tiāntáng 명 천당 | 地狱 dìyù 명 지옥 | 围 wéi 동 둘러싸다, 에워싸다 | 锅 guō 명 냄비 | 煮 zhǔ 동 끓이다, 삶다 | 美味 měiwèi 명 맛있는 음식 | 勺子 sháozi 명 국자, 주걱 | 嘴 zuǐ 명 입 | 分享 fēnxiǎng 동 (기쁨을) 함께 나누다 | 然而 rán'ér 접 그러나 | 骄傲 jiāo'ào 형 오만하다, 거만하다 | 来源 láiyuán 동 기원하다, 유래하다 | 愈 yù 동 능가하다 | 若 ruò 접 만일, 만약 | 感激 gǎnjī 동 감격하다, 감사하다 | 愤怒 fènnù 형 분노하다 | 怨怼 yuànduì 명 원한 | 感恩 gǎn'ēn 동 고맙게 여기다

8　B　而地狱里的人才不呢?

문맥상 '不'와 함께 '~야말로 전혀 아니다'라는 뜻을 나타내는 단어가 와야 한다. '才'는 '전혀' '정말'이라는 뜻으로 부정사를 강조하는 말로 쓰이고, 구절 끝에 자주 '呢'가 쓰이므로 답으로 가장 적합하다.

A. 到 dào 동 (동작을) 끝내다, 도착하다
我找到了他的书。 내가 그의 책을 찾았다.

B. 才 cái 부 전혀, 절대 ~(이)야말로
他才不是外国人。 그는 절대 외국인이 아니다.

C. 就 jiù 부 바로, 지금
我就说她，你在听吗？ 내가 지금 그녀 이야기를 하잖아. 듣고 있는 거니?

D. 却 què 부 오히려
我说了很多，但他却一句话也不说。 나는 말을 많이 했지만, 그는 오히려 한마디도 하지 않았다.

9 B 没法把食物送到自己口中。…… 可是人们用勺子把食物送到了别人的嘴里。

빈칸이 있는 문장은 그다음 이어지는 문장과 대구가 되는 문장이다. 이어지는 문장에서 '人们用勺子把食物送到了别人的嘴里(천당의 사람들은 숟가락으로 음식을 다른 사람의 입으로 넣어준다)'라고 했으므로 이 문장에 들어 있는 동사인 '送'이 답이 된다. '交'와 '给'는 뒤에 오는 목적어 '自己口中'과 호응할 수 없으므로 답이 될 수 없다.

A. 交 jiāo 동 건네주다, (문서 등) 주다, 내다
你交作业了吗？ 너 숙제 제출했니?

B. 送 sòng 동 주다
买一送一，我们买吧。 하나를 사면 하나 무료로 준대. 우리 사자.

C. 给 gěi 동 ~에게 ~를 주다
给我筷子，好吗？ 젓가락 좀 주시겠어요?

D. 留 liú 동 남기다
老师留给我很多作业。 선생님께서 내게 숙제를 많이 내주셨다.

10 C 因此这的确是你值得骄傲的优点。

빈칸 뒤의 동사 '是'로 보아 빈칸에는 부사가 와야 함을 알 수 있다. 보기 중 부사는 '的确'뿐이다.

A. 确定 quèdìng 동 확정하다, 확신하다
运动会日期还没确定。 체육대회 날짜가 아직 확정되지 않았어.

B. 准确 zhǔnquè 형 틀림없다, 맞다
他总是不能准确地写出答案。 그는 항상 답을 틀리게 써 낸다.

C. 的确 díquè 부 확실히, 분명히
昨天见到的的确是你。 어제 본 사람은 분명히 너야.

D. 不一定 bùyídìng 형 꼭 그렇진 않다
你不一定来参加。 너는 꼭 참석할 필요 없어.

11 A 感恩的心将为你创造快乐的奇迹

동사 '创造'와 호응하는 명사가 와야 한다. 문맥상 '기적을 창조하다'라는 뜻을 나타내야 하기 때문에 답은 '奇迹'이다. 또한 보기 중 명사는 '奇迹'뿐이다.

A. 奇迹 qíjì 명 기적
长城是世界八大奇迹之一。 만리장성은 세계 8대 기적 중 하나이다.

B. 奇怪 qíguài 형 이상하다
我觉得很奇怪，他昨天已经走了，怎么今天又来了呢?
내 생각에는 이상한 것 같아. 그는 어제 분명히 떠났는데, 어떻게 오늘 또 온 거지?

C. 神奇 shénqí 형 신기하다
我对魔术师的各种神奇技艺很有兴趣。 나는 마술사들의 각종 신기한 기술에 관심이 많다.
魔术师 móshùshī 명 마술사 | 技艺 jìyì 명 기술

D. 好奇 hàoqí 형 호기심을 갖다
好奇吗? 我会告诉你。 호기심이 생기지? 내가 알려 줄 수 있어.

12~15

每个人都有自己的抱负，有些人**12要求**自己过高，根本没有能力做到，于是总是忧郁。有些人做事要求十全十美，往往因小事而自责，结果受害者还是自己。为了**13避免**挫折感，最好还是明智地把目标和要求规定在自己能力范围之内，懂得欣赏自己的成就，自然会心情舒畅了。

很多人把希望寄托在他人身上，尤其是妻望夫、父母望子女成龙。假如对方达不到自己的要求，便会大感失望。其实，人各有志，每个人也都有自己的优缺点，何必非得要求别人**14满足**自己的要求呢？

在生活中受到挫折或打击时，最好暂时将烦恼放置在一边，去做自己喜欢的事，如运动、睡眠、娱乐等，等到心境平和后，再重新**15面对**自己的难题。

把所有抑郁埋藏在心底，只会令自己忧郁。不如把内心的烦恼告诉自己的知己好友，心情会舒畅。倾诉可取得内心感情与外界刺激的平衡。当遇到不幸、烦恼和不顺心的事之后，不要忧郁压抑，把心事深埋心底，而应将这些烦恼向你依赖、头脑冷静、善解人意的人倾诉，自言自语也行，对身边的动物讲也行

모든 사람은 모두 자신만의 포부가 있다. 어떤 사람들은 자신에게 과한 것을 **12요구**하는데, 능력이 전혀 되지 않기 때문에 항상 우울해 한다. 어떤 사람은 일할 때 완벽함을 추구하여 작은 일인데도 자주 자책을 하는데, 결과적으로 손해를 입는 사람은 결국 자기 자신이다. 좌절감을 **13피하기** 위해서 가장 좋은 것은 목표와 요구를 지혜롭게 자신의 능력 범위 안에서 정하는 것이다. 자신의 성취를 좋게 받아들일 줄 알면 자연히 기분이 가벼워질 것이다.

많은 사람은 자신이 바라는 것을 타인에게 기대한다. 특히 부인이 남편에게 기대하고, 부모는 자녀가 잘되기를 바란다. 만약 상대방이 자신의 요구에 도달하지 못할 경우, 매우 크게 실망한다. 사실 사람들은 각자 지향하는 바가 있고, 모든 사람은 자신만의 장단점이 있다. 무엇 때문에 다른 사람이 자신의 요구를 **14만족**시켜야만 하는가?

삶 속에서 좌절을 겪거나 기가 꺾였을 때, 제일 좋은 것은 걱정을 잠시 한쪽에 두고 자신이 좋아하는 일을 해 보는 것이다. 예를 들어 운동, 잠, 오락 등 마음이 평온해지고 난 후, 다시 자신의 문제를 **15대해 보자**.

모든 걱정을 마음속에 두면, 스스로 우울해질 수밖에 없다. 마음의 걱정을 자신의 친한 친구에게 말한다면 기분이 좋아질 수 있다. 하소연하는 것은 마음속의 감정과 외부의 자극에 균형을 갖게 한다. 불행하고, 고민되고, 마음대로 되지 않는 일을 맞닥뜨릴 때, 고민을 마음속에 두지 말고 당신이 의지하고 머리가 차분해지며, 남의 의중을 잘 헤아릴 수 있는 사람에게 다 말해라. 자기 자신에게 말해도 좋고, 곁에 있는 동물에게 이야기해도 좋다.

抱负 bàofù 포부 | 忧郁 yōuyù 동 우울하다 | 十全十美 shí quán shí měi 성 모든 것에 완벽하여 나무랄 데가 없다 | 自责 zìzé 동 자책하다 | 舒畅 shūchàng 형 상쾌하다, 홀가분하다 | 寄托 jìtuō 동 의탁하다, 맡기다, 품다 | 望子成龙 wàngzǐ chénglóng 성 자식이 훌륭한 인물이 되기를 바라다 | 人各有志 rén gè yǒu zhì 성 개인마다 지향하는 것이 다르다 | 何必 hébì 부 구태여(하필) ~할 필요가 있는가 | 打击 dǎjī 타격을 주다, 의욕이나 기를 꺾다 | 放置 fàngzhì 동 놓아 두다, 방치하다 | 埋藏 máicáng 동 묻어 두다, 숨기다 | 心底 xīndǐ 명 마음속 | 刺激 cìjī 명 자극, 충격 | 顺心 shùnxīn 동 뜻대로 되다, 마음대로 되다 | 依赖 yīlài 동 의지하다, 기대다 | 冷静 lěngjìng 형 침착하다 | 善解人意 shàn jiě rényì 성 남의 의중을 잘 헤아리다 | 倾诉 qīngsù 이것저것 다 말하다

12 **B** 有些人**要求**自己过高

'过高'는 '너무(지나치게) 높다'라는 뜻으로 평가나 요구를 나타내는 단어와 호응하여 자주 쓰인다. 보기 중 가장 적합한 단어는 '要求'로 '要求过高(요구가 지나치게 높다)' '评价过高(평가가 지나치게 높다)'의 어휘조합을 알아두도록 하자.

A. 需要 xūyào 동 필요하다
我需要现金。 나는 현금이 필요하다.

B. 要求 yāoqiú 명 요구, 요청
根据剧本要求，这个人物在这里一定要哭。 각본에 따르면, 이 인물은 여기서 반드시 울어야 한다.

C. 希望 xīwàng 동 바라다
我希望今天不要下雨。나는 오늘 비가 오지 않기를 바란다.

D. 请求 qǐngqiú 동 부탁하다
我再三请求，他才答应了。내가 재차 부탁해서 그가 겨우 허락했다.

13 D   为了避免挫折感，最好还是……

뒤에 이어지는 문장을 보면, '좌절감을 [빈칸]하기 위해서 가장 좋은 것은'이라고 해석되어야 하므로 '좌절감을 벗어나거나 피하다'라는 뜻의 단어가 와야 한다. 보기 중 적합한 것은 '사람이나 상황을 피하다'라는 뜻의 '避免'이다. '逃避'는 '화자가 책임지지 않고 도망가다'라는 뜻이므로 답이 될 수 없다.

A. 以免 yǐmiǎn 접 ~를 하지 않기 위해
你不要酒后开车，以免发生事故。사고 나지 않으려면 음주운전 하지 마라.

B. 免不了 miǎnbuliǎo 부 어쩔 수 없이, 피할 수 없이
婆媳之间免不了产生矛盾。고부간에는 어쩔 수 없이 갈등이 생긴다.
婆媳 póxí 명 시어머니와 며느리 | 矛盾 máodùn 명 갈등

C. 逃避 táobì 동 도망가다
我不想逃避。나는 도망가고 싶지 않다.

D. 避免 bìmiǎn 동 피하다
我们要避免水灾。우리는 홍수를 피해야 한다.
水灾 shuǐzāi 명 홍수

14 D   何必非得要求别人满足自己的要求呢?

목적어 '要求'와 호응하는 동사가 와야 한다. 앞의 내용을 보면 '상대방에게 요구했던 것에 만족하지 못해서 실망했다'라고 하고 있다. 따라서 빈칸에는 '무엇 때문에 자신의 요구를 만족시켜야만 하는가?'라는 뜻이 되어야 하므로 답은 '满足'이다. '满意'는 '만족스럽다' '만족하다'라는 뜻이지만, 형용사로 뒤에 목적어가 올 수 없기 때문에 답이 될 수 없다.

A. 满意 mǎnyì 형 만족스럽다
我对他的作品很满意。나는 그의 작품에 매우 만족한다.

B. 得意 déyì 형 의기양양하다
别得意，结果还没出来呢。의기양양할 거 없어. 결과가 아직 안 나왔잖아.

C. 心满意足 xīnmǎn yìzú 형 매우 만족해 하다
我对自己的生活心满意足了。나는 내 삶에 매우 만족한다.

D. 满足 mǎnzú 동 만족하다, 만족시키다
这样不能满足市场的需求。이러면 시장 수요를 만족시킬 수가 없다.

15 C   等到心境平和后，再重新面对自己的难题

목적어 '自己的难题(자신의 어려움)'에 호응하는 동사가 와야 한다. 문맥상 '마음이 평온해 지고 난 후, 자신의 문제에 직면하는 것이다'라는 뜻이 되어야 하므로 보기 중 '문제나 상황을 능동적으로 대하다'라는 뜻인 '面对'가 답으로 가장 적합하다. '面临'은 '어떠한 상황이 놓여져 있다'라는 수동적인 뜻으로 답이 될 수 없다.

A. 面临 miànlín 동 직면하다, 맞닥뜨리다
我们正面临着越来越多的挑战。우리는 점점 더 많은 도전을 맞닥뜨리고 있다.

B. 临街 línjiē 동 길가에 있다
临街的房子太吵。길가에 있는 방은 너무 시끄럽다.

C. 面对 miànduì 통 대면하다, 직시하다
你也要面对你自己的问题。 너도 네 자신의 문제를 직시해야 한다.

D. 对面 duìmiàn 명 맞은편
我的办公室在银行对面。 내 사무실은 은행 맞은편에 있다.

吵 chǎo 형 시끄럽다

3 접속사 복문, 고정격식 파악하기 p.50

정답	1 B	2 D	3 D	4 A	5 D	6 B	7 D	8 C
	9 D	10 C	11 C	12 D	13 A	14 D	15 D	

1~4

生命中总有许多来来往往的人，就像我们走路时马路上那些过客，有与我们背道而行的，也有与我们走**1**向同一个方向的。他们在我们身后，已离我们越来越远。**2**即使他们因为某些原因又重新折回来，可因为我们已相隔得太远了，也早已无法追得上。那些与我们同行的，有的与我们擦肩而过，有的也许会陪我们走一段距离。但时间都不会太长，人生的道路上岔道太多，在每一个路口，我们的选择都会不同。你选择了这条路，他选择了那条路，**3**于是，只有分手。新的道路上，当然还会有新的同行者，可也同样还会有新的岔路口。正是因为有了友情，我们才能感受到人与人之间的温馨。我们的内心仿佛是一只因常常积满忧虑和无奈而倍感沉重的杯子，**4**只有那些为了友情而伸给我们的双手，才愿意真诚地为我们倒空这只杯子，还她快慰和轻松。

살면서 많은 사람과 왕래하게 된다. 우리가 길을 걸을 때 스쳐 지나가는 사람들처럼, 우리와 등을 지고 걷는 사람도 있고 우리와 같은 방향**1**으로 걷는 사람도 있다. 우리 뒤에 있는 사람들은 이미 우리에게서 점점 멀어졌다. **2**설령 그들이 어떤 이유로 다시 돌아온다 하더라도 이미 우리와 멀리 떨어져서 따라잡을 수가 없다. 우리와 같이 걷는 사람 중에서 어떤 사람들은 우리와 어깨를 스쳐 지나가고, 어떤 사람들은 우리와 함께 얼마 동안 같이 가기도 한다. 그러나 시간이 얼마 지나지 않아 인생의 길에는 많은 갈림길이 생기고, 매 길목에서 우리의 선택은 다르다. 당신은 이 길을 선택하고, 그는 저 길을 선택한다. **3**그래서 헤어질 수밖에 없다. 새로운 길에서 당연히 새로운 동행자들을 만날 수 있고, 마찬가지로 새로운 갈림길이 있을 수 있다. 우정이 있기에 우리는 비로소 사람과 사람 사이의 따뜻함을 느낄 수 있다. 우리 마음속은 수많은 걱정과 어찌해 볼 수 없는 것들로 말미암아 마치 무거운 잔을 들고 있는 것 같다. 우정을 위해 우리에게 뻗어 주는 두 손이 있어**4**야만 간절히 원했던 이 무거운 잔을 비울 수 있으며, 마음의 위안이 되고 홀가분해질 것이다.

过客 guòkè 명 길손, 나그네 | 背道而行 bèi dào ér xíng 정반대 방향으로 가다 | 折回 zhéhuí 통 중도에 되돌아오다 | 隔 gé 통 떨어져 있다, 사이를 두다 | 擦肩而过 cā jiān ér guò 어깨를 스치고 지나가다 | 岔道 chàdào 명 갈림길 | 温馨 wēnxīn 형 온화하고 향기롭다 | 仿佛 fǎngfú 마치 ~인 것 같다 | 无奈 wúnài 통 어찌해 볼 도리가 없다 | 倍感 bèigǎn 통 실감하다 | 沉重 chénzhòng 형 (무게, 기분 등이) 무겁다 | 伸 shēn 통 (신체나 물체 일부분을) 펴다 | 真诚 zhēnchéng 형 진실하다

1 B 也有与我们走向同一个方向的

술어 '走'의 목적어는 '同一个方向(같은 방향)'으로 빈칸에는 목적어의 방향을 나타내는 개사가 와야 한다. '같은 방향을 향해'라는 뜻이 되어야 하므로 보기 중 '~을 향해'라는 뜻의 개사 '向'이 가장 적합하다.

A. 像 xiàng 통 닮다
你跟你爸爸很像。 너와 아빠는 매우 닮았다.

B. 向 xiàng 〖개〗 ~를 향하여
气球飞向了天空。 풍선이 하늘을 향해 날아갔다.

C. 给 gěi 〖개〗 ~에게
我送给他了礼物。 나는 그에게 선물을 줬다.

D. 去 qù 〖동〗 가다
他向南边走去了。 그는 남쪽으로 갔다.

2 D 即使他们因为某些原因又重新折回来，……也早已无法追得上

뒤에 이어지는 문장의 '也'와 호응하는 접속사가 와야 한다. '即使'는 '也'와 함께 '即使A, 也B' 형식으로 '설령 A하더라도 B하다'라는 뜻으로 문맥상 답으로 적합하다. '但是'와 '可是'는 동의어이고, '虽然'은 '虽然A, 但是 B' 형식으로 '비록 A 하지만, 그러나 B하다'라는 뜻의 전환관계의 접속사 복문으로 답이 될 수 없다.

A. 虽然 suīrán 〖접〗 비록 ~하지만
他虽然没时间吃饭，但是把工作做完了。 그는 밥 먹을 시간도 없지만 일을 다 끝냈다.

B. 但是 dànshì 〖접〗 그러나
我已经告诉他了，但是他都不记得了。 나는 이미 그에게 말했지만 그는 기억하지 못했다.

C. 可是 kěshì 〖접〗 그러나
我已经告诉他了，可是他还是没来。 나는 이미 그에게 말했지만 그는 여전히 오지 않았다.

D. 即使 jíshǐ 〖접〗 설령 ~하더라도
即使你不会来，也要先给我打电话。 설령 네가 오지 못하더라도 먼저 나에게 전화해.

3 D 你选择了这条路，他选择了那条路，于是，只有分手

문맥상 '서로 다른 길을 선택하기 때문에 헤어질 수밖에 없다'라는 뜻을 나타내야 한다. 따라서 인과관계를 나타내는 '所以'가 답이다. 보기 중 '就是'과 '即使'는 접속사로 쓰이면 동의어가 되기 때문에 답이 될 수 없고, '可是'는 전환관계의 접속사로 문맥상 어울리지 않는다.

A. 可是 kěshì 〖접〗 그러나
我已经跟她约了，可是不想去见她。 나는 이미 그녀와 약속했지만 그녀를 보러 가고 싶지 않다.

B. 就是 jiùshì 〖접〗 설령 ~하더라도
就是小孩子也知道这么简单的道理。 어린아이라 하더라도 이런 간단한 이치는 안다.

C. 即使 jíshǐ 〖접〗 설령 ~하더라도
即使明天下雨，也要去。 설령 내일 비가 오더라도 갈 것이다.

D. 于是 yúshì 〖접〗 그래서
气象预报说明天下雨，于是她今天就提前出发了。
일기예보에서 내일 비가 온다고 해서 그녀는 오늘 앞당겨 출발했다.

4 A 只有那些为了友情而伸给我们的双手，才愿意真诚地为我们倒空这只杯子，

뒷 문장의 '才'와 호응하는 접속사가 와야 한다. '只有'는 '才'와 함께 '只有A, 才B' 형식으로 'A해야만 B할 수 있다'라는 뜻으로 문맥상 답으로 가장 적합하다.

A. 只有 zhǐyǒu 〖접〗 ~해야만
只有努力学习，才能取得好成绩。 열심히 공부해야만 좋은 성적을 얻을 수 있다.

B. 只要 zhǐyào 〖접〗 ~하기만 하면
只要坚持运动，就能减肥成功。 운동을 계속하기만 하면 다이어트에 성공할 수 있다.

C. 于是 yúshì 접 그래서
我没带钱，于是跟他借了一点。 나는 돈을 안 가져와서 그에게 조금 빌렸다.

D. 就算 jiùsuàn 접 설령 ~하더라도
你就算想买这件衣服，也不要买，你已经有很多衣服。
너 설령 이 옷 사고 싶더라도 사지 마. 너는 이미 옷이 많잖아.

5~8

我的外婆老年痴呆了。外婆先是不认识外公，5然后外婆有一天出了门就不见踪迹，最后6在派出所的帮助下家人才终于将她找回，幸亏外婆还认得一个人——我的母亲，记得她是自己的女儿。每次看到她，脸上都会露出笑容，叫她："毛毛，毛毛。"黄昏的时候搬个凳子坐在楼下，唠叨着："毛毛怎么还不放学呢？"——7连毛毛的女儿都大学毕业了。
疾病切断了外婆与世界的所有联系，让她遗忘了生命中的——一切关联，一切亲爱的人，而唯一不能割断的，是母女的血缘，她的灵魂已经在疾病的侵蚀下慢慢地死去，8然而永远不肯死去的，是那一颗母亲的心。

외할머니는 치매에 걸리셨다. 외할머니는 먼저 외할아버지를 못 알아보셨고, 5그러고 나서 어느 날 외출하시고는 자취도 보이지 않으셨다. 결국, 파출소의 도움을 6받아 가족들이 겨우 할머니를 찾아올 수 있었다. 다행히 할머니는 한 사람만은 알아보셨는데, 바로 내 어머니였다. 그녀가 자신의 딸이라는 것을 기억하고 계셨다. 매번 그녀를 볼 때 얼굴에 웃음을 띠셨고, "마오마오, 마오마오."라고 그녀를 불렀다. 어두워지면 의자를 옮겨서 건물 밑에 앉으셔서는 되풀이해서 "마오마오는 왜 아직도 학교에서 안 오는 거니?"라고 말씀하셨다. 마오마오의 딸7조차도 대학을 졸업했건만.
병은 외할머니와 세상의 모든 관계를 끊었다. 그녀 인생의 모든 관계와 사랑하는 모든 사람을 잊게 했다. 그러나 유일하게 끊지 못한 것은 바로 모녀의 혈연이었다. 그녀의 영혼은 이미 병의 침투로 천천히 죽어가고 있었8지만, 영원히 죽일 수 없는 것은 어머니의 마음이었다.

外婆 wàipó 명 외할머니 | 老年痴呆 lǎonián chīdāi 명 치매 | 踪迹 zōngjì 명 자취, 흔적 | 派出所 pàichūsuǒ 명 파출소 | 幸亏 xìngkuī 튀 다행히 | 露出 lùchū 동 드러내다, 노출하다 | 黄昏 huánghūn 명 황혼, 해질 무렵 | 凳子 dèngzi 명 걸상[등받이가 없는 의자] | 唠叨 láodao 동 잔소리하다, 되풀이하여 말하다 | 切断 qiēduàn 동 끊다, 절단하다 | 遗忘 yíwàng 동 잊어버리다, 소홀히 하다 | 一切 yíqiè 대 일체, 전부 | 割断 gēduàn 동 절단하다, 단절시키다 | 血缘 xuèyuán 명 혈연, 혈통 | 灵魂 línghún 명 영혼, 혼 | 侵蚀 qīnshí 동 침식하다 | 死去 sǐqù 동 죽다

5 D 外婆先是不认识外公，然后外婆有一天出了门就不见踪迹，

앞의 '先'과 호응하는 접속사가 와야 한다. '先A, 然后B'는 '먼저 A하고, 그러고 나서 B하다'라는 뜻으로 보기 중 문맥상 적합한 답은 '然后'뿐이다.

A. 最后 zuìhòu 튀 마지막
我们想了好长时间，最后还是放弃了。 우리는 매우 오랜 시간 동안 생각했지만, 마지막에 결국 포기했다.

B. 赶快 gǎnkuài 튀 얼른
你赶快出来。 너 얼른 나와.

C. 所以 suǒyǐ 접 그래서
我迟到了，所以没听到她的话。 나는 늦어서 그녀의 말을 듣지 못했다.

D. 然后 ránhòu 접 그러고 나서, 그런 후에
我先跟他吃饭，然后再去你那儿。 나는 먼저 그와 밥을 먹고, 그러고 나서 너한테 갈게.

6 B 最后在派出所的帮助下家人才终于将她找回，

문맥상 '파출소의 도움으로'라는 뜻을 나타낼 수 있는 개사가 와야 한다. '在……下'는 '~하에서'라는 뜻으로 가운데 전제 조건(派出所的帮助)이 되는 내용이 오므로 답은 '在'이다.

- A. 当 dàng 동 (신분, 직업을) 하다
  最近当老师也很难。요즘엔 선생님 하기도 어렵다.

- **B. 在** zài 개 ~에서
  他一直在这儿等她。그는 줄곧 여기에서 그녀를 기다리고 있었다.

- C. 让 ràng 동 ~로 하여금 ~하게 하다
  我不让他去了。나는 그를 못 가게 했다.

- D. 有 yǒu 동 있다
  我有话要跟你说。나는 너에게 할 말이 있다.

7 D "毛毛怎么还不放学呢?"—— 连毛毛的女儿都大学毕业了。

문맥상 '마오마오의 딸조차도 대학을 졸업했는데 마오마오는 말할 필요도 없다'라는 뜻을 나타낼 수 있는 접속사가 와야 하고, 빈칸 뒤의 '都'를 통해 답은 '连'임을 알 수 있다. '连A都……'는 '심지어 A조차도 ~하다'라는 뜻의 점층관계의 접속사 복문이다.

- A. 而 ér 접 그리고, 그러나
  他明明知道这件事，而什么话也没说。그는 분명히 이 일을 알지만 아무 말도 하지 않았다.

- B. 却 què 부 오히려
  他考不上了，却不担心这件事。그는 합격하지 못했지만, 이 일을 걱정하지 않는다.

- C. 则 zé 부 즉
  大不正则小不敬。손윗사람이 단정하지 않으면, 손아랫사람의 존경을 받지 못한다.

- **D. 连** lián 부 심지어 ~조차도
  他连说一声再见都没说就走了。그는 심지어 안녕이라는 한마디 인사도 하지 않고 바로 가 버렸다.

8 C 她的灵魂已经在疾病的侵蚀下慢慢地死去，然而永远不肯死去的，是那一颗母亲的心。

본문의 전체적인 흐름을 보면, 어머니는 치매라는 병에 걸렸지만 딸은 알아본다는 내용이다. 따라서 '그러나'라는 뜻의 전환관계의 접속사 와야 한다. 보기 중 적합한 것은 '然而'뿐이다.

- A. 然后 ránhòu 접 그러고 나서, 그런 후에
  我先出去了，然后你也出来吧。내가 먼저 나간 후에 너도 나와.

- B. 一直 yìzhí 부 줄곧
  你为什么一直没告诉我? 너는 왜 계속 내게 말 안 했어?

- **C. 然而** rán'ér 접 그러나
  我去学校找她了，然而没人。내가 학교에 가서 그녀를 찾아봤지만 아무도 없었다.

- D. 所以 suǒyǐ 접 그래서
  他告诉我了，所以我已经知道。그가 말해 줘서 나는 이미 알고 있다.

9~12

放弃其实就是一种选择。走在人生的十字路口，你必须学会放弃不适合自己的道路；面对失败，你必须学会放弃懦弱；面对成功，你必须学会放弃骄傲；面对老弱病残，你必须学会放弃

포기는 사실 선택의 일종이다. 인생의 갈림길을 걸을 때, 당신은 자신에게 맞지 않은 길을 포기하는 것을 반드시 배워야 한다. 실패에 직면해서는 당신은 나약함을 포기해야만 한다. 성공에 직면해서는 교만함을 포기해야만 한다. 늙고 약해서 병에 걸렸을 때, 당신은

冷漠。……我们 9<u>只有</u>在困境中放弃沉重的负担，才会拥有必胜的信念。因此，我们应该学会放弃，明白这点，也许你就会在面临"心苦"10<u>时</u>，找到平衡点，找回自己的人生坐标。11<u>但是</u>，不理智的放弃是一种浪费，也是一种对人生的不负责任。放弃，12<u>既是</u>遍历归来的路，又是重登旅程的路。

냉담함을 포기해야만 한다. …… 우리가 어려운 일에 처했을 때, 무거운 부담감을 포기 9<u>해야만</u>, 필승의 신념을 지닐 수 있다. 그래서 우리는 반드시 포기하는 것을 배워야 한다. 이것을 알게 되면 당신은 아마 '마음이 힘든 상황'에 맞닥뜨리게 될 10<u>때</u> 평정심을 찾고, 자신의 인생의 좌표를 찾을 수 있게 될 것이다. 11<u>그러나</u> 지혜롭지 못한 포기는 낭비이고, 또한 인생에 대한 무책임이 된다. 포기라는 것은 여러 곳을 돌아다니다 제자리로 돌아올 수 있게 하는 길 12<u>이기도 하고</u>, 다시 여정으로 올라갈 수 있게 하는 길이기도 하다.

放弃 fàngqì 동 버리다, 포기하다 | 十字路口 shízì lùkǒu 명 사거리, 갈림길 | 懦弱 nuòruò 형 연약하다, 나약하다 | 老弱病残 lǎo ruò bìng cán 명 노인, 어린이, 환자, 장애인[사회 보장의 대상이 되는 자] | 冷漠 lěngmò 형 냉담하다 | 困境 kùnjìng 명 곤경, 궁지 | 沉重 chénzhòng 형 (무게·기분 등이) 몹시 무겁다 | 负担 fùdān 명 부담 | 必胜 bìshèng 동 필승 | 信念 xìnniàn 명 신념, 믿음 | 平衡点 pínghéngdiǎn 명 균형점, 평정심 | 坐标 zuòbiāo 명 좌표 | 理智 lǐzhì 명 이성과 지혜 | 浪费 làngfèi 명 낭비 | 负责任 fùzérèn 동 책임을 지다 | 遍历 biànlì 동 곳곳을 누비다 | 归来 guīlái 동 돌아오다, 본래의 자리로 돌아오다 | 旅程 lǚchéng 명 여정

---

9 D 我们<u>只有</u>在困境中放弃沉重的负担，才会拥有必胜的信念

문맥상 '부담감을 포기해야만, 필승의 신념을 지닐 수 있다'라는 뜻을 나타내야 하고, 뒷절의 '才'와 호응하는 접속사가 와야 한다. '只好'와 '只能'은 동의어로 한 가지를 선택해야 하는 질문의 답이 될 수 없고, 보기 중 접속사인 '只有'가 답이다.

A. 只是 zhǐshì 부 단지
我<u>只是</u>看看而已。나는 단지 봤을 뿐이다.

B. 只好 zhǐhǎo 부 어쩔 수 없이
我到了那儿，已经没人，<u>只好</u>回家了。내가 거기 갔는데 이미 아무도 없어서 어쩔 수 없이 집에 왔다.

C. 只能 zhǐnéng 부 어쩔 수 없이
这礼物太贵重了，我<u>只能</u>拒绝。이 선물은 너무 비싼 것이어서 나는 어쩔 수 없이 거절했다.

D. 只有 zhǐnéng 접 ~해야만
<u>只有</u>大家都同意，才能确定这件事。모두 동의해야만 이 일을 확정지을 수 있다.

---

10 C 也许你就会在面临"心苦"<u>时</u>，

네 가지 보기 모두 '在'와 같이 쓸 수 있으므로 문맥상 흐름에 맞는 것을 찾아야 한다. '마음이 힘든 상황'을 맞닥뜨리게 될 때'라는 뜻을 나타내야 하므로 답은 '时'이다.

A. 中 zhōng 명 가운데, 과정
我们在生活<u>中</u>遇到很多困难。우리는 살면서 많은 어려움을 만나게 된다.

B. 上 shàng 명 범위
他在班<u>上</u>表现得很好。그는 반에서 태도가 매우 좋다.

C. 时 shí 명 때
你在购房或买车<u>时</u>必须找我。너 집을 사거나 차를 살 때 꼭 날 찾아와.

D. 方面 fāngmiàn 명 방면
他的学校在理科<u>方面</u>特别强。그의 학교는 이과방면에 특히 뛰어나다.
理科 lǐkē 동 이과

11 **C** 找到平衡点，找回自己的人生坐标。<u>但是</u>，不理智的放弃是一种浪费，

빈칸 앞절은 포기를 했을 경우 따라오는 긍정적인 점을 말해 주고 있지만, 뒤의 내용은 포기를 잘못했을 경우의 부정적인 면을 말하고 있으므로 전환관계의 접속사가 와야 한다. 보기 중 '그러나'의 뜻을 지닌 전환관계의 접속사는 '但是'뿐이다.

A. 宁可 nìngkě 접 차라리 ~할지언정
我宁可回家，也不要看他的表演。 내가 차라리 집에 가고 말지. 그의 공연은 보고 싶지 않다.

B. 即使 jíshǐ 접 설령 ~하더라도
他即使不同意，我也要去中国。 그가 설령 동의하지 않더라도 난 중국에 갈 것이다.

C. 但是 dànshì 접 그러나
她虽然不聪明，但是非常用功。 그녀는 비록 똑똑하지 않지만 매우 열심히 한다.

D. 还有 háiyǒu 접 그리고
我有汉语书，还有别的外文书也有。 나는 중국어 책이 있다. 그리고 다른 외국어 책도 있다.

12 **D** <u>既是</u>是遍历归来的路，又是重登旅程的路。

포기의 정의를 나열하며 말하고 있으므로 병렬관계를 나타내는 접속사가 와야 한다. '既是'는 뒷절의 '又'와 호응하여 '既 A, 又 B'의 형식으로 'A하기도 하고 B하기도 하다'라는 뜻의 병렬관계를 나타내므로 답으로 가장 적합하다.

A. 说是 shuōshì 말하기에
说是要过几天才回来。 말하기로는 며칠 있어야 올 수 있다고 한다.

B. 要说 yàoshuō 말하자면
要说汉语，我不比他强。 중국어를 말하자면 나는 그보다 잘하지 못한다.

C. 如果 rúguǒ 접 만약
如果你不做完作业，就不能看电视。 만약 숙제가 다 끝나지 않았으면 TV를 볼 수 없다.

D. 既是 jìshì 접 ~하기도 하고
这本书既是他喜欢看的书，又是自己编写的书。
이 책은 그가 좋아하는 책이기도 하고, 또 자기가 집필한 책이기도 하다.

编写 biānxiě 통 집필하다

13~15

生命总是**13**<u>在</u>自己的啼哭中开始，于别人的泪水里抵达终点。泪水**14**<u>不仅</u>与伤感、悲痛有关，也和喜乐有关。人在巨大的惊喜或者幸福之前，一时难以找到最好的表达情感的方式，而泪水往往先之一步而出。泪水似乎与女子有缘，泪水就成为和谐爱情的一种润滑剂。但女人们不能过多地使用，因为面对女人的泪水，男人总是惶恐不安，不知所措，**15**<u>要么</u>就不闻不问，要么就溜之大吉。女人请记住许多时候，笑容和泪水同等重要。

생명은 항상 자신의 울음 **13**<u>중</u>에 시작되고, 다른 사람의 눈물에서 끝을 맺게 된다. 눈물은 상처, 비통함과 연관되어 있을 **14**<u>뿐만 아니라</u> 기쁨과도 연관이 있다. 사람은 큰 기쁨이나 행복을 느낄 때, 순간적으로 어떻게 표현해야 할지 모른다. 그러나 눈물은 항상 한발 앞서 나온다. 눈물은 여자들과 인연이 있는 것 같다. 눈물은 사랑을 잘할 수 있게 하는 일종의 윤활유이다. 그러나 여자들은 (눈물을) 과도하게 사용하면 안 된다. 왜냐하면 여자의 눈물에 대해 남자들은 항상 불안해하고, 어떻게 해야 할지 모르기 때문에 아무것도 듣지도 묻지도 않**15**<u>거나</u>, 몰래 달아나버린다. 여자들은 항상 웃음과 눈물이 똑같이 중요하다는 것을 기억하길 바란다.

生命 shēngmìng 명 생명 목숨 | 啼哭 tíkū 동 목놓아 울다 | 抵达 dǐdá 동 도착하다 | 伤感 shānggǎn 동 슬퍼하다, 마음이 상하다 | 悲痛 bēitòng 동 비통해하다 | 惊喜 jīngxǐ 동 놀라고도 기뻐하다 | 有缘 yǒuyuán 동 인연이 있다 | 和谐 héxié 동 잘 어울리다, 조화롭다 | 润滑剂 rùnhuájì 동 윤활제 | 惶恐不安 huángkǒng bù'ān 동 불안하다 | 不知所措 bùzhī suǒ cuò 성 어찌할 바를 모르다, 갈팡질팡하다 | 溜之大吉 liū zhī dàjí 성 몰래 달아나다, 줄행랑 놓다

13 A 生命总是<u>在</u>自己的啼哭中开始，

빈칸에는 '中'과 호응하는 개사가 와야 한다. 문맥상 '~하는 중에' '~하는 과정에서'라는 뜻을 나타내야 하므로 '在……中' 구문의 '在'가 답이다.

- **A.** 在 zài 깨 ~에서
  他<u>在</u>工作中受到了很大的压力。 그는 일하면서 스트레스를 매우 많이 받았다.

- B. 从 cóng 깨 ~로부터[시작점을 나타냄]
  我<u>从</u>明天开始减肥。 나는 내일부터 다이어트를 시작할 것이다.

- C. 离 lí 깨 ~로부터[거리감을 나타냄]
  书店<u>离</u>这儿不远。 서점은 여기에서 멀지 않다.

- D. 到 dào 깨 ~까지
  <u>到</u>今天为止，大家都要交毕业论文。 오늘까지 모두 졸업 논문을 다 내세요.

14 D 泪水<u>不仅</u>与伤感、悲痛有关，也和喜乐有关

빈칸 뒤로 눈물과 연관되는 것들이 나열되는 것으로 보아 점층관계의 접속사가 와야 함을 알 수 있는데, 보기 중 뒷절의 '也'로 보아 답은 '不仅'이 적합하다. '不仅A, 也B'는 'A뿐 아니라 B하다'라는 뜻을 나타낸다.

- A. 再说 zàishuō 접 게다가
  已经晚了，<u>再说</u>他也不愿意我们找他。 이미 늦었어. 게다가 그도 우리가 자기를 찾는 걸 원하지 않아.

- B. 而且 érqiě 접 게다가
  他还没拿到工资，<u>而且</u>没有存钱。 그는 월급을 아직 못 받았고, 게다가 저축한 것도 없다.
  工资 gōngzī 명 월급

- C. 倒 dào 부 오히려, ~하긴 한데
  这件衣服<u>倒</u>是漂亮。只是有点贵。 이 옷은 예쁘긴 한데, 좀 비싸다.

- **D.** 不仅 bùjǐn 접 ~일 뿐만 아니라
  他<u>不仅</u>没有朋友，也不愿意跟别人交流。 그는 친구가 없을 뿐만 아니라, 다른 사람과 교류하고 싶어하지도 않는다.

15 D <u>要么</u>就不闻不问，<u>要么</u>就溜之大吉

여자의 눈물에 대해 남자들이 어떤 반응을 하게 되는지 설명하고 있다. 문맥상 '아무것도 듣지도 묻지도 않거나, 몰래 달아나버린다'라는 뜻을 나타내는 선택관계의 접속사가 와야 한다. 보기 중 '或是' '要么'는 둘 중의 하나를 선택할 때 쓸 수 있는 접속사로 뜻은 같지만, 여기서는 뒤에 이어지는 '要么'와 호응해야 하므로 답은 '要么'이다. '要么A, 要么B'는 'A하거나 B이다'라는 뜻을 나타낸다.

- A. 一下子 yíxiàzi 부 단번에, 한번에
  你怎么<u>一下子</u>都忘了呢？ 너는 어떻게 한번에 다 잊어버리니?

- B. 不是 búshì 동 ~가 아니다
  我<u>不是</u>犯人。 저는 범인이 아닙니다.

- C. 或是 huòshì 접 ~이거나, 또는
  我周末<u>或是</u>去看电影，<u>或是</u>去足球比赛。 나는 주말에 영화를 보거나 축구 경기를 하러 간다.

- **D.** 要么 yàome 접 ~하든지
  <u>要么</u>今天走，<u>要么</u>明天走，我都行。 오늘 가든, 내일 가든 나는 언제든 괜찮다.

4 문맥에 맞게 추론하기 p.62

정답	1 B	2 B	3 D	4 A	5 D	6 B	7 B	8 D
	9 D	10 A	11 C	12 A	13 C	14 A	15 A	

1~3

　　我在街头的书店偶遇涂林。当时我在看一本画册，介绍日本茶道的，上面是一些介绍，翻到一页很美的插图，下面有一句话我怎么也翻译不出来。**1从**书包里拿出电子辞典，还是不能翻译，**2一筹莫展**之际，涂林出现了。我并不知道涂林是怎么出现的，怎么看到我，怎么到我身边的。只是当我听到"这句话印刷错误，无法翻译"时，一抬头就看到了那张脸，我到现在也无法忘记那个场景。昏黄灯光的书店里，老板在前台用日语和人打电话，涂林看着我的眼神很平静。我笑了笑把书塞回去，跟在涂林身后从书店出来。我想，故人见面的第一句话应当是"你过得好吗?"可是涂林在我们分别三年后，站在异国宁静的街边，他开口说的第一句话竟然是，小缦，**3我很想你**。

　　나는 길거리의 서점에서 우연히 투린을 만났다. 그때 나는 한 화첩을 보고 있었다. 일본의 다도를 소개한 것으로 앞 장에는 소개가 있었고, 한 페이지를 넘기니 매우 아름다운 삽화가 있었다. (삽화) 아랫부분의 한 구문을 내가 아무리 해도 번역할 수가 없어서 가방 **1에서** 전자사전을 꺼냈지만 여전히 뜻을 알 수가 없었다. **2어떻게 해야 할지 몰라 하고 있는데**, 투린이 나타났다. 나는 정말 투린이 어떻게 나타난 건지, 어떻게 나를 본 건지, 어떻게 내 곁에 있는 건지 알 수 없었다. "이 문구는 인쇄가 잘못되어 번역할 수가 없어."라는 말을 듣고 고개를 들어 보니 그 사람이었던 것만을 기억할 뿐이다. 나는 지금까지 그때를 잊을 수가 없다. 어슴푸레한 불빛의 서점 안에 사장이 계산대에서 일본어로 전화하고 있었고, 투린은 나를 평온하게 바라보고 있었다. 나는 웃으면서 책을 집어넣고 투린과 서점에서 나왔다. 나는 옛 친구를 만나서 하는 첫 마디는 당연히 "잘 지냈니?"일 거라고 생각했다. 그러나 투린이 나와 헤어진 3년 후, 이국의 조용한 길거리에 서서 했던 첫 마디는 뜻밖이었다. "샤오만, **3네가 보고 싶었어**."

街头 jiētóu 명 길거리 | 偶遇 ǒuyù 동 우연히 만나다 | 画册 huàcè 명 화첩 | 茶道 chádào 명 다도 | 翻 fān 동 펼치다 | 插图 chātú 명 삽화 | 翻译 fānyì 명 동 번역(하다) | 之际 zhījì ~할 때, 즈음 | 印刷 yìnshuā 명 동 인쇄(하다) | 昏黄 hūnhuáng 형 어슴푸레한 | 异国 yìguó 명 외국, 다른나라 | 宁静 níngjìng 형 평온하다 | 眼神 yǎnshén 명 눈빛 | 塞 sāi 동 채우다, 쑤셔 넣다 | 故人 gùrén 명 옛 친구, 오랜 친구

1　B　**从**书包里拿出电子辞典，

문맥상 '가방 안에서'라는 뜻을 나타낼 수 있는 개사가 와야 한다. '从'과 '在' 모두 '里'와 함께 고정격식으로 자주 쓰이지만, '从……里'는 '~에서 꺼내다' '~에서 나오다'라는 뜻으로 안에서 밖으로 이동할 때 쓰이고, '在……里'는 '~에서 ~을 하다'라는 뜻으로 그 장소 안에서 동작할 때 쓰이므로 답은 '从'이다.

- A. 由 yóu 개 ~이, ~가
  这件事**由**老师决定。 이 일은 선생님이 결정할 것이다.

- **B. 从 cóng 개 ~로부터**
  从钱包里拿出300元来。 지갑에서 300위앤을 꺼냈다.

- C. 在 zài 개 ~에서
  他**在**教室自习。 그는 교실에서 자습하고 있다.

- D. 往 wǎng 개 ~를 향해
  到十字路口，**往**东走。 사거리에서 동쪽으로 가세요.

2 B 一筹莫展之际，涂林出现了，

앞의 내용을 살펴보면, 삽화에 있는 해석이 전혀 안 되는 구문을 사전을 찾아도 알 수 없고, 어떻게 해야 할지를 모르겠다는 내용이기 때문에 '속수무책이다' '어쩔 도리가 없다'라는 뜻의 '一筹莫展'이 가장 적합하다. 답은 아니지만, 다른 보기의 성어 뜻도 알아 두도록 하자.

A. 半信半疑 bànxìn bànyí 성 반신반의하다
　我还是对他的话半信半疑。나는 여전히 그의 말을 잘 믿을 수가 없다.

B. 一筹莫展 yìchóu mò zhǎn 성 속수무책이다
　我没带钱，没带手机，真是一筹莫展了。나는 돈도 안 가져오고, 휴대전화도 안 가져왔어. 정말 어찌할 방법이 없네.

C. 捉迷藏 zhuō mícáng 명 숨바꼭질[말이나 행동을 빙빙 돌려 말할 때 쓰임]
　你别跟我捉迷藏了。너 나에게 빙빙 돌리지 말고 말해.

D. 言外之意 yán wài zhī yì 성 말의 숨은 뜻
　你明白他的言外之意了吗? 너 그 사람이 말한 숨은 뜻을 이해했니?

3 D 他开口说的第一句话竟然是，小缦，我很想你。

여기서는 남자와 여자가 헤어지고 오랜만에 다시 우연히 만나는 상황을 연출했으므로 D가 정답이다. A는 두 사람이 이미 서로 알고 있는 사이이기 때문에 답이 아니고, B는 서점에서 책을 가지고 나오지 않았기 때문에 답이 아니며, C는 이미 바로 앞 문장에서 이 말을 예상했으나 하지 않았다고 했기 때문에 답이 될 수 없다.

A. 你是日本人吗 당신은 일본 사람입니까?

B. 这本书多少钱 이 책 얼마입니까?

C. 你过得好吗 잘 지냈니?

D. 我很想你 네가 보고 싶었어

4~7

是6年前。那天是圣诞夜，商店的橱窗上画着4圣诞老人和圣诞树，到处是喜庆和温暖。可是我没有，什么都没有。我走在寒风中，忽然摸到口袋里还有两块钱，于是我就去超市，想给自己买点儿东西充饥。超市真大，走了两圈，我就迷了路。摸到学习用品区，5我看到一支钢笔，很漂亮。我拿在手里，爱不释手。在超市门口，我被两个保安拦住了，他们说我偷了超市里的东西。很多人围拢上来，一个6保安说，你是自己拿出来呢，还是让我们送你去派出所? 我明明记得没有拿，谁知道那支钢笔怎么跑到我的口袋里了呢? 这时，美映从人群中走出来，她说，美琳，你这丫头，妈妈一时不见，你就惹祸。我一时没有反应过来，呆怔地看着她。她冲我眨眨眼睛，美琳，你过来，跟保安叔叔认个错。说着转身低声下气地对保安说，这孩子还小，别送派出所了，都是我平时管教不严，给她一个改正错误

6년 전 그날은 크리스마스 저녁이었다. 상점의 쇼윈도에는 4산타클로스와 크리스마스트리가 그려져 있었고, 곳곳의 분위기는 즐겁고 따뜻했다. 그러나 나는 없었다. 아무것도 가진 것이 없었다. 차가운 바람을 맞으며 걷고 있을 때였다. 갑자기 주머니 안에서 2위안의 돈이 만져졌다. 그래서 나는 바로 슈퍼로 가서 허기를 달랠 걸 사고 싶었다. 슈퍼가 너무 커서 두 바퀴를 돌고는 길을 잃었다. 더듬어 가다 학용품이 있는 곳에서 5펜 하나를 보았는데, 아주 예뻤다. 나는 그 펜을 손에 들었는데 손에 들고 차마 놓지 못하고 있었다. 슈퍼 입구에서 나는 두 명의 보안 요원에게 제지를 당했고, 그들은 내가 슈퍼 안의 물건을 훔쳤다고 말했다. 많은 사람이 사방에서 몰려들자 6보안요원은 "네가 스스로 꺼낼래? 아니면 파출소에 데려다 줄까?"라고 말했다. 나는 분명히 가지고 나오지 않았다고 생각했다. 누가 알았겠는가, 그 펜이 어떻게 내 주머니에 있는 건지. 이때 메이잉이 무리 중에서 걸어 나왔다. 그녀는 "메이린, 이 계집애. 엄마가 잠깐 안 보인다고 네가 사고를 쳤구나."라고 말했다. 나는 순간 아무런 반응도 할 수가 없었고, 멍하게 그녀를 보고 있었다. 그녀는 나를 향해 눈을 깜빡이며 "메이린, 너 이리 와. 보안 아저씨에게 잘못했다고 해."라고 말하면서 몸을 돌려 고분고분하게 말했다. "이 아이는 아직 어리니 파출소에 보내지 말아 주세요. 모두 제가 평소에 엄히 다스리지 못해서입니다. 아이에게 잘못을 뉘우칠 기회를 주는 게 어떨까요?"

的机会，好不好？还有，**7这支钢笔我们买下了**。那支钢笔，是美映送给我的第一个礼物，英雄牌的，同时我还有了一个好听的名字，美琳。人群渐渐地散去，美映说，你回家吧！我摇了摇头，又点了点头。

그리고 **7이 펜은 제가 사겠습니다**." 그 펜은 메이잉이 나에게 처음으로 준 선물이었고, 또 '메이린'이라는 듣기 좋은 이름을 듣게 되었다. 사람들은 점점 흩어졌고, 메이잉 "얘야 집에 가자!"라고 말했다. 나는 고개를 저었다가, 다시 끄덕였다.

圣诞 shèngdàn 몡 성탄 | **橱窗** chúchuāng 몡 쇼윈도 | **喜庆** xǐqìng 혱 기쁘고 경사스럽다 | **温暖** wēnnuǎn 혱 (마음, 분위기가) 따뜻하다 | **摸** mō 동 더듬다, 만지다 | **充饥** chōngjī 요기하다, 배고픔을 해결하다 | **迷路** mílù 동 길을 잃다 | **爱不释手** ài bú shì shǒu 솅 너무 좋아서 손을 떼지 못하다 | **保安** bǎo'ān 몡 보안요원 | **拦住** lánzhù 동 가로막다 | **偷** tōu 동 훔치다 | **围拢** wéilǒng 동 사방에서 모여들다 | **派出所** pàichūsuǒ 몡 파출소 | **口袋** kǒudai 몡 주머니 | **人群** rénqún 몡 군중 | **丫头** yātou 몡 계집아이, 여자아이 | **一时** yìshí 몡 잠시 | **惹祸** rěhuò 화를 초래하다, 일을 저지르다 | **反应** fǎnyìng 동 반응하다 | **呆怔** dāizhèng 혱 멍하다 | **冲眨** zhǎ 동 (눈을) 깜박거리다 | **认错** rèncuò 동 잘못을 인정하다 | **低声下气** dīshēng xiàqì 솅 고분고분하고 조심하는 모양 | **散去** sànqù 동 흩어지다 | **摇头** yáotóu 동 고개를 가로젓다 | **点头** diǎntóu 동 고개를 끄덕이다

4 A 那天是圣诞夜，商店的橱窗上画着<u>圣诞老人和圣诞树</u>，到处是喜庆和温暖

'圣诞夜(크리스마스 저녁)'로 보아 빈칸에 들어갈 내용을 유추할 수 있다. 보기 중 크리스마스와 가장 어울리는 것은 '圣诞老人和圣诞树'이다.

A. 圣诞老人和圣诞树 산타클로스와 크리스마스트리

　　圣诞老人 shèngdàn lǎorén 몡 산타클로스 | **圣诞树** shèngdànshù 몡 크리스마스트리

B. 老人和小孩 노인과 아이

C. 一家人 한 가족

D. 下雪的风景 눈 내리는 풍경

5 D 摸到学习用品区，<u>我看到一支钢笔</u>，很漂亮

빈칸 앞의 내용은 학용품이 있는 곳에 갔다고 했고, 뒤의 내용은 아주 예뻐서 펜을 놓을 수가 없다고 했으므로 빈칸에는 학습용품과 관련한 내용이 와야 한다. C는 해보고 싶다는 것이 무엇인지 목적어가 명확하지 않기 때문에 답이 될 수 없다.

A. 我又迷了路 나는 또 길을 잃었다

B. 我想去别的地方 나는 다른 곳에 가고 싶었다

C. 我想试一试 나는 해보고 싶었다

D. 我看到一支钢笔 나는 펜을 봤다

6 B 一个<u>保安</u>说，你是自己拿出来呢，还是让我们送你去派出所?

뒤에 이어지는 내용을 보면, '너 스스로 꺼낼래? 아니면 우리가 파출소로 데리고 갈까?'라는 뜻이므로 '보안요원(保安)'이 말했음을 알 수 있다. '售票员'은 '표를 파는 사람'이다. '售货员(물건 파는 사람)'과 헷갈리지 않도록 한다.

A. 孩子 아이

B. 保安 보안요원

C. 售票员 표 파는 사람

D. 大人 성인

7 B 给她一个改正错误的机会，好不好？还有，<u>这支钢笔我们买下了</u>。那支钢笔，是美映送给我的第一个礼物

물건을 훔친 것으로 판단되는 아이를 구해주고 있는 장면이므로 훔친 물건을 사겠다고 하는 B가 답으로 가장 적합하다.

A. 我们不用了 우리는 필요 없어요

B. 这支钢笔我们买下了 이 펜은 제가 살게요

C. 他本来不喜欢这支笔 그는 원래 이 펜을 좋아하지 않아요

D. 我们要走了 우리는 가겠습니다

8~11

　　我与他其实并不很熟，只是为了一点事要去找他，就托朋友带我去了他家。他事业有成，想象中他应该住花园别墅的，却不料，**8去时才知道，他住在很简陋的房子**。谈妥事情之后，他留我和朋友吃饭，说好了去外面酒店吃，可临到吃饭时，他的妻儿和母亲却在那里推让，**9原因是要留一个人看家**。推让着的三个人都让别人去酒店吃饭，表示自己愿意留下来，一番争执之后，大家还是拗不过他那年迈的母亲，将老人家留在了家中。这让我很歉疚，也很不解。我们去吃饭，怎能将老太太一个人撇在家里？一定得留个人看家吗？席间，为这事我再三向他致歉，他笑笑说，没什么，这是二十多年的习惯了，不管什么时候，家里总要有一个人留守。为什么？怕有小偷？我这一问，他那8岁的儿子大声抢着回答：才不是呢，是在等人！我奶奶在等我姑姑！我还是有点不大明白，现在电话方便，打个电话告诉对方一声就行了，干嘛非得在家里等？他便给我讲了事情的原由。他有个妹妹，妹妹9岁那一年，有一天去上学后就再也没回来，一直没有妹妹的消息。这一等就是二十多年，二十多年来，他家的电话号码从没换过，无论怎么忙，家里也总会有一个人留守。渐渐地，他事业成功，有了自己的公司，有了车，在老街区的筒子楼找不到停车位，总要将车停在离家很远的地方。这样不方便，他就想到搬家。但母亲**10死活**不肯离开筒子楼，担心女儿回来找不到她。她让他们搬，说她一个人仍住在老房子里。**11他怎么能让母亲一个人住在这里**，搬家的事谁也没再提过，他们家就一直住在筒子楼里，谁也没嫌过房子简陋。妹妹失踪至今已二十多年，如果妹妹健在，也该有三十多岁了。这二十多年来，家里一直有人，无论有多忙，无论有多么重要的活动，总会有一个人留守，等待妹妹的电话，等待妹妹突然回家。听着他的讲述，我既心酸又感动。一次不幸的事件，彻底改变了一个家庭的生活习惯。家里时时刻刻有人守着，等待一个可能永远不会回来的人。

　　나와 그는 사실 그렇게 잘 아는 사이가 아니다. 단지 일 때문에 그를 찾아갔다. 나는 친구에게 부탁해서 함께 그 집에 가자고 했다. 그는 일로 성공했으니 분명히 정원이 있는 별장에 살 것으로 생각했다. 그러나 뜻밖에 **8거기 가서야 그가 매우 남루한 집에 살고 있다는 것을 알았다**. 이야기를 마치고 그는 나와 내 친구에게 함께 식사하기를 청했고, 밖에 나가서 외식하기로 했다. 그러나 막 밥을 먹으러 가려고 할 때, 그의 부인과 어머니가 서로 양보하고 있었는데 **9집에 한 사람이 남아야 한다는 이유 때문이었다**. 서로 상대방에게 나가서 외식하라고 하면서 자신은 남겠다고 미루고 있었다. 언쟁이 한바탕 끝나고 결국 연로하신 어머님을 꺾지 못하고는 노인을 혼자 집에 두었다. 이것에 대해 나는 조금 꺼림직하고 이해가 되지 않았다. 다들 밥을 먹으러 가는데 어떻게 노인을 혼자 집에 계시게 하는가? 반드시 남아서 집을 지켜야 하는가? 식사 자리에서 나는 이 일에 대해 재차 유감을 표했다. 그는 웃으면서 별 게 아니라, 이것은 20년 동안의 습관으로 집에는 언제나 반드시 사람이 남아서 지켜야 한다고 했다. 왜일까? 도둑이 무서워서? 내가 이렇게 물었더니, 그의 8살 난 아들이 큰 소리로 말을 가로채며 "그건 절대 아니고, 사람을 기다리고 있어요. 할머니는 고모를 기다리세요!"라고 대답했다. 나는 여전히 이해가 되지 않았다. 요즘 전화가 얼마나 편한데 전화해서 상대방에게 말해주면 되는 거 아닌가? 왜 반드시 집에서 기다려야 하지? 그는 바로 나에게 이유를 알려 주었다. 그는 여동생이 있었는데, 9살 되던 해에 학교에 간 후 다시는 돌아오지 않고 계속 소식이 없었던 것이다. 이렇게 기다리다 보니 20여 년이 흐른 것이다. 20여 년 동안 그의 집 전화번호는 바뀐 적이 없고, 아무리 바쁘더라도 집 안에는 항상 한 명이 남아서 지켜야 했다. 점점 그의 사업은 성공하여 자신의 회사도 생기고, 차도 생겼지만, 이 건물에는 주차할 곳이 없어서 항상 차를 집에서 먼 곳에 세워야 했다. 이렇게 불편하니 그는 이사하고 싶었다. 그러나 어머니는 **10죽어도** 이 건물을 떠나려 하지 않았고, 딸이 돌아와서 자신을 못 찾을까 봐 걱정했다. 그녀는 가족들에게 이사하라고 했고, 혼자서 이 오래된 집에 있겠다고 했다. **11그가 어떻게 어머니 혼자 이곳에 살게 하겠는가?** 이사하는 것에 대해 누구도 다시 언급하지 않았고, 그들은 계속 여기에서 살고, 누구도 집이 남루하다고 불평하지 않았다. 여동생이 실종된 지 20여 년이 되었다. 만약 여동생이 살아 있다면 서른 살이 넘었을 것이다. 이 20여 년 동안 집 안에는 계속 사람이 있었다. 얼마나 바쁘던, 얼마나 중요한 활동이 있든 간에 항상 사람이 남아서 지키고, 여동생의 전화를 기다리고 여동생이 돌아오기를 기다렸다. 그의 이야기를 듣다 보니 나는 마음이 아프기도 하고 감동적이기도 했다. 불행한 사건이 한 가족의 생활 습관을 철저히 바꾼 것이다. 집 안에는 항상 사람이 지키고 있고, 여전히 돌아오지 않을 수도 있는 사람을 기다리고 있는 것이다.

熟 shú 혭 익숙하다, 잘 알다 | 托 tuō 동 부탁하다, 맡기다 | 豪华 háohuá 혭 호화롭다 | 别墅 biéshù 몡 별장 | 不料 búliào 뷔 뜻밖에, 의외에 | 简陋 jiǎnlòu 혭 누추하다, 남루하다 | 谈妥 tántuǒ 이야기하다, 의논하다 | 临……时 lín……shí 막 ~하려고 할 때 | 推让 tuīràng 동 양보하다, 사양하다 | 争执 zhēngzhí 동 고집부리다 | 拗不过 niùbuguò 꺽을 수 없다 | 年迈 niánmài 혭 연로하다 | 歉疚 qiànjiù 마음에 거리끼다 | 瞥 piē 동 내버려 두다, 돌보지 않다 | 席间 xíjiān 몡 (술자리 연회 등의) 석상 | 致歉 zhìqiàn 동 유감을 표시하다 | 留守 liúshǒu 동 (소수 인원이) 남다, 잔류하다 | 抢 qiǎng 동 빼앗다, 가로채다 | 姑姑 gūgu 몡 고모 | 干嘛 gànmá 때 뭐 하러 | 非得 fēiděi 뷔 반드시 ~해야 한다, ~하지 않으면 안 된다 | 原由 yuányóu 몡 원인, 이유 | 筒子 tǒngzi 몡 통 | 搬家 bānjiā 동 이사하다 | 嫌 xián 동 싫어하다 | 简陋 jiǎnlòu 혭 (가옥 · 설비 등이) 초라하다 | 失踪 shīzōng 동 실종(되다) | 健在 jiànzài 동 건강하게 살아 있다 | 心酸 xīnsuān 혭 마음이 쓰리다 | 彻底 chèdǐ 혭 철저한 | 时时刻刻 shíshí kèkè 뷔 시시각각 | 守着 shǒuzhe 동 같이 살다 | 等待 děngdài 동 기다리다

8 D 他事业有成，想象中他应该住花园别墅的，却**不料**，<u>去时才知道，他住在很简陋的房子</u>

빈칸 앞의 '不料'는 '뜻밖에'라는 뜻으로 앞에서 필자가 생각했던 '호화스러운 별장(住花园别墅)'과 반대되는 장소를 설명하는 내용의 구문이 나와야 한다.

A. 他住的房子很豪华 그가 살고 있는 집은 매우 호화롭다

B. 他住的房子离这儿太远 그가 사는 집은 여기서 너무 멀다

C. 去时才知道，他一个人住，没有家人 가서야 그는 혼자 살고 가족이 없었다는 것을 알았다

D. 去时才知道，他住在很简陋的房子 가서야 그가 매우 남루한 집에 살고 있다는 것을 알았다

9 D 他的妻儿和母亲却在那里推让，<u>原因是要留一个人看家</u>

빈칸 앞절에 아내와 어머니가 서로 외식하러 가지 않겠다고 사양했다는 내용이 나왔으므로 이어서 그 원인이 나와야 한다. 또한 이어지는 문장에는 서로 양보하며 집을 보겠다고 하는 내용이 나오므로 빈칸에 적절한 답은 D이다.

A. 原因是大家都不要去 모두 가기 싫었기 때문이다

B. 母亲不让孩子们走 어머니가 아이들을 못 가게 했다

C. 母亲不想吃饭 어머니가 밥을 먹기 싫어했다

D. 原因是要留一个人看家 한 사람이 남아서 집을 보겠다는 이유 때문이다

10 A 但母亲<u>死活</u>不肯离开筒子楼，

문맥상 어머니는 결코 집을 떠나려 하지 않으려 한다는 것을 알 수 있다. 따라서 보기 중 적절한 답은 '死活'이다. '死活不肯'은 '죽어도 ~하지 않겠다'라는 뜻이다.

A. 死活 sǐhuó 뷔 죽어도, 한사코
我送给他礼物，他死活不要。 내가 그에게 선물하려고 했지만, 그는 한사코 원하지 않았다.

B. 结果 jiéguǒ 몡 결과
目前还不知道结果。 지금은 결과를 알 수 없다.

C. 后果 hòuguǒ 몡 (안 좋은) 결과
战争的后果很可怕。 전쟁의 결과는 정말 끔찍하다.

D. 看法 kànfǎ 몡 견해
我跟他的看法不同。 나는 그와 견해가 다르다.

11 C 她让他们搬，说她一个人仍住在老房子里。<u>他怎么能让母亲一个人住在这里</u>，搬家的事谁也没再提过，

빈칸 앞에는 어머니가 자신은 이사하지 않겠으니 다른 가족들만 이사하라고 한 내용이 나오고, 뒤에는 다시는 아무도 이사하자는 이야기를 언급하지 않았다는 것에서 답은 C임을 알 수 있다. D는 애초에 이사하고 싶어 어머니께 여쭤본 것이므로 정답이 아니다.

A. 他让母亲一个人住在这里 그는 어머니를 혼자 이곳에 살게 했다

B. 可他要搬家 그러나 그는 이사하고 싶었다

C. 他怎么能让母亲一个人住在这里 그가 어떻게 어머니 혼자 이곳에 살게 하겠는가

D. 他也不想搬家 그도 이사하고 싶지 않았다

12~15

当初姐姐与姐夫恋爱时，母亲坚决不同意，说他没有文化也就罢了，连个正经手艺也没有，整天跟着人出去盖房子、打零工，被人 **12 看不起**。那时我在省城读大学，见识过城市繁华的母亲，一心盼着姐姐能嫁个城里人。我帮姐姐说话，**13 说建筑工也不是谁都能干的**，起码得有个好身体，在农村，有地可种，又能余出一份精力出去多挣点钱，已经不错了。母亲没吱声，半天才吐出一句：什么建筑工，在城里人看来，不过就是个民工罢了。母亲这一句总结，让家里人沉默了很长时间，连姐姐自己也为此觉得羞愧，似乎一旦嫁给姐夫，就会跟着陷入社会最底层，永远 **14 翻** 不了身。很长一段时间，家里人不再讨论这门婚事。后来，姐夫买了大包的东西，骑着摩托车飞奔到我们家。为了礼节，父母勉强留他在家吃饭。我以为他会慷慨激昂发表一番演讲，可直到饭吃了一半，他也没扯到正题上去。最后，不知这饭该如何收场，这时，姐夫将一整杯酒一饮而下，涨红着脸说：爹，娘，我保证，**15 不管我这辈子都不会让小潭受一点委屈**。就这一句话，让姐姐下定了决心，嫁给姐夫。而父母也叹口气，闪身放了行。

처음에 언니와 형부가 연애할 때 어머니는 완강히 반대했다. 형부가 교양이 없는 것은 어쩔 수 없다 하더라도, 정식 기술조차도 없고, 온종일 사람들을 따라다니며 집을 짓고 일용직 일을 하면서 사람들에게 **12무시를 당한다는 것이다**. 그때 나는 도시에서 대학을 다니고 있었는데 도시의 번화함을 봤던 어머니는 언니가 도시 사람과 결혼하기를 바랐다. 나는 언니를 도와 "**13집 짓는 것도 아무나 할 수 있는 게 아니야**. 적어도 튼튼한 몸은 갖고 있다는 얘기잖아. 농촌에는 농사를 지을 땅도 있고, 힘을 좀 써서 돈도 벌고 있고 아주 괜찮네."라고 말했다. 어머니는 아무 말씀도 안 하시다가 한참 후에 "집 짓는 게 뭐니. 도시 사람이 보기에는 단지 노동자일 뿐이야."라고 말씀하셨다. 어머니의 이 말은 모든 것을 함축했다. 가족들은 오랫동안 말이 없었고, 심지어 언니까지 이것을 부끄러워했다. 마치 형부에게 시집을 가면 사회 밑바닥으로 떨어져서 영원히 신분이 **14바뀌지** 않으리라 생각하는 것 같았다. 오랜 시간이 지나고 가족들은 더는 이 혼사에 대해서 말하지 않았다. 나중에 형부는 큰 보따리의 물건을 사서 오토바이를 타고 우리 집에 왔다. 예의를 차리기 위해 부모님은 억지로 형부에게 음식을 대접했다. 나는 형부가 격앙된 모습으로 한바탕 이야기를 늘어놓을 줄 알았지만, 식사를 반이나 마쳤을 때까지도 본론에 들어가지 못했다. 마지막에 이 식사를 어떻게 마쳐야 할지 몰라 하고 있을 때, 형부가 술을 한잔 들이키고는 얼굴을 붉히며 "아버님, 어머님. 제가 보장합니다. **15제 삶이 얼마나 힘들든 간에 샤오탄을 힘들게 하지는 않을 겁니다**."라고 말했다. 이 말로 인해 언니는 형부에게 시집가게 되었고, 부모님도 한숨을 쉬시고는 허락을 하셨다.

| 当初 dāngchū 몡 애초 | 姐夫 jiěfu 몡 형부 | 坚决 jiānjué 혱 단호하다 | 文化 wénhuà 몡 문화, 교양 | 罢了 bàle 조 단지 ~일 따름이다 | 正经 zhèngjīng 혱 정식의, 정당하고 엄숙하다 | 手艺 shǒuyì 몡 손기술 | 盖 gài 동 (건물을) 짓다 | 零工 línggōng 몡 임시직, 일용직 | 见识 jiànshi 동 견문을 넓히다, 경험을 늘리다 | 繁华 fánhuá 형 번화하다 | 一心 yìxīn 뷔 온 마음으로 | 种 zhòng 동 심다 | 余出 yú 나머지 | 吱声 zīshēng 동 소리를 내다 | 吐出 tǔchū 토해내다, 뱉다 | 民工 míngōng 몡 노동자 | 总结 zǒngjié 동 종합하다 | 沉默 chénmò 동 침묵(하다) | 羞愧 xiūkuì 혱 부끄럽다 | 一旦 yídàn 일단 | 陷入 xiànrù 동 빠지다 | 底层 dǐcéng 몡 밑바닥 | 摩托车 mótuōchē 몡 오토바이 | 飞奔 fēibēn 나는 듯이 달리다 | 礼节 lǐjié 몡 예절, 예의 | 勉强 miǎnqiǎng 억지로 | 慷慨激昂 kāngkǎi jī'áng 셩 마음과 어조가 격앙되고 정기가 충만한 모양 | 扯 chě 동 화제를 꺼내다 | 正题 zhèngtí 몡 본론, 주된 내용 | 收场 shōuchǎng 동 끝마치다, 결말을 짓다 | 饮 yǐn 동 마시다 | 涨红 zhǎnghóng 동 빨갛게 달아오르다 | 叹气 tànqì 동 한숨 짓다 | 闪身 shǎnshēn 동 재빨리 몸을 옆으로 피하다 | 放行 fàngxíng 동 통과를 허가하다 |

12 **A** 说他没有文化也就罢了，连个正经手艺也没有，整天跟着人出去盖房子、打零工，被人<u>看不起</u>。

빈칸 앞의 내용은 어머니가 형부를 싫어하는 이유를 나열하고 있다. 형부는 교양도 없고, 일용직 노동일을 하며 사람들에게 '무시당하다'라는 뜻이 되어야 하므로 답은 '看不起'이다.

A. 看不起 kànbuqǐ 통 무시하다
你不要看不起他，他不简单。너 그 사람 무시하지 마, 그 사람 대단해.

B. 看来 kànlái 통 보아하니
看来，今天做不完工作。보아하니, 오늘 일을 다 못 끝낼 것 같다.

C. 说 shuō 통 말하다
他一天到晚都没说话。그는 종일 아무 말도 하지 않았다.

D. 动脑筋 dòngnǎojīn 통 골똘히 생각하다
你要做大事就要动脑筋。너 큰일 하려면 머리를 굴려야 해.

13 C 我帮姐姐说话，说建筑工也不是谁都能干的，起码得有个好身体，在农村，有地可种，

나는 언니를 도와서 말하고 있으므로 빈칸에는 형부 편에서 형부가 될 사람을 칭찬하는 말이 나와야 한다. 앞에서 어머니가 형부의 일을 못마땅하게 여기고 있으므로 건물 짓는 일도 대단한 일임을 말해주는 C가 답이다.

A. 说我喜欢姐夫 나는 형부가 좋다고 했다

B. 说你让他们结婚吧 그들을 결혼하게 해 달라고 했다

C. 说建筑工也不是谁都能干的 건물 짓는 일도 아무나 할 수 있는 게 아니라고 말했다
建筑工 jiànzhùgōng 명 건물 세우는 사람, 노동자

D. 说我也同意你的看法 나도 당신의 의견에 동의한다고 했다

14 A 就会跟着陷入社会最底层，永远翻不了身

문맥상 '영원히 신분이 바뀌지 않으리라 생각하는 것 같다'라는 뜻을 나타내야 하고, 목적어 '身'과 호응하는 술어가 와야 하므로 답은 '翻'이다. '翻身'은 '(억압에서) 해방되다' '신분이 (좋게) 바뀌다'라는 뜻이다.

A. 翻 fān 통 바뀌다, 달라지다
我们虽然现在没有钱吃饭，但总有翻身的一天。
비록 지금은 돈이 없어서 밥을 못 먹지만, 언젠가는 달라질 날이 있어.

B. 走 zǒu 통 걷다, 떠나다
他走了三年，才回来。그는 떠난 지 3년이 되어서야 돌아왔다.

C. 去 qù 통 가다
我明天要去爷爷家，你跟我一起去吧。나 내일 할아버지 댁에 갈 건데 나랑 같이 가자.

D. 上 shàng 명 위
你找的书在他的桌子上了。네가 찾는 책은 그 사람 책상 위에 있어.

15 A 我保证，不管我这辈子都不会让小潭受一点委屈。

글의 흐름을 보면 빈칸에는 형부가 될 사람이 부모님 앞에서 다짐하는 내용이 와야하므로 가장 적합한 답은 A이다. D는 결혼을 반대하는 상대방 부모님 앞에서 다짐하는 말로는 어감이 약하므로 답이 될 수 없다.

A. 不管我这辈子吃多少苦，都不会让小潭受一点委屈
내 삶이 얼마나 힘들던 간에, 샤오탄을 힘들게 하지 않겠습니다
辈子 bèizi 명 생애 | 吃苦 chīkǔ 통 고생하다 | 委屈 wěiqu 통 억울하게 하다

B. 我要跟她分手了 저는 그녀와 헤어지겠습니다

C. 我离开这个国家了 저는 이 나라를 떠나겠습니다

D. 我努力做家务了 제가 열심히 집안일을 하겠습니다

II. 단문 독해하고 일치하는 보기 고르기

1 중국 문화·풍속 관련 지문 독해하기 p.74

정답					
	1 A	2 D	3 C	4 C	5 C
	6 B	7 D	8 B	9 D	10 C

1

A春节，传统名称为新年、大年、新岁，但口头上又称度岁、庆新岁、过年。**B**古时春节曾专指节气中的立春，也被视为一年的开始，后来改为农历正月初一开始为新年。春节又叫阴历年、农历新年、农历年、旧历年，俗称"过年、大年、过大年"。**C**春节的历史很悠久。这是我国民间最隆重、最热闹的一个传统节日。在春节这一传统节日期间，人们举行各种庆祝活动，这些活动大多以祭祀神佛、除旧布新、迎喜接福、祈求丰年为主要内容。

A. 春节的传统名称是大年或新岁
B. 古时春节被视为一年的开始
C. 春节的历史很短
D. 春节是中国满族的节日

A설의 전통 명칭은 신니엔, 따니엔, 신쑤이이다. 그러나 구두로 표현할 때는 뚜쑤이, 칭신쑤이, 꾸어니엔이라고도 한다. **B**옛날엔 설이 단지 절기 중의 입춘을 가리켰고 또, 일 년의 시작으로 보았다. 나중에 음력 정월 초하루를 신년의 시작으로 보기 시작했다. 설은 또 인리니엔, 농리신니엔, 농리니엔, 지우리니엔이라고 하며 속칭 '꾸어니엔, 따니엔, 꾸어따니엔'이라고도 한다. **C**설의 역사는 매우 오래되었다. 이것은 중국 민간에서 제일 성대하고 떠들썩한 전통 명절이다. 설 기간에 사람들은 각종 경축 활동을 여는데, 신에게 드리는 제사, 옛것을 버리고 새로운 것을 맞이하기, 기쁨과 복을 맞이하기, 풍년을 기원하기가 주요 활동 내용이다.

A. 설의 전통 명칭은 따니엔이나 신쑤이이다
B. 옛날에는 설을 일 년의 시작으로 봤다
C. 설의 역사는 매우 짧다
D. 설은 만주족의 명절이다

春节 Chūn Jié 고유 설, 춘지에 | 称为 chēngwéi 동 ~라고 부르다 | 口头 kǒutóu 명 말로 나타내다 | 专指 zhuānzhǐ 동 특별히 가리키다 | 立春 lìchūn 명 입춘 | 改为 gǎiwéi 동 ~로 바뀌다 | 农历 nónglì 명 음력 | 正月 zhēngyuè 명 정월[음력 1월] | 初一 chūyī 명 음력 초하루 | 悠久 yōujiǔ 형 (역사가) 오래되다 | 隆重 lóngzhòng 형 성대하다 | 祭祀 jìsì 동 제사 지내다 | 神佛 shénfó 명 신상 | 祈求 qíqiú 동 바라다, 간구하다 | 除旧布新 chújiù bùxīn 옛 것을 버리고 새 것을 세우다 | 迎喜接福 yíngxǐ jiēfú 기쁨과 복을 맞이하다 | 丰年 fēngnián 명 풍년 | 满族 Mǎnzú 고유 만주족

A (O) 첫 문장의 '春节，传统名称为新年、大年、新岁'에서 답임을 알 수 있다.

B (✕) 옛날에는 설을 일 년의 시작으로 보지 않고, 단지 입춘을 가리키는 것으로 보았다. 일 년의 시작으로 보기 시작한 것은 나중에 일이므로 답이 될 수 없다.

C (✕) 설의 역사는 매우 오래되었다고 언급했다.

D (✕) 본문에서 언급되지 않은 내용이다. 설은 만주족이 아닌 한족의 명절로 시작되었다는 사실을 상식적으로 알아 두자!

2

　　中秋节，**B农历八月十五**，我国的传统节日之一。**C关于节日起源有很多种说法**，也有很多关于这天的传说和传统。中秋节与春节、清明节、端午节并**D称为中国汉族的四大传统节日**。**A自2008年起中秋节被列为国家法定节假日**。国家非常重视非物质文化遗产的保护，2006年5月20日，该节日经国务院批准列入第一批国家级非物质文化遗产名录。

　　B중추절은 음력 8월 15일로, 중국의 전통 명절 중 하나이다. **C**명절의 기원에 관해서는 많은 견해가 있는데, 이날에 관한 전설과 전통도 많다. 중추절과 설, 청명절, 단오절은 **D**중국 한족의 4대 전통 명절로 불린다. **A**2008년부터 중추절은 국가에서 법으로 정해 휴일이 되었다. 국가에서는 물질 문화유산의 보호를 매우 중시하여, 2006년 5월 20일 이 명절은 국무원 비준을 통해 첫 번째 국가급 비물질 문화 유산의 명단에 올랐다.

- A. 中秋节本来就是国家法定的节假日
- B. 中秋节是八月十五
- C. 关于中秋节的起源没有说法
- **D. 中秋节被称为中国汉族的四大传统节日之一**

- A. 중추절은 원래 국가에서 정한 휴일이다
- B. 중추절은 8월 15일이다
- C. 중추절에 관한 기원은 별 견해가 없다
- **D. 중추절은 중국 한족의 4대 명절 중 하나로 불린다**

中秋节 Zhōngqiū Jié 몡 중추절, 추석 | **传统** chuántǒng 몡 전통 | **起源** qǐyuán 통 기원하다 | **说法** shuōfa 몡 의견, 견해 | **清明节** Qīngmíng Jié 고유 청명절 | **端午节** Duānwǔ Jié 고유 단오절 | **汉族** Hànzú 몡 한족 | **法定** fǎdìng 혱 법으로 정한, 법률로 규정된 | **遗产** yíchǎn 몡 유산 | **该** gāi 데 이, 그 | **经** jīng 개 ~을 통해서 | **批准** pīzhǔn 통 비준하다, 허가하다 | **列入** lièrù 통 집어넣다, 끼워 넣다 | **名录** mínglù 몡 명부, 명단

A (×) 중추절은 2008년부터 국가에서 지정된 휴일이다.

B (×) 중추절은 음력(农历) 8월 15일이다.

C (×) 중추절의 기원에 관해서 많은 견해가 있다.

D (○) 설, 청명절, 단오절과 함께 중국 한족의 4대 정통 명절로 불린다고 했으므로 답이다.

3

　　武术：打拳和使用兵器的技术，**A是中国传统的体育项目**。武术又称国术或武艺，中国传统体育项目。**B其内容是把踢、打、摔、拿、跌、击、劈、刺等动作按照一定规律组成各种攻防功夫**。**C武术具有极其广泛的群众基础**，是中国人民在长期的社会实践中不断积累和丰富起来的一项宝贵的文化遗产。**D中国武术是中国民族的优秀文化遗产之一**。

　　우슈는 권법을 연마하고 무기를 사용하는 기술로 **A**중국 전통 체육 종목이다. 우슈는 또 국술 또는 무예라고 불리는 중국 전통 체육 항목이다. **B**차고, 때리고, 넘어뜨리고, 들고, 쓰러지고, 가격하고, 쪼개고, 찌르는 등의 동작을 일정한 규칙에 따라 공격하고 방어하는 무술이다. **C**우슈는 넓은 대중의 기초를 가지고 있는 중국 국민이 장기간 실생활에서 끊임없이 축적시키고 풍부하게 만든 귀한 문화유산이다. **D**중국 우슈는 중국 민족의 우수한 문화유산 중 하나이다.

- A. 武术是中国现代的体育项目
- B. 武术的内容只包括踢、打、摔
- **C. 武术具有广泛的群众基础**
- D. 武术是全世界文化遗产之一

- A. 우슈는 중국 현대 체육 항목이다
- B. 우슈의 내용은 차고, 때리고, 넘어뜨리는 것만 있다
- **C. 우슈는 광범위한 대중을 바탕으로 한다**
- D. 우슈는 세계 문화유산 중 하나이다

| 武术 wǔshù 몡 무술, 우슈 | 打拳 dǎquán 몡 권법을 연마하다, 때리다 | 项目 xiàngmù 몡 종목 | 兵器 bīngqì 몡 무기 | 跌 diē 동 (균형을 잃고) 쓰러지다 | 劈 pī 동 가르다, 쪼개다 | 按照 ànzhào 게 ~에 근거하여 | 规律 guīlǜ 몡 규율 | 组成 zǔchéng 동 짜다, 조성하다 | 功夫 gōngfu 몡 무술 | 广泛 guǎngfàn 동 광범(위)하다 | 群众基础 qúnzhòng jīchǔ 대중적 기반 | 积累 jīlěi 동 쌓다, 누적하다 | 宝贵 bǎoguì 동 중시하다 | 实践 shíjiàn 동 실천, 실행 |

A (✕) 우슈는 중국 전통 체육 종목이다.

B (✕) '只'에 주의하자. 우슈는 차고, 때리고, 넘어뜨리는 것만 있는 것이 아니라, 이외에 찌르기 등이 더 있다고 언급하고 있다.

C (○) 보기 내용 그대로 본문에 언급되고 있다.

D (✕) 우슈는 전 세계가 아닌, 중국 문화유산 중의 하나이다.

4

旗袍是女性服饰之一，A源于满族女性传统服装，在20世纪上半叶由汉族女性改进，B由政府于1929年确定为国家礼服之一。1949年之后，旗袍在大陆渐渐被冷落。在现时西方人的眼中，C旗袍具有中国的女性服饰文化象征意义。D对传统旗袍来说，现在的外露曲线是不可能有的。传统旗袍的裁制一直采用直线，胸、肩、腰、臀完全平直，女性身体的曲线毫不外露。

A. 原来旗袍是汉族女性的传统服装
B. 旗袍，1949年政府确定为国家礼服之一
C. 旗袍在中国女性服饰文化方面具有象征意义
D. 现代旗袍一直采用完全平直的设计，女性身体的曲线毫不外露

치파오는 여성 의복 중 하나로 A원래는 만주족 여성들의 전통 복장이었다. 20세기 상반기 한족 여성들이 개량하여 B정부가 1929년에 국가 예복의 하나로 정했다. 1949년 이후 치파오는 중국에서 점점 푸대접을 받기 시작했다. 현재 서양사람들의 눈에 치파오는 C중국 여성 복식 문화의 상징적인 의미를 지닌다. D전통 치파오는 지금의 치파오처럼 선이 바깥으로 드러나는 것이 불가능했다. 옛날 치파오의 재단은 줄곧 직선 디자인을 사용하여 가슴, 어깨, 허리, 엉덩이가 완전히 평평하고 직선 모양이어서, 여성의 신체 선이 전혀 드러날 수 없었다.

A. 원래 치파오는 한족 여성들의 전통 복장이었다
B. 치파오는 1949년에 정부가 국가 예복의 하나로 정했다
C. 치파오는 중국 여성 복식 문화 방면에서 상징적인 의미를 지닌다
D. 현대 치파오는 줄곧 완전히 평평한 직선 디자인을 사용하여 여성의 신체 선이 전혀 밖으로 드러나지 않는다

| 旗袍 qípáo 몡 치파오 | 服饰 fúshì 몡 복식, 의복과 장신구 | 源于 yuányú 동 ~에 근원이다 | 上半叶 shàngbànyè 몡 상반기 | 改进 gǎijìn 동 개량하다 | 礼服 lǐfú 몡 예복 | 大陆 dàlù 몡 중국 대륙 | 冷落 lěngluò 동 냉대하다, 푸대접하다 | 现时 xiànshí 몡 현재, 지금 | 西方人 xīfāngrén 몡 서양인 | 外露 wàilù 동 (밖으로) 드러나다 | 曲线 qūxiàn 몡 곡선 | 裁制 cáizhì 동 (재단하여) 제작하다, 만들다 | 线 xiàn 몡 선 | 胸 xiōng 몡 가슴 | 肩 jiān 몡 어깨 | 腰 yāo 몡 허리 | 臀 tún 몡 엉덩이 | 平直 píngzhí 동 평평하고 똑바르다 | 毫不 háobù 동 전혀 ~가 아니다 |

A (✕) 치파오는 원래 만주족 여성들의 전통 복장이었다.

B (✕) 치파오는 1929년에 국가에서 국가 예복으로 정했다. 1949년은 치파오가 푸대접을 받기 시작한 시기이다.

C (○) '旗袍具有中国的女性服饰文化象征意义'에서 답을 알 수 있다.

D (✕) 전통 치파오에 대한 내용이다. 현대 치파오는 곡선 디자인을 사용하여 신체 선이 밖으로 드러나게 한다.

5

　　包子，中国传统食品之一，**A**<u>价格便宜</u>、实惠。包子通常是用面做皮，用菜、肉或糖等做馅儿。**B**<u>不带馅的则称作馒头。</u>在江南的有些地区，馒头与包子是不分的，他们将带馅的包子称作肉馒头。**C**<u>包子一般是用面粉发酵做成的，</u>大小依据馅心的大小有所不同，最小的可以称作小笼包，其他依次为中包、大包。常用馅心为肉、芝麻、豆沙、干菜肉等，出名的有广东叉烧包、上海灌汤包。**D**<u>中国的面相学也有包子脸之说。</u>

　　빠오즈는 중국 전통 음식의 하나로, **A**<u>가격이 싸고</u> 실속있다. 빠오즈는 보통 밀가루로 피를 만들고 채소, 고기 또는 설탕 등을 사용하여 소를 만든다. **B**<u>소를 가지고 있지 않은 것은 만토우라고 한다.</u> 지앙난의 어떤 지역에서는 만토우와 빠오즈를 구분하지 않고, 소를 가지고 있는 빠오즈를 고기만토우라고 한다. **C**<u>빠오즈는 보통 밀가루를 발효시켜 만들며,</u> 크기는 소의 크기에 따라 각각 다르다. 제일 작은 것은 샤오롱빠오라고 하며, 그 외에 순서대로 중빠오, 따빠오라고 한다. 자주 쓰는 소는 고기, 참깨, 팥, 말린 채소 등이며, 광둥의 차샤빠오, 상하이의 꽌탕빠오가 유명하다. **D**<u>중국의 면상학에도 빠오즈 얼굴이라는 말이 있다.</u>

A. 包子价格比较贵
B. 在中国整个地区不带馅的也被称为包子
C. 包子是用面粉做的
D. 中国的面相学有苹果脸之说

A. 빠오즈의 가격은 비싼편이다
B. 중국 전 지역에서 소가 있지 않은 것도 빠오즈라고 한다
C. 빠오즈는 밀가루로 만든다
D. 중국의 면상학에서는 사과 얼굴이라는 말이 있다

包子 bāozi 몡 빠오즈, 만두 | **皮** pí 몡 껍데기, 겉 | **实惠** shíhuì 몡 실속있다, 실용적이다 | **馅儿** xiànr 몡 소, 앙금 | **称作** chēngzuò 통 ~라고 부르다 | **面粉** miànfěn 몡 밀가루 | **发酵** fājiào 통 발효하다, 발효시키다 | **依据** yījù 몡 근거 | **依次** yīcì 튄 순서에 따라 | **芝麻** zhīma 몡 참깨 | **豆沙** dòushā 몡 (팥)소 | **干菜** gāncài 몡 말린 채소 | **面相** miànxiàng 몡 면상, 얼굴 생김새

A (×) 빠오즈의 가격은 싸다.

B (×) 중국 지앙난 지역에서만 소가 있지 않은 것도 빠오즈라고 하고, 다른 지역에서는 만토우라고 한다.

C (○) 빠오즈는 보통 밀가루를 발효시켜 만든다고 했으므로 답은 C이다.

D (×) '苹果脸(사과 얼굴)'이라는 단어는 언급되지 않았다.

6

　　A<u>粽子是端午节的节日食品，</u>传说是为纪念屈原而流传的，是中国历史上文化最深厚的传统食品。一直到今天，每年五月初，中国百姓家家都要浸糯米、洗粽叶、包粽子，其花色品种更为繁多。从馅料看，**B**<u>北方多包小枣的北京枣棕；</u>南方则有豆沙、鲜肉、八宝、火腿、蛋黄等多种馅料，其中以浙江嘉兴粽子为代表。吃粽子的风俗，**C**<u>千百年来，在中国盛行不衰，</u>**D**<u>而且流传到朝鲜、日本及东南亚诸国。</u>

　　A<u>쫑즈는 단오절의 명절 음식으로</u> 굴원을 기념하기 위해 전해 내려왔다고 전해지며, 중국 역사상 문화가 제일 깊은 전통 음식이다. 오늘날까지 매년 5월이 되면, 중국 집집마다 모두 물에 적신 찹쌀, 씻은 쫑즈 잎으로 쫑즈를 싸는데, 그 종류는 훨씬 다양하다. 소의 재료에 따라 나누어 보면 **B**<u>북방에서는 대추를 많이 싸는 베이징의 대추쫑즈가 있고,</u> 남방에서는 팥, 고기, 빠바오, 햄, 계란 노른자 등 다양한 소 재료가 있는데, 그 중 저지앙의 자싱쫑즈가 대표적이다. 쫑즈를 먹는 풍속은 **C**<u>천여 년 동안 중국에서 성행하며 쇠퇴하지 않고</u> **D**<u>북한, 일본 및 동남아 여러 국가에도 전해졌다.</u>

A. 粽子是中秋节的节日食品
B. 北方多包小枣的粽子
C. 粽子有百年历史
D. 粽子只在中国吃

A. 쫑즈는 중추절의 명절 음식이다
B. 북방은 대추로 많이 쫑즈를 만든다
C. 쫑즈는 백 년의 역사가 있다
D. 쫑즈는 중국에서만 먹는다

| 粽子 Zòngzi 고유 쫑즈 | 端五节 Duānwǔ Jié 고유 단오절 | 传说 chuánshuō 명 말이 전해지다 | 纪念 jìniàn 동 기념하다 | 屈原 Qū Yuán 고유 굴원[초나라 시인] | 深厚 shēnhòu 형 (감정이) 돈독하다, 깊다 | 百姓 bǎixìng 명 평민 | 浸 jìn 동 (물에) 담그다, 잠그다 | 糯米 nuòmǐ 명 찹쌀 | 花色 huāsè 명 무늬와 색 | 繁多 fánduō 형 (종류가) 많다 | 馅料 xiànliào 명 소 재료 | 枣 zǎo 명 대추 | 豆沙 dòushā 명 팥 | 品种 huāsè pǐnzhǒng 형 제품의 색깔·스타일과 종류 | 八宝 bābǎo 명 (찹쌀·과일 등) 다양한 재료 | 火腿 huǒtuǐ 명 (중국식) 햄 | 蛋黄 dànhuáng 명 계란 노른자 | 盛行 shèngxíng 동 성행하다, 널리 유행하다 | 衰 shuāi 동 쇠약해지다 | 诸 zhū 대 모든 |

A (×) 중국 명절에 대한 기본 상식을 알고 있으면 답이 아님을 쉽게 알 수 있다. 쫑즈는 단오절 음식이며, 중추절의 대표적인 명절 음식으로는 '위에빙(月饼)'이 있다.

B (○) '北方多包小枣的北京枣粽'에서 답임을 알 수 있다.

C (×) 쫑쯔는 천여 년 동안 성행하며 쇠퇴하지 않았다고 언급하였다.

D (×) 쫑즈는 중국뿐만 아니라 북한, 일본 및 동남아 국가에도 전해졌다.

7

1949年10月2日，中央人民政府通过《关于中华人民共和国国庆日的决议》，A规定每年10月1日为国庆节，并以这一天作为宣告中华人民共和国成立的日子。从此，每年的10月1日就成为全国各族人民隆重欢庆的节日了。每年国庆，要举行不同形式的庆祝活动，D以加强本国人民的爱国意识，增强国家的凝聚力。

A. 中国的国庆节为10月2日
B. 世界各国国庆节为10月1日
C. 每年国庆，各国没什么庆祝活动
D. 以国庆庆祝活动增强国家的凝聚力

1949년 10월 2일 중앙인민정부는 『중화인민공화국 국경절에 관한 결의』를 통과했고, A매년 10월 1일을 국경절로 규정했고, 이날을 중화인민공화국 성립의 날로 삼았다. 이때부터 매년 10월 1일은 전국의 각 민족 국민이 성대하게 축하하는 기념일이 되었다. 매년 국경절에 다양한 경축 활동이 열리는데, D이로써 본국 국민의 애국의식을 강화시켜 국가의 응집력을 증강시킬 수 있게 되었다.

A. 중국의 국경절은 10월 2일이다
B. 세계 각국 국경절은 10월 1일이다
C. 매년 국경절에 각국에서 경축 활동이 없다
D. 국경절 경축 활동으로 국가의 응집력을 증강시킬 수 있다

| 政府 zhèngfǔ 명 정부 | 决议 juéyì 명 결의, 결정 | 规定 guīdìng 동 규정하다 | 国庆节 Guóqìng Jié 고유 국경절 | 宣告 xuāngào 동 선고하다 | 成立 chénglì 동 창립하다, 설립하다 | 从此 cóngcǐ 부 이때부터 | 隆重 lóngzhòng 형 성대하다 | 欢庆 huānqìng 동 경축하다 | 加强 jiāqiáng 동 강화하다 | 意识 yìshí 명 의식 | 增强 zēngqiáng 동 증강시키다 | 凝聚力 níngjùlì 명 응집력 |

A (×) 중국의 국경절은 10월 1일이다. 중국의 대표적인 기념일은 기억해 두도록 하자.

B (×) 세계 각국 국경절에 대해서는 본문에서 언급되지 않았다.

C (×) 본문의 내용과 맞지 않는 내용이다.

D (○) 국경절의 다양한 경축 활동으로 국민의 애국의식을 강화시켜 국가의 응집력을 증강할 수 있게 되었다고 했으므로 보기의 내용과 일치한다.

8

　　A在古代中国，食品卫生条件较差，相对于其他食品而言，经过煮沸的面条最为洁净，可以大大减少肠胃疾病的发生。因此A,B面条成为中国最常见的食品之一。由于制条、调味的不同，从而C使中国各地出现了数以千计的面条品种，遍及各地。著名的面条有：D京的炸酱面、龙须面；山东的福山拉面；济南的打卤面。

A. 从古代，中国不吃面条
B. **面条成为中国最常见的食品之一**
C. 中国只有一个地方出现了数以千计的面条品种
D. 北京的小面很有名

　　A고대 중국에서는 식품 위생 수준이 비교적 좋지 않은 편이었다. 상대적으로 다른 식품보다 끓이는 면이 제일 깨끗하고, 위장 질병의 발생을 크게 줄일 수 있어서 A,B국수는 중국에서 제일 자주 볼 수 있는 음식 중의 하나가 되었다. 면을 제조하고, 맛을 내는 것이 달라서 C중국 각지에서 수천 가지 종류가 나왔고 널리 퍼졌다. 유명한 국수는 D베이징의 자장미엔, 롱쉬미엔, 산둥의 푸샨라미엔, 지난의 디루미엔이 있다.

A. 고대부터 중국은 국수를 먹지 않았다
B. **국수는 중국에서 제일 자주 볼 수 있는 음식 중 하나이다**
C. 중국의 오직 한 지역에서만 수천 가지의 국수 종류가 생겼다
D. 베이징의 소면은 매우 유명하다

卫生 wèishēng 형 위생적이다 | 相对于 xiāngduìyú 동 ~에 비해서, ~의 상대적으로 | 煮沸 zhǔfèi 동 부글부글 끓이다 | 面条 miàntiáo 명 국수 | 洁净 jiéjìng 형 깨끗하다, 깔끔하다 | 肠胃 chángwèi 명 위장 | 制条 zhìtiáo 동 국수를 만들다 | 调味 tiáowèi 동 맛을 내다 | 遍及 biànjí 동 골고루 퍼지다 | 炸酱面 zhájiàngmiàn 명 자장미엔, 자장면 | 龙须面 lóngxūmiàn 명 롱쉬미엔, 용수염 국수[면발이 가는 국수] | 福山拉面 Fúshān lāmiàn 고유 푸샨라미엔, 복산라면, 후쿠야마라면 | 济南 Jǐnán 고유 지난 | 打卤面 Dǎlǔmiàn 고유 디루미엔, 타로면

A (×) 고대 중국에서는 국수가 다른 식품에 비해 위생상 제일 안전한 식품이었다고 했으므로 답이 될 수 없다.

B (○) 본문에 보기 내용이 그대로 언급되었다.

C (×) 중국 한 지역에서만이 아니라, 각지에서 수천 가지의 국수 종류가 생겼다.

D (×) 베이징은 자장미엔과 롱쉬미엔이 매우 유명하다.

9

　　在日常生活中，B中国人邀请别人到家里做客大多用打电话或者口头邀请的方式。如果是比较重要的活动，就会发请帖邀请客人。C到中国人家里做客，最好在约定的时间里到达，提前或者迟到都是不礼貌的。客人告辞的时候，主人会礼貌地说"还早哪，再坐一会儿吧。"，"怎么刚来就要走呀"什么的。D如果客人发现主人还有事情做，就应该主动告辞，要再一次向主人表示感谢和歉意，如说"感谢你们"、"打扰您了"等等。当然，A如果是关系比较近的人，那么，主人和客人之间就不必太客气了。

　　일상생활 중 B중국인이 다른 사람을 손님으로 초대할 때는 전화를 하거나, 구두로 초대한다. 만약 비교적 중요한 행사라면 초대장을 보낸다. C중국인 집에 손님으로 갈 때는 약속한 시간에 도착하는 것이 가장 좋다. 미리 가거나 지각하는 것 모두 예의에 어긋난다. 손님이 떠날 때는 주인이 "아직 이른데, 좀 더 계세요.""어떻게 방금 오셔서 바로 가시려고 하세요." 등등 예의 바르게 말한다. D만약 손님이 주인이 해야 할 일이 있는 것을 알아챘다면, 반드시 주동적으로 고별인사를 하며, 다시 한번 주인에게 감사하고 미안한 마음을 표시한다. 예를 들면 "감사합니다""폐를 끼쳤습니다" 등등. 당연히 관계가 가까운 사람일 경우, A주인과 손님 사이에 너무 예의를 차릴 필요는 없다.

A. 即是关系近的人，主人和客人之间也要客气
B. 中国人邀请别人到家里做客只用打电话的方式
C. 到中国人家里做客最好提前到达
D. **客人发现主人还有事情做，就应该主动告辞**

A. 설령 관계가 가깝더라도, 주인과 손님 사이에는 예의를 차려야 한다
B. 중국인이 다른 사람을 집에 초대할 때는 오직 전화로만 한다
C. 중국인 집에 손님으로 갈 때 제일 좋은 건 미리 도착하는 것이다
D. **손님이 주인이 해야 할 일이 있는 것을 알아챘다면 반드시 주동적으로 고별인사를 해야 한다**

邀请 yāoqǐng 동 초대하다 | 做客 zuòkè 동 손님이 되다 | 口头 kǒutóu 명 구두의 | 请帖 qǐngtiě 명 초대장 | 约定 yuēdìng 명·동 약속(하다) | 到达 dàodá 동 도착하다 | 提前 tíqián 앞당기다 | 迟到 chídào 동 지각하다 | 礼貌 lǐmào 형 예의 있는 | 告辞 gàocí 동 작별 인사하다 | 什么的 shénme de 조 (기타) 등등 | 表示 biǎoshì 동 표시하다 | 歉意 qiànyì 명 사죄의 뜻, 미안한 마음 | 打扰 dǎrǎo 동 귀찮게 하다, 폐를 끼치다 | 客气 kèqi 형 예의를 차리다

A (✗) 주인과 손님의 관계가 가까우면 너무 예의를 차릴 필요는 없다.

B (✗) 중국인은 전화나 구두, 또는 초대장을 이용해서 손님을 초대할 수 있다.

C (✗) 본문에서는 정해진 시간에 도착할 것을 권하고 있다.

D (○) 본문에 보기 내용이 그대로 언급되었다.

10

A豆浆是中国人民喜爱的一种饮品，又是一种老少皆宜的营养食品，B在欧美享有"植物奶"的美誉。豆浆含有丰富的植物蛋白和磷脂，还含有维生素B1、B2和烟酸。此外，豆浆还含有铁、钙等矿物质，C尤其是其所含的钙，虽不及豆腐，但比其他任何乳类都高，D非常适合于老人、成年人和青少年。

A또우지양은 중국 국민이 좋아하는 음료이고 또 노인과 어린이에게 모두 적합한 영양식품이다. B유럽과 미국에서는 '식물우유'라는 명성을 누리고 있다. 또우지양은 풍부한 식물성단백질과 인지질을 함유하고 있고, 또한 비타민 B1, B2와 니코틴산을 함유하고 있다. 이외에 두유는 철, 칼슘 등 광물질도 함유하고 있다. C특히 함유된 칼슘이 비록 두부에는 미치지 못하지만, 기타 어떤 유제품보다 높고 D노인과 성인, 청소년에게 매우 적합하다.

A. 豆浆是世界人民喜爱的一种饮品
B. 欧美没有豆浆
C. 豆浆富含钙
D. 豆浆不适合于老人

A. 또우지양은 세계인들이 좋아하는 음료이다
B. 유럽과 미국에는 또우지양이 없다
C. 또우지양은 칼슘이 많이 함유되어 있다
D. 또우지양은 노인에게 적합하지 않다

豆浆 dòujiāng 명 또우지양[중국식 두유] | 饮品 yǐnpǐn 명 음료 | 皆 jiē 모두 | 宜 yí 동 ~에 적합하다 | 营养 yíngyǎng 명 영양 | 欧美 ōu měi 명 유럽과 미국 | 享有 xiǎngyǒu 동 누리다 | 植物 zhíwù 명 식물 | 美誉 měiyù 명 명성, 명예 | 含有 hányǒu 함유하다 | 蛋白 dànbái 명 단백질 | 磷脂 línzhī 명 인지질 | 维生素 wéishēngsù 명 비타민 | 烟酸 yānsuān 명 니코틴산 | 铁 tiě 명 철 | 钙 gài 명 칼슘 | 矿物质 kuàngwùzhì 명 광물질 | 豆腐 dòufu 명 두부 | 乳类 rǔlèi 명 유제품

A (✗) 또우지양은 유럽과 미국에서 좋아한다고 했을 뿐, 그 외 나라에 대한 언급은 없으므로 세계인들이 좋아한다고 할 수 없다.

B (✗) 또우지양은 유럽과 미국에서 '식물우유'라고 하며 좋은 평판을 누리고 있으므로 답이 아니다.

C (○) 또우지양에 함유된 칼슘이 두부에는 미치지 못하지만 기타 유제품보다는 높다고 했으므로 칼슘이 많이 함유되었음을 알 수 있다.

D (✗) 또우지양은 노인에게 매우 적합하다.

2 과학 지식 관련 지문 독해하기 p.85

정답	1 C	2 C	3 B	4 D	5 D
	6 C	7 D	8 C	9 B	10 B

1

随着现代科技的不断发展，人类研制出了各种人造卫星。A这些人造卫星和天然卫星一样，也绕着行星运转。D人造卫星的概念可能始于1870年。B第一颗被正式送入轨道的人造卫星是前苏联1957年发射的人卫1号。从那时起，已有数千颗环绕地球飞行。人造卫星还被发射到环绕金星、火星和月亮的轨道上。C人造卫星用于科学研究，而且在近代通讯、天气预报、地球资源探测和军事侦察等方面已成为一种不可或缺的工具。

A. 人造卫星和天然卫星是一样的东西
B. 第一颗被正式送入轨道的人造卫星是美国指导的
C. 人造卫星用于天气预报
D. 人造卫星的概念可能从1957年开始

현대 과학기술의 끊임없는 발전에 따라 인류는 각종 인공위성을 연구하고 만들었다. A이런 인공위성은 자연위성과 같이 행성을 따라 돈다. D인공위성의 개념은 아마 1870년에 시작되었을 것이다. B처음 정식으로 궤도에 올려진 인공위성은 구소련이 1957년에 발사한 인공위성 1호이다. 그때부터 지금까지 벌써 수천 개가 지구를 돌며 비행하고 있다. 인공위성은 금성, 화성과 달의 궤도를 돌도록 발사되었다. C인공위성은 과학을 연구하는 데 쓰일 뿐만 아니라 근대 통신, 날씨 예보, 지구 자원 탐사와 군사 정탐 등에도 이미 없어서는 안 될 도구가 되었다.

A. 인공위성과 자연위성은 같은 것이다
B. 처음 정식으로 궤도에 보내졌던 인공위성은 미국이 이끈 것이다
C. 인공위성은 날씨 예보에 이용된다
D. 인공위성의 개념은 1957년부터 시작되었을 것이다

随着 suízhe 게 ~에 따라서 | 科技 kējì 명 과학기술 | 研制 yánzhì 동 연구 제작하다 | 人造卫星 rénzào wèixīng 명 인공위성 | 天然 tiānrán 형 자연의, 천연의 | 绕 rào 동 돌다 | 行星 xíngxīng 명 행성 | 运转 yùnzhuǎn 동 회전하다, 돌다 | 概念 gàiniàn 명 개념 | 轨道 guǐdào 명 궤도 | 发射 fāshè 동 발사하다 | 环绕 huánrào 동 돌다, 회전하다 | 金星 jīnxīng 명 금성 | 火星 huǒxīng 명 화성 | 月亮 yuèliang 명 달 | 通讯 tōngxùn 명동 통신(하다) | 预报 yùbào 명 예보 | 地球 dìqiú 명 지구 | 资源 zīyuán 명 자원 | 探测 tàncè 동 관측하다 | 军事 jūnshì 명 군사 | 侦察 zhēnchá 동 정찰하다 | 不可或缺 bù kě huòquē 성 없어서는 안 된다

A (×) 인공위성과 자연위성은 다르지만, 같이 행성을 따라 돈다.
B (×) 처음 정식으로 궤도에 올려진 인공위성은 구소련이 발사한 것이다.
C (○) '人造卫星用于科学研究，而且在近代通讯、天气预报'에서 인공위성이 날씨 예보에 쓰였음을 알 수 있다.
D (×) 1957년은 구소련이 인공위성을 처음 발사한 해이다. 인공위성의 개념은 아마 1870년부터 시작되었을 것이라고 언급하고 있다.

2

禽流感，全名鸟禽类流行性感冒，是由病毒引起的动物传染病，通常只B感染鸟类，感染猪。禽流感病毒高度针对特定物种，A,D但在

조류 독감의 전체 이름은 조류유행성 독감으로, 바이러스로 인한 동물성 전염병이고 일반적으로 B조류나 돼지만 감염시킨다. 조류 독감 바이러스는 높은 비율로 특정한 종을 겨냥하고 있다. A,D그러나

有些情况下会感染人。自从1997年在香港发现人类也会感染禽流感之后，C 此病症引起全世界卫生组织的高度关注。

A. 禽流感只感染鸟类
B. 禽流感不会感染猪
C. 世界卫生组织高度关注禽流感
D. 人类也不会感染禽流感

어떤 상황에서는 사람도 걸릴 수 있다. 1997년부터 홍콩에서 인류도 조류 독감에 감염될 수 있다는 것을 발견한 후, C 이 병은 세계위생조직[WTO]의 큰 관심을 끌게 했다.

A. 조류 독감는 조류만 감염시킨다
B. 조류 독감는 돼지를 감염시키지 않는다
C. 세계위생조직은 조류 독감에 큰 관심을 끌고 있다
D. 인류는 조류 독감에 감염될 수 없다

禽流感 qínliúgǎn 몡 조류 독감, 조류 인플루엔자 | 鸟禽类 niǎoqínlèi 몡 가금류, 조류 | 流行性感冒 liúxíngxìng gǎnmào 몡 유행성 감기 | 病毒 bìngdú 몡 바이러스 | 感染 gǎnrǎn 통 감염시키다 | 针对 zhēnduì 통 겨냥하다 | 特定 tèdìng 톙 특정한 | 物种 wùzhǒng 몡 종 | 病症 bìngzhèng 몡 (병의) 증상 | 关注 guānzhù 통 관심을 갖다

A (✕) 조류 독감은 조류나 돼지 뿐만 아니라 사람도 감염될 수 있다.

B (✕) 조류 독감은 일반적으로 조류나 돼지만 감염시킨다.

C (○) 인류도 조류 독감에 감염될 수 있다는 것을 발견한 후, 세계위생조직의 많은 관심을 끌게 했기 때문에 답이다.

D (✕) 조류뿐만 아니라, 어떤 상황에서는 인류도 걸릴 수 있다.

3

美国国家航空航天局简称NASA，D 是美国负责太空计划的政府机构。A 总部位于华盛顿哥伦比亚特区，B 拥有最先进的航空航天技术，它在载人空间飞行、航空学、空间科学等方面有很大的成就。C 它参与了包括美国阿波罗计划、航天飞机发射、太阳系探测等在内的航天工程。为人类探索太空做出了巨大的贡献。

A. 美国国家航空航天局总部在美国纽约
B. 美国国家航空航天局拥有最先进的航空航天技术
C. 美国国家航空航天局没参与太阳系探测
D. 美国国家航空航天局是国际机构

미국국가항공국의 약칭인 나사는 D 미국의 우주 계획을 책임지는 정부기관이다. A 본부는 워싱턴 콜롬비아 특구에 있고 B 제일 선진적인 항공기술을 가지고 있으며, 유인비행, 항공학, 공간과학 분야에 큰 성과를 보이고 있다. C 미국의 아폴로 계획, 우주 미사일 발사, 태양계 관측 등을 포함한 우주 공정들에 참여하며 인류가 우주를 탐색하는 데 큰 공헌을 했다.

A. 미국국가항공국 본부는 미국 뉴욕에 있다
B. 미국국가항공국은 제일 선진적인 항공기술을 가지고 있다
C. 미국국가항공국은 태양계 관측에 참여하지 않았다
D. 미국국가항공국은 국제기구이다

航空 hángkōng 몡 항공의 | 航天 hángtiān 몡 우주 비행의 | 简称 jiǎnchēng 몡 약칭 | 负责 fùzé 통 책임지다 | 太空 tàikōng 몡 우주 | 机构 jīgòu 몡 기관, 기구 | 总部 zǒngbù 몡 본부 | 位于 wèiyú 통 ~에 위치하다 | 华盛顿 Huáshèngdùn 고유 워싱턴 | 哥伦比亚 Gēlúnbǐyà 고유 콜롬비아 | 载人 zàirén 사람을 태우다 | 成就 chéngjiù 몡 성취 | 参与 cānyù 통 참여하다 | 包括 bāokuò 통 포함하다 | 太阳系 tàiyángxì 몡 태양계 | 探索 tànsuǒ 통 탐색하다 | 贡献 gòngxiàn 통 공헌하다, 이바지하다

A (✕) 미국국가항공국 본부는 워싱턴 콜롬비아 특구에 있다.

B (○) 본문에 그대로 언급되고 있다.

C (✕) 미국국가항공국은 태양계 관측 등의 우주 공정에 참여했다.

D (✕) 미국국가항공국은 미국의 우주 계획을 책임지는 정부기관으로 국제기구라고 할 수 없다.

4

流行性感冒是A流感病毒引起的急性呼吸道感染，也是一种传染性强、B传播速度快的疾病。其主要通过空气中的飞沫、人与人之间的接触或与被污染物品的接触传播。典型的临床症状是：发烧、全身疼痛、没力气和轻度呼吸道症状。C一般秋冬季节是其高发期。D所引起的死亡现象也非常严重。

A. 流感病毒引起慢性呼吸道感染
B. 流感是传播速度慢的疾病
C. 流感一般在春夏季节发病率最高
D. 得了流感会死亡

유행성감기는 A유행성감기 바이러스가 일으키는 급성 호흡기 감염이며, 또한 일종의 전염성 강하고 B전파 속도가 빠른 질병이다. 주로 공기 중의 침을 통하거나 사람과 사람 사이에 접촉 또는 오염 물품의 접촉에 의해 전파된다. 전형적인 증상으로는 발열, 전신 통증, 힘이 없고 약한 호흡 증상이 있다. C보통 가을, 겨울에 발병률이 높은데, D사망에 이를 정도로 매우 심각하기도 하다.

A. 유행성 감기 바이러스는 만성 호흡기 감염을 일으킨다
B. 유행성 감기는 전파 속도가 느린 질병이다
C. 유행성 감기는 일반적으로 봄, 여름에 발병률이 가장 높다
D. 유행성 감기에 걸리면 죽을 수 있다

呼吸道 hūxīdào 명 호흡 기관 | 传播 chuánbō 동 전파하다 | 飞沫 fēimò 명 침 | 接触 jiēchù 동 접촉하다 | 典型 diǎnxíng 형 전형적인, 대표적인 | 发烧 fāshāo 동 열나다 | 临床 línchuáng 동 임상하다, 진료하다 | 严重 yánzhòng 형 위급하다, 심각하다

A (✕) 유행성 감기 바이러스는 급성 호흡기 감염을 일으킨다.

B (✕) 유행성 감기는 전파 속도가 빠르다.

C (✕) 유행성 감기는 보통 가을, 겨울에 발병률이 높다.

D (◯) '所引起的死亡现象也非常严重'에서 답임을 알 수 있다.

5

A月球就是最明显的天然卫星的例子。在太阳系里，B除水星和金星外，其他行星都有天然卫星。太阳系已知的天然卫星总数C至少有160颗。D天然卫星是指环绕行星运转的星球，而行星又环绕着恒星运转。

A. 地球是天然卫星
B. 水星有天然卫星
C. 太阳系里天然卫星总数为160颗以下
D. 天然卫星是指环绕行星运转的星球

A달은 자연위성의 가장 확실한 예이다. 태양계에서 B수성과 금성을 제외한 다른 행성들은 모두 자연위성을 가진다. 태양계에서 이미 알려져 있는 자연위성의 수는 C적어도 160개이다. D자연위성은 행성을 따라 도는 별이고 행성은 또 항성을 따라 돈다.

A. 지구는 자연위성이다
B. 수성은 자연위성을 가지고 있다
C. 태양계에서 자연위성의 총수는 160개 이하이다
D. 자연위성은 행성을 따라 도는 별을 가리킨다

月球 yuèqiú 명 달 | 明显 míngxiǎn 형 분명하다 | 碎块 suìkuài 명 (부서진) 조각, 부스러기 | 指 zhǐ 동 가리키다 | 环绕 huánrào 동 돌다, 회전하다 | 颗 kē 양 별을 셀 때 쓰임 | 星球 xīngqiú 명 별 | 恒星 héngxīng 명 항성 | 运转 yùnzhuǎn 동 회전하다, 돌다

A (✕) 달이 자연위성이지, 지구가 자연위성이라는 내용은 언급되지 않았다.

B (✕) 수성과 금성을 제외한 기타 행성들이 자연위성을 가지고 있다.

C (✕) 태양계에서 자연위성의 수는 적어도 160개 이상이라 했으므로 160개 이하가 아니라 그 이상이다.

D (◯) '天然卫星是指环绕行星运转的星球'에서 답임을 알 수 있다.

6

B宇宙是由空间、时间、物质和能量所构成的统一体。是一切空间和时间的综合。一般理解的宇宙指我们所存在的一个时空连续系统，包括其间的所有物质、能量和事件。C宇宙根据大爆炸宇宙模型推算，A宇宙年龄大约200亿年。

A. 不能算宇宙的年龄
B. 宇宙没有时间概念
C. 宇宙发生过大爆炸
D. 只有中国承认宇宙

B우주는 공간, 시간, 물질과 에너지로 구성된 통일체로, 모든 공간과 시간의 종합이다. 일반적으로 알고 있는 우주는 우리가 존재하는 시공의 연속적 체계를 가리키고, 그 가운데 모든 물질, 에너지와 사건을 포함한다. C대폭발이 있었던 우주모형에 따라 계산해보면 A우주 나이는 약 200억 년이다.

A. 우주의 나이를 계산할 수 없다
B. 우주는 시간 개념이 없다
C. 우주는 대폭발이 있었다
D. 오직 중국만 우주를 인정한다

宇宙 yǔzhòu 명 우주 | 能量 néngliàng 명 에너지 | 构成 gòuchéng 통 구성하다 | 统一体 tǒngyītǐ 명 통일체 | 一切 yíqiè 대 일체, 모든 | 综合 zōnghé 통 종합하다 | 时空 shíkōng 명 시간과 공간 | 连续 liánxù 통 연속하다 | 系统 xìtǒng 명 체계, 시스템 | 其间 qíjiān 대 그 가운데 | 爆炸 bàozhà 통 폭발하다 | 模型 móxíng 명 모형 | 推算 tuīsuàn 통 미루어 계산하다 | 亿 yì 준 억

A (×) 우주의 나이는 대폭발 한 우주모형에 따라 계산할 수 있으며 약 200억 년이다.
B (×) 우주는 시간, 공간 개념을 모두 포함한다.
C (○) '宇宙根据大爆炸宇宙模型推算'에서 우주에 대폭발이 있었음을 알 수 있다.
D (×) 본문에 언급되지 않은 내용이다.

7

A大熊猫是一种有着独特黑白相间毛色的活泼动物。大熊猫的种属是一个争论了一个世纪的问题，最近的DNA分析表明，B现在国际上普遍接受将它列为熊科、大熊猫亚科的分类方法，目前也逐步得到国内的认可。国内传统分类将大熊猫单列为大熊猫科。它代表了熊科的早期分支。C成年熊猫长约120~190厘米，体重85到125公斤。大熊猫以竹子为食。与其他六种熊类不同，D大熊猫没有冬眠行为。

A. 大熊猫是黑毛的动物
B. 只有中国接受把大熊猫列为熊科、大熊猫亚科的分类方法
C. 成年熊猫长约120厘米
D. 大熊猫没有冬眠行为

A판다는 독특한 흑백 색의 털이 섞여 있는 활동적인 동물이다. 판다의 종류는 한 세기에 걸쳐 논쟁이 됐던 문제인데 최근 DNA 분석을 통해 발표되었다. B현재 국제적이고 보편적으로 받아들이고 있는 것은 그것을 곰과와 판다과로 분류하는 방법으로, 점점 국내에서 인정을 받고 있다. 국내에서는 전통적으로 판다를 단독으로 판다과로 분류했었고, 그것은 곰과의 조기 분파를 대표한다. C성년 판다는 길이가 약 120~190cm이고 체중은 85~125kg이다. 판다는 대나무를 먹으며, 다른 여섯 종류의 곰과와는 달리 D판다는 겨울잠을 자지 않는다.

A. 판다는 검은 털의 동물이다
B. 오직 중국에서만 판다를 곰과와 판다과로 분류하는 방법을 받아들인다
C. 성년 판다의 길이는 120cm이다
D. 판다는 겨울잠을 자지 않는다

熊猫 xióngmāo 명 판다 | 独特 dútè 형 독특하다 | 毛色 máosè 명 털의 색깔 | 相间 xiāngjiàn 통 겹쳐 있다 | 活泼 huópo 형 활발하다 | 种属 zhǒngshǔ 명 종속 | 争论 zhēnglùn 통 변론하다, 논쟁하다 | 分析 fēnxī 통 분석하다 | 普遍 pǔbiàn 형 보편적이다 | 将A列为B A를 B로 배열하다 | 分类 fēnlèi 명 분류 | 逐步 zhúbù 분 점차 | 认可 rènkě 통 승낙하다, 인가하다 | 分支 fēnzhī 명 갈라져 나온 것, 분파 | 以A为B A를 B로 여기다 | 竹子 zhúzi 명 대나무 | 冬眠 dōngmián 통 겨울잠을 자다

A (×) 판다는 흑백 색의 털이 있는 동물이다. 이런 보기 내용은 상식적으로 생각해도 답이 아님을 알 수 있다.

B (×) 판다의 종류를 곰과와 판다과로 분류하는 방법은 중국뿐만 아니라, 국제적으로 받아들이고 있다.

C (×) 성년 판다의 길이는 120~190cm이다.

D (○) 본문 마지막에 보기의 내용이 그대로 언급되고 있다.

8

B维生素B也叫作维他命B，是某些维生素的总称，它们常常来自于相同的食物来源，如酵母等。A维生素B曾经被认为是像维生素C那样具有单一结构的有机化合物，但是后来的研究证明它其实是一组有着不同结构的化合物，于是它的成员有了独立的名称，如维生素B1，而维生素B称为了一个总称，有的时候也被称为维生素B族、维生素B杂或维生素B复合群。C维生素B都是水溶性维生素，它们有协同作用，D调节新陈代谢，维持皮肤和肌肉的健康，增进免疫系统和神经系统的功能，促进细胞生长和分裂。

B비타민 B는 웨이타밍 B라고도 하며, 일부 비타민 종류의 총칭이다. 그것들은 효모 등과 같이 항상 같은 음식에서 나온다. A비타민 B는 일찍이 비타민 C처럼 단일한 구조로 되어 있는 유기화합물로 여겨졌다. 그러나 나중에 연구에서 그것은 사실 한 조에 다른 구조로 되어 있는 화합물이라고 증명되면서 독립적인 명칭을 갖게 되었다. 비타민 B1을 예로 들자면, 비타민 B는 하나의 총칭으로 불리는데, 어떤 때에는 비타민 B족, 비타민 B엽 또는 비타민 B복합군이라고 불린다. C비타민 B는 모두 수용성 비타민으로 서로 협동 작용을 하여 D신진대사를 조절하고, 피부와 근육의 건강을 유지하며 면역체계와 신경체계의 기능을 증진하고, 세포 생장과 분열을 촉진한다.

A. 维生素B具有单一结构的有机化合物
B. 维他命B和维生素B各不相同
C. 维生素B是水溶性维生素
D. 维生素C能调节新陈代谢

A. 비타민 B는 단일한 구조를 가진 유기화합물이다
B. 웨이타밍 B와 비타민 B는 다르다
C. 비타민 B는 수용성 비타민이다
D. 비타민 C는 신진대사를 조절할 수 있다

维生素 wéishēngsù 圀 비타민 | 维他命 wéitāmìng 圀 비타민 | 总称 zǒngchēng 圀 총칭 | 来源 láiyuán 圀 근원 | 酵母 jiàomǔ 圀 효모 | 结构 jiégòu 圀 구성, 구조 | 有机化合物 yǒujī huàhéwù 圀 유기 화합물 | 成员 chéngyuán 圀 구성원 | 复合群 fùhéqún 圀 복합체 | 水溶性 shuǐróngxìng 圀 수용성 | 协同 xiétóng 圀 협동하다 | 调节 tiáojié 동 조절하다 | 新陈代谢 xīnchén dàixiè 圀 신진대사 | 皮肤 pífū 圀 피부 | 肌肉 jīròu 圀 근육 | 免疫 miǎnyì 圀 면역 | 细胞 xìbāo 圀 세포 | 分裂 fēnliè 동 분열하다

A (×) 단일한 구조를 가진 유기화합물은 비타민 C이다.

B (×) 웨이타밍 B와 비타민 B는 서로 같은 물질이다.

C (○) 본문에 그대로 언급되고 있으므로 답은 C이다.

D (×) 신진대사를 조절할 수 있는 것은 비타민 B이다.

9

蛋白质是生命的物质基础，A没有蛋白质就没有生命。因此，它是与生命及与各种形式的生命活动紧密联系在一起的物质。机体中的每一个细胞和所有重要组成部分都有蛋白质参与。B蛋白质占人体重量的16.3%，即一个60kg重的成年

단백질은 생명의 기초로 A단백질이 없으면 살 수 없다. 따라서 그것은 생명 및 각종 형태의 생명활동과 긴밀하게 연결되어있는 물질인 것이다. 유기체 각각의 세포와 모든 중요한 구성들은 모두 단백질과 연결되어 있다. B단백질은 사람 체중의 16.3%를 차지하는데, 즉,

人其体内约有蛋白质9.8kg。C人体内蛋白质的种类很多，性质、功能各异，但都是由20多种氨基酸按不同比例组合而成的，D并在体内不断进行代谢与更新。

　　A. 即使没有蛋白质，人也可以活下去
　　B. 蛋白质占人体重量的16.3%
　　C. 人体内蛋白质只有一种
　　D. 蛋白质在体内没有变化

60kg 체중의 성인의 몸에는 약 9.8kg의 단백질이 있다는 것이다. C인체 내 단백질의 종류는 매우 많고, 성질, 기능이 각각 다르다. 그러나 모두 20여 종의 아미노산이 다른 비율로 조합, 구성되어 있고, D체내에서 끊임없이 대사를 진행하고 새롭게 바꾼다.

　　A. 설령 단백질이 없다 하더라도 사람은 살아갈 수 있다
　　B. 단백질은 사람 체중의 16.3%를 차지한다
　　C. 인체 내에 단백질은 한 종류만 있다
　　D. 단백질은 체내에서 변하지 않는다

| 蛋白质 dànbáizhì 명 단백질 | 紧密 jǐnmì 형 긴밀하다 | 机体 jītǐ 명 생물체, 유기체 | 细胞 xìbāo 명 세포 | 各异 gèyì 형 제각기 다르다 | 氨基酸 ānjīsuān 명 아미노산 | 组合 zǔhé 동 조합하다 | 代谢 dàixiè 명 신진대사 | 更新 gēngxīn 동 새롭게 바뀌다 |

A (×) 단백질은 생명의 기초로 단백질이 없으면 사람은 살 수 없다.

B (○) 본문에 그대로 언급되고 있으므로 답은 B이다.

C (×) 인체 내에 단백질은 여러 종류이다.

D (×) 단백질은 체내에서 끊임없이 대사를 진행하고 새롭게 바꾼다.

10

A科学是反映事实真相的学说。科学首先是一种学说，B这种学说是对事实真相的客观反映。科学与事实真相的关系是密不可分的。科学有别于真理，真理就是一定前提条件下的正确的客观规律及其描述，而科学就是一定条件下的合理的方法、实践机器描述；科学不一定是真理，C,D真理就一定是科学。

　　A. 科学反映人们的想象
　　B. 科学是对事实真相的客观反映
　　C. 真理不一定是科学
　　D. 真理与科学是两码事

A과학은 사실 진상을 반영하는 학설이다. 과학은 우선 일종의 학설로 B이 학설은 진상에 대한 객관적인 반영이다. 과학과 진상은 서로 매우 밀접하다. 과학은 진리와 다르며, 진리는 일정한 전제 조건에 정확한 객관적 규율 및 그 묘사이다. 그러나 과학은 일정한 조건 하에 합리적인 방법, 실천하는 기계적인 묘사이다. C,D과학이 꼭 진리이지는 않지만, 진리는 반드시 과학적이어야 한다.

　　A. 과학은 사람들의 상상을 반영한다
　　B. 과학은 사실 진상에 대한 객관적인 반영이다
　　C. 진리는 꼭 과학적이지 않을 수 있다
　　D. 진리와 과학은 서로 별개의 것이다

| 真相 zhēnxiàng 명 진상 | 反映 fǎnyìng 동 반영하다 | 学说 xuéshuō 명 학설 | 客观 kèguān 형 객관적인 | 有别于 yǒu biéyú ~과 다르다 | 密不可分 mì bù kě fēn 성 밀접하여 나눌 수 없다 | 真理 zhēnlǐ 명 진리 | 前提 qiántí 명 전제 | 规律 guīlǜ 명 규율 | 描述 miáoshù 동 묘사하다 | 机器 jīqì 명 기계, 기기 | 不一定 bùyídìng 명 반드시 ~한 것은 아니다 | 两码事 liǎngmǎshì 명 서로 별개의 일 |

A (×) 과학은 사람의 상상이 아닌 사실을 반영한다.

B (○) 본문에 그대로 언급되고 있으므로 답은 B이다.

C (×) 과학이 꼭 진리이지는 않지만, 진리는 반드시 과학적이어야 한다.

D (×) 진리는 반드시 과학적이어야 하므로 서로 별개가 될 수 없다.

3 실용 상식 관련 지문 독해하기 p.96

정답	1 A	2 D	3 B	4 A	5 D
	6 B	7 A	8 A	9 A	10 A

1

D目前在中国如果不给孩子报个英语班，家长都不好意思跟人说。从这一搞笑的话中，幼儿学英语的火爆程度便可见一般。近日《北京晨报》调查显示，A幼儿学英语已成普遍现象。B几乎所有幼儿园目前都开设英语课，少的每周要开2节课，课程长度大概都在半个小时左右。而社会上的培训机构幼儿班，每周也平均有2小时的课程。也就是说，C许多3岁以上的孩子每周至少有3个小时花在英语上。

A. 幼儿学英语已成为普遍现象
B. 所有幼儿园都开设了英语课
C. 三岁以上的孩子每周起码有2个小时花在英语上
D. 目前对中国人来说学英语是常见的事情

D요즘 중국에서 아이를 영어 학원에 보내지 않는다면, 학부모들은 사람들에게 말하기가 부끄러울 것이다. 이 우스운 이야기에서 어린이 영어 배우기가 한창이라는 것을 알 수 있다. 최근 『베이징신보』에서는 A어린이 영어 배우기가 이미 보편적인 현상이 되었고, B거의 모든 유치원에서 현재 영어 수업을 개설하고 있으며, 적게 하면 매주 2교시 수업을 하고, 수업 커리큘럼은 대략 30분 정도라고 밝혔다. 그리고 사회적으로 학원 유아반은 매주 평균 2시간의 수업이 있다. 즉, C3세 이상의 수많은 아이들이 매주 적어도 3시간을 영어에 쓴다는 말이다.

A. 어린이 영어 배우기는 이미 보편적 현상이 되었다
B. 모든 유치원은 영어 수업을 개설했다
C. 3세 이상의 아이들은 매주 적어도 2시간을 영어에 쓴다
D. 지금 중국 사람들이 영어 배우는 것은 자주 볼 수 있는 일이다

报 bào 통 신청하다 | 搞笑 gǎoxiào 통 웃기다 | 幼儿 yòu'ér 명 유아 | 火爆 huǒbào 형 뜨겁다, 열기가 넘친다 | 可见 kějiàn 통 ~임을 볼 수 있다 | 普遍 pǔbiàn 형 보편적인 | 开设 kāishè 통 (강좌·과정 등을) 개설하다 | 培训机构 péixùn jīgòu 명 학원

A (○) 본문에 그대로 언급되어 있으므로 답은 A이다. 답이 아닌 보기를 먼저 제거하면서 풀어 보자.
B (×) 모든 유치원이 아니라, 거의 모든 유치원에 영어 수업이 있는 것이므로 답이 될 수 없다.
C (×) 3세 이상의 수많은 아이들이 매주 적어도 3시간을 영어에 쓴다.
D (×) 본문은 중국 아이들이 영어를 배우는 것에 대한 내용으로 중국 사람들로 포괄해서 말하기엔 무리가 있다.

2

A奥巴马还宣布要加强和东南亚10国合作，此次亚洲之行，他专门到访印度尼西亚，C和中国政府正在大力扩大马六甲海域国家的港口建设不无关系；马六甲海峡是中国石油输入最重要的命脉航线，B是中国85%石油进口的必经之地。D对中国而言，谁控制了马六甲海峡和印度样，谁就把手放在了中国的战略石油通道上，谁就能随时威胁中国的能源安全。

A오바마는 동남아 10개국과 협력을 강화한다고 발표했다. 이번 아시아 여정에서 그는 특별히 인도네시아를 방문했는데, C중국 정부가 지금 말라카 해역 국가에 항구 건설을 크게 확대하는 것과 관계가 없지 않다. 말라카 해협은 중국 석유 수송에 제일 중요한 항로이고, B중국 석유 수입의 85%가 지나가는 필수 경로이다. D중국에게 누가 말라카 해협과 인도양을 통제하느냐는 곧, 누가 세력을 중국의 전략적인 석유 통로에 두느냐, 누가 수시로 중국 에너지 안전을 위협할 수 있느냐이다.

A. 奥巴马总统要加强和印度合作
B. 马六甲海峡是中国85%石油出口的地区
C. 奥巴马这次到印度尼西亚，和中国无关
D. 对中国来说，马六甲海峡和印度洋是重要的石油通道

A. 오바마 대통령은 인도와 협력을 강화할 것이다
B. 말라카 해협은 중국 85% 석유를 수출하는 지역이다
C. 오바마가 이번에 인도네시아에 가는 것은 중국과 관련이 없다
D. 중국에게 말라카 해협과 인도양은 중요한 석유 운송 통로이다

| 奥巴马 Àobāmǎ 고유 오바마[미국 대통령] | 宣布 xuānbù 동 발표하다, 선포하다 | 专门 zhuānmén 부 특별히, 일부러 | 到访 dàofǎng 동 방문하다 | 印度尼西亚 Yìndùníxīyà 고유 인도네시아 | 大力 dàlì 힘껏 | 扩大 kuòdà 확대하다 | 海域 hǎiyù 명 해역 | 港口 gǎngkǒu 명 항구 | 海峡 hǎixiá 명 해협 | 输入 shūrù 동 들여보내다 | 命脉 mìngmài 명 중요한 부분 | 航线 hángxiàn 명 항로 | 进口 jìnkǒu 동 수입하다 | 必经之地 bìjīng zhī dì 반드시 지나야 하는 길 | 对……而言 duì……éryán ~에 대해 말하자면 | 战略 zhànlüè 명 전략 | 通道 tōngdào 명 통로 | 威胁 wēixié 위협하다 | 能源 néngyuán 명 에너지원, 에너지 |

A (✕) 오바마 대통령은 인도와 협력을 강화하는 것이 아니라 동남아 10개국과 협력을 강화한다고 발표했다.

B (✕) 중국은 석유 수출 지역이 아니라 석유 수입 지역이다.

C (✕) 중국 정부가 말라카 해역에 항구 건설을 확대하는 것과 관계가 없지 않다고 하였고, 본문에서 중국과 말라카 해협과의 관계를 계속 언급하고 있으므로 답이 될 수 없다.

D (○) 중국에게 말라카 해협과 인도양 통제를 누가 하는지에 따라 전략적인 관계가 될 것인지, 중국 에너지 안전을 위협할 것인지 언급하는 것으로 보아 말라카 해협과 인도양은 중요한 석유 운송 통로임을 알 수 있다.

3

亚洲运动会简称亚运会，是亚洲地区规模最大的综合性运动会，也是亚洲体坛最大的盛会。**B由亚洲运动联合会的成员国轮流主办**。亚运会的前身是远东运动会，1911年由菲律宾体育协会发起组织，每两年举办一次。1948年，参加世界奥林匹克运动会的亚洲体育界人士协商，倡议重新恢复远东运动会，并扩大规模，改称亚洲运动会，**A每四年举办一次**，**C时间正好与奥运会错开**。1951年3月，**D第一届亚运会在印度首都新德里举行**。

아시안 게임은 간단히 '야윈후이'라고 하는데, 아시아 지역에서 규모가 가장 큰 종합운동회이다. 또 아시아 체육계의 성대한 모임으로 **B아시아운동연합회의 회원국들이 돌아가면서 주최한다**. 아시안게임은 이전에 원동 체육회였고, 1911년 필리핀체육협회가 조직을 제의해서 2년에 한 번씩 개최되었다. 1948년 세계올림픽에 참가하는 아시아 체육계 인사들이 협의하여 다시 원동체육회를 회복시키자고 주장했고, 규모를 확대하여 아시안게임으로 명칭을 바꿨다. **A4년에 한 번씩 개최되고**, **C시기는 공교롭게도 올림픽과 겹치지 않는다**. 1951년 3월 **D제1회 아시안게임이 인도의 수도 뉴델리에서 개최되었다**.

A. 目前亚运会每两年举办一次
B. 亚运会由亚洲运动联合会的成员国家轮流主办
C. 亚运会时间正好与奥运会是一样的
D. 第一届亚运会在印度尼西亚举行

A. 현재 아시아게임은 2년에 한 번씩 개최된다
B. 아시안게임은 아시아운동연합회의 회원국이 돌아가면서 주최한다
C. 아시안게임 시기는 공교롭게도 올림픽과 같다
D. 제1회 아시안 게임은 인도네시아에서 개최되었다

| 亚洲 yàzhōu 명 아시아 | 规模 guīmó 명 규모 | 体坛 tǐtán 명 체육계 | 盛会 shènghuì 명 성대한 모임 | 轮流 lúnliú 교대로 하다 | 前身 qiánshēn 명 전신, 이전의 신분 | 菲律宾 Fēilǜbīn 고유 필리핀 | 主办 zhǔbàn 동 주최하다 | 远东 Yuǎndōng 고유 원동, 극동 | 发起 fāqǐ 동 (어떤 일을) 발기하다, 제의하다 | 奥林匹克 àolínpǐkè 올림픽 | 协商 xiéshāng 동 협상하다, 협의하다 | 倡议 chàngyì 동 제의하다 | 正好 zhènghǎo 부 공교롭게도 | 错开 cuòkāi 동 서로 엇갈리게 하다, 겹치지 않게 하다 | 印度 Yìndù 고유 인도 | 新德里 Xīndélǐ 고유 뉴델리[인도의 수도] |

A (✗) 2년에 한 번씩 개최되었던 것은 원동 체육회로 1948년에 원동 체육회를 아시안게임으로 명칭을 바꾸면서 4년에 한 번씩 개최된다.

B (O) '由亚洲运动联合会的成员国轮流主办'에서 답임을 알 수 있다.

C (✗) 아시안게임은 올림픽과 겹치지 않고 개최된다.

D (✗) 제1회 아시안게임은 인도의 수도 뉴델리에서 개최되었다.

4

2010年11月15日14时，**B**上海一栋高层公寓起火。据附近居民介绍，**A**公寓内住着不少退休教师。起火点位于10-12层之间，整栋楼都被大火包围着，楼内还有不少居民没有离开。截至11月19日10时20分，**C**大火已导致58人遇难，另有70余人正在接受治疗。**D**事故原因已初步查明，是由无证电焊工违规操作引起的。四名犯罪嫌疑人已经被公安机关依法拘留。

2010년 11월 15일 14시, **B**상하이 고층아파트에 불이 났다. 근처 주민들은 **A**아파트 내에 퇴직한 선생님들이 많이 살고 있다고 했다. 불은 10~12층 사이에서 일어났고, 전체 건물은 큰 화재에 둘러싸였다. 건물 내에는 아직 주민들이 많이 탈출하지 못했다. 11월 19일 10시 20분까지 **C**큰 화재로 인해 58명이 죽었고 70여 명은 지금 치료를 받고 있다. **D**사고 원인은 이미 초동 수사에서 밝혀졌는데, 자격증이 없는 용접공이 규칙을 위반하고 조작하다 일으킨 것이었다. 네 명의 범죄 혐의자들은 이미 공안기관에 의해 법대로 구류에 들어갔다.

A. 公寓内住着退休教师们
 B. 这次火灾发生在上海一所学校
 C. 大火最终导致70人遇难
 D. 到目前为止，还不知道事故的原因

A. 아파트 내에는 퇴직한 선생님들이 살고 있다
 B. 이번 화재는 상하이의 한 학교에서 일어났다
 C. 큰 화재로 최종적으로 70명의 사망자가 나왔다
 D. 지금까지 사고 원인을 모른다

栋 dòng 양 채[건물을 셀 때 쓰임] | 公寓 gōngyù 명 아파트 | 起火 qǐhuǒ 불이 나다 | 退休 tuìxiū 동 퇴직하다 | 包围 bāowéi 동 포위하다 | 截至 jiézhì 동 ~까지 | 导致 dǎozhì 동 야기하다, 초래하다[뒤에 부정적인 내용이 옴] | 遇难 yùnàn 동 사고로 죽다 | 初步 chūbù 명 첫 단계의 | 事故 shìgù 명 사고 | 查明 chámíng 동 조사하여 밝히다, 명확하게 조사하다 | 无证 wúzhèng 자격증이 없다, 무면허 | 电焊工 diànhàngōng 용접공 | 违规 wéiguī 동 규칙을 위반하다 | 操作 cāozuò 동 다루다 | 嫌疑 xiányí 명 혐의 | 依法 yīfǎ 동 법에 따르다 | 拘留 jūliú 동 구류[행정 처분의 하나이며, 구류 기한은 15일 이내임]

A (O) '公寓内住着不少退休教师'에서 답임을 알 수 있다.

B (✗) 화재는 고층아파트에서 일어났다.

C (✗) 70여 명이 치료받고 있고 사망자는 58명이다.

D (✗) 초동 수사에서 이미 사고 원인이 밝혀졌고, 범죄 혐의자들은 이미 법대로 구류에 들어갔다.

5

农业局信息中心消息，**A**目前北京蔬菜平均价格比去年同期上升50.2%，以创下了历史上最高的水平。**B**虽然大风天气不太利于蔬菜的运输，**D**但是菜价真正上扬的原因还是因为通货膨胀。11月1日，北京市蔬菜平均价格为每公斤2.79元。

농업국 정보센터 소식이다. **A**현재 베이징 채소의 평균 가격이 작년의 같은 기간보다 50.2% 상승하며, 역사상 가장 높은 수준을 기록했다. **B**강한 바람의 날씨도 채소 운송에 그다지 도움이 되진 않았지만, **D**채소 가격이 진짜로 오른 이유는 역시 통화팽창때문이다. 11월 1일, 베이징시 채소의 평균 가격은 1kg당 2.79위앤이다.

A. 目前北京蔬菜平均价格为5.2元 B. 大风天气与北京蔬菜价格上升没有关系 C. 北京鸡肉平均价格一直在上升 **D. 北京蔬菜价格上升的主要原因是通货膨胀**	A. 현재 베이징 채소 가격은 5.2위앤이다. B. 강한 바람의 날씨는 베이징 채소의 가격 상승과 관계없다 C. 베이징 닭고기의 평균 가격은 줄곧 상승하고 있다 **D. 베이징 채소 가격 상승의 주요 원인은 통화팽창이다**

信息 xìnxī 몡 정보 | 创下 chuàngxià 통 처음으로 하다, 창조하다 | 利于 lìyú 통 ~에 이롭다 | 运输 yùnshū 통 운송하다, 수송하다 | 上扬 shàngyáng 통 (가격이) 오르다 | 通货 tōnghuò 몡 통화, 화폐 | 膨胀 péngzhàng 통 팽창하다

A (×) 현재 베이징의 평균 채소 가격은 작년의 같은 기간보다 50.2% 상승한 것이지 5.2위앤이 아니다.

B (×) 강한 바람의 날씨가 채소 운송에 도움이 되지 않는다는 것은 채소 가격 상승에 영향을 준다는 말이다.

C (×) 닭고기에 대해서는 본문에서 언급한 적이 없다.

D (○) '菜价真正上扬的原因还是因为通货膨胀'에서 답임을 알 수 있다.

6

A《哈利·波特》系列共有七本，其中前六部以霍格沃茨魔法学校为主要舞台。**B**描写主人公哈利·波特在霍格沃茨魔法学校六年的学习生活冒险故事。让数不清的读者为之倾倒，这不能不说是文学史上的一个奇迹。**C**罗琳这个富有想象力的魔法妈妈带给了无数人欢笑与泪水，更带给了全世界的哈迷一个美丽的梦。《哈利·波特》以其小说的闻名，带动了一系列相关文化内容的开发，**D**包括电影、游戏、玩具、游乐园、相关书籍等。	**A**『해리 포터』 시리즈는 총 7부이다. 그 중 앞의 6부는 호그와트 마법학교를 주요 무대로 하며 **B**주인공 해리 포터가 호그와트 마법학교에서 6년 동안 생활한 모험 이야기를 그려내고 있다. 수많은 독자를 매료시켰는데, 이것은 문학사상 기적이라고 말하지 않을 수 없다. **C**풍부한 상상력의 마법 어머니인 롤링은 많은 사람에게 기쁨과 눈물을 가져다주었고, 전 세계의 해리 포터 팬에게 아름다운 꿈을 가져다주었다. 『해리 포터』는 그 소설의 유명세로 일련의 관련 있는 문화 콘텐츠의 개발을 이끌었는데, **D**영화, 게임, 장난감, 놀이공원, 관련 서적 등을 포함한다.
A. 《哈利·波特》只出版了一本 **B.《哈利·波特》是魔法学校的学习生活冒险故事** C. 罗琳是《哈利·波特》的主人公 D. 《哈利·波特》只是小说，没拍成电影	A. 『해리 포터』는 1부만 출판되었다 **B. 『해리 포터』는 마법학교의 생활을 그린 모험 이야기이다** C. 롤링은 『해리 포터』의 주인공이다 D. 『해리 포터』는 단지 소설일 뿐, 영화로 만들어진 적이 없다

哈利·波特 Hālì·bōtè 고유 해리 포터 | 系列 xìliè 몡 시리즈 | 霍格沃茨 Huògéwòcí 고유 호그와트[해리 포터 소설에 등장하는 학교 이름] | 魔法 mófǎ 몡 마법 | 舞台 wǔtái 몡 무대 | 描写 miáoxiě 통 묘사하다, 그려내다 | 主人公 zhǔréngōng 몡 주인공 | 冒险 màoxiǎn 통 모험하다, 위험을 무릅쓰다 | 数不清 shǔbuqīng 셀 수 없다 | 倾倒 qīngdào 통 흠모하다, 매료되다 | 奇迹 qíjì 몡 기적 | 迷 mí 몡 팬, 마니아 | 泪水 lèishuǐ 몡 눈물 | 闻名 wénmíng 통 유명하다 | 一系列 yíxìliè 몡 시리즈의 | 书籍 shūjí 몡 서적

A (×) 『해리 포터』는 총 7부라고 본문 처음에 언급되었다.

B (○) 『해리 포터』는 호그와트라는 마법학교에서 생활한 모험 이야기를 그려내고 있다.

C (×) 풍부한 상상력으로 사람들에게 기쁨과 눈물을 가져다주었다는 것에서 롤링은 『해리 포터』의 저자임을 알 수 있다.

D (×) 『해리 포터』는 소설 이외에, 영화, 게임, 장난감, 놀이공원, 관련 서적 등의 콘텐츠 개발을 이끌었다.

7

　　人民币是中华人民共和国大陆地区的法定货币。**A**国际上更常用的缩写是RMB(Ren Min Bi)。《中华人民共和国中国人民银行法》规定："中华人民共和国的法定货币是人民币。""人民币的单位为元，人民币辅币单位为角、分"。主辅币换算关系：**B**1元等于10角，1角等于10分。人民币没有规定法定含金量，它执行价值尺度、流通手段、支付手段等职能。**C**人民币按照材料的自然属性划分，有金属币(硬币)、纸币。中国人民银行自1948年12月1日成立以来，**D**至今已发行五套人民币。

　　런민비는 중화인민공화국에서 법으로 지정된 화폐로, **A**국제적으로 자주 줄여 쓰는 말은 RMB이다. 『중화인민공화국 중국인민 은행법』에서는 '중화인민공화국의 법으로 정해진 화폐는 런민비다' '런민비의 단위는 위앤이고, 런민비의 보조 화폐 단위는 지아오, 펀이다'라고 규정하고 있다. 주 화폐의 환산 관계는 **B**1위앤은 10지아오와 같고, 1지아오는 10펀과 같다. 런민비는 법으로 규정된 금량이 없고, 그것이 가치 척도를 나타내고 유통수단, 지불수단 등의 기능을 한다. **C**런민비는 재료의 특성에 따라 금속화폐[동전], 지폐가 있다. 중국인민은행이 1948년 12월 1일에 성립된 이래로 **D**지금까지 이미 5세트의 런민비를 발행했다.

A. 人民币国际上常用的缩写是RMB
B. 1元等于1角
C. 人民币按照模样划分
D. 中国银行到现在发行6套人民币

A. 런민비는 국제적으로 자주 줄여 쓰는 말이 RMB이다
B. 1위앤은 1지아오와 같다
C. 런민비는 모양에 따라 구분된다
D. 중국은행은 지금까지 6세트의 런민비를 발행했다

| **法定** fǎdìng 형 법으로 정한 | **货币** huòbì 명 화폐 | **国际** guójì 명 국제 | **缩写** suōxiě 통 축소하여 쓰다 | **辅币** fǔbì 명 보조화폐의 약칭 | **换算** huànsuàn 통 환산하다 | **执行** zhíxíng 통 집행하다 | **尺度** chǐdù 명 척도, 표준 | **属性** shǔxìng 명 속성 | **划分** huàfēn 통 나누다 | **硬币** yìngbì 명 동전 | **纸币** zhǐbì 명 지폐 | **至今** zhìjīn 부 지금까지, 오늘까지 |

A (○) '国际上更常用的缩写是RMB(Ren Min Bi)'에서 답임을 알 수 있다.

B (✕) 1위앤은 10지아오와 같다.

C (✕) 런민비는 재료의 특성에 따라 동전과 지폐로 구분된다.

D (✕) 중국은행은 현재까지 5세트의 런민비를 발행했다.

8

　　B无论在练功教室还是在舞台，舞蹈者穿的都是专门设计的服装。**A**对舞蹈者来说，练功服绝不仅仅是为了好看，它们中每一件都有其切实的作用。紧身衣和紧身裤袜是舞蹈者最基本的练习服。在古典芭蕾领域，女孩子通常穿黑色紧身衣配上粉色的紧身裤袜。有的学校则喜欢让他们的姑娘穿短袜和各种带色的紧身衣。有时在紧身衣外面还穿一条用很薄的材料制作的围腰短裙。**C,D**男孩子一般穿白色的短袖圆领汗衫配黑色的紧身裤袜。

　　B교실에서 연습하든 무대에서 연습하든 무용수가 입는 것은 모두 특별히 디자인된 복장이다. **A**무용수에게 연습복은 예쁘기 위한 것만은 아니다. 옷마다 모두 실용적인 역할을 한다. 꽉 끼는 옷과 팬티스타킹은 모두 무용수의 가장 기본적인 연습복이다. 고전 발레 영역에서 여자는 보통 검은색 옷에 분홍색 팬티스타킹을 맞춰 입었다. 어떤 학교에서는 그들에게 짧은 양말과 다양한 색의 옷을 입게 하기도 했다. 어떤 때에는 몸에 꽉 조이는 옷과 아주 얇은 소재로 만든 허리를 두르는 짧은 치마를 입기도 했다. **C,D**남자들은 일반적으로 흰색 짧은 소매의 둥근 목둘레선의 내의에 꽉 조이는 검은색 팬티스타킹을 맞춰 입는다.

A. 对舞蹈者来说，练功服绝不仅仅是为了好看，而是有切实的作用的
B. 无论在练功教室还是在舞台上，舞蹈者穿的都是运动服
C. 女孩子一般穿白色的短袖圆领汗衫
D. 对男舞蹈者来说，紧身衣和紧身裙子是舞蹈者最基本的练习服

A. 무용수에게 연습복은 예쁘기 위한 것만이 아니라, 실용적인 역할도 한다
B. 교실에서 연습하든 무대에서 연습하든 무용수가 입는 것은 모두 운동복이다
C. 여자는 일반적으로 흰색 짧은 소매의 둥근 목둘레선 내의를 입는다
D. 남자 무용수는 꽉 조이는 옷과 꽉 조이는 치마가 기본 연습복이다

练功 liàngōng 图 연마하다 | 设计 shèjì 图 설계하다, 디자인하다 | 切实 qièshí 图 실용적이다, 실제적이다 | 紧身衣 jǐnshēnyī 图 몸에 꼭 끼는 옷 | 芭蕾 bālěi 图 발레 | 裤袜 kùwà 图 팬티스타킹 | 短袜 duǎnwà 图 짧은 양말 | 围腰 wéiyāo 图 허리에 두르는 띠 | 圆领衫 yuánlǐngshān 图 라운드 셔츠 | 汗衫 hànshān 图 러닝셔츠, 내의

A (○) 본문에 그대로 언급되고 있다.

B (✕) 무용수가 입는 것은 운동복이 아니라, 모두 특별히 디자인된 복장이다.

C (✕) 흰색 짧은 소매의 둥근 목둘레선 내의는 남자 무용수가 입는 옷이다.

D (✕) 치마는 남자 무용수가 입지 않는다.

9

化石是存留在岩石中的古生物遗体或遗迹，最常见的是骸骨和贝壳等。A 研究化石可以了解生物的演化并能帮助确定地层的年代。简单地说，B 化石就是生活在遥远的过去的生物的遗体或遗迹变成的石头。在漫长的地质年代里，C 地球上曾经生活过无数的生物，这些生物死亡后的遗体或是生活时遗留下来的痕迹，D 许多都被当时的泥沙掩埋起来。

화석은 암석에 남아 있는 고생물 시체거나 흔적으로 제일 자주 보이는 것은 뼈와 조개껍데기이다. A 화석 연구는 생물의 진화를 이해하고 지층의 연대를 확정하는 데 도움을 준다. 간단히 말해 B 화석은 먼 과거에 살던 생물의 시체 또는 유적이 변한 돌이다. 기나긴 지질 연대 동안 C 지구상의 예전에 살았던 수 많은 생물, 이 생물의 죽은 후 시체나 살면서 남아 있던 흔적들은 D 모두 당시의 진흙과 모래에 매장되었다.

A. 研究化石可以了解生物的演化
B. 化石是死了不久的生物遗体的石头
C. 地球上曾经生活过无数种的人
D. 许多生物都被当时的尘沙掩埋起来了

A. 화석 연구는 생물의 진화를 알 수 있게 한다
B. 화석은 죽은 지 얼마 안 된 생물 시체의 돌이다
C. 지구에는 일찍이 수많은 종류의 인간들이 살았었다
D. 수많은 생물이 모두 그 당시의 먼지와 모래에 매장되었다

化石 huàshí 图 화석 | 存留 cúnliú 图 남겨 두다, 남기다 | 岩石 yánshí 图 암석, 바위 | 遗体 yítǐ 图 사체, 시체 | 遗迹 yíjì 图 유적 | 骸骨 háigǔ 图 뼈 | 贝壳 bèiké 图 조개껍데기 | 演化 yǎnhuà 图 발전 변화하다, 진화하다 | 地层 dìcéng 图 지층 | 遥远 yáoyuǎn 图 아득히 멀다 | 遗留 yíliú 图 남겨 놓다, 남기다 | 痕迹 hénjì 图 흔적 | 泥沙 níshā 图 진흙과 모래 | 掩埋 yǎnmái 图 묻다, 매장하다

A (○) 화석 연구는 생물의 진화를 이해하고 지층의 연대를 확정하는 데 도움을 준다.

B (✕) 화석은 죽은 지 오래된 생물의 시체다.

C (✕) 지구에는 수많은 생물이 살았지, 인간들이 살았다는 내용은 언급되지 않았다.

D (✕) 수많은 생물은 먼지와 모래에 묻힌 게 아니라 진흙과 모래에 매장되었다.

10

　　中国的普通高等学校招生全国统一考试简称高考，是中华人民共和国的重要的全国性考试之一。普通高等学校招生全国统一考试的定义是：合格的高中毕业生和具有同等学力的考生参加的**A选拔性考试**。高等学校根据考生成绩，按已确定的招生计划，德、智、体全面衡量，择优录取。因此，高考应具有较高的信度、效度、必要的区分度和适当的难度。高考以省为单位。虽然名义上为全国统一考试，但部分试题并不是全国统一的。**B考试的形式是闭卷考试，C考试内容由国家教育部统一划定(高考考试大纲)，D考试采用笔试方式**。

　　중국의 보통대학교학생모집 전국통일시험의 약칭인 대입시험은 중화인민공화국의 중요한 전국 시험 중 하나이다. 보통대학교학생모집 전국통일시험은 합격한 고등학교 졸업생과 같은 학력을 소지하고 있는 수험생이 참가하는 **A선발고사이다**. 대학교는 수험생의 성적과 확정된 학생모집 계획에 따라, 지, 덕, 체를 전체적으로 따져 우수한 자를 선발한다. 따라서 대입시험은 비교적 높은 신임도와 효과, 변별력과 적당한 난이도를 지닌다. 대입시험은 성을 단위로 한다. 비록 명의상으로는 전국통일시험이지만 부분 시험문제는 결코 전국이 통일된 것은 아니다. **B시험 형식은 책을 안 보고 보는 시험이고, C시험 내용은 국가교육부가 통일해서 규정한 (대입시험 대강), D필기 시험 방식이다**.

A. 中国高考是选拔性考试
B. 高考的形式是面试
C. 考试内容只有英语
D. 高考采用绘画考试

A. 중국 대입시험은 선발고사이다
B. 대입시험 형식은 면접이다
C. 시험 내용은 오직 영어 뿐이다
D. 대입시험은 회화 시험을 사용한다

高等学校 gāoděng xuéxiào 몡 대학교 | **招生** zhāoshēng 동 신입생을 모집하다 | **简称** jiǎnchēng 몡 약칭 | **高考** gāokǎo 몡 대입시험 | **定义** dìngyì 몡 정의 | **选拔** xuǎnbá 동 선발하다 | **根据** gēnjù 개 ~을 근거로 | **衡量** héngliáng 동 비교하다, 측정하다 | **录取** lùqǔ 동 채용하다, 합격시키다 | **信度** xìndù 몡 신임도, 신뢰도 | **效度** xiàodù 몡 효율성 | **适当** shìdàng 형 적당하다 | **难度** nándù 몡 난이도 | **单位** dānwèi 몡 단위 | **名义** míngyì 몡 명분, 명의 | **闭卷** bìjuàn 몡 시험을 치를 때 관련 자료를 못 보게 하다 | **大纲** dàgāng 몡 대강 | **笔试** bǐshì 몡 필기 시험

A (O) 본문의 내용과 같으므로 답이다.

B (X) 중국 대입 시험 형식은 책을 안보고 보는 시험이라고 했을 뿐, 보기와 같은 내용은 없다.

C (X) 시험 내용은 국가교육부에서 지정한 내용일 뿐, 영어와 관련된 내용은 언급되지 않았다.

D (X) 대입시험은 필기 시험 방식이다.

4 다양한 이야기 지문 독해하기 p.107

| 정답 | 1 B | 2 D | 3 A | 4 D | 5 D |
| | 6 D | 7 B | 8 C | 9 B | 10 C |

1

　　南京许女士的**A女儿今年考上了外地一所大学**，送女儿去学校报到回家后，许女士心里总觉得空落落的；**C也许是因为没孩子在家不热闹了**，

　　난징에 사는 쉬여사의 **A딸이 올해 외지의 대학에 합격했다**. 딸을 학교에 등록시키고 집에 온 후에 쉬여사는 마음이 계속 텅 비어 있는 것 같았다. **C아마 아이가 집에 없어서 시끌벅적하지 않기 때문일 것**

许女士到了家里不是少了一个人，好像是少了许多人；今年中秋节也因为女儿没在家，两口子觉得没过节的气氛了，很不习惯。D这么多年来女儿还是第一次离开家，离开她独自生活，看不到女儿，B许女士心里别提有多难受了。

A. 许女士的女儿是高中生
B. 许女士现在心里很难过
C. 今年中秋节许女士家过得很热闹
D. 现在许女士跟女儿住在一起

이다. 쉬여사가 집에 오니 한 명이 줄어든 것이 아니라 많은 사람이 줄어 든 것 같았다. 올해 중추절은 딸이 집에 없어서 두 부부는 명절 분위기가 나지 않아 매우 어색했다. D이렇게 오랜 세월 중에 딸이 처음 집을 떠나 혼자 살게 된 것과 자신이 딸을 볼 수 없게 되는 것이 B쉬여사의 마음을 너무 아프게 했다.

A. 쉬여사의 딸은 고등학생이다
B. 쉬여사는 현재 마음이 너무 아프다
C. 올해 중추절에 쉬여사의 집은 매우 시끌벅적했다
D. 현재 쉬여사는 딸과 함께 산다

南京 Nánjīng 고유 난징 | 外地 wàidì 명 외지 | 报到 bàodào 통 도착했음을 보고하다 | 空落落 kōngluòluò 고요하고 쓸쓸하다, 공허하다 | 也许 yěxǔ 어쩌면, 아마도 | 热闹 rènao 형 시끌벅적하다 | 中秋节 Zhōngqiū Jié 고유 중추절, 추석 | 两口子 liǎngkǒuzi 명 부부 | 气氛 qìfēn 명 분위기 | 独自 dúzì 혼자서, 홀로 | 别提 biétí 말할 것도 없다[강조할 때 쓰임] | 难受 nánshòu 형 견디기 어렵다

A (×) 쉬여사의 딸이 대학에 합격했다는 것에서 대학생임을 알 수 있다.

B (O) 쉬여사는 자신이 직접 키운 딸이 처음으로 집을 떠나 떨어져 살게 되어 마음이 너무 아프다고 했으므로 답은 B이다.

C (×) 올해 중추절에는 딸이 없어서 집이 조용했다.

D (×) 딸은 현재 외지 대학에 입학하여 쉬여사와 떨어져 살고 있다.

2

不管是微笑还是大笑，都会让人从心里感到愉悦，但是对于B,C英国女科学家克莱儿•艾伦来说，笑可是会给她带来极大的危险！A因为她患有罕见的嗜眠症，D只要笑上一、两声，就可能突然倒地昏睡。她说"每当我发出笑声后几秒钟，我的手就会失去力量，我的脑袋就会睡觉，陷入昏睡般的瘫痪状态中。"克莱儿目前服用一种最新药物，这种药物可以让她维持3个半小时的深度睡眠，她每天晚上会服两次药，奇怪的病情终于获得控制，一个月大概只会发生几次。

A. 克莱儿发疯了
B. 克莱儿能治别人病
C. 克莱儿是文学家
D. 克莱儿只要笑，就会突然倒地睡觉

미소를 짓든 크게 웃든 모두 사람의 마음을 기쁘게 한다. 그러나 B,C영국의 여 과학자 클로드앨런에게 웃는 것은 매우 위험하다. A왜냐하면 그녀는 드물게 발견되는 기면증을 앓고 있기 때문이다. D한 두 번 웃기만 하면 갑자기 바닥에 쓰러져서 잠이 든다. 그녀는 "매번 웃음소리를 내고 몇 분 있으면, 손에 힘이 풀리고, 뇌가 잠이 들어 기절하는 것처럼 마비 상황에 빠져요."라고 말했다. 클로드는 최신 약물을 복용하고 있는데, 이 약은 그녀가 세 시간 반 동안 깊은 잠을 잘 수 있게 유지해준다. 그녀가 매일 저녁 약을 두 번 복용함으로써 이상한 증상을 통제하고, 한 달에 몇 번만 발생하게 되는 것이다.

A. 클로드는 미쳤다
B. 클로드는 다른 사람의 병을 치료할 수 있다
C. 클로드는 문학가이다
D. 클로드는 웃기만 하면 갑자기 바닥에 쓰러져서 잠이 든다

微笑 wēixiào 명동 미소(짓다) | 愉悦 yúyuè 형 기쁘다 | 危险 wēixiǎn 형 위험하다 | 罕见 hǎnjiàn 형 보기 드물다 | 嗜眠症 shìmiánzhèng 기면증 | 昏睡 hūnshuì 정신없이 잠자다 | 脑袋 nǎodai 두뇌 | 陷入 xiànrù 통 (불리한 지경에) 빠지다 | 瘫痪 tānhuàn 통 마비되다, 정지되다 | 获得 huòdé 얻다 | 控制 kòngzhì 통 통제하다

A (×) 클로드는 미친 것이 아니라 기면증을 앓고 있다.

B (×) 다른 사람의 병을 치료할 수 있는 것은 의사로 본문에 이러한 내용은 언급되지 않았으며, 클로드는 과학자이지 의사가 아니다.

C (×) 클로드는 과학자이다.

D (O) '只要笑上一、两声, 就可能突然倒地昏睡'에서 답임을 알 수 있다.

3

A54岁的林芳是浙江省宁波家具厂老板, 有"收藏老家具"的喜好。他花港币数千万元, C还欠下了700万元债务, 打造了私人博物馆, D现在这个博物馆已正式对外开放。博物馆被古色古香的高大围墙包围着, 里面陈列着116个从全国各地搬来的传统家具。

A. 林芳是个工厂老板
B. 林芳卖了很多房子
C. 林芳没有债务
D. 林芳的博物馆还没开放

A54세의 린팡은 저지앙성 닝보의 가구 공장 사장으로 '옛 가구 수집'이 취미이다. 그는 수천여 홍콩달러를 들이고, C또 700만 위앤의 빚을 져 개인 박물관을 만들었다. D현재 이 박물관은 이미 정식으로 대외에 개방되었다. 박물관은 고색이 창연한 높은 외벽으로 둘러싸여 있으며, 안에는 116개의 전국 각지에서 운반해 온 전통 가구가 있다.

A. 린팡은 공장 사장이다
B. 린팡은 많은 집을 샀다
C. 린팡은 빚이 없다
D. 린팡의 박물관은 아직 개방하지 않았다

家具厂 jiājùchǎng 명 가구 공장 | 收藏家 shōucángjiā 명 수집가 | 喜好 xǐhào 명 애호, 취미 | 港币 gǎngbì 명 홍콩 달러 | 欠 qiàn 통 빚지다 | 打造 dǎzào 통 만들다 | 博物馆 bówùguǎn 명 박물관 | 债务 zhàiwù 명 채무, 빚 | 古色古香 gǔsè gǔxiāng 성 고색이 창연하다 | 围墙 wéiqiáng 명 빙 둘러싼 담 | 包围 bāowéi 통 포위하다 | 陈列 chénliè 통 진열하다

A (O) 린팡은 가구 공장 사장이라고 했으므로 답은 A이다.

B (×) 본문에 언급되지 않은 내용이다.

C (×) 린팡은 개인 박물관을 만들면서 700만 위앤의 빚이 있다.

D (×) 이 박물관은 현재 정식으로 대외에 개방되었다.

4

A32岁的张金鹏是中国第一位职业旅行家, 新书《背包十年》的作者。他从2001年开始背包旅行, B至今已游过30多个国家与地区。他希望自己能够成为一个梦想的传递者。他说: "我从许多前辈旅行家那里获得关于旅行的梦想, 我想告诉我的晚辈, C人生不只是拥有房子、车子, 应该还有别的东西。"D自由与梦想, 虽然看起来遥远, 但只要坚持, 就不只是个梦想。

A32세의 장진펑은 중국 최초의 프로여행가로, 새 책 『배낭 10년』의 작가이다. 그는 2001년부터 배낭여행을 시작했고, B지금까지 벌써 30여 개의 나라와 지역에 가 보았다. 그는 자신이 꿈의 전달자가 될 수 있기를 희망한다. 그는 "나는 매우 많은 선배 여행가들한테서 여행에 대한 꿈을 얻었고, 내 후배들에게 C인생은 단지 집, 차에만 있는 것이 아니라 분명히 또 다른 것에도 있다고 말해주고 싶다"라고 말했다. D자유와 꿈은 비록 보기에 멀어 보이지만, 계속 지킨다면 꿈으로만 끝나지는 않을 것이다.

A. 张金鹏是作家，不是旅行家
B. 张金鹏到32个国家旅行过
C. 房子、车子是人生的全部
D. 自由与梦想只要坚持就能实现

A. 장진펑은 작가이지, 여행가가 아니다
B. 장진펑은 32개 나라에 여행을 가 봤다
C. 집, 차는 인생 전부이다
D. 자유와 꿈은 계속 지킨다면 실현될 수 있다

背包 bèibāo 몡 배낭 │ 作者 zuòzhě 몡 작가 │ 传递 chuándì 통 전달하다 │ 前辈 qiánbèi 몡 연장자, 선배 │ 梦想 mèngxiǎng 몡 꿈 │ 晚辈 wǎnbèi 몡 후배 │ 遥远 yáoyuǎn 혱 (시간이나 거리가) 아득히 멀다 │ 坚持 jiānchí 통 단호히 지키다, 고수하다

A (✗) 장진펑은 중국 최초의 프로여행가로 이번에 새 책을 냈다.

B (✗) 장진펑은 30여 개의 나라와 지역에 가 봤다고 했지, 32개라고 정확하게 언급하지는 않았다.

C (✗) 인생은 단지 집, 차에만 있는 것이 아니라고 했다.

D (○) 자유와 꿈을 계속 지킨다면 꿈으로만 끝나지 않는다는 것은 그것이 실현될 수 있다는 말과 같기 때문에 답은 D이다.

5

当别的年幼的孩子在父母怀中撒娇的时候，广西柳州6岁的孤儿阿龙却一个人生活着。他一个人住，一个人洗衣做饭，一个人养狗，一个人读书认字，一个人入睡。小小的年纪，阿龙为什么会一个人居住？他还有亲人嘛，他们在哪里？广西新闻网报导，阿龙的父亲是去世了。**D阿龙是个艾滋病毒携带者。B**和阿龙比较亲近的只有84岁的奶奶。**C**但唯一可以依靠的奶奶，却不愿跟他一起住。

다른 어린아이들이 부모 품에 안겨 애교를 부릴 때, 광시성 리우조의 6살 고아 아룽은 혼자 살고 있다. 그는 혼자 살면서 빨래하고, 밥하고, 혼자서 개를 키우고, 혼자서 공부하고, 글자를 익히고 혼자서 잠이 든다. 어린 나이에 아룽은 왜 혼자 살까? 그는 가족이 있지 않은가? 그들은 어디에 있나? 광시소식통에서 보도하기를 아룽의 아버지는 돌아가셨고 **D아룽 자신은 에이즈 보균자라고 했다. B**아룽 곁에는 비교적 가까이 사는 84세의 할머니뿐이다. **C**그러나 유일하게 의지할 수 있는 할머니는 그와 함께 사는 것을 원하지 않는다.

A. 阿龙的妈妈离家出走了
B. 啊龙跟奶奶住在一起
C. 奶奶愿意接受阿龙
D. 阿龙得了艾滋病

A. 아룽의 어머니는 가출하셨다
B. 아룽은 할머니와 함께 살고 있다
C. 할머니는 아룽을 받아들이고 싶어한다
D. 아룽은 에이즈에 걸렸다

年幼 niányòu 혱 어리다 │ 撒娇 sājiāo 통 애교를 떨다 │ 孤儿 gū'ér 몡 고아 │ 亲人 qīnrén 몡 직계 친족 │ 去世 qùshì 통 돌아가다, 별세하다 │ 艾滋病 àizībìng 몡 에이즈[AIDS] │ 携带 xiédài 통 (몸에) 지니다 │ 依靠 yīkào 통 의지하다, 기대다

A (✗) 아룽의 어머니에 대한 내용은 본문에 나오지 않는다.

B (✗) 아룽은 혼자 살고 있으며, 가까운 거리에 할머니가 계실 뿐이다.

C (✗) 할머니는 아룽과 함께 살기를 원하지 않으신다.

D (○) 아룽이 에이즈 보균자라는 것은 에이즈에 걸렸다는 말과 같으므로 답은 D이다.

6

毕业，**B**就像一个大大的句号。从此，我们告别了一段纯真的青春，一段年少轻狂的岁月，一个充满幻想的时代。**A**毕业前的这些日子，时间过得好像流沙，想挽留，一伸手，有限的时光却悄悄溜走。毕业答辩、毕业晚会、举手话别、各奔东西……一切似乎都预想得到。**D**一切又走得太过无奈。

A. 时间跟流沙有关系
B. 毕业就是个大大的问号
C. 时间过得很慢
D. 毕业前的日子很快就过去了

졸업은 **B**마치 거대한 마침표 같다. 이때부터 우리는 순수한 청춘과 어리고 경망스러웠던 세월, 환상이 가득했던 시대와 고별인사를 한다. **A**졸업 전의 나날들은 마치 흐르는 모래처럼, 남겨두고 싶어 손을 뻗어 보지만 정해진 시간은 조용하게 떠나간다. 졸업 심사, 졸업 파티, 고별인사, 각자 떠나는 것……. 모든 것이 마치 예상했던 것처럼, **D**모든 것이 손을 쓸 수 없을 만큼 너무 빨리 지나간다.

A. 시간은 모래가 흐르는 것과 관계가 있다
B. 졸업은 바로 큰 마침표이다
C. 시간은 매우 느리게 지나간다
D. 졸업 전의 나날들이 매우 빨리 지나갔다

句号 jùhào 명 마침표 | 告别 gàobié 동 헤어지는 인사를 하다, 고별하다 | 轻狂 qīngkuáng 형 방정맞다 | 幻想 huànxiǎng 명 환상 |
流沙 liúshā 명 사막 지대의 흩날리는 모래 | 挽留 wǎnliú 동 만류하다 | 伸手 shēnshǒu 동 손을 내밀다 | 有限 yǒuxiàn 형 유한하다 |
时光 shíguāng 명 시간, 세월 | 悄然 qiǎorán 형 조용하다, 고요하다 | 答辩 dábiàn 동 답변하다['毕业答辩'의 준말로 졸업 논문을 심사받는 과정을 말함] | 举手 jǔshǒu 동 손을 들다 | 话别 huàbié 동 이별의 말을 나누다 | 各奔东西 gè bēn dōngxī 각자 흩어지다 |
预想 yùxiǎng 동 예상하다 | 无奈 wúnài 형 어쩔 수 없다, 손 쓸 수 없다

A (×) 시간이 마치 모래가 흘러가는 것 같다고 비유를 한 것이지, 시간과 관계가 있는 것은 아니다.

B (×) 졸업을 큰 마침표에 비유하여 설명한 것이지, 큰 마침표라고 정의를 내린 것은 아니다.

C (×) 본문에 언급된 적이 없다.

D (O) 마지막에 모든 것이 빨리 지난 간다는 것은 졸업 전의 나날들이 빨리 지나감을 말하므로 답은 D이다.

7

B大胖拿到去美国签证的那一天，是他两个月以来最开心的一天。他是我最好的朋友之一。我们四个兄弟，也是同一间屋子的室友。**A**老大学计算机，网名大胖；老二是帅哥瘦猴，每次聚会总是吸引不少女生的目光；**D**小高在我们四个中排行老三，但是最高，学中文，**C**爱写散文，话不多，但有哲理的话总是从他那里冒出来。我像是个毫无特色的人，除了喜欢做实验。

A. 大胖是我弟弟
B. 大胖快要去美国了
C. 我爱写散文
D. 小高是我们四个中的老大

B뚱보가 미국 비자를 받았던 그날은 그가 두 달 중에 가장 기쁜 날이었다. 그는 나의 가장 친한 친구 중 한 명으로, 우리 네 명의 형제는 한 방에 같이 있었던 룸메이트였다. **A**첫째는 컴퓨터를 공부했고 아이디가 뚱보였다. 둘째는 잘생기고 말랐으며 매번 모임 때마다 항상 많은 여자의 시선을 끌었다. **D**샤오까오는 우리 넷 중에 셋째를 맡았으나, 키가 제일 컸다. 중국어를 공부했고, **C**글 쓰는 걸 좋아하며 말이 많지는 않았지만, 철학적인 말은 항상 그에게서 나왔다. 나는 실험하는 것을 좋아하는 걸 빼고는 아무런 특색이 없는 사람이다.

A. 뚱보는 내 동생이다
B. 뚱보는 곧 미국에 간다
C. 나는 글을 쓰는 것을 좋아한다
D. 샤오까오는 우리 넷 중의 우두머리이다

签证 qiānzhèng 명 비자 | 室友 shìyǒu 명 룸메이트 | 老大 lǎodà 명 맏이, 우두머리 | 网名 wǎngmíng 명 아이디 | 瘦猴 shòuhóu
명 말라깽이, 여윈 사람 | 聚会 jùhuì 명 모임 | 吸引 xīyǐn 동 끌어들이다, 유인하다 | 目光 mùguāng 명 시선, 안목 | 排行 páiháng
명동 순위(를 매기다) | 散文 sǎnwén 명 산문, 글 | 哲理 zhélǐ 명 철학적 이치 | 冒 mào 동 (밖으로) 내뿜다 | 毫无 háowú 동 전혀
~가 없다 | 特色 tèsè 명 특색, 특징 | 实验 shíyàn 명 실험

A (×) 첫째, 둘째, 셋째가 누구인지 언급되었으나, 나에 대해선 몇 째인지 확실히 언급하지 않았다. 하지만 네 명 중에 마지막에 언급된 것으로 보아 막내라는 것을 알 수 있으므로 뚱보보다 동생이다.

B (○) 뚱보가 미국 비자를 받았다는 것에서 곧 미국에 갈 것임을 알 수 있다.

C (×) 내가 아니라 샤오까오가 글 쓰는 것을 좋아한다.

D (×) 샤오까오는 우리 중 셋째이다.

8

小李最后选择了我们童年梦想过的职业。A他要去当老师，而且，不是在繁华的都市，也没有可观的工资。他申请去了青海，那儿有个全国志愿者的支教项目。C他说自己是从农村来的，知道山里的孩子会有多渴望知道外面的世界。B而我早早地保送了本校的研究生，少了申请出国的辛苦，少了找工作的忙碌，少了选择的彷徨，也少了很多刻骨铭心的回忆。

A. 小李当过老师
B. 我是留学生
C. 小李是在农村出生的
D. 我想当公司职员

샤오리는 마지막으로 어린 시절의 꿈이었던 직업을 선택했다. A그는 교사가 되고 싶어 했는데, 번화한 도시에서 하는 것도 아니고, 괜찮은 월급도 아니다. 그는 칭하이에 가는 것으로 신청했는데 그곳엔 전국 봉사자들의 교육지원프로그램이 있다. C그는 자신이 농촌 출신이기 때문에 산촌의 아이들이 얼마나 바깥세계를 갈망하는지 안다고 했다. B그러나 나는 일찌감치 우리 학교의 대학원에 추천되어 입학했다. 출국신청의 수고로움을 줄이면서 일자리를 찾는 분주함도 줄이고, 선택의 방향도 줄이고 또, 마음 깊이 새기고 있던 추억도 줄어들었다.

A. 샤오리는 선생님을 했었다
B. 나는 유학생이다
C. 샤오리는 농촌에서 태어났다
D. 나는 회사원을 하고 싶다

童年 tóngnián 몡 어린 시절 | 梦想 mèngxiǎng 몡 꿈 | 可观 kěguān 혱 대단하다, 굉장하다 | 志愿者 zhìyuànzhě 몡 지원자, 봉사자 | 支教 zhījiào 몡 교육을 지원하다 | 项目 xiàngmù 몡 항목, 프로젝트 | 渴望 kěwàng 동 갈망하다 | 保送 bǎosòng 동 (시험을 면제하고) 추천으로 입학하다 | 申请 shēnqǐng 동 신청하다 | 辛苦 xīnkǔ 혱 고생하다 | 忙碌 mánglù 혱 바쁘다 | 彷徨 pánghuáng 동 배회하다, 방황하다 | 刻骨铭心 kègǔ míngxīn 젱 마음에 깊이 간직하여 명심하다 | 回忆 huíyì 몡 추억

A (×) 샤오리는 선생님을 했던 것이 아니라 선생님을 하려고 하는 것이므로 답이 될 수 없다.

B (×) 본문에 언급되지 않은 내용이다. 나는 대학원에 추천되어 입학했다.

C (○) '他说自己是从农村来的'에서 샤오리는 농촌에서 태어났음을 알 수 있다.

D (×) 본문에 언급되지 않은 내용이다.

9

C家并不是很脏，A只是一周下来，沙发上堆着一些收回未整理好的衣物，一一折好，放入衣柜。虽基本上门窗紧闭，但D所有家具上似乎都蒙着一层薄薄的灰尘。阳光中，那些尘埃轻舞飞扬着，有一种美好在内心蒸腾。这样的日子里，暖和的阳光、洁净的空气、明亮的房间、飘逸的窗帘……随便找一个温暖舒适的角落，一本书、一首曲，享受一下，闲着没事的时间。

C집은 결코 더럽지 않다. A다만 일주일 동안 소파에 정리되지 않은 옷가지들이 쌓여 있을 뿐이다. 하나하나 잘 접어 옷장에 넣었다. 비록 항상 창문은 닫혀 있지만 D온 가구에 얇은 먼지가 덮여 있는 것 같다. 햇살에 그런 먼지들이 가볍게 날아다니는 중에 아름다운 것들이 마음속에서 떠올랐다. 이러한 날에 따뜻한 태양, 깨끗한 공기, 밝은 방, 넓은 바닥, 하늘거리는 커튼…… 아무 데나 따뜻하고 편안한 구석을 찾아 책 한 권, 노래 한 곡을 들으며 일없이 한가하게 있다.

那样的时候，爱一个人恋一个家，守护一份亲情的感觉单纯而美好！**B**我需要的只是这样简单宁静的幸福。

이런 시간, 한 사람을 사랑하고 한 가정을 사랑하고 가족의 정을 느끼는 것을 유지하는 것은 단순하면서 아름답다. **B**나는 단지 이렇게 단순하고 평온한 행복이 필요했던 것이다.

A. 我每天打扫房间
B. 我需要的是简单宁静的幸福
C. 我的房间乱七八糟
D. 所有家具上蒙着一层厚厚的灰尘

A. 나는 매일 방 청소를 한다
B. 내가 필요한 것은 단순하고 평온한 행복이다
C. 내 방은 엉망진창이다
D. 모든 가구에 두꺼운 먼지가 쌓여 있다

脏 zāng 혱 더럽다 | **堆** duī 동 쌓다 | **收回** shōuhuí 동 거두어들이다 | **整理** zhěnglǐ 동 정리하다 | **衣物** yīwù 명 옷과 기타용품 | **折** zhé 동 접다 | **衣柜** yīguì 명 옷장 | **紧闭** jǐnbì 동 꼭 닫다 | **蒙** méng 동 덮다, 가리다 | **薄薄** báobáo 형 아주 얇다 | **灰尘** huīchén 명 먼지 | **尘埃** chén'āi 명 먼지 | **飞扬** fēiyáng 동 날아다니다 | **蒸腾** zhēngténg 동 김이 오르다 | **洁净** jiéjìng 형 청결하다 | **落地** luòdì 동 땅바닥에 떨어지다 | **飘逸** piāoyì 동 사방으로 흩날리다 | **窗帘** chuānglián 명 커튼 | **角落** jiǎoluò 명 구석, 모퉁이 | **守护** shǒuhù 동 지키다 | **亲情** qīnqíng 명 가족 간의 정 | **单纯** dānchún 형 단순하다 | **宁静** níngjìng 형 편안하다, 조용하다

A (×) 일주일 동안 정리를 하지 않은 옷들이 쌓여 있다고 했으므로 매일 방 청소를 한다는 것은 무리가 있다.

B (〇) '我需要的只是这样简单宁静的幸福'에서 답임을 알 수 있다.

C (×) 본문 처음에 집이 결코 더러운 것은 아니라고 했으므로 방이 엉망진창이라고 할 수 없다.

D (×) '두꺼운 먼지(厚厚的灰尘)'가 아니라 '얇은 먼지(薄薄的灰尘)'가 덮여 있는 것 같다고 했다.

10

D还在生日前十多天，你就在电话中问我想要什么生日礼物，谢谢你一直都记得这个日子。你知道，**A**我是个不太重视生日的人，只想轻松而安静地度过这一天，在我看来，一家人在一起，平平淡淡也是幸福。如今我们远离家乡，**B**你又一次身在异地，虽然近了些，却也是千里之外，但这一次，恰是周末，**C**我如此渴望我们一家团聚，像个孩子似地期盼着那一天早日到来。

D생일 10여 일 전에 너는 내게 전화로 어떤 선물이 갖고 싶은지 물었다. 네가 항상 이날을 기억해줘서 고마웠다. 너는 **A**내가 생일을 그다지 중시하는 사람이 아니라서 가볍고 조용하게 이날을 보내고 싶어하는 것을 안다. 내가 볼 때 가족이 함께하는 평범함도 행복이다. 지금 우리는 고향과 멀리 떨어져 있고, **B**너는 또 한 번 타지 생활을 하고 있어서 가깝다 하더라도 천 리 밖이다. 하지만 이번에 마침 주말이고 해서 **C**나는 이렇게 우리 가족이 모이기를 바라며, 아이처럼 그날이 빨리 오기를 기대하고 있다.

A. 我很重视生日
B. "我"和"你"现在住在一起
C. 我渴望一家团聚
D. 我的生日是十月

A. 나는 생일을 매우 중시한다
B. 나와 너는 지금 같이 살고 있다
C. 나는 가족이 모이기를 바라고 있다
D. 내 생일은 10월이다

轻松 qīngsōng 형 가볍다, 수월하다 | **安静** ānjìng 형 조용하다 | **度过** dùguò 동 (나날을) 보내다 | **平淡** píngdàn 형 보통이다, 평범하다 | **远离** yuǎnlí 동 멀리 떠나다 | **异地** yìdì 명 외지, 타향 | **千里之外** qiān lǐ zhī wài 천리 밖에 있다, 매우 멀다 | **恰** qià 부 마침 | **渴望** kěwàng 동 갈망하다, 바라다 | **团聚** tuánjù 동 한 자리에 모이다 | **期盼** qīpàn 동 기대하다 | **早日** zǎorì 부 신속하게, 빨리

A (×) 나는 생일을 그다지 중시하는 사람이 아니라서 가볍고 조용하게 이날을 보내고 싶어 한다.

B (×) '你又一次身在异地, 虽然近了些, 却也是千里之外'에서 서로 떨어져 있음을 알 수 있다.

C (〇) 나는 아이처럼 가족이 모이기를 바라고 있으므로 답은 C이다.

D (×) 본문에 생일 날짜에 대한 언급은 없다.

III. 장문 독해하고 질문에 답하기

1 글의 주제 파악하기 p.118

정답										
	1 A	2 B	3 A	4 A	5 B	6 A	7 C	8 B	9 C	10 A
	11 B	12 A	13 B	14 B	15 D	16 B	17 B	18 B	19 A	20 A

1~4

　隔多年，**1我已记不清当年为什么会来到韩国**，却清晰地记得，当飞机离开首都机场的那一刹那从眼睛里出来的眼泪。离开父母身边的孩子是辛苦的，独自体验着人生的酸甜苦辣，你无处撒娇，没有人能让你依靠，饭菜不如家中可口，房间从所未有的简陋，语言的障碍使你局限在一个小小的圈子里，陌生的环境有时候给人以莫名的恐惧。不得不承认，人的适应能力是超强的，渐渐地，熟悉了这个陌生的国家，**2陌生的环境，朋友多了起来，生活也变得丰富多彩起来**。

　离开父母的孩子也是幸福的，孤单地在异国努力地生活，让你迅速变得成熟，独立；**3生活中不断出现的麻烦，锻炼了你解决问题的能力**。拮据的经济状况，让你深刻体会挣钱的辛苦；和父母离得远了，心却更加近了。

　在韩国的生活，让我更加明白自己想要得到什么，让我收获了更多的友谊，让我学会冷静地面对困难，也让我的未来充满了颜色。也许那时，我觉得自己处在人生低谷，生活过得很苦，**4等走过这段再回头看，才发现，那段日子其实很甜，很甜**。

　여러 해가 지났다. **1나는 그때 왜 한국에 오게 됐는지 기억이 잘 나지 않는다**. 하지만 분명히 기억하는 건 비행기가 수도공항을 떠나던 순간에 흘렸던 눈물이다. 부모 곁을 떠난 아이는 참 힘들다. 혼자서 인생의 쓴맛을 경험하고 애교를 부릴 곳은 없고, 의지할 만한 사람도 없다. 음식은 집에서 먹는 것만 못하고, 방 안은 예전에 느껴보지 못한 남루함이 있고, 언어의 장벽은 작은 범주 안에 당신을 가두고, 낯선 환경은 가끔 사람에게 알 수 없는 두려움이 된다. 사람의 적응력은 아주 강하다는 것을 인정할 수밖에 없는 것이 점점 이 낯선 나라, **2낯선 환경에 익숙해져 친구가 많아지고, 생활도 풍부하고 다채로워지기 시작했다**.

　부모를 떠난 아이는 또한 행복하기도 하다. 외롭게 다른 나라에서 노력한 삶은 당신을 빨리 성숙하게 하고, 독립적이게 한다. **3생활을 하며 끊임없이 나타나는 번거로운 일들로 당신은 문제 해결 능력을 기르게 된다**. 궁핍한 경제 상황은 돈 버는 것의 어려움을 깊이 깨닫게 하고, 부모와 멀리 떨어지지만, 마음은 오히려 더욱 가까워지는 것이다.

　한국에서의 생활은 내가 무엇을 얻고 싶은지 더 잘 알 수 있게 해 주었고, 더 많은 우정을 얻을 수 있게 했으며, 어려움에 침착하게 대하는 법을 배우게 해 주었다. 또한, 나의 미래에 색을 가득 칠해 주었다. 아마 그때 나는 인생의 저조기에 있었고, 살아가기 어렵다고 생각했던 것 같다. **4그런 시간이 지나고 나서 다시 돌아보니, 사실은 굉장히 달콤한 시간이었다는 것을 깨닫게 되었다**.

1 我来韩国的原因是什么？
　A. 记不清　　　　B. 学韩语
　C. 离开父母　　　D. 要学辛苦

2 现在我的韩国生活怎么样？
　A. 孤单
　B. 生活变得丰富多彩起来
　C. 很拮据
　D. 想回家

1 내가 한국에 온 이유는 무엇인가?
　A. 잘 기억나지 않는다　B. 한국어를 배우려고
　C. 부모님과 떠나려고　　D. 고생을 배우려고

2 지금 나는 한국에서의 생활이 어떠한가?
　A. 외롭다
　B. 생활이 풍부하고 다채로워졌다
　C. 매우 가난하다
　D. 집에 돌아가고 싶다

3 生活中不断出现的麻烦，给我的帮助是什么？
　A. 让我锻炼解决问题的能力
　B. 让我深刻体会挣钱的辛苦
　C. 让我迅速变得成熟、独立
　D. 让我感到很幸福

4 这篇短文所讲的内容是：
　A. 体会经验让自己成长
　B. 要感谢父母
　C. 要学会冷静地面对困难
　D. 推荐在外国的生活

3 생활 속에서 끊임없이 나타나는 어려움은 내게 어떤 도움을 주었는가?
　A. 문제 해결 능력을 기르게 했다
　B. 돈 버는 것이 힘들다는 것을 깊이 경험하게 했다
　C. 빨리 성숙하고 독립적이게 했다
　D. 매우 행복하다는 것을 느끼게 했다

4 이 글에서 말하고 있는 내용은 :
　A. 체험하고 경험하는 것은 자신을 성장시킨다
　B. 부모님께 감사해야 한다
　C. 침착하게 어려움에 직면해야 한다
　D. 외국에서 사는 것을 추천한다

隔 gé 통 (시간적으로) 간격을 두다 | 记不清 jìbuqīng 기억이 잘 나지 않다 | 清晰 qīngxī 형 또렷하다, 분명하다 | 首都 shǒudū 명 수도 | 刹那 chànà 명 찰나, 순간 | 酸甜苦辣 suān tián kǔ là 성 신맛, 단맛, 쓴맛, 매운맛 등 각양각색의 맛[세상 풍파를 비유] | 撒娇 sājiāo 통 애교를 떨다 | 简陋 jiǎnlòu 형 (가옥·설비 등이) 초라하다, 누추하다 | 障碍 zhàng'ài 통 방해하다, 막다 | 局限 júxiàn 통 한정하다, 제한하다 | 圈子 quānzi 명 범위 | 恐惧 kǒngjù 통 겁먹다, 두려워하다 | 熟悉 shúxī 통 익숙하다 | 拮据 jiéjū 형 궁핍하다, 경제 형편이 어렵다 | 低谷 dīgǔ 명 밑바닥, 최저점 | 回头 huítóu 통 고개를 돌리다

1 **A** 글 처음에 '记不清当年为什么会来到韩国'에서 한국에 온 이유가 잘 기억에 나지 않는다고 했으므로 답은 A이다.

2 **B** 처음엔 힘들었지만 지금은 친구도 많고 생활이 풍부하고 다채로워졌다고 했다.

3 **A** 문제와 같은 내용의 지문을 찾는다면 쉽게 답을 알 수 있다. '生活中不断出现的麻烦' 뒤에 나오는 '锻炼了你解决问题的能力'를 통해 끊임없이 나타나는 어려움이 문제 해결 능력을 기르게 했음을 알 수 있다.

4 **A** 마지막 단락의 내용이 이 글의 주제라 할 수 있다. 글은 한국에 와서 힘들었지만 돌이켜 보니 많은 것을 얻을 수 있다는 내용으로 전체적인 내용을 아우를 수 있는 것은 A이다. C도 글 마지막에 언급되기는 했지만, 전체를 아우를 수는 없으므로 답이 아니다.

5~8

年轻时，5他说不上是坏人，人长得不差，工作也还可以，好抽烟不上瘾，好喝酒不贪杯，他们还有了一儿一女。但是，妻子就是看他不顺眼。天亮，整条街就听她在哭闹。那段时间，她的骂声比闹钟还准。她的骂声一起，一条街就热闹起来。他一句也不反应，默默地做饭，默默地带孩子吃饭上学，她骂得累了，就进屋吃他做的饭，然后上班。中午下班，他忙做饭，她又忙着哭闹，哭闹累了接着吃饭上班。

젊었을 때 5그는 나쁜 사람이 아니었다. 외모도 나쁘지 않았고, 하는 일도 괜찮았다. 다행히 담배 중독도 아니었고, 술도 지나치게 많이 하지 않았다. 그들은 아들 하나, 딸 하나를 두었지만, 부인은 그를 볼 때마다 마음에 들지 않았다. 날이 밝으면 온 길거리에서 그녀가 울고불고 하는 것을 들을 수 있었다. 그 시간 동안 그녀가 욕하는 소리는 알람시계보다 더 정확했고, 그녀의 욕하는 소리와 함께 길거리가 시끌벅적하기 시작했다. 그는 한마디의 반응도 하지 않고 묵묵히 밥을 하고는 아이를 데리고 밥을 먹여 학교에 보냈다. 그녀는 욕하다가 피곤해지면 집에 들어가서 그가 해놓은 밥을 먹고 출근했다. 오후에 집에 오면 그는 바로 밥을 했고, 그녀는 또 울고불고했다. 울고불고하다 피곤하면 밥 먹고 다시 오후 출근을 했다.

两年后，忽然听不到她的骂，街上有些寂寞。**6听老婆婆们说，她要离婚，他不同意，她就跟人私奔了。** 他默默地带着孩子，认真地做着家务，邻居们都劝他，世界上女人很多，不必留恋，离了算了，他不说话，只是笑笑，继续过他的日子。又过两年，她灰头土脸地回来。大家都以为他会狠狠地修理她，然后赶出家门。**7他却像没事人似的，给她摆筷子盛饭。** 仿佛她离去的两年时间，只是单位加了个班。街上的老婆婆们都为他愤愤不平，真是个没用的人。但自那以后，他们家再也没有骂声，日子平静。

现在，他们都退休了，常在老街上看到他俩相依地走过，是老街上一道让人温暖的风景。上次去他家找他女儿，正逢着他们家聚会，满堂欢笑。问他是怎么想的，谁知他们都淡淡一笑，他说受罪才纵容，不纵容，她怎么会还找着回家的门？她说，没有这几年的时间，怎么知道他其实是最适合我的？

8婚姻中有许多危机，站在恨的角度过，就是不幸得没完没了；站在爱的角度过，就可能是每天都幸福。

5 关于"他"，下列不正确的是：
   A. 他不是那么坏的
   B. 长得不怎么样
   C. 工作还行
   D. 抽烟抽得不怎么厉害

6 两年后，忽然听不到妻子的骂声是因为：
   A. 妻子可能离开了不在家了
   B. 妻子自己放弃了
   C. 带孩子辛苦没力气了
   D. 丈夫劝了她几句

7 妻子再回来时，丈夫的反应是：
   A. 狠狠地修理她了
   B. 把她赶出了家门
   C. 像没事人似的，给她做饭
   D. 加班去了

8 本文的主题是：
   A. 婚姻中有许多危机
   B. 站在爱的角度过婚姻生活
   C. 受罪也得忍着
   D. 不要听别人的话

2년 후, 갑자기 그녀가 욕하는 소리가 들리지 않았고, 길거리는 조금 적막해졌다. **6아주머니들의 말을 들어보니, 그녀는 이혼하고 싶었는데 그가 동의하지 않자 다른 사람과 도망을 갔다는 것이다.** 그는 묵묵히 아이들을 키웠고, 열심히 집안일을 했다. 이웃들은 그에게 세상에 여자는 많으니 미련을 두지 말고, 떠났으면 그만 헤어지라고 충고했다. 그는 아무 말도 하지 않고 미소만 지을 뿐, 계속해서 그의 삶을 살았다. 또 2년이 지나고 그녀가 의기소침한 얼굴로 돌아왔다. 모두 그가 호되게 그녀를 혼내고 쫓아내리라고 생각했다. 그러나 **7그는 아무 일도 없었다는 듯 그녀에게 젓가락을 놓아주고 밥을 차려주었다.** 그녀가 떠났던 2년의 세월을 마치 회사에서 야근했던 것처럼 대했다. 길거리의 아주머니들은 모두 그의 행동에 화가 났고, 정말 쓸모없는 사람이라고 생각했다. 그러나 그 후부터 그들 집에서는 욕하는 소리가 다시는 들리지 않았고 평온한 나날들이 지속됐다.

지금 그들은 모두 퇴직을 했고, 서로 기대며 걸어가는 것을 자주 볼 수 있는데, 길거리의 사람들 마음을 따뜻하게 하는 풍경이 되었다. 지난번 그의 집에 가서 그녀의 딸을 찾았을 때 마침 그들의 집안 모임이 있었는데 방안 가득 웃음소리가 들렸다. 그에게 어떻게 생각하는지 물어보았다. 누가 그들이 웃으면서 얘기할 거라는 것을 알았겠는가. 그는 "괴로운 일을 당했으니 비로소 용서라는 것을 할 수 있고, 눈감아 주지 않았다면 그녀가 어떻게 돌아올 수 있었겠어요?"라고 말했다. 그녀는 "몇 년 동안의 시간이 없었다면 그가 정말 나와 잘 맞는 사람이란 걸 어떻게 알았겠어요?"라고 말했다.

8결혼 생활 중엔 많은 위기가 있다. 미움의 관점에 서면 불행함이 끝이 없고, 사랑의 관점에 서면 매일 행복할 것이다.

5 '그'에 대해서 다음 중 틀린 것은:
   A. 그는 그렇게 나쁘지 않다
   B. 외모가 별로이다
   C. 일이 그럭저럭 괜찮다
   D. 담배를 그렇게 심하게 피우지 않는다

6 2년 후, 갑자기 부인의 욕하는 소리가 들리지 않은 이유는:
   A. 부인이 아마 떠나서 집에 없어서
   B. 부인 스스로 포기해서
   C. 아이 보느라 힘들어 기운이 없어서
   D. 남편이 그에게 몇 마디 충고를 해서

7 부인이 다시 돌아왔을 때, 남편의 반응은:
   A. 호되게 가르쳤다
   B. 그녀를 집 밖으로 쫓아냈다
   C. 아무 일도 없던 것처럼 그녀에게 밥을 해 주었다
   D. 야근하러 나갔다

8 본문의 주제는:
   A. 결혼 생활 중에는 많은 위기가 있다
   B. 사랑의 관점에 서서 결혼 생활을 하자
   C. 어려운 일을 당해도 참아야 한다
   D. 다른 사람의 이야기는 들을 필요가 없다

说不上 shuōbúshàng 동 ~라고 할 정도는 아니다 | 上瘾 shàngyǐn 동 중독되다 | 贪杯 tānbēi 동 지나치게 술을 좋아하다 | 不顺眼 búshùnyǎn 동 눈에 거슬리다 | 哭闹 kūnào 동 울고불고하다 | 骂 mà 동 욕하다 | 闹钟 nàozhōng 자명종, 알람시계 | 默默 mòmò 동 묵묵히, 말없이 | 私奔 sībēn 동 사랑의 도피를 하다 | 留恋 liúliàn 동 미련을 두다, 미련을 가지다 | 灰头土脸 huī tóu tǔ liǎn 의기소침하거나 낙담한 모양 | 狠狠 hěnhěn 동 잔인하게, 호되게 | 修理 xiūlǐ 동 고치다 | 愤愤不平 fènfèn bùpíng 동 불공평한 것에 매우 화가 나다 | 退休 tuìxiū 동 퇴직하다 | 相依 xiāngyī 동 기대다 | 欢笑 huānxiào 동 즐겁게 웃다 | 纵容 zòngróng 동 방임하다 | 没完没了 méi wán méi liǎo 동 한도 끝도 없다 | 不怎么样 bù zěnmeyàng 그저 그렇다, 그다지 좋지 않다

5 B 본문 처음에 그에 대해 구체적으로 묘사하고 있다. '长得不怎么样'에서 외모는 나쁘지 않음을 알 수 있으므로 B가 틀렸다.

6 A 본문에서 '两年后(2년 후)' 뒤에 나오는 내용을 살펴보자. 아내가 다른 사람과 도망갔다는 길거리 아주머니들의 말에서 부인이 떠났고 집에 없다는 것을 추측할 수 있다.

7 C 호되게 그녀를 혼내고 집 밖으로 쫓아내려는 것은 사람들의 추측일 뿐, 남편은 아무 일도 없던 것처럼 그녀에게 밥을 해 주었다.

8 B 본문의 주제를 물어보는 문제로 마지막 단락을 살펴보면 알 수 있다. A라고 생각할 수도 있으나, 전체적으로 결혼 생활에 대해 이야기를 하고 있으므로 전체를 아우를 수 있는 B가 답이다.

9~12

我们总是不由自主地会去羡慕别人所拥有的东西，羡慕别人的工作，羡慕朋友买的新房，羡慕别人的车子等等。**9唯独忽视了一点，我们自己也是别人所羡慕的对象**。其实人总是在这样互相羡慕的。有的人常常幻想有一天一觉醒来，自己就会成为某某一样的人。可能是**10因为我们深知自己人生的缺憾，所以就会拿那些我们认为比较完美的人生来作比较**，当做人生的坐标。其实这个世界上并不存在十全十美，那些我们所羡慕的人同时也在承受着他们的不如意。很多时候，得到的就是所承担的，每件事都像硬币一样有两面，有正面就有负面。

人，尤其是女人往往喜欢拿自己和别人作比较，结果是"人比人气死人"，其实不妨和自己比比。看看自己是否越来越好了，是否离自己期望的目标越来越接近了。时不时给自己鼓励，你会做得更好。说不定在你羡慕别人的同时，别人也正在羡慕你呢。当然，有的人的确值得我们羡慕，**11不完全是因为他们得到的多，而是因为他们善于经营**。羡慕别人是因为我们期待完美，期望可以活得更好。可是我们却忽视了一点，每个人的处境都不同，别人永远无法模仿。不过我们

우리는 항상 자신도 모르게 다른 사람이 가지고 있는 것을 부러워한다. 다른 사람의 일, 친구가 산 새집, 다른 사람의 차 등을 부러워한다. **9유독 간과하는 점은 우리 자신도 다른 사람이 부러워하는 대상이라는 것이다**. 사실 사람은 늘 이렇게 서로 부러워한다. 어떤 사람은 어느 날 깨어났을 때, 자신이 다른 사람이 되는 환상을 갖고 있기도 하다. 아마 **10우리는 자기 인생의 부족한 점을 알고 있기 때문에 우리가 생각하기에 비교적 완벽하다고 느끼는 인생과 비교하는 것이다**. 사실 이 세상에 완전무결한 것은 절대 존재하지 않는다. 그렇게 우리가 부러워하는 사람들도 동시에 그들의 뜻대로 되지 않는 것들을 견디고 있다. 수많은 경우에 얻은 일은 곧 감당해야 할 것이 되고, 매 일은 동전의 양면과 같이 긍정적인 면도 있고 부정적인 면도 있다.

사람, 특히 여자는 늘 자신과 다른 삶을 비교하길 좋아하는데, 결국 사람과 사람을 비교해서 화가 나게 된다. 사실 자기 자신과 비교해도 될 것이다. 자신이 점점 좋아지고 있는지, 자신이 기대했던 목표로 점점 가까워지고 있는지 말이다. 때때로 자신을 격려하면 당신은 더 잘 할 수 있을 것이다. 아마 당신은 다른 사람을 부러워하는 동시에 다른 사람도 당신을 부러워하고 있을 것이다. 확실히 우리가 부러워할 만한 사람이 있긴 하다. **11꼭 그들이 많은 것을 얻어서가 아니고 그들이 잘 운영할 줄 알기 때문이다**. 다른 사람을 부러워하는 것은 우리가 완벽한 것을 기대하고, 더 좋은 삶을 살기 바라기 때문이다. 그러나 우리가 한 가지 경시하고 있는 것은, 매 사람의 처지는 모두 다르며, 다른 사람을 영원히 모방할 수는 없다는 것이다.

可以通过观察别人的长处来修正自己的短处，与其仰望别人的幸福，不如注意别人经营幸福的方法；与其羡慕别人的好运气，不如借鉴别人努力的过程。

不要再去羡慕别人，好好算算上天给你的恩典，你会发现你所拥有的太多了。而缺失的那一部分，虽不可爱，却也是你生命的一部分，接受它且善待它，你的人生会快乐许多。

所以，12真的不必去羡慕别人。守住自己所拥有的，想清楚自己真正想要的，我们才会真正地快乐！

하지만 우리는 다른 사람의 장점을 보고 자신의 단점을 고칠 수 있고, 다른 사람의 행복을 바라보는 것보다는 다른 사람이 행복을 운영하는 방법을 주의해 보는 것이 낫다. 다른 사람의 좋은 운을 부러워하는 것보다는 다른 사람이 노력하는 과정을 거울삼아 보는 것이 낫다.

다른 사람을 부러워하지 말고 하늘이 당신에게 준 은혜를 잘 헤아린다면 당신이 가진 것이 매우 많다는 것을 발견할 것이다. 그리고 부족했던 그 부분은 비록 사랑스럽지는 않지만, 당신 삶의 일부분이다. 그것을 받아들이고 잘 대한다면 당신은 인생의 기쁨이 매우 클 것이다.

그렇기 때문에 12정말 다른 사람을 부러워할 필요가 없다. 자신이 가진 것을 잘 지키고, 자신이 진정으로 원하는 것을 할 때, 비로소 진정한 즐거움을 느낄 수 있을 것이다!

9 我们忽视了什么?
   A. 别人所拥有的东西
   B. 我们总是不知不觉地会去羡慕别人
   C. 我们自己也是别人所羡慕的对象
   D. 人往往喜欢拿自己和别人作比较

9 우리가 간과하는 것은 무엇인가?
   A. 다른 사람이 가지고 있는 것
   B. 우리는 늘 자신도 모르게 다른 사람을 부러워한다
   C. 우리 자신도 다른 사람이 부러워하는 대상이다
   D. 사람이 자신을 다른 사람과 비교하는 것을 좋아한다

10 人们羡慕别人的原因是什么?
   A. 因为探知自己人生的缺憾
   B. 一种好奇心
   C. 一种鼓励
   D. 关心别人

10 사람들이 다른 사람을 부러워하는 이유는 무엇인가?
   A. 자기 삶의 부족함을 알고 있어서
   B. 호기심 때문에
   C. 격려하려고
   D. 다른 사람에게 관심이 있어서

11 有的人值得我们羡慕，是因为:
   A. 他们得到的很多
   B. 他们善于经营
   C. 他们很聪明
   D. 他们没有缺点

11 어떤 사람은 우리가 부러워할 만하다. 그 이유는:
   A. 그들이 얻은 것이 많아서
   B. 그들은 운영을 잘해서
   C. 그들은 매우 똑똑해서
   D. 그들은 결점이 없어서

12 本文的主题是什么?
   A. 不要羡慕别人，要发现你所拥有的
   B. 要接受别人
   C. 我们要真正地快乐
   D. 好好算算自己的收入

12 본문의 주제는 무엇인가?
   A. 다른 사람을 부러워하지 말고 자신이 가지고 있는 것을 발견해야 한다
   B. 다른 사람을 받아들여야 한다
   C. 우리는 진정한 기쁨을 원한다
   D. 자신의 수입을 잘 계산해 보자

羨慕 xiànmù 图 부러워하다 | 唯獨 wéidú 图 유독 | 忽视 hūshì 图 소홀히 하다, 경시하다 | 幻想 huànxiǎng 图 환상 | 缺憾 quēhàn 图 불충분한 점 | 完美 wánměi 图 완전하여 흠잡을 데가 없다, 완벽하다 | 坐标 zuòbiāo 图 좌표 | 十全十美 shí quán shí měi 图 모든 방면에 완벽하여 나무랄 데가 없다 | 如意 rúyì 图 뜻대로 되다 | 承担 chéngdān 图 담당하다, 부담하다 | 负面 fùmiàn 图 부정적인 면 | 尤其 yóuqí 图 특히 | 期望 qīwàng 图 기대하다 | 经营 jīngyíng 图 운영하다 | 不妨 bùfáng 图 (~하는 게) 괜찮다, 무방하다 | 处境 chǔjìng 图 처지, 상황 | 与其 yǔqí ~하기보다는 | 恩典 ēndiǎn 图 은혜 | 守住 shǒuzhù 图 지키다

9 **C** '唯独忽视了一点, 我们自己也是别人所羡慕的对象'에서 답을 알 수 있다.

10 **A** 원인을 묻고 있으므로 '因为'로 시작하는 문장을 찾아 살펴 보자. '우리는 자기 인생의 부족한 점을 알고 있기 때문에(因为我们深知自己人生的缺憾)' 다른 사람을 부러워하게 되는 것이므로 답은 A이다.

11 **B** '不完全是因为他们得到的多，而是因为他们善于经营'은 '不是A, 而是B' 복문 형식의 문장으로 '完全'은 강조하기 위한 표현으로 삽입되었을 뿐이고, '而是' 뒤의 내용을 주목해야 한다. '꼭 그들이 많은 것을 얻어서가 아니고, 그들이 잘 운영할 줄 알기 때문이다'라고 하였으므로 답은 B이다.

12 **A** 마지막 단락 '真的不必去羡慕别人。守住自己所拥有的，想清楚自己真正想要的，我们才会真正地快乐！'에서 다른 사람을 부러워할 필요가 없고 자신이 가지고 있는 것을 잘 지키고, 진정 원하는 것을 했을 때야 즐거울 수 있다는 것을 알 수 있으므로 답은 A이다.

13~16

小李离毕业还有两年就 **13**成天想着怎么找一份好工作。于是，他不停地找关系为找工作打好基础。教授劝他说："你现在还是个学生，任务是学习，不要整天想着找工作。"可小李却说："学习的目的是什么？不就是为了找份好工作吗？如果能找到一份好工作，为什么还要学习呢？"教授带着小李到了自己的办公室，拿出一个盒子打开，里面有许多珠子。他说："这些珠子都是我收藏的，可以送给你一颗。"教授先拿起一颗珠子开始向年轻人介绍它的颜色、光泽等，说得很长。但小李看得出来，那只是一颗普通的玻璃珠子，他当然不会要它。教授又拿出另一颗珠子，同样天花乱坠地说了很多，年轻人仍然没有要。**14**老师笑了笑，把盒子递给年轻人，说："你想要哪颗珠子你自己挑吧。"小李毫不犹豫地抓起一颗珠子，**15**他看得出来，那是一颗珍珠。教授才说："你会挑珍珠，别人当然也会。如果你只是一颗普通的玻璃珠子，再怎么找关系也没有用，**16**如果你努力把自己变成一颗珍珠，你还需要这么辛苦地去找关系吗？"

샤오리는 졸업이 아직 2년 남았지만, **13**온종일 좋은 직업을 어떻게 찾을지만 생각했다. 그래서 그는 끊임없이 일자리를 찾는데 바탕이 되는 연줄을 찾고자 했다. 교수는 그에게 "너는 아직 학생으로 공부하는 것이 임무란다. 온종일 직업 찾을 생각만 하지 마라."라고 충고했다. 그러나 샤오리는 "공부의 목적이 무엇입니까? 좋은 직업을 찾기 위한 것이 아닌가요? 만약 좋은 직업을 찾을 수 있다면, 왜 공부를 계속 해야 합니까?"라고 말했다. 교수는 샤오리를 데리고 자신의 사무실로 가서 상자 하나를 꺼내 열었다. 안에는 많은 구슬이 들어 있었다. 교수가 "이 구슬들은 모두 내가 모은 것이란다. 네게 선물로 하나 줄게."라고 말했다. 교수는 먼저 구슬 한 개를 들고 샤오리를 향해 그것의 색깔과 광택에 대해 길게 설명했다. 그러나 샤오리는 그것이 단지 평범한 유리구슬일 뿐이라는 것을 알 수 있었고, 그런 것을 원하지 않았다. 교수는 또 다른 구슬을 들고 똑같이 그럴 듯하게 설명을 했고, 샤오리는 여전히 그런 것을 원하지 않았다. **14**교수는 웃으면서 상자를 샤오리에게 전해주며 말했다. "네가 원하는 것이 어떤 구슬인지 골라 봐라." 샤오리는 전혀 망설임 없이 구슬 하나를 집었다. **15**그는 그것이 진주라는 걸 알았다. 교수는 그제야 말했다. "네가 진주를 고를 수 있는 것처럼 다른 사람도 당연히 고를 수 있단다. 네가 단지 하나의 평범한 유리구슬이라면 설령 아무리 연줄을 찾는다 하더라도 효과가 없을 거야. **16**만약 네가 노력해서 자신을 진주로 변하게 한다면, 네가 이렇게 힘들게 연줄을 찾을 필요가 있겠니?"

13 小李每成天忙着做什么？
- A. 努力学习
- **B. 找关系**
- C. 找人才市场
- D. 收集珠子

14 教授带小李到办公室做了什么？
- A. 告诉小李自己的功绩
- **B. 让小李挑盒子里面的珠子**
- C. 让小李知道自己的错
- D. 说人际关系有多重要

13 샤오리는 온종일 바쁘게 무엇을 하는가?
- A. 열심히 공부한다
- **B. 연줄을 찾는다**
- C. 사람을 구해 시장에 간다
- D. 구슬을 수집한다

14 교수는 샤오리를 데리고 사무실에 가서 무엇을 했는가?
- A. 샤오리에게 자신의 공적을 얘기했다
- **B. 샤오리에게 상자 안에 구슬을 고르도록 했다**
- C. 샤오리에게 자신의 잘못을 알게 했다
- D. 인간관계가 얼마나 중요한지 얘기했다

15 小李为什么选择了那颗珠子？ 　A. 那颗珠子很漂亮 　B. 小李本来对珠子很有兴趣 　C. 他觉得什么都无所谓 　**D. 小李看得出来，那是一颗珍珠**	**15** 샤오리는 왜 그 구슬을 선택했는가? 　A. 그 구슬이 매우 예뻐서 　B. 샤오리는 원래 구슬에 관심이 많아서 　C. 그는 어떤 것이든 상관없어서 　**D. 샤오리가 그것이 진주라는 것을 알아서**
16 教授本想说什么？ 　A. 不要找关系 　**B. 要努力把自己变成一个优秀的人物** 　C. 怎样能挑到珍珠 　D. 挑珍珠很重要	**16** 교수가 하고 싶었던 말은 무엇인가? 　A. 연줄을 이용하지 말 것 　**B. 노력해서 자신을 훌륭한 인물로 변화시킬 것** 　C. 어떻게 진주를 고를 수 있는지 　D. 진주를 고르는 것은 매우 중요하다

成天 chéngtiān 🅚 온종일 | 基础 jīchǔ 🅚 기초, 바탕 | 任务 rènwu 🅚 임무 | 盒子 hézi 🅚 상자 | 珠子 zhūzi 🅚 진주 | 收藏 shōucáng 🅥 수집하여 보관하다 | 光泽 guāngzé 🅚 광택 | 天花乱坠 tiānhuā luànzhuì 🅼 말이 그럴듯하다, 말만 번지르르하다 | 挑 tiāo 🅥 고르다 | 犹豫 yóuyù 🅚 주저하다, 망설이다 | 抓 zhuā 🅥 꽉 잡다 | 珍珠 zhēnzhū 🅚 진주

13 **B** '他不停地找关系将为找工作打好基础'을 통해 답이 B임을 알 수 있다.

14 **B** 교수는 자신의 사무실에서 샤오리에게 상자의 구슬을 고르도록 했다.

15 **D** 교수가 다른 구슬에 대해 길게 설명했지만 샤오리는 진주를 알아볼 수 있어서 그것을 골랐다.

16 **B** 교수는 상자 안의 구슬을 통해 공부보다는 온종일 직업을 찾을 생각으로 사람들과 관계를 맺는 데에만 집중하는 샤오리에게 자신을 훌륭한 인물로 변화시켜야 한다는 깨달음을 주려고 했다.

17~20

17几年来很多中国父母，特别是受过一定教育的城市父母，都有一个梦想，那就是把孩子送出国。相比以前在国内读完本科再出国，现在很多家长选择让小孩读完高中就出国，甚至小学阶段都放到了国外，**18,20**留学低龄化，已经成为备受关注的社会现象。

　　凯文今年只有10岁，正是在父母面前撒娇的年龄，可是，2年前他的父母却决定将他寄养在洛杉矶的一个朋友家中，以便他可以在美国的私立学校读书。寄宿家庭的张阿姨介绍说："凯文很懂事，也很独立，学习习惯也好，我十分乐意让他同我的儿子一起生活。"每周凯文都同在广州的父母通电话，当问到想不想家时，他只是笑笑说："还好吧!"凯文的父母在中国都是做生意的，平时很忙。只有每年不定期地会飞来美国看他两三次，一般是在圣诞节前后。

　　与凯文的父母不同，有些爱子心切的中国父母不忍心将孩子一人扔在美国上学，所以父母

17최근 몇 년 중국의 많은 부모, 특히 어느 정도 교육을 받은 도시의 부모들에겐 모두 하나의 꿈이 있는데 그것은 바로 아이를 외국에 보내는 것이다. 예전에는 국내에서 (대학교의) 학부 과정을 다 마치고 외국에 나갔지만, 지금은 많은 학부모들이 아이가 고등학교를 마치면 외국에 보내곤 한다. 심지어 초등학교 때 외국으로 보내는 **18,20**유학 저령화는 이미 주목을 받는 사회 현상이 되었다.

　　카이원은 올해 겨우 10살로 부모 앞에서 애교를 떨어야 할 나이이다. 그러나 2년 전 그의 부모는 오히려 그를 LA의 친구 집에 맡기기로 했다. 그를 미국의 사립학교에서 공부하게 하기 위해서였다. 맡겨진 가정의 장 아주머니는 "카이원은 매우 철이 들어 독립적이고, 공부 습관도 좋아요. 나는 기꺼이 그가 내 아들과 같이 생활하는 것을 받아들일 수 있어요."라고 말했다. 매주 카이원은 광저우의 부모님과 통화를 한다. 집 생각이 나냐고 물었을 때 그는 "그럭저럭 괜찮아요."라고 말했을 뿐이다. 카이원의 부모는 중국에서 장사하고 있는데, 평소에는 너무 바빠서 매해 비정기적으로 미국에 가서 그를 두세 번 볼 뿐이다. 보통 성탄절 전후에 간다.

　　카이원의 부모와 달리 자식 사랑이 지극한 몇몇 부모들은 아이 혼자서 미국에 둘 수가 없어서 부모 중 한쪽이 (주로 어머니가) 아이와

中的一方(往往是母亲)会陪同孩子在美国上学，**19照顾孩子**的生活起居和学习。为了支持孩子在美国上学，洛杉矶留学生小玲的妈妈特地辞职，专程陪她。小玲妈妈说"孩子年龄小，又是一个女孩子，自己一个人在异国他乡，实在放心不下。"当谈到陪读的生活时，这位妈妈说"美国的生活与我想象的大不一样，我自己还要学习很多东西，才能照顾孩子。"

함께 미국에서 생활하고, **19아이의 생활과 공부를 돌봐준다.** 아이가 미국에서 학교 다니는 것을 응원하기 위해, LA 유학생인 샤오린의 엄마는 일부러 일을 그만두고 특별히 그녀와 함께 생활하고 있다. 샤오린의 어머니는 "아이의 나이가 어리고, 또 여자아이라서 혼자서 타국에서 생활하게 하자니 정말 마음이 놓이지 않았어요."라고 말했다. 함께 공부하는 생활에 대해 이야기할 때, 어머니는 "미국 생활은 제가 상상했던 것과 크게 달라요. 저 자신도 많은 것을 공부해야 아이를 돌볼 수 있습니다."라고 말했다.

17 近来，很多中国父母的梦想是什么？
A. 孩子考上名牌大学
B. 让孩子留学
C. 让孩子来城市住下
D. 读完本科

17 최근에 중국의 많은 부모들의 꿈은 무엇인가?
A. 아이가 좋은 대학에 입학하는 것
B. 아이를 유학 보내는 것
C. 아이를 도시에 살게 하는 것
D. (대학교의) 학부 과정을 마치는 것

18 成为备受关注的社会现象是：
A. 让孩子高中就出国
B. 留学低龄化
C. 孩子跟父母分别住
D. 在父母面前撒娇

18 관심을 받게 된 사회 현상은:
A. 고등학교 졸업 후 바로 아이를 출국시키는 것
B. 유학 저령화
C. 아이가 부모와 헤어져 사는 것
D. 아이가 부모 앞에서 애교 피우는 것

19 有些中国父母跟孩子一起留学的原因是：
A. 照顾孩子的生活起居和学习
B. 父母自己控制不住
C. 孩子要跟父母一起留学
D. 父母在中国辞职

19 몇몇 중국 부모들이 아이와 함께 유학하는 이유는:
A. 아이의 일상생활과 공부를 돌봐주기 위해
B. 부모 스스로 통제가 되지 않아서
C. 아이가 부모와 함께 유학하고 싶어해서
D. 부모가 중국에서 사직해서

20 本文的主题是什么？
A. 很多中国父母都要把子女送出国
B. 在美国的生活很难
C. 中国孩子都要去美国
D. 美国的生活与我想象的大不一样

20 본문의 주요 내용은 무엇인가?
A. 많은 중국 부모가 자녀를 외국에 보낸다
B. 미국에서의 생활은 매우 어렵다
C. 중국 아이들은 모두 미국에 가고 싶어한다
D. 미국의 생활은 내가 상상한 것과 크게 다르다

本科 běnkē 명 (대학교의) 학부 | 阶段 jiēduàn 명 단계 | 备受 bèishòu 동 겪을 대로 다 겪다 | 撒娇 sājiāo 동 애교를 떨다 | 寄养 jìyǎng 동 (남에게) 양육을 맡기다 | 以便 yǐbiàn 접 ~(하기에 편리)하도록, ~하기 위하여 | 乐意 lèyì 동 기꺼이 ~하다 | 辞职 cízhí 동 사직하다, 직장을 그만두다 | 专程 zhuānchéng 부 (어떤 목적을 위해) 일부러 ~에 가다 | 低龄化 dīlínghuà 명 저령화 | 照顾 zhàogù 동 보살피다, 돌보다 | 起居 qǐjū 명 일상생활 | 想象 xiǎngxiàng 명동 상상(하다)

17 B '把孩子送出国(아이를 외국에 보낸다)'라는 것은 '让孩子留学(유학을 보낸다)'라는 것이므로 답은 B이다.

18 B 초등학교 때 아이를 외국에 보내는 '留学低龄化(유학 저령화)'가 주목받는 사회 현상이다.

19 A 자식 사랑이 지극한 몇몇 부모들은 아이 혼자서 미국에 둘 수가 없어서 아이와 함께 생활한다.

20 A 전반적으로 유학생활을 하는 아이들의 상황을 예로 들며 많은 중국 부모가 자녀를 외국에 보낸다는 것을 말하고 있다.

2 내용 전개 파악하기 p.130

정답										
	1 A	2 A	3 A	4 C	5 C	6 B	7 A	8 A	9 B	10 A
	11 A	12 C	13 A	14 D	15 B	16 D	17 B	18 D	19 A	20 A

1~4

　　2011年我的好朋友郑老师知道自己得了重病，那时她的女儿刚过完两岁生日，郑老师希望她的丈夫在她死后给女儿找个新妈妈，她的丈夫没有答应。**1于是她偷偷写了十几封信，寄给远在美国的我**。郑老师在去世前常对女儿说："妈妈要去美国了，很久才能回来，你要听爸爸的话，学会自己吃饭，穿衣服，自己睡觉。妈妈回来的时候，你一定要说妈妈，一定要亲妈妈。"不久郑老师就去世了。**2我把郑老师在世时写给女儿的信寄给郑老师的丈夫**。郑老师在信中说："妈妈在美国很忙。你要听话，别让爸爸生气。"这时郑老师的丈夫明白，**3太太这样做是为了女儿接受新妈妈而做了准备**。一年过去了，我平均每个月都给郑老师的丈夫寄一封信，当我手中只剩最后一封信时郑老师的丈夫告诉我，他有了一个女朋友，但是担心女儿接受不了，于是我寄出了最后一封信。信中说："乖女儿，妈妈过几天就从美国回家了。妈妈给你买了你喜欢吃的糖果，还有漂亮的裙子，到时候你要最快地认出妈妈。一定要扑到妈妈的怀里，亲妈妈呀。"郑老师的丈夫含着眼泪把妻子的信读给女儿听。

　　他告诉女儿："妈妈在美国一年长胖了一点儿，妈妈很想你，你见到妈妈一定要让妈妈抱，让妈妈亲，好吗？"见到女儿乖乖地点头，他笑了。**4郑太太是相貌平凡的女人，但是在爱情婚姻上她是个伟大的女人**。

　　2011년에 내 친구 정 선생은 자신이 중병에 걸렸다는 것을 알았다. 그때 그녀의 딸은 막 두 살 생일이 지났을 때였다. 정 선생은 남편이 그녀가 죽은 후 딸에게 새로운 엄마를 찾아 주기를 바랐지만, 남편은 허락하지 않았다. **1그래서 그녀는 몰래 십여 통의 편지를 써 멀리 미국에 사는 내게 부쳐왔다**. 정 선생은 죽기 전에 딸에게 자주 말했다. "엄마는 미국에 가서 아주 오래 있다가 돌아올 거야. 아빠 말씀 잘 듣고, 스스로 밥 잘 먹고, 옷 잘 입고, 스스로 자는 것을 배워야 해. 엄마가 돌아왔을 때, 반드시 엄마라고 불러주고 꼭 엄마에게 뽀뽀해 주렴." 얼마 지나지 않아 정 선생은 세상을 떠났다. **2나는 정 선생이 생전에 딸에게 썼던 편지를 정 선생의 남편에게 부쳤다**. 정 선생은 편지에서 "엄마는 미국에서 매우 바쁘단다. 말 잘 듣고, 아빠 화나시게 하지 마라."라고 했다. 이때 정 선생의 남편은 알게 되었다. 부인이 **3이렇게 한 것은 딸이 새로운 엄마를 받아들일 준비를 하게 하기 위함인 것을**. 1년이 지나고 나는 정 선생의 남편에게 평균 매달 한 통씩 편지를 부쳤다. 내 수중에 마지막 한 통의 편지가 남았을 때, 정 선생의 남편은 나에게 새로운 여자친구가 생겼고, 딸이 받아들이지 못할까 봐 걱정이라는 소식을 전해 왔다. 그래서 나는 마지막 한 통을 부쳤다. 편지에 "착한 딸아, 엄마는 며칠 있으면 미국에서 집으로 돌아갈 거란다. 엄마는 네가 좋아하는 사탕과 예쁜 치마를 사 갈 거야. 그때가 되면 엄마를 빨리 알아봐 줘야 해. 꼭 엄마의 품으로 달려와서 뽀뽀해 주렴." 정 선생의 남편은 눈물을 머금고 부인의 편지를 딸에게 읽어 주었다.

　　그는 딸에게 말했다. "엄마는 미국에서 1년 동안 있으면서 살이 조금 쪘단다. 엄마는 너를 자주 보고 싶어했어. 엄마를 보게 되면 꼭 엄마에게 안기고 뽀뽀할 수 있게 해 드리렴, 알겠니?" 딸이 착하게 고개를 끄덕이는 것을 보고 정 선생의 남편은 미소를 지었다. **4정 부인은 외모는 평범한 여인이었으나 사랑과 결혼 생활에서는 위대한 여인이었다**.

1 郑老师知道了自己的病以后做了什么？
   A. 偷偷写了十几封信，寄给了美国的我
   B. 放弃了活下去的想法
   C. 跟丈夫打架
   D. 对女儿说自己去天堂

2 我帮郑老师做了什么？
   A. 把郑老师的信寄给了郑先生
   B. 跟郑老师的丈夫结婚
   C. 回中国去了
   D. 接受了郑老师的女儿

1 정 선생은 자신의 병을 알고 무엇을 했는가？
   A. 몰래 십여 통의 편지를 써서 미국에 있는 내게 부쳤다
   B. 살아가려는 생각을 포기했다
   C. 남편과 다퉜다
   D. 딸에게 자신이 천국에 간다고 말했다

2 나는 정 선생을 도와서 무엇을 했는가？
   A. 정 선생의 편지를 정 선생의 남편에게 부쳤다
   B. 정 선생의 남편과 결혼했다
   C. 중국으로 돌아갔다
   D. 정 선생의 딸을 받아들였다

3 郑老师给女儿写信是因为：

A. 为女儿接受新妈妈而做了准备
B. 女儿不懂事、没礼貌
C. 让女儿学文字
D. 不让女儿知道自己的病

4 根据上文，郑老师是什么样的人？

A. 说话算数的人　　B. 写信写得很好
C. 是伟大的妈妈　　D. 长得不错

3 정 선생이 딸에게 편지를 썼던 이유는:

A. 딸이 새로운 엄마를 받아들일 준비를 하게 하기 위해
B. 딸이 철이 없고 예의가 없어서
C. 딸에게 글자를 배우게 하려고
D. 딸에게 자신의 병을 알리지 않게 하려고

4 윗글에 따르면 정 선생은 어떤 사람인가?

A. 말하면 지키는 사람이다　　B. 편지를 잘 쓰는 사람이다
C. 위대한 엄마이다　　D. 외모가 예쁘다

重病 zhòngbìng 형 중병 | 答应 dāying 통 허락하다 | 偷偷 tōutōu 튀 남몰래 | 去世 qùshì 통 세상을 떠났다 | 接受 jiēshòu 통 받아들이다, 받다 | 乖 guāi 형 얌전하다, 착하다 | 糖果 tángguǒ 명 사탕, 캔디 | 扑 pū 통 뛰어들다 | 怀 huái 명 가슴, 품 | 相貌 xiàngmào 명 외모 | 平凡 píngfán 형 평범하다 | 伟大 wěidà 형 위대하다

1 **A** 정 선생은 자신이 죽은 후, 딸에게 새로운 엄마를 찾아 주기 위해 미국에 있는 필자에게 편지를 썼다.

2 **A** 나는 미국에 있는 사람으로 정 선생의 편지를 다시 정 선생의 남편에게 부쳤다.

3 **A** 정 선생이 편지를 썼던 이유는 남편이 깨닫게 되는 내용에서 나와 있다. 보기만 봐서는 D를 답으로 생각할 수 있으나, 본문에서 나온 내용이 아니므로 추측해서 문제를 풀지 않도록 한다.

4 **C** 본문 마지막의 정 선생을 묘사하는 '郑太太是相貌平凡的女人，但是在爱情婚姻上她是个伟大的女人'을 통해 외모는 평범한 여인이었지만, 사랑과 결혼 생활에서는 위대한 여인이었음을 알 수 있다.

5~9

⁵失眠指因一些压力或营养不均衡，导致情绪不安，经常性不能获得正常睡眠为特征的一种病状。本病以经常不能获得正常睡眠为特征，⁶表现为睡眠时间的减少或睡眠质量不高，或不易入睡、或睡眠不实，睡后一醒，醒后不能再睡，或时睡时醒，甚至彻底不眠。⁸人的睡眠有心神控制，⁷而身体阴阳的正常运作是保证心神调节失眠的基础。清代《类政治载》，也说："阳气自动而之静，则眠；阴气自静而之动，则眠。"凡影响气血阴阳规律的运动，情绪不安，不能由动转静的因素都会成为失眠病症的病因，或饮浓茶，或大喜大悲，大惊大恐等直接影响心神，发病多较急，因体虚不足，或他病之后等原因，发病一般较缓。本病的病位在心，因神经不安则失眠，但与肝胆脾胃肾关系密切。治疗总以不要焦急、补充营养，⁹调节阴阳以安神魂为大法。

⁵불면증은 스트레스 또는 영양 불균형으로 인해 일어나는 정서불안이 정상수면을 자주 방해하는 것이 특징이다. 이 병은 자주 정상적인 수면을 취하지 못하는 것이 특징으로, ⁶수면 시간이 줄어들거나 수면의 질이 높지 않고, 또는 쉽게 수면에 들지 못하거나 수면이 충분하지 못하고, 또 수면 후 한 번 깨면 다시 잠을 자지 못하거나 자주 깨고 심지어는 전혀 잠을 자지 못하기도 한다. ⁸사람의 수면은 심신의 통제를 받는데, ⁷신체 음양의 정상적인 활동은 심신을 책임져 불면증을 조절하는 데 바탕이 된다. 청나라의 『유정치재』에서 말하기를 '양기는 움직임에서 침착함으로 변하여 잠이 들게 하고, 음기는 침착함에서 움직임으로 변하여 잠을 잘 수 있게 한다'라고 했다. 대체로 기혈의 음양 규율의 운동에 영향을 주는 것과 정서불안, 움직임에서 침착함으로 변하지 못하게 하는 요소가 불면증의 원인이 된다. 또는 진한 차를 마시거나 크게 기뻐하고 슬퍼하고, 놀라는 등, 직접 마음에 영향을 주는 것들은 병이 비교적 급하게 생기고, 체질이 허약하거나 다른 병 때문이면 비교적 천천히 발병한다. 이 병은 마음에 있어서, 신경이 불안하면 불면증에 걸리게 된다. 그러나 간, 쓸개, 비장, 위, 신장과도 밀접한 관계가 있다. 조급하게 치료하려고 하지 말고 영양을 보충하고 음양을 조절하는 것으로 ⁹정신을 안정시키는 것이 가장 좋은 방법이다.

5 失眠的主要原因:
  A. 工作紧张   B. 不想睡觉
  C. 情绪不安   D. 营养均衡

6 根据本文，失眠表现特征中下面不正确的是:
  A. 睡眠时间的减少
  B. 不想入睡
  C. 睡后一醒，醒后不能再睡
  D. 睡眠质量不高

7 保证心神调节失眠的基础是:
  A. 身体阴阳的正常运作
  B. 营养均衡
  C. 减少压力
  D. 心神控制

8 人的睡眠受到谁的控制?
  A. 心神   B. 营养
  C. 压力   D. 肝胆脾胃肾

9 解决失眠的最好办法是什么?
  A. 锻炼身体   **B. 情绪安定**
  C. 补充营养   D. 心理焦急

---

5 불면증의 주요 원인은:
  A. 일이 긴장되어서   B. 자기 싫어서
  C. 정서가 불안해서 D. 영양이 균형 잡혀서

6 본문에 따르면 불면증의 특징 중 아래 보기에서 정확하지 않은 것은:
  A. 수면 시간의 감소
  B. 잠들고 싶지 않음
  C. 잠에서 한 번 깬 후 다시 잠이 들지 못함
  D. 수면의 질이 높지 않음

7 심신을 책임져 불면증을 조절하는 데 바탕이 되는 것은:
  A. 신체 음양의 정상적 활동
  B. 균형 잡힌 영양
  C. 스트레스 감소
  D. 정신 상태 통제

8 사람의 수면은 무엇의 통제를 받는가?
  A. 심신   B. 영양
  C. 스트레스   D. 간, 쓸개, 비장, 위, 신장

9 불면증을 해결하는 가장 좋은 방법은 무엇인가?
  A. 몸을 단련한다   **B. 정서의 안정**
  C. 영양 보충   D. 심적인 조급함

失眠 shīmián 图 잠을 이루지 못하다, 불면증에 걸리다 | 均衡 jūnhéng 阌 고르다, 균형이 잡히다 | 导致 dǎozhì 图 일으키다 | 情绪 qíngxù 圀 정서, 기분 | 特征 tèzhēng 圀 특징 | 不实 bùshí 阌 충실하지 못하다 | 醒 xǐng 图 깨어나다 | 彻底 chèdǐ 閔 철저하다, 철저히 하다 | 心神 xīnshén 圀 심신, 정신 상태 | 控制 kòngzhì 图 통제하다, 제어하다 | 阴阳 yīnyáng 圀 음양, 음과 양 | 运作 yùnzuò 图 활동하다 | 保证 bǎozhèng 图 보장하다 | 调节 tiáojié 图 조절하다 | 基础 jīchǔ 圀 기초 | 气血 qìxuè 圀 기혈 | 规律 guīlǜ 圀 법칙 | 大喜大悲 dàxǐ dàbēi 图 매우 기뻐하고 슬퍼하다 | 大惊大恐 dàjīng dàkǒng 图 매우 놀라고 무서워하다 | 直接 zhíjiē 閔 직접적인 | 急 jí 阌 급하다 | 体虚 tǐxū 圀 체질이 허하다 | 缓 huǎn 阌 느리다 | 肝胆 gāndǎn 圀 간과 쓸개 | 脾胃 píwèi 圀 비장과 위 | 肾 shèn 圀 콩팥 | 治疗 zhìliáo 图 치료하다 | 焦急 jiāojí 阌 초조하다 | 营养 yíngyǎng 圀 영양 | 以A为B A를 B로 여기다, A를 B로 삼다

---

5 **C** 본문 처음에 불면증은 스트레스와 영양 불균형으로 야기되는 정서불안이 정상수면을 방해하는 것이 특징인 병이라고 하고 있으므로 답은 C이다.

6 **B** '잠들고 싶지 않다(不想入睡)'라는 것은 불면증의 증상으로 보기 어렵고, 본문에서도 언급되지 않았다.

7 **A** 신체 음양의 정상적인 활동이 심신을 책임져 불면증을 조절하는 바탕이 된다고 했으므로 답은 A이다.

8 **A** '人的睡眠有心神控制'에서 답이 '心神'임을 알 수 있다.

9 **B** 본문 마지막에 불면을 해결하는 여러 가지 방법이 나오는데, 가장 좋은 방법은 정신을 안정시키는 것이라고 하고 있으므로 답은 B이다.

10~14

　　调查发现，洗肾风险会暴增。47岁的餐厅主管张慧丽说，她在10年前，**10 因为出血住院，意外得知罹患高血压及肾脏轻微萎缩**，也被转介至医学中心肾脏科，她只有吃降高血压药，却一直没有医生告诉她，要追踪肾功能、限制蛋白质摄取，以免肾功能退化要洗肾。

　　直到3年前，**11 她因高血压引发左眼视网膜病变，视力逐渐丧失**，她被告知可能会洗肾；去年9月，她更引尿毒指数破表，开始洗肾，那时候她才知道，早就应该做低蛋白饮食控制，却为时已晚。张慧丽的体型较胖，但除高血压外，血糖、血脂却正常。连一些医生都很意外她竟是因为单纯的高血压，却要洗肾，一般民众更不知道了。

　　虽然糖尿病肾病变是造成患者洗肾的头号元凶，但内科医师黄瑞仁提醒民众，可不能小看高血压的控制，因为从高血压的病情轻到重，患者的洗肾风险可从3倍拉高到22倍。洗肾患者中，有43%源自糖尿病，10%源于高血压，高血脂患者也有风险。**13 三高患者应定期抽血，了解自己的肾病指标与慢性肾病分期**，以免不知不觉中，走到洗肾的命运。

조사에서 발표하길, 신장투석 위험이 폭발적으로 증가한다고 한다. 47세 식당 매니저인 장후이리가 말하길, 그녀는 10년 전에 **10 출혈로 입원했었는데 뜻밖에 고혈압 및 신장 기능이 조금 약해진 것을 알게 되었고**, 의학 센터 신장과로 옮기게 되었다고 했다. 그녀는 고혈압 약만을 먹었을 뿐이었다. 의사는 그녀에게 신장 기능을 계속 살펴보면서, 단백질 섭취를 제한하고, 신장 기능 쇠퇴에 따라 신장 투석을 막아야 한다고는 말해 주지 않았다.

그러다가 3년 전, **11 그녀는 고혈압 때문에 왼쪽 눈 망막에 병이 났으며 시력을 점점 잃어 갔다**. 그녀는 신장투석을 해야 할 것 같다는 소식을 들었다. 작년 9월, 그녀는 요독지수가 심하게 올라가서 신장투석을 받게 되었고 그때야 일찍이 단백질 음식을 제어했어야 했다는 것을 알았다. 그러나 이미 늦었다. 장후이리의 체형은 뚱뚱한 편이었으나 고혈압을 제외한 혈당, 혈액지질은 오히려 정상이었다. 심지어 몇몇 의사는 모두 그녀가 단순한 고혈압 때문에 신장투석을 받아야 한다는 것이 의외라고 생각했으니, 일반 사람들은 더욱 몰랐을 것이다.

비록 당뇨병과 신장병이 환자가 신장투석을 하게 되는 첫 번째 원흉이라고 하지만, 내과 의사 황루이런은 고혈압을 억제하는 것을 무시하면 안 된다고 경고한다. 고혈압이 심각한 상태가 될 때, 환자의 신장투석 위험이 3배에서 22배로 올라가기 때문이다. 신장투석 환자 중 43%는 당뇨병에서 시작되었고, 10%는 고혈압에서 시작되었으며, 고지혈증 환자도 위험하다. **13 삼고 환자는 정기적으로 피를 뽑아야 하고, 자신의 신장병 지수와 만성 신장병 분기를 알아야 한다**. 자신도 모르는 사이에 신장투석을 하는 운명이 되지 않도록 한다.

10 张慧丽最初得了什么病？
　A. 高血压　　　　　B. 肾脏病
　C. 眼视网膜病　　　　D. 糖尿病

11 张慧丽视力逐渐丧失的原因是什么？
　A. 高血压　　　　　B. 洗肾
　C. 长时间工作　　　　D. 血糖高

12 洗肾患者中有多少源自糖尿病？
　A. 3%　　　　　　　　B. 22%
　C. 43%　　　　　　D. 10%

13 三高患者应该做什么？
　A. 定期抽血　　　　B. 洗肾
　C. 少吃糖类　　　　　D. 吃药

14 本文所讲的主要内容是什么？
　A. 高血糖、高血压、高血脂
　B. 慢性肾病
　C. 病情严重恶化
　D. 三高患者的洗肾

10 장후이리가 제일 처음 걸렸던 병은?
　A. 고혈압　　　　　B. 신장병
　C. 망막증　　　　　　D. 당뇨병

11 장후이리가 시력을 점점 잃은 이유는 무엇인가?
　A. 고혈압　　　　　B. 신장투석
　C. 장시간 근무　　　　D. 혈당이 높아서

12 신장 투석 환자 중 어느 정도가 당뇨병에서 시작되는가?
　A. 3%　　　　　　　　B. 22%
　C. 43%　　　　　　D. 10%

13 삼고 환자는 반드시 무엇을 해야 하는가?
　A. 정기적으로 피를 뽑는 것　B. 신장투석
　C. 당류를 적게 먹는 것　　　　D. 지방을 통제하는 것

14 본문에서 이야기 하는 주요 내용은 무엇인가?
　A. 고혈당, 고혈압, 고지혈증
　B. 만성 신장병
　C. 병이 심각해지고 악화하는 것
　D. 삼고 환자의 신장투석

洗肾 xǐshèn 图 신장투석 | 风险 fēngxiǎn 图 위험 | 暴增 bàozēng 폭발적으로 증가하다 | 住院 zhùyuàn 图 입원하다 | 罹患 líhuàn 병이 들다 | 高血压 gāoxuèyā 图 고혈압 | 萎缩 wěisuō 图 (기능이) 쇠퇴하다, 떨어지다 | 追踪 zhuīzōng 图 추적하다, 행방을 뒤쫓다 | 蛋白质 dànbáizhì 图 단백질 | 摄取 shèqǔ 图 (영양 등을) 흡수하다, 섭취하다 | 以免 yǐmiǎn 젭 ~하지 않도록, ~않기 위해서 | 视网膜 shìwǎngmó 图 망막 | 丧失 sàngshī 图 잃어버리다, 상실하다 | 尿毒 niàodú 图 요독 | 血糖 xuètáng 图 혈당 | 血脂 xuèzhī 图 지혈 | 高血脂 gāoxuèzhī 图 고지혈 | 定期 dìngqī 图 정기의, 정기적인 | 高血糖 gāoxuètáng 图 고혈당 | 不知不觉 bùzhī bùjué 图 자기도 모르는 사이에, 부지불식간에

10 A 장후이리는 10년 전에 병원에 처음 갔으며, 그 당시 고혈압과 신장의 기능이 약간 약해졌다고 했으므로 제일 처음 걸렸던 병은 고혈압임을 알 수 있다. 신장의 기능은 약간 약해진 것이므로 신장병이라 할 수 없다.

11 A 고혈압이 눈 망막에 영향을 줘서 점차 시력을 잃어버렸다.

12 C 신장투석 환자 중 43%는 당뇨병에서 시작되었고, 10%는 고혈압에서 시작되었다고 했으므로 답은 C이다.

13 A 마지막 부분에 삼고 환자들은 반드시 정기적으로 피를 뽑아 신장병 지수와 만성 신장병 분기를 알아야 한다고 했으므로 답은 A이다.

14 D 전반적으로 신장투석에 대해 말하고 있으므로 전체를 아우를 수 있는 답은 D이다.

15~17

和人一样，15狗和猫在节日期间因暴饮暴食而得病的情况并不少见。对于缺乏现代宠物调养意识的主人来说，在节日期间忽视了爱犬爱猫的饮食、医疗和保健要领，让宠物与人共饮共食，玩耍逗乐，结果，宠物因突然改变饮食习惯，过多饮食或吞吃骨头、硬壳果实等食物而发生腹泻、呕吐，甚至肠梗阻等情况屡见不鲜。预防性的保健措施中，饮食无疑是一项十分重要的内容。16切忌暴饮暴食，保持良好的饮食习惯，是防止宠物患"节日病"的最佳良方。

17走亲访友是宠物得呼吸道疾病的主要途径。房间里开空调，宠物容易感冒。如果朋友家也有小狗小猫，宠物自然要亲近一番，许多细菌就会相互传染。所以家有宠物的主人出去走亲访友，最好是将爱犬爱猫送到宠物"托儿所"寄养几小时。

사람처럼 15강아지와 고양이도 휴일 동안 폭음과 폭식하여 병에 걸리는 것을 적지 않게 볼 수 있다. 애완동물의 몸조리에 대한 의식이 부족한 주인들이 휴일 동안 강아지와 고양이가 먹는 것에 의료와 보건사항을 무시한 채, 사람과 함께 식사하고 같이 논다. 결국, 갑자기 바뀐 식사습관과 과식 또는 뼈, 딱딱한 껍질의 열매 등의 음식 섭취로 설사하거나 토를 하고 심지어는 장폐색증에 걸리는 상황을 자주 볼 수 있다. 예방 차원의 보건 조치 중 음식은 당연히 매우 중요한 내용이다. 16폭식을 금기하고, 좋은 식사습관을 유지하는 것은 동물의 '휴일병'을 예방할 수 있는 가장 좋은 방법이다.

17가족과 친구들의 방문은 애완동물이 호흡기 질병에 걸리는 주요 경로이다. 방안에서 에어컨을 켜면 동물은 쉽게 감기에 걸린다. 만약 친구의 집에 강아지와 고양이가 있다면, 애완동물들은 자연스럽게 가까이 지낼 것이고, 많은 세균을 서로 감염시킬 것이다. 그래서 집에서 애완동물을 기르는 주인들은 친척, 친구 집을 방문할 때 애완동물을 애완동물 탁아소에 맡겨서 몇 시간이라도 돌보게 하는 것이 좋다.

15 宠物在节日期间得病的主要原因是什么?
  A. 不睡
  B. 暴食
  C. 吃果实
  D. 走亲访友

15 애완동물이 휴일 동안 병에 걸리는 주요 원인은 무엇인가?
  A. 잠을 안 자서
  B. 폭식을 해서
  C. 열매를 먹어서
  D. 친척, 친구 집을 방문해서

16 预防"节日病"的最好办法是什么?	16 '휴일병'을 예방하기 위해 제일 좋은 방법은 무엇인가?
A. 过多饮食	A. 음식을 많이 섭취해야 한다
B. 不要改变饮食习惯	B. 식사습관 바꾸지 말아야 한다
C. 不要吃骨头	C. 뼈를 먹지 말아야 한다
D. 避免暴食	**D. 폭식을 피해야 한다**

17 宠物的呼吸道疾病的主要途径是什么?	17 애완동물이 걸리는 호흡기 질병의 주요 경로는 무엇인가?
A. 开空调	A. 에어컨을 켜는 것
B. 主人带宠物去朋友家	**B. 주인이 애완동물을 데리고 친구 집에 가는 것**
C. 暴饮暴食	C. 폭음과 폭식을 하는 것
D. 主人没有宠物调养意识	D. 주인이 애완동물의 몸조리에 대한 의식이 없는 것

暴饮暴食 bàoyǐn bàoshí 통 폭음과 폭식하다 | 宠物 chǒngwù 명 애완동물 | 调养 tiáoyǎng 통 몸조리하다 | 要领 yàolǐng 명 요점 | 玩耍 wánshuǎ 통 놀다, 장난하다 | 逗乐 dòulè 통 (우스갯소리 등으로) 웃기다 | 吞吃 tūnchī 통 씹지도 않고 삼키다 | 骨头 gǔtou 명 뼈 | 硬壳 yìngké 명 단단한 껍질 | 腹泻 fùxiè 명 설사 | 呕吐 ǒutù 통 구토하다 | 肠梗阻 chánggěngzǔ 명 장폐색증 | 屡见不鲜 lǚjiàn bùxiān 젱 자주 볼 수 있어서 신기하지 않다 | 香肠 xiāngcháng 명 소시지 | 狼吞虎咽 lángtūn hǔyàn 허겁지겁 먹다 | 穿孔 chuānkǒng 통 구멍이 생기다 | 转危为安 zhuǎnwēi wéi'ān (형세나 병세 등이) 위험한 상태를 벗어나 안전하게 되다 | 切忌 qièjì 통 금기하다 | 走亲访友 zǒu qīn fǎng yǒu 친지, 친구 집을 방문하다 | 呼吸道 hūxīdào 명 호흡기관 | 细菌 xìjūn 명 세균 | 寄养 jìyǎng 통 다른 사람에게 양육을 맡기다

15 B 폭음과 폭식으로 병에 걸리는 것을 적지 않게 볼 수 있다고 했으므로 답은 B이다. 열매를 먹는 것은 주요 원인이 아니라 한 예일 뿐이므로 C는 답이 될 수 없고, 친척, 친구 집을 방문하는 것은 호흡기 질병의 원인이므로 D도 답이 될 수 없다.

16 D 식사습관을 바꿀 것인지 말 것인지가 중요한 것이 아니라 폭식을 금기하고 좋은 식사습관을 유지하는 것이 중요하므로 답은 D이다. 뼈를 먹으면 안 된다는 것은 병을 예방하는 한 예일 뿐, 주요 원인이 아니므로 C는 답이 될 수 없다.

17 B 주인이 애완동물을 데리고 친구 집에 가면 에어컨 때문에 호흡기 질병에 걸릴 수 있고, 그곳에 있는 애완동물들과 접촉하면 세균에 감염될 수 있다고 했으므로 답은 B이다.

18~20

现代父母都很忙，和幼儿交谈是一种非常方便、有效的教育方式。**18良好的交流能帮助培养孩子的自信心、自我价值观和与他人良好的关系**，也会让幼儿生活得更愉快，在以后的人生成长过程中对自己和他人都能保持良好的感觉。

听父母说话和父母对他们说话是幼儿学习语言的主要方式。研究表示，**19一个孩子在能够说一个字之前要至少听到这个字500遍以上**。这意味着父母应该创造更多的机会让幼儿听到谈话。另外，在与幼儿的交谈中，父母们还可以帮助孩子寻找表达自己想法的词汇和句子，纠正错误和扩大他们的词汇量，解释他们还不明白的词语，会极大地促进孩子的语言能力。

요즘 부모들은 바빠서 아이와 대화하는 것이 매우 편하고 효과적인 교육방식이다. **18양질의 교류는 아이의 자신감과 자아 가치관을 길러주고, 타인과 좋은 관계를 맺을 수 있게 한다**. 또 아이의 생활을 더욱 즐겁게 해줘 이후에 성장하면서 자신과 타인에 대해 좋은 느낌을 가질 수 있다.

부모의 말과 부모가 그들에게 하는 말을 듣는 것은 아이들이 언어를 학습하는 주요방식이다. 연구에서 발표하길, **19한 아이가 한 글자를 말하기 전에 최소 이 글자를 500번 이상 들어야 한다고 한다**. 이것은 부모가 반드시 더 많은 기회를 만들어 줘서 아이가 대화를 들을 수 있도록 해야 함을 의미한다. 그 밖에 아이와 대화하는 중에 부모는 아이가 스스로 말하고 싶은 글자와 문장을 찾을 수 있도록 도와줄 수 있다. 잘못된 부분은 고쳐주면서, 그들의 어휘량을 늘려주고, 그들이 모르는 단어를 설명해 주면서 아이의 언어구사 능력을 극대화 시켜줄 수 있다.

亲子交谈有助于了解孩子，在孩子还小的时候，如果家长们就和孩子建立一个密切的关系，有助于孩子在遇到问题和挫折时会寻求您的帮助。作为家长也会对孩子的情绪变化比较敏感。与父母关系密切，孩子在成长过程中较少出现精神健康方面的问题。

20家长应认真听孩子说的话，那是他们的思想、意见和感情的表达过程。有时尽管不太清晰准确，但却包含很多咨询。20在此过程中能让家长更加了解自己孩子的性格、品行和成长的过程。

부모와 자식 간의 대화는 아이를 이해하는 데 도움이 된다. 아이가 비교적 어렸을 때, 학부모들이 아이와 밀접한 관계를 형성한다면, 아이가 문제나 좌절에 부딪혔을 때 당신의 도움을 구하게 될 것이다. 가장으로서 아이의 정서 변화에 비교적 민감할 수 있다. 부모와의 밀접한 관계는 아이가 성장하는 과정에서 정신 건강과 관련된 문제를 줄일 수 있다.

20가장은 아이의 말을 진지하게 들어줘야만 한다. 그것은 그들의 사고, 의견, 감정을 표현하는 과정이다. 어떨 땐 분명하고 정확하지 않기도 하지만, 많은 자문이 담겨 있다. 20이 과정에서 가장들은 아이의 성격, 품행과 성장 과정을 더 이해할 수 있게 된다.

18 良好的交流不能帮助培养孩子的什么？
  A. 与他人良好关系
  B. 孩子的自信心
  C. 孩子的自我价值感
  D. 独立心

18 양질의 교류가 아이에게 도움이 되지 않는 부분은?
  A. 타인과의 좋은 관계
  B. 아이의 자신감
  C. 아이의 자아가치관
  D. 독립심

19 一个孩子在能够说一个字之前要听到这个字多少遍：
  A. 500不止
  B. 正好500遍
  C. 不到500遍
  D. 500遍就够了

19 한 아이가 한 글자를 말하기 전에 그 글자를 몇 번 들어야 하나:
  A. 500번 넘게
  B. 딱 500번
  C. 500번 미만
  D. 500번이면 충분하다

20 家长要认真听孩子说话，是因为：
  A. 让家长更加了解自己孩子的性格、品行
  B. 不然孩子会生气
  C. 家长要学听别人说的话
  D. 孩子需要语言练习

20 가장이 아이가 하는 말을 잘 들어야 하는 이유는:
  A. 가장들이 아이의 성격, 품행을 더 잘 이해할 수 있게 하기 때문에
  B. 그렇지 않으면 아이가 화내서
  C. 가장들은 다른 사람들이 하는 말을 듣는 것을 배워야 해서
  D. 아이가 언어 연습이 필요해서

交谈 jiāotán 동 이야기를 나누다 | 价值观 jiàzhíguān 명 가치관 | 至少 zhìshǎo 분 적어도, 최소한 | 意味 yìwèi 명 의미 | 寻找 xúnzhǎo 동 찾다, 구하다 | 词汇 cíhuì 명 어휘 | 纠正 jiūzhèng 동 교정하다 | 扩大 kuòdà 동 확대하다 | 促进 cùjìn 동 촉진시키다, 촉진하다 | 挫折 cuòzhé 명 좌절 | 敏感 mǐngǎn 형 민감하다 | 清晰 qīngxī 형 또렷하다, 분명하다 | 咨询 zīxún 동 자문하다 | 超过 chāoguò 동 초과하다

18 **D** 양질의 교류는 아이의 자신감과 자아 가치관을 길러주고, 타인과 좋은 관계를 맺을 수 있게 한다고 했다. 독립심 대한 언급은 본문에서 하지 않았으므로 답은 D이다.

19 **A** '500遍以上'과 의미가 비슷한 보기를 찾아야 한다. '不止'은 '~에 그치지 않다' '~을 넘다'라는 뜻으로 '以上'과 같은 의미이다.

20 **A** 마지막 단락에서 답을 찾을 수 있다. 아이의 말을 진지하게 듣는 과정 중에 아이의 성격과 품행 등을 더 잘 알 수 있게 되었다고 했으므로 답은 A이다.

3 세부 정보 파악하기 p.142

정답	1 B	2 C	3 C	4 C	5 A	6 A	7 A	8 C	9 B	10 C
	11 A	12 B	13 C	14 A	15 C	16 C	17 A	18 C	19 A	20 A

1~4

到过中国的外国人常说：**1不到长城非好汉，不吃北京烤鸭真遗憾**。北京烤鸭是明朝的宫廷食品，到今天已经有三百多年的历史了。明朝的时候，宫廷的厨师把生长在南京湖中的鸭子放到火上，做成烤鸭。**3烤熟以后的鸭子，又香又脆，虽然很肥，但是一点儿也不腻**。后来，**2明朝的首都从南京搬到北京**，烤鸭的技术也从南京带到了北京。厨师用北京填鸭做的烤鸭，**3皮儿很薄，肉非常嫩，更加好吃**。北京烤鸭很快变成北方风味中的一道名菜。

1 划线部分是什么意思?
 A. 中国有长城和北京烤鸭
 B. 长城和北京烤鸭很有名
 C. 不吃北京烤鸭，会后悔的
 D. 你一定要去长成

2 关于中国首都，下面正确的是:
 A. 明朝时，首都是南京，后来清朝的时候把首都改为北京
 B. 中国首都一直是北京
 C. 明朝的首都从南京搬到北京
 D. 明朝的首都是南京

3 北京烤鸭的特点是什么?
 A. 肉很脆
 B. 油腻
 C. 很肥
 D. 皮儿很厚

4 这篇文章的主要内容是什么?
 A. 北京烤鸭很香
 B. 吃北京烤鸭的人
 C. 北京烤鸭的由来和风味
 D. 长城和北京烤鸭

중국에 가 본 외국인들은 자주 말한다. **1'만리장성에 가 보지 않으면 사내대장부가 아니고, 베이징카오야를 먹어보지 않았다면 정말 유감스러운 일이다.'** 베이징카오야는 명조의 궁중 음식으로, 오늘날까지 이미 300여 년의 역사를 지니고 있다. 명조의 궁중 요리사가 난징후에서 자라고 있는 오리를 불에 넣고 구워서 요리를 만들었다. **3구워진 오리는 향기롭고, 바삭바삭했고, 비록 기름이 많았으나 전혀 느끼하지 않았다**. 후에 **2명조의 수도가 난징에서 베이징으로 옮겨지면서**, 오리구이의 기술도 난징에서 베이징으로 옮겨졌다. 요리사는 베이징에서 사육한 오리를 오리구이로 만들었는데, **3껍질이 얇고 고기가 매우 연해서 더욱 맛있었다**. 베이징카오야는 곧 북방 지역의 특색 있는 유명한 요리로 명성을 날렸다.

1 밑줄 친 부분은 무슨 뜻인가?
 A. 중국에는 만리장성과 베이징카오야가 있다
 B. 만리장성과 베이징카오야는 매우 유명하다
 C. 베이징카오야를 먹지 않으면 후회하게 될 것이다
 D. 당신은 반드시 만리장성에 가야 한다

2 중국 수도에 관하여 아래 보기 중 올바른 것은:
 A. 명조 때 수도는 난징이었고, 나중에 청조 때 수도를 베이징으로 바꿨다
 B. 중국의 수도는 줄곧 베이징이었다
 C. 명조의 수도는 난징에서 베이징으로 옮겼다
 D. 명조의 수도는 난징이다

3 베이징카오야의 특징은 무엇인가?
 A. 고기가 매우 바삭바삭하다
 B. 느끼하다
 C. 매우 기름이 많다
 D. 껍질이 매우 두껍다

4 이 글의 주요 내용은 무엇인가?
 A. 베이징카오야는 매우 향기롭다
 B. 베이징카오야를 먹는 사람
 C. 베이징카오야의 유래와 특색
 D. 만리장성과 베이징카오야

长城 Chángchéng 고유 만리장성 | 好汉 hǎohàn 명 사내대장부 | 北京烤鸭 Běijīng kǎoyā 고유 베이징카오야 | 遗憾 yíhàn 형 유감이다 | 明朝 Míngzhāo 고유 명조 | 宫廷 gōngtíng 궁궐 | 厨师 chúshī 요리사 | 生长 shēngzhǎng 동 자라다 | 湖 hú 명 호수 | 鸭子 yāzi 명 오리 | 熟 shú 형 (요리, 열매) 익다 | 脆 cuì 형 바삭바삭하다 | 肥 féi 형 기름이 많다 | 腻 nì 형 느끼하다 | 首都 shǒudū 명 수도 | 技术 jìshù 명 기술 | 填鸭 tiányā 강제로 비육한 오리 | 皮 pí 명 껍질 | 薄 báo 형 얇다 | 嫩 nèn 연하다, 부드럽다 | 名菜 míngcài 유명한 요리 | 油腻 yóunì 느끼하다 | 厚 hòu 형 두껍다

1 B 만리장성에 꼭 가봐야 하고, 베이징카오야를 꼭 먹어야 한다는 것은 즉, 이 두 가지가 유명하다는 것임을 알 수 있다. C와 D는 하나씩만 언급했으므로 답이 될 수 없다.

2 C 명조 시대에 수도는 난징이었다가 베이징으로 옮겨졌다.

3 C 베이징카오야는 기름이 많지만 느끼하지 않다. A는 고기가 아닌 껍질이 바삭바삭한 것이므로 정답이 아니고, B는 느끼하지 않기 때문에 답이 아니며, D는 껍질이 얇아서 정답이 아니다.

4 C 첫째 줄에 만리장성도 언급하고 있으나 그 이후로 만리장성에 대한 언급은 없으므로 D는 답이 아니다. A는 주요 내용이 아닌 세부 특징 중 하나이고, B는 베이징카오야가 궁중음식으로 궁궐에서 먹었던 것으로만 언급하였으므로 주요 내용이라 볼 수 없다. 즉, 전체를 아우를 수 있는 C가 답이다.

5~8

您的工作内容是一成不变或具有创造力、挑战性？若为后者，请注意，有一片刊登于《社会科学研究》杂志上的多伦多大学研究结果指出：**5工作越有创造性，职员的压力越大**。

这项研究的多伦多大学教授说"创造性的工作当然有很多好处。不过我们的研究同时发现，创造性工作也会带来不好的结果，如压力过大等"**6从事创造性工作者在休息时间收到的公司或客户邮件、电话、短信的可能性越大**，工作带来的紧张和不安越多，压力也越容易产生。

研究显示，那些工作具创造性的雇员并不是都受雇于创造性的行业，例如：设计和写作业。相反的他们在工作中有很多学习新事物的机会，独立解决问题和提高自己能力和技能的机会。这些从事创造性工作的人面临更多来自工作的压力，也很难平衡工作和家庭生活。

多伦多大学教授表示，减压的方法之一是静下心来想想工作对私人生活的影响有多深，在努力划分清楚工作和休息的时间。**7建议您下次在家里接到老板或客户的电话时，可以考虑不要接听**。

당신의 업무는 전혀 변화가 없는가, 아니면 창조성과 도전성을 가지고 있는가？ 만약 후자라면 주의해야 한다.『사회과학연구』잡지에 실린 토론토 대학의 연구 결과에 따르면 **5일을 하는 데 창조력이 필요할수록 직원의 스트레스가 커진다고 한다**.

이 연구에서 토론토 대학 교수가 말하길 "창조적인 일은 당연히 좋은 점이 많이 있습니다. 그런데 우리가 연구에서 발견한 것은 창조적인 일은 좋지 않은 결과들을 가져올 수 있다는 것입니다. 예를 들면 스트레스가 과해지는 것이죠." **6창조적인 일에 종사하는 사람은 휴식 시간에도 회사 또는 고객의 메일, 전화, 문자를 받을 가능성이 더 크고**, 일이 가져다주는 긴장감과 불안함이 더욱 많으며, 스트레스도 쉽게 생길 수 있다.

연구에서 발표하길, 그런 일들은 창조적인 근로자가 결코 창조적인 일을 하는 것이 아니라는 것이다. 예를 들어 계획하고 과제를 하는 것이다. 반대로 그들은 일하는 중에 새로운 것을 공부할 기회가 많고, 스스로 문제를 해결하고 자신의 능력과 기능을 높일 기회가 많다. 이런 창조적인 일에 종사하는 사람들은 일로부터 오는 스트레스를 더 많이 직면하게 되고, 일과 가정생활에 평형을 이루기가 매우 어렵다.

토론토 대학의 교수가 말하길, 스트레스를 줄이는 방법은 침착한 마음으로 일이 자신의 개인 생활에 미치는 영향이 얼마나 큰지를 생각해보고, 일과 휴식 시간을 분명하게 나눌 수 있도록 노력하는 것이라고 했다. **7당신이 집에 있을 때 사장 또는 고객의 전화가 오면 받지 않는 것도 고려해 보라고 했다**.

此外，**8 长期睡眠不足会严重损害免疫系统**，一定要保持充足睡眠，好好照顾自己，多运动，练练气功保健养生，增强体力和免疫力。有足够的体力可以对抗压力，并能缓解紧张情绪。

이 외에 **8 오랫동안 수면이 부족하면 면역 계통을 심각하게 손상할 수 있으므로** 반드시 충분한 수면 시간을 유지해야 하며, 자신을 잘 돌보고 운동을 많이 하고 기공 등의 보건 운동을 연습하여 체력과 면역력을 증강시켜야 한다. 충분한 체력은 스트레스를 막을 수 있고 긴장하고 있는 정서를 완화시킬 수 있다.

5 工作的创造性与职员的压力有什么关系：
  A. 创造性越有，压力越大
  B. 并无关系
  C. 创造性影响到工作时间
  D. 工作创造性大的人要注意《社会科学研究》杂志

5 일의 창조성과 직원의 스트레스는 무슨 관계인가:
  A. 창조성이 클수록 스트레스가 크다
  B. 전혀 관계가 없다
  C. 창조성이 일의 시간에 영향을 준다
  D. 일의 창조성이 큰 사람은 『사회과학연구』 잡지를 주의해야 한다

6 从事创造性工作者不能休息的原因是什么？
  A. 在休息时间收到邮件、电话、短信的可能性很大
  B. 工作带来紧张
  C. 要做的事情太多了
  D. 压力大

6 창조적인 일에 종사하는 사람이 휴식을 잘 할 수 없는 이유는 무엇인가?
  A. 휴식 시간에 메일, 전화, 문자 등을 받을 가능성이 커서
  B. 일이 긴장감을 가져다주므로
  C. 해야 할 일이 너무 많아서
  D. 스트레스가 커서

7 教授建议什么？
  A. 努力划分清楚工作和休息的时间
  B. 不要接所有的电话
  C. 多学习
  D. 长睡眠

7 교수가 제안한 것은 무엇인가?
  A. 일과 휴식 시간을 분명히 구분하도록 노력할 것
  B. 모든 전화를 받지 말 것
  C. 많이 공부할 것
  D. 오래 잘 것

8 长睡眠不足带来的问题是什么？
  A. 营养不足
  B. 工作压力
  C. 损害免疫系统
  D. 导致很多病

8 오랫동안 수면이 부족하여 생기는 문제는 무엇인가?
  A. 영양 부족
  B. 일의 스트레스
  C. 면역 체계의 손상
  D. 많은 병을 발생시킴

创造 chuàngzào 통 창조하다, 만들다 | 挑战 tiǎozhàn 통 도전하다 | 若 ruò 접 만일, 만약 | 刊登 kāndēng 통 (신문·잡지 따위에) 게재하다, 싣다 | 多伦多 Duōlúnduō 고유 토론토 | 指出 zhǐchū 통 지적하다 | 压力 yālì 명 스트레스 | 技能 jìnéng 통 기능, 솜씨 | 面临 miànlín 통 (문제·상황에) 직면하다 | 平衡 pínghéng 형 균형 잡히다, 평형하다 | 静心 jìngxīn 통 진정하다, 평정하다 | 私人 sīrén 명 개인의, 사적인 | 划分 huàfēn 통 구분하다 | 免疫 miǎnyì 명 면역 | 保持 bǎochí 통 (지속적으로) 유지하다 | 养生 yǎngshēng 통 보양하다 | 对抗 duìkàng 통 대항하다, 저항하다

5 A 『사회과학연구』 잡지의 연구 결과에 따르면, 일하는 데 창조력을 필요할수록 직원의 스트레스는 커진다고 했으므로 답은 A이다.

6 A 질문을 잘 이해해야 한다. 창조적 일을 하는 사람이 왜 스트레스를 받느냐가 아니라, 왜 쉬지 못하는가를 묻는 것이므로 답은 A이다. 일이 가져다주는 긴장감과 불안함은 스트레스를 생기게 하는 것이므로 B와 C는 답이 아니다.

7 A 교수가 제안한 것은 휴식 시간에는 일과 관련된 전화를 받지 않는 것을 고려하라는 것이다. 오래 자는 것이 중요한 것이 아니라, 충분한 수면이 중요한 것이므로 D는 답이 될 수 없다.

8 C 질문이 들어 있는 문장을 찾으면 답을 쉽게 찾을 수 있다. 오랫동안 수면이 부족하면 면역 계통을 심각하게 손상할 수 있다고 했으므로 답은 C이다.

9~12

　　寒冷的春雨敲打着窗子。**9**本来我的情绪就因手术后长期恢复不好而压抑，这样一来就更加低落了。四周沉寂无人，我自然产生一种孤独感，仿佛自己被这个世界遗忘了。显然，没有我它照样很好。

　　这时，邮递员来了，带来一张纸条。这是一位老师写的，我每天早晨在去学校的路上遇到她，后来偶然相识了。"亲爱的珍妮，"她写道，"我的班马上就要上课了，但在我的学生来到之前我必须写上几句话。今天早晨我没见到你的微笑和招手致意，自从你病了后一直如此。我祝愿你早日恢复健康。收到这个条子你可能很惊讶。**10**但是没有你，对我来说这个世界就失去了快乐。如果我不告诉你，你会知道吗？" **11**一下子，因绝望而麻痹了的感觉消失了。有人想念我，有人需要我。这个认识比医生所能开的任何药物更有效。我仔细地把这些话重读了一遍，玩味着每一个字。最后一句引起了我的深思："如果我不告诉你，你会知道吗？"

　　我们中的许多人自以为深于世故，喜欢掩饰自己的情感。我们不习惯使用爱、赞美、同意这些字眼，尽管这些字可能会给那些痛苦的人短暂的安慰，甚至可能使他们原来沉闷的生活闪耀出一些光芒。**12**如果我们不得到一些字眼，一些手势，怎么能知道有人想念我，有人需要我，有人爱我呢？

차가운 봄비가 창문을 두드린다. **9**원래 내 기분은 수술 후 오랫동안 회복이 잘 되지 못해 좋지 않았고, 이렇게 줄곧 더 의기소침해졌다. 사방은 조용하고 사람이 없어서 나는 자연스럽게 고독해졌고, 마치 내가 이 세상에서 잊혀진 것 같았다. 분명히 내가 없더라도 세상은 여전히 잘 돌아갈 것이다.

　　이때 집배원이 한 장의 쪽지를 가지고 왔다. 이것은 선생님께서 쓰신 것이었다. 나는 매일 아침 학교 가는 길에서 그분을 뵈었고, 나중에 서로 우연히 알게 되었다. '사랑하는 제니' 그분은 이렇게 썼다. '우리 반이 곧 수업을 시작하게 되지만, 학생들이 도착하기 전에 반드시 몇 마디 적어야겠네. 오늘 아침 나는 너의 미소와 손을 흔드는 모습을 보지 못했어. 네가 병이 난 후로 줄곧 말이야. 네가 얼른 건강을 회복하길 바란다. 이 글을 받고 너는 아마 매우 놀라겠구나. **10**그러나 네가 없으면 나는 이 세상에서 기쁨을 잃게 된단다. 만약 내가 너에게 이 말을 하지 않는다면, 네가 알았을까?' **11**한 순간에 절망으로 마비되었던 기분이 사라졌다. 어떤 사람이 날 생각하고 있고, 날 필요로 하고 있다. 이것을 안다는 것은 의사가 처방한 어떤 약보다 더 효과가 있을 수 있다. 나는 글을 다시 읽어 보았고, 글자마다 깊이 새겼다. 마지막 한 마디가 나를 깊이 생각하게 했다. '만약 내가 너에게 얘기하지 않았다면 네가 알았을까?'

　　우리 중 많은 사람이 자신이 세상을 잘 알고 있는 줄 알고, 자신의 감정을 잘 숨긴다. 우리는 사랑, 찬미, 찬성이라는 단어들을 잘 사용하지 않는다. 비록 이런 단어들이 그런 고통 받는 사람에게 짧은 위로가 되고, 심지어는 그들 본래의 울적한 삶에 빛을 비추게 한다 할지라도. **12**만약 우리가 이런 단어, 이런 손짓을 만나게 되지 못한다면, 어떻게 다른 사람이 날 생각하는지, 날 필요 하는지, 날 사랑하는지 알 수 있겠는가?

9 我的心情为什么压抑？
　A. 因为寒冷
　B. 因为手术后长期恢复不好
　C. 因为春雨
　D. 因为本来这样

10 老师为什么给我写信？
　A. 要知道没来上课的原因
　B. 要祝愿
　C. 让我知道，有人想念我
　D. 留给我作业

9 내 기분은 왜 답답한가?
　A. 추워서
　B. 수술 후 오랫동안 회복이 잘되지 않아서
　C. 봄비 때문에
　D. 원래 그런 성격이어서

10 선생님은 왜 내게 편지를 썼는가?
　A. 수업에 안 온 이유를 알고 싶어서
　B. 축복해 주려고
　C. 내게 누군가 나를 생각하고 있다는 것을 알게 하려고
　D. 숙제를 내 주려고

11 我收到了老师的信以后怎么样了?

   A. 很感动，重读了一遍
   B. 更绝望了
   C. 想要吃医生开的药
   D. 有了新的想法

12 在本文中提到的是什么?

   A. 要掩饰自己的情感
   B. 要习惯使用爱、赞美、同意这些字眼
   C. 要安慰别人
   D. 要说出给别人鼓励的话

11 나는 선생님의 편지를 받고 난 후 어떻게 했는가?

   A. 매우 감동하여 다시 읽어 보았다
   B. 더 절망스러웠다
   C. 의사가 처방한 약을 먹고 싶었다
   D. 새로운 생각이 났다

12 본문에서 언급한 것은 무엇인가?

   A. 자신의 감정을 숨겨야 한다
   B. 사랑, 찬미, 찬성이라는 단어들을 습관적으로 사용해야 한다
   C. 다른 사람을 위로해야 한다
   D. 다른 사람에게 격려하는 말을 해야 한다

敲打 qiāodǎ 图 두드리다, 치다 | 压抑 yāyì 图 답답하다 | 低落 dīluò 图 떨어지다 | 孤独 gūdú 图 고독하다, 외롭다 | 仿佛 fǎngfú 图 마치 ~인 것 같다 | 遗忘 yíwàng 图 잊어버리다 | 显然 xiǎnrán 图 분명하다, 뚜렷하다 | 相识 xiāngshí 图 서로 알다, 안면이 있다 | 致意 zhìyì 图 호의를 보내다 | 祝愿 zhùyuàn 图 축원하다, 기원하다 | 玩味 wánwèi 图 깊이 새겨보다, 음미하다 | 世故 shìgù 图 세상 물정 | 掩饰 yǎnshì 图 덮어 숨기다, 감추다 | 字眼 zìyǎn 图 (문장 내의) 글자, 문구 | 尽管 jǐnguǎn 图 비록 ~라 하더라도 | 沉闷 chénmèn 图 (마음이) 답답하다 | 闪耀 shǎnyào 图 번쩍번쩍하다 | 光芒 guāngmáng 图 빛 | 手势 shǒushì 图 손짓, 손동작

9 B 질문의 핵심 단어인 '压抑'가 있는 부분을 찾아보자. '因A而B'는 'A 때문에 B하다'라는 뜻으로 '因手术后长期恢复不好而压抑'에서 수술 후 오랫동안 회복이 잘되지 않아서 답답했음을 알 수 있다. 봄비는 안 그래도 답답했던 마음을 더 울적하게 했다고 했으나 여기서는 '压抑'의 원인을 묻고 있으므로 C는 답이 아니다.

10 C 선생님은 나를 가르치고 계신 분이 아니라 학교 다니는 길에서 만나게 된 분으로, 수업에 안 왔다거나, 숙제를 내준다는 내용은 상관이 없다. B는 편지 안에 있는 부분이기 하나, 궁극적으로 선생님께서 편지를 쓰신 이유는 나를 많이 생각하고 있다는 것을 알려주기 위해서임을 편지 끝 부분을 통해 알 수 있다.

11 A 선생님의 편지를 받은 이후 감동해서 다시 자세히 깊이 새기며 읽어 보았고 의사가 처방한 약보다 더 효과가 좋았다고 했으므로 답은 A이다.

12 B 마지막 단락에 사랑, 찬미, 찬성의 단어들을 사용하는 데 익숙하지 않지만 그런 것들을 사용하지 않는다면 어떻게 사람들이 자신을 생각하는지, 필요로 하는지, 사랑하는지를 반문한 것은 즉, 이런 단어들을 습관적으로 사용하여 표현해야 한다는 뜻이다.

13~16

　　一个年轻人来到一个陌生的地方碰到一位老人，年轻人问："这里如何?"老人反问："你的家乡如何?"年轻人说："简直糟糕透了。"老人接着说："那你快走，这里同你的家乡一样糟。"又来了另一个年轻人问同样的问题，老人也同样反问，年轻人回答说："我的家乡很好，我很想念家乡……"老人便说："这里也同样好。"旁边的人

　　한 젊은이가 낯선 곳에서 우연히 노인 한 명을 만났다. 젊은이가 물었다. "여기가 어떤 곳이죠?" 노인이 반문했다. "당신의 고향은 어떤 곳인가?" 젊은이가 말했다. "정말 엉망인 곳이죠." 노인이 이어서 말했다. "그럼 얼른 떠나게. 여기는 당신의 고향과 똑같이 엉망인 곳이네." 또 다른 젊은이가 똑같은 질문을 했고, 노인은 똑같이 대답했네. 젊은이가 대답하기를 "제 고향은 아주 좋은 곳입니다. 저는 고향이 매우 그립습니다……" 노인이 바로 말했다. "여기도 그곳과 똑같이 좋은 곳이네." 옆에 있던 사람이 매우 이상하게 여겨, 노인에게

觉得很奇怪，问老人为什么前后说法不一致？老人说：**13**"你要寻找什么，你就会找到什么！"——在不同人的眼中，世界也会变得不同。其实星星还是那颗星星，世界依然是那个世界。你用欣赏的眼光去看，就会发现很多美丽的风景；你带着满腹怨气去看，你就会觉得世界一无是处。

法国著名大作家雨果说：**14**"世界上最宽阔的东西是海洋，比海洋更宽阔的是天空，比天空更宽阔的是人的心灵。"让我们摒弃自卑、自负和自满，去正确地欣赏别人吧！有人认为，在越来越个性化的社会交际中，'欣赏自己'已被越来越多的人们接受和应用。这本是一件好事，因为它起码表明了人已经开始注重个人在社会中的价值和作用，有利于个性的张扬和主观能动性的发挥。

15看看你身边这些你从来不曾欣赏过的人，你会发现，他们虽不如明星受欢迎，但他们却仍旧认认真真地生活着，努力地工作着，真诚地与人打着交道。他们在与人交往中所表现的同情、关切、微笑和互相帮助都是朴实而真切的。这些人就生活在你的四周，他们是你的亲人、朋友、同事和邻居，他们在你失败受挫时安慰你、帮助你；在你成功兴奋时会鼓励你、赞美你；下雨时，他们会拉你同在一个屋檐下躲雨；刮风了，他们会为你披上一件御寒的风衣。**15**这些人才是你真正应该欣赏的人。

16或许他们身上也存在着各种各样的缺点和不足，他们烦恼时也会喊一喊、骂一骂，他们在背后也要议论别人的长处和缺陷，他们也喝酒、抽烟、打麻将，也有七情六欲。社会有多复杂，他们就有多复杂。但这些"恶习"谁能保证自己身上就没有呢？真正懂得交际艺术的人，是知道怎样用欣赏的目光把一堆粗树根变成艺术品，明白善意的批评也许会使恶魔变成漂亮的天使。

善于理智欣赏别人的人，他总会得到更多人的欣赏和帮助。学会欣赏别人，会帮你成功。

왜 앞에 한 말과 뒤에 한 말이 다른지 물어봤다. 노인이 말하길 **13**"당신이 찾으려 한다면, 바로 찾을 수 있네."—보는 사람의 관점에 따라서 세상은 다르게 보인다. 사실 하늘의 별도 그냥 별이고 세상도 여전히 그 세상이다. 당신이 좋아하는 눈빛으로 바라본다면 아름다운 풍경들을 많이 발견할 것이고, 원망이 가득한 마음으로 본다면 세상엔 장점이라고는 하나도 없는 것처럼 느껴질 것이다.

프랑스의 유명한 작가인 빅토르위고가 말했다. **14**"세상에서 제일 넓은 것은 바다이고, 바다보다 더 넓은 것은 하늘이고, 하늘보다 더 넓은 것은 사람의 마음이다." 우리는 열등감과 자만심을 버리고 바르게 다른 사람을 느껴보자! 어떤 이는 점점 개성화되는 사회 교류 중에 '자신을 사랑하는 것'을 이미 점점 많은 사람들이 받아들이고 응용한다고 생각한다. 이것은 원래 좋은 것이다. 왜냐하면 그것은 적어도 사람이 사회 속에서 이미 개인의 가치와 영향을 중시하며 개성을 널리 알리고, 주관적으로 능동성을 발휘하는 데 도움이 된다는 뜻이기 때문이다.

15주변에서 당신이 이제까지 좋게 여기지 않았던 사람들을 살펴보면 알게 될 것이다. 그들이 비록 스타만큼 인기가 있지는 않지만, 여전히 열심히 살고 노력하면서 일하고, 진실하게 사람들과 교류하고 있다는 것을. 그들이 사람들과 교류하면서 표현하는 동정심, 관심, 미소와 서로 도와주는 모습은 모두 꾸밈이 없고 진실하다. 이런 사람들이 당신의 주위에 살고 있고, 그들은 당신의 친척, 친구, 동료와 이웃이며, 당신이 실패하고 좌절했을 때 당신을 위로하고 도와줄 것이다. 당신이 성공하고 기뻐할 때, 당신을 격려하며 칭찬해 줄 것이다. 비가 올 때 그들은 당신을 이끌어 같이 처마 밑에서 비를 피할 것이며, 바람이 불 때 당신을 위해 방한 코트를 걸쳐줄 것이다. **15**이런 사람들이야말로 당신이 진정으로 좋아해야 할 사람이다.

16아마 그들에게 여러 결점과 부족함이 있을지도 모른다. 그들은 짜증 날 때 소리를 지르고, 욕을 하고, 뒤에서 다른 사람의 장단점을 험담하고, 술을 마시고, 담배를 피우고, 마작하고, 다양한 욕망이 있을 수도 있다. 사회가 복잡한 만큼 그들에게도 복잡함이 있다. 그러나 누가 이런 '나쁜 습관'들이 자신에게는 없다고 보장하겠는가? 진정으로 교제의 기술을 아는 사람들은 어떻게 하면 거친 나무를 예술품으로 변하게 할 수 있는지를 알고, 선의의 비판도 악마를 아름다운 천사로 변하게 할 수 있다는 것을 안다.

다른 사람을 지혜롭고 좋은 마음으로 볼 줄 아는 사람은 더 많은 사람들이 좋아할 것이고, 그들의 도움을 얻을 수도 있다. 다른 사람을 좋아할 줄 아는 것을 배우자. 그러면 당신의 성공에 도움이 될 것이다.

---

13 根据上文老人为什么前后说法不一样？

A. 老人不懂年轻人说什么
B. 老人让年轻人自己找原因
C. 因为不一样的想法让人看到不一样的东西
D. 老人只是说说而已

13 본문에 따르면 노인은 왜 앞뒤의 말이 달랐는가?

A. 노인이 젊은이가 무슨 말을 하는지 알아듣지 못해서
B. 노인이 젊은이에게 스스로 원인을 찾게 하려고 해서
C. 다른 생각은 사람에게 다른 것을 보게 하므로
D. 노인은 그냥 말했을 뿐이다

14 法国作家雨果所说的意思是：
A. 人有很多想法
B. 海洋比人的心灵宽
C. 人有很多东西要想
D. 要看看最宽的东西

15 根据上文"我们应该欣赏"谁？
A. 明星　　　　　　B. 媒体
C. 周围的人　　　　D. 邻居

16 与上文不符的是：
A. 要欣赏同事和邻居
B. 只要欣赏别人，就会成功
C. 身边的人没有缺点
D. 真正懂得交际艺术的人，是知道怎样用欣赏的目光看东西

14 프랑스 작가 빅토르위고가 했던 말의 뜻은:
A. 사람은 매우 많은 생각을 하고 있다
B. 바다가 사람의 마음보다 더 넓다
C. 사람은 생각해야 할 것이 많다
D. 제일 넓은 것을 봐야 한다

15 본문에 따르면 우리는 누구를 반드시 좋아해야 하는가?
A. 스타　　　　　　B. 매체
C. 주위 사람　　　　D. 이웃

16 윗글과 맞지 않는 것은:
A. 동료와 이웃을 좋게 봐야 한다
B. 다른 사람을 좋게 보면 당신은 성공할 수 있을 것이다
C. 주변 사람은 결점이 없다
D. 진정으로 교제의 예술을 아는 사람은 어떻게 좋은 마음으로 사물을 봐야 하는지 알고 있다

如何 rúhé 때 어떠한가 | **糟糕** zāogāo 휑 엉망이 되다 | **想念** xiǎngniàn 통 그리워하다, 생각하다 | **寻找** xúnzhǎo 통 찾다, 구하다 | **依然** yīrán 튀 여전히 | **欣赏** xīnshǎng 통 좋아하다, 마음에 들다 | **宽阔** kuānkuò 휑 (폭이) 넓다 | **摒弃** bìngqì 통 버리다 | **满腹** mǎnfù 튀 온 마음, 가득 | **怨气** yuànqì 뎽 원망, 분노 | **起码** qǐmǎ 튀 적어도 | **张扬** zhāngyáng 통 퍼뜨리다, 널리 알리다 다 | **关切** guānqiè 통 많은 관심을 두다, 배려하다 | **微笑** wēixiào 뎽 미소 | **朴实** pǔshí 휑 소박하다 | **真切** zhēnqiè 휑 성실하다, 진실하다 | **四周** sìzhōu 뎽 주위, 사방 | **受挫** shòucuò 통 좌절당하다, 상처를 입다 | **安慰** ānwèi 통 위로하다 | **檐** yán 뎽 (~儿) 처마 | **躲** duǒ 통 피하다 | **披** pī 통 덮다, 걸치다 | **御寒** yùhán 통 추위를 막다 | **缺陷** quēxiàn 뎽 결함 | **七情六欲** qī qíng liù yù 뎽 인간의 각종 감정과 욕망 | **复杂** fùzá 휑 복잡하다 | **目光** mùguāng 뎽 시야, 식견 | **粗** cū 휑 거칠다, 굵다 | **善于** shànyú 통 ~을 잘하다, ~에 능하다 | **理智** lǐzhì 뎽 이성과 지혜

13 **C**　노인의 '你要寻找什么, 你就会找到什么！'라는 대답은 곧, 다른 생각은 사람에게 다른 것을 보게 한다는 것을 말한다.

> **의문대사+就+의문대사**
> 같은 구조의 두 구절 앞에 같은 의문대사를 쓰면, '~하면 ~한다'라는 뜻을 나타낸다.
> 你去哪儿，我就去哪儿。네가 가고 싶은 곳에 가자. / 你怎么去，我就怎么去。네가 가고 싶은 데로 가.

14 **A**　빅토르위고르는 세상에서 제일 넓은 것은 사람의 마음이라고 했다. 그것은 사람마다 생각이 달라서 다양한 생각을 할 수 있는 여지가 많기 때문이다.

15 **C**　주변에 가까이 있는 사람을 좋게 생각하고 중시하라고 했다. '邻居(이웃)'는 주변 사람의 범위 중 그 일부분으로 전체를 아우를 수 없기 때문에 D는 답이 될 수 없다.

16 **C**　주변 사람들에게 여러 결점과 부족함이 있을지도 모른다고 했으므로 C는 본문의 내용과 맞지 않다.

17~20

有这样一句话：今日的你是你过去习惯的结果；今日的习惯，将是你明日的命运。改变所有让你不快乐、不成功的习惯模式，你的命运将改变，好的习惯领域越大，生命将越自由、充满活力，成就也会越大。

17 成功有时候也并非想像中的那么困难，每天都养成一个好习惯，并坚持下去，也许成功就指日可待了。每天养成一个好习惯很容易，难就难在要坚持下去。**18** 这是信念和毅力的结合，所以成功的人那么少，也就不足为奇了。

"一个人要有伟大的成就，必须天天有些小成就。" **19** 上帝对人类最公平的两件事之一，就是每个人都是一天只有24小时。虽然我们并不知道所谓"一寸光阴"到底有多长，但是既然光阴与黄金相比，其价值昂贵也就可知了。那么如何利用好？每天这24小时，好好管理自己的时间，以求得最大的效用，这无论对个体或集体而言，都是十分必要的。

20 一个人是否每天都有明确的目标，是否每天有合理的时间安排，而不是乱七八糟、混乱不堪的生活，这对于离成功的远近无疑有着重要的影响。随着时代的发展，在现代化的大都市生活的人们，日子过得更紧张，每个人的时间就像高速公路上面瘫痪的交通状况一样，只有保持好的生活习惯，有明确的时间管理观念，才能够在匆忙的人群中寻找到一丝安逸的步伐。

이런 말이 있다. 오늘의 당신은 당신의 과거에 했던 습관의 결과이다. 오늘의 습관은 내일의 운명이 될 것이다. 당신의 즐겁지 않은 삶, 성공하지 못한 습관 방식을 바꾸면, 당신의 운명은 바뀔 것이고, 좋은 습관의 영역이 점점 커질수록 삶은 더 자유로워지고, 생기가 넘치고, 성과가 더 커질 것이다.

17 가끔 성공은 상상했던 것처럼 그렇게 어렵지 않다. 매일 좋은 습관을 기르고 계속 유지하다 보면 성공은 머지않아 실현될 것이다. 매일 좋은 습관을 기르기는 매우 쉽다. 그것을 유지하는 것이 어려운 것이다. **18** 이것은 신념과 의지력의 결합으로 성공하는 사람이 그렇게 적은 것은 특별한 것이 아니다.

'한 사람이 위대한 성과를 내려면 반드시 매일 조금씩의 성과들이 있어야 한다.' **19** 신이 인류에게 주는 제일 공평한 두 가지 중 하나가 바로 모든 사람은 하루가 24시간이라는 것이다. 비록 우리는 소위 '짧은 시간'이 도대체 얼마만큼인지는 모르지만, 시간과 황금을 서로 비교해보면 시간의 가치가 비싸다는 것을 알 수 있다. 그러면 어떻게 잘 이용해야 할까? 매일 이 24시간을 잘 관리하면서 가장 큰 효과를 내야 한다. 이것은 개인이나 단체를 막론하고 모두에게 필요한 것이다.

20 사람이 매일 명확한 목표가 있는지, 매일 합리적인 시간을 안배하고 있는지, 엉망이고 혼란스러운 생활을 하지는 않는지는 의심할 바 없이 성공의 거리에 가장 큰 영향을 끼친다. 시대가 발전함에 따라 현대화된 대도시에서 생활하는 사람들은 생활이 더 긴장되어 모든 사람의 시간이 고속도로 위의 정체된 교통 상황과 똑같을 것이다. 좋은 생활을 유지하고 명확한 시간관리 개념을 갖고 있어야만, 바쁜 사람들 틈에서 편안히 걸어나갈 수 있을 것이다.

17 成功的关键是什么?

A. 养成好习惯并坚持下去
B. 要学会成功的领域
C. 需要很多钱
D. 充满活力

18 成功的人为什么那么少?

A. 成功本来就很难
B. 很少人追求成功
C. 需要信念和毅力
D. 成功的人命中注定

19 上帝对人类最公平的两件事之一是什么?

A. 24小时   B. 黄金
C. 家人   D. 成就

17 성공의 관건은 무엇인가?

A. 좋은 습관을 기르고 유지해야 한다
B. 성공의 분야를 배워야 한다
C. 많은 돈이 필요하다
D. 생기가 넘쳐야 한다

18 성공한 사람은 왜 그렇게 적은가?

A. 성공은 원래 매우 어려워서
B. 매우 적은 사람이 성공을 추구하고 있어서
C. 신념과 의지력이 필요해서
D. 성공한 사람은 운명으로 결정되어 있어서

19 신이 인류에게 준 제일 공평한 두 가지 중 하나는 무엇인가?

A. 24시간   B. 황금
C. 가족   D. 성취

20 对离成功的远近有重要的影响的是?
　A. 明确的目标、合理的时间安排
　B. 时代的发展
　C. 现代化的大都市生活
　D. 紧张感

20 성공으로부터 멀고 가까운지에 대해 가장 큰 영향은?
　A. 명확한 목표, 합리적인 시간 배열
　B. 시대의 발전
　C. 현대화된 대도시 생활
　D. 긴장감

习惯 xíguàn 명 습관 | 命运 mìngyùn 명 운명 | 模式 móshì 명 표준 양식 | 领域 lǐngyù 명 분야, 영역 | 活力 huólì 명 생기, 활력 | 坚持 jiānchí 동 어떤 상태나 행위를 계속 지속하게 하다 | 指日可待 zhǐ rì kě dài 성 머지않아 실현되다 | 信念 xìnniàn 명 신념, 믿음 | 毅力 yìlì 명 굳센 의지 | 不足为奇 bùzú wéi qí 성 (사물이나 현상이) 평범하다, 특별한 구석이 없다 | 一寸光阴 yícùn guāngyīn 명 짧은 시간 | 可知 kězhī 짐작할 수 있다 | 昂贵 ángguì 형 비싸다 | 以求 yǐqiú 동 갈망하다, 간절히 바라다 | 乱七八糟 luànqī bāzāo 성 엉망진창이다, 뒤죽박죽이다 | 混乱 hùnluàn 형 혼란하다 | 不堪 bùkān 형 (부정적인 의미로) 몹시 심하다 | 无疑 wúyí 형 의심할 바 없다 | 瘫痪 tānhuàn 동 (조직 따위가) 마비되다, 정지 | 安逸 ānyì 형 편히 생활하다 | 步伐 bùfá 명 발걸음

17 A 매일 좋은 습관을 기르고 유지해 나가면 성공이 실현될 것이라고 했으므로 답은 A이다.

18 C 신념과 의지력이 함께 유지되어야 하기 때문에 성공한 사람이 적은 것이 이상한 게 아니라고 했으므로 답은 C이다.

19 A 질문의 내용을 본문에서 찾아보자. 제일 공평한 두 가지 중에 하나는 바로 모든 사람은 하루가 24시간이라는 것이다.

20 A 마지막 단락에 성공의 거리에 영향을 미치는 것들에 대해서 묘사가 되었는데, 그 중 보기에 제시된 것은 명확한 목표와 합리적 시간 배열이므로 답은 A이다.

IV. 모의고사

1 모의고사 1 p.150

정답									
	1 A	2 A	3 B	4 C	5 A	6 D	7 D	8 A	9 A
	10 C	11 B	12 A	13 A	14 C	15 C	16 A	17 A	18 C
	19 B	20 D	21 C	22 D	23 B	24 C	25 B	26 A	27 B
	28 A	29 B	30 A	31 A	32 A	33 B	34 B	35 D	36 A
	37 C	38 B	39 B	40 A	41 B	42 C	43 A	44 D	45 C

1~4

每次有篮球比赛，丈夫连饭都顾不上吃，妻子对此一点儿 **1办法**也没有。有一天，妻子喊了好几遍，丈夫 **2好像**没有听见她说的话似的，妻子很 **3生气**，就哭着回自己妈妈家，女儿回家后，发现爸爸一个人在家看篮球比赛，女儿问，"**4妈妈呢**?"爸爸头也不回说，"回自己的爸爸家去了。"

농구 경기가 있을 때마다 남편은 밥 먹을 틈조차 없다. 아내는 이럴 때마다 어떻게 할 **1방법**이 없었다. 어느 날, 아내가 몇 번씩이나 불렀는데도, 남편이 **2마치** 못 들은 것처럼 행동하자, 아내는 너무 **3화가 나** 울면서 친정으로 갔다. 딸이 집에 온 후, 아빠 혼자 집에서 농구 경기를 보고 있는 것을 보고 물었다. "**4엄마는요**?" 아빠는 고개도 돌리지 않고 대답했다. "친정에 갔어."

篮球 lánqiú 명 농구 | 丈夫 zhàngfu 명 남편 | 连 lián 개 ~조차도 | 顾不上 gùbushàng 동 ~할 틈도 없다 | 妻子 qīzi 명 아내 | 此 cǐ 대 이, 이것 | 喊 hǎn 동 소리 지르다, 부르다 | 似的 shìde 조 ~와 같다 | 发现 fāxiàn 동 발견하다

1 A 妻子对此一点儿办法也没有。

문맥상 어울리는 명사 단어가 와야 한다. 남편이 농구에 빠져 아내는 어쩔 수 없다는 것을 나타내야 하므로 '아무런 방법이 없다'라는 뜻이 되어야 한다. '办法' '方法' 모두 '방법'이라는 뜻이지만, 실제 문제를 해결하는 구체적인 방법을 나타낼 때는 '办法'를 써야 하므로 답은 A이다.

A. 办法 bànfǎ 명 (일 또는 문제를 해결하는) 방법, 대책
这是个好**办法**。 이것은 좋은 방법이다.

B. 方法 fāngfǎ 명 방법
你得改进唱歌**方法**。 너는 노래 부르는 방법을 개선해야 한다.

> **办法 / 方法**
> • **办法** 일을 처리하거나 문제를 해결하는 구체적인 방법을 가리킴
>   看来这个**办法**是不行的。 보아하니 이 방법은 안 될 것 같다. [구체적인 내용을 강조]
> • **方法** 경로나 절차, 말, 행동 등 업무상의 문제 등을 해결하려는 방법을 가리킴
>   这些**方法**我都试过。 이런 방법들은 내가 다 해 본 것들이다. ['절차'를 강조]

C. 想法 xiǎngfǎ 圐 견해, 생각
   各种想法突然冒出来。 여러 가지 생각이 갑자기 떠올랐다.
   突然 tūrán 凲 갑자기

D. 意见 yìjiàn 圐 의견, 불만
   我想先听听你的意见。 나는 너의 의견을 먼저 들어보고 싶다.
   我对她的行为有意见。 나는 그녀의 행동에 불만이 있다.

2 A 丈夫好像没有听见她说的话似的,

빈칸이 있는 구문 마지막의 '似的'를 발견했다면 답을 찾기 쉽다. '~와 같다'라는 뜻의 '似的'는 '好像'과 함께 호응하여 '好像……似的(마치 ~인 것 같다)'의 형식으로 자주 쓰인다.

A. 好像 hǎoxiàng 凲 마치
   好像很多事情都是已经注定的。 매우 많은 일들이 이미 정해져 있는 것 같았다.

B. 差点儿 chàdiǎnr 凲 ~할 뻔하다
   我差点儿迟到。 나는 지각할 뻔 했다.

C. 几乎 jīhū 凲 거의
   他几乎一个星期没睡。 그는 거의 일주일 밤을 자지 않았다.

D. 一定 yídìng 凲 반드시
   在这个问题上，你一定要表明你的立场。 이 문제에 대해 반드시 당신의 견해를 밝혀야 합니다.

3 B 丈夫好像没有听见她说的话似的, 妻子很生气, 就哭着回自己妈妈家,

빈칸 앞뒤 문장을 살펴 보면, 빈칸에는 아내의 기분 상태를 나타내는 단어가 와야 한다. 남편은 아내의 말을 들은 척 하지 않았고, 그녀가 울면서 친정에 갔다는 것에서 문맥상 아내는 '화가 났다(生气)'라는 것을 알 수 있다.

A. 奇怪 qíguài 圐 이상하다
   我当时就觉得他有点奇怪。 나는 그때 그가 좀 이상하다고 생각했다.

B. 生气 shēngqì 통 화나다
   你的决定让我很生气。 너의 결정은 나를 매우 화나게 한다

C. 麻烦 máfan 圐 귀찮다, 성가시다
   这件衣服洗起来很麻烦。 이 옷은 빠는 것이 매우 성가시다.

D. 低声 dīshēng 圐 소리가 나지막하다
   孩子在低声说话。 아이가 작은 소리로 이야기하고 있다.

4 C 女儿问, "妈妈呢?"……"回自己的爸爸家去了。"

뒤에 이어지는 '回自己的爸爸家去了(친정에 갔어)'라는 아빠의 대답으로 딸은 엄마가 어디 있는지 물어봤다는 것을 알 수 있다.

A. 你在干什么 뭐 하세요?

B. 我回家了 저 왔어요.

C. 妈妈呢 엄마는요?

D. 看什么 뭐 보세요?

5~8

天下没什么 **5东西**是永远的，只要你 **6认识**到了这一点，你就会知道，什么变化都有可能发生。所以我们不用让 **7烦恼**长久地停留在我们的内心深处。**8假如**烦恼解决不了，那一定是你自己想不开，而并不是烦恼本身不走。

세상에 영원한 **5것**은 없다. 당신이 이 점을 **6인식**한다면, 어떤 변화도 발생할 수 있다는 것을 알게 될 것이다. 그래서 우리는 **7고민[번거로운 일]**을 오랫동안 마음속에 둘 필요가 없다. **8만약** 해결이 되지 않는 고민이라면, 분명히 당신이 생각을 떨쳐 버리지 못하는 것이지, 고민 그 자체가 떠나지 않는 것이 아니다.

天下 tiānxià 명 온 세상, 천하 | 永远 yǒngyuǎn 형 영원하다 | 变化 biànhuà 명 변화 | 长久 chángjiǔ 형 시간이 오래된 | 停留 tíngliú 동 머무르다 | 内心 nèixīn 명 마음 | 深处 shēnchù 깊은 곳 | 烦恼 fánnǎo 명동 고민(스럽다) | 解决 jiějué 동 해결하다 | 想不开 xiǎngbukāi 동 납득이 되지 않는다 | 本身 běnshēn 명 그 자체

5 A 天下没什么东西是永远的，

문맥상 전체 지문을 읽어본다면, '烦恼(고민)'이라는 어떤 특정한 '것'에 대해 말하고 있음을 알 수 있다. 따라서 보기 중 어떤 '것'에 해당하는 뜻인 '东西'가 가장 적합하다.

A. 东西 dōngxi 명 물건, 것
  你要买什么东西? 너는 무슨 물건을 사려고 하니?

B. 事实 shìshí 명 사실
  事实上他说的不是真的。 사실 그가 말한 것은 진실이 아니다.

C. 办事 bànshì 동 일하다
  这个人办事真慢。 이 사람은 일 처리가 정말 느리다.

D. 工作 gōngzuò 명동 일(하다)
  我们从早工作到晚上才结束了。 우리는 아침부터 저녁까지 일해서야 겨우 끝이 났다.

6 D 只要你认识到了这一点，你就会知道，

'당신이 이 점을 [빈칸] 한다면, ~을 알 수 있다'라는 뜻에 어울리는 단어가 와야 한다. '就' 뒤의 '会知道(~을 알 수 있다)'라는 결과가 오기 위해서는 무엇인가를 '알다' '인식하다'라는 단어 '认识'가 와야 한다.

A. 以为 yǐwéi 동 ~인 줄 알다, 오해하다
  我以为他是老师。 나는 그가 선생님인 줄 알았다.

B. 认为 rènwéi 동 ~라고 여기다
  我认为你是对的。 나는 네가 옳다고 생각한다.

C. 成为 chéngwéi 동 ~가 되다
  他成为一名老师。 그는 선생님이 되었다.

D. 认识 rènshi 동 알다, 인식하다.
  这孩子不认识字。 이 아이는 글자를 모른다.

7 D 不用让烦恼长久地停留在我们的内心深处。

보기 중 오랫동안 마음속에 둘 필요가 없는 일로 빈칸에 어울리는 것은 '担心'과 '烦恼'인데, 빈칸 앞의 '让'은 '~로 하여금 ~하게 하다'라는 뜻의 사역동사로, 뒤에 명사가 와야 하므로 답은 '烦恼'이다. 또한 뒤에 나오는 내용에서도 '烦恼'가 두 번이나 언급되는 것으로 보아 답을 쉽게 유추할 수 있다.

A. 高兴 gāoxìng 형 기쁘다
  认识你很高兴。 당신을 만나 뵙게 되어 반갑습니다.

B. 担心 dānxīn 통 걱정하다
你不要担心公司的事情。너 회사 일은 걱정하지 않아도 돼.

C. 麻烦 máfan 형 번거롭다
这件事很麻烦。이 일은 매우 번거롭다.

D. 烦恼 fánnǎo 명 걱정
你怎么了？是不是有什么烦恼？너 왜 그래? 무슨 걱정스러운 게 있니?

8 A 假如烦恼解决不了，那一定是你自己想不开

보기로 보아 빈칸에는 접속사가 들어가야 함을 알 수 있다. 뒷절에 빈칸과 호응하는 복문구조의 단어인 '那'로 답을 쉽게 찾을 수 있다. '假如'는 '那'와 함께 '假如A, 那B' 형식으로 쓰여 '만약 A라면, (그러면) B하다'라는 뜻을 나타낸다. '如果A, 就B' 형식과도 같은 뜻이니 기억해 두도록 한다.

A. 假如 jiǎrú 접 만약에[假如A, 那B 만약 A라면, B하다]
假如明天天气好，那我们出去玩吧。만약 내일 날씨가 좋다면, 우리는 놀러 갈 가자.

B. 无论 wúlùn 접 ~든 간에, ~를 막론하고[无论A, 都B A에 상관없이 B하다]
无论你来不来，我都原谅你。네가 오든 안 오든, 나는 너를 이미 용서했어.

C. 而 ér 접 그리고, 그러나
他只学了半年汉语，而说得比你好多了。그는 중국어를 공부한지 반 년 밖에 되지 않았지만, 너보다 훨씬 말을 잘한다.

D. 虽然 suīrán 접 비록[虽然A, 但是B 비록 A하지만, B하다]
虽然是周末，但是大家还得加班。비록 주말이긴 하지만, 모두 야근해야만 한다.

9~11

海洋生物学家经常穿着潜水衣游到鲨鱼的身边，与鲨鱼近距离 **9** 接触，可鲨鱼好像并不在乎他的存在。科学家说："鲨鱼 **10** 其实并不可怕的。可怕的是你一见到鲨鱼，自己就害怕了。" **11** 原来如此。只要你见到鲨鱼时，心里不害怕，那么你就很安全。要是在鲨鱼面前，你能够毫不紧张，那么鲨鱼就不会在乎你，马上从你的身边游走了。

해양 생물학자들은 종종 잠수복을 입고 상어 곁까지 가서 수영한다. 상어와 가까운 거리에 가서 **9**접촉하더라도 상어는 그(들)의 존재를 신경 쓰지 않는 것 같다. 과학자들이 말했다. "상어는 **10**사실 전혀 무섭지 않습니다. 무섭다는 것은 당신이 상어를 보자마자 무서워하기 때문입니다." **11**원래는 이렇다. 당신이 상어를 보았을 때, 무서워하지 않는다면 당신은 안전할 수 있다. 만약 상어 앞에서 당신이 전혀 긴장하지 않는다면, 상어는 당신을 전혀 신경 쓰지 않고, 당신 곁에서 바로 떠날 것이다.

海洋生物 hǎiyáng shēngwù 명 해양 생물 | 学家 xuéjiā 명 학자 | 潜水衣 qiánshuǐyī 명 잠수복 | 游 yóu 통 헤엄치다 | 鲨鱼 shāyú 명 상어 | 身边 shēnbiān 명 곁 | 距离 jùlí 명 거리 | 在乎 zàihu 통 신경 쓰다 | 存在 cúnzài 명 존재 | 可怕 kěpà 형 두렵다, 무섭다 | 害怕 hàipà 통 두려워하다, 무서워하다 | 安全 ānquán 형 안전하다 | 毫不 háobù 부 전혀 ~하지 않다

9 A 与鲨鱼近距离接触，

빈칸 앞의 '近距离(가까운 거리)'가 힌트가 된다. 문맥상 '가까운 거리에서 만나다, 접촉하다'이므로 답은 '接触'이다.

A. 接触 jiēchù 통 접촉하다
他一接触游戏就什么都忘了。그는 게임을 접하기만 하면 모든 것을 잊어버린다.

B. 一点 yìdiǎn 수 조금
便宜一点吧。조금 싸게 해 주세요.

C. 接 jiē 图 맞이하다, 데리러 가다
我要去机场接一个人。 나는 공항에 사람을 데리러 나가야 한다.

D. 送 sòng 图 배웅하다
你要把她送到家。 그녀를 집까지 배웅해 주세요.

10 C 鲨鱼其实并不可怕的。
빈칸이 있는 구문은 '상어는 [빈칸] 절대 무섭지 않다'라는 뜻으로 빈칸에는 기존의 관점을 뒤집는 의미의 단어가 나와야 한다. 따라서 '실은', '사실은'이란 뜻의 '其实'가 가장 적합하다.

A. 准确 zhǔnquè 图 정확하다, 틀림없다
你的汉语发音挺准确。 너의 중국어 발음은 매우 정확하구나.

B. 正确 zhèngquè 图 (사실, 도리 등이 어김없이) 정확하다
你看看答案正不正确。 답이 정확한지 좀 보렴.

C. 其实 qíshí 图 실은, 사실은
他其实不坏。 그는 사실 나쁜 사람은 아니다.

D. 虽然 suīrán 접 비록[虽然A, 但是 B 비록 A하지만, B하다]
他虽然工作非常忙, 但每天给父母打电话。 그는 비록 매우 바쁘지만, 매일 부모님에게 전화한다.

11 B 原来如此。
보기 중 '如此'와 호응하는 단어는 '原来' 밖에 없다. '原来如此'는 몰랐던 사실을 알게 되었을 때 '그렇구나' '그랬구나'라는 뜻으로 자주 쓰이는 어휘조합이므로 한 단어처럼 외워 두도록 한다.

A. 相信 xiāngxìn 图 믿다
我都不相信她说的话。 나는 그녀가 한 말은 모두 믿지 않는다.

B. 原来 yuánlái 图 알고 보니
他今天没参加我们的晚会, 原来生病了。 그가 오늘 우리 모임에 안 왔는데 알고 보니 아파서였다.

C. 的确 díquè 图 확실히, 정말
面对这些问题, 的确没有办法。 이런 문제들에 직면해서는 정말 방법이 없다.

D. 即使 jíshǐ 접 설령 ~하더라도[即使A, 也B 설령 A하더라도 B하다]
即使走错了, 也不是一件大事。 설령 잘못 갔다 하더라도 큰일은 아니라고 본다.

12~15

　　两个小妹妹决定在屋后挖一个洞。两个大孩子站在一边看她们。"你们在干什么?"其中一个问道, "我们打算挖一个深洞, 一直把地球挖**12 出去**!" 大孩子们笑起来, 告诉她们这是不可能的。一个孩子自信地说:"不能实现没关系, 看看我们挖地洞时的发现吧!"

　　并不是所有的目标都会实现, 并不是所有的工作最终都能成功, 并不是所有的关系都能持久, 并不是所有的希望都能**13 满足**, 并不是所有的梦想都会**14 实现**。 当你达不到目标时, 也许你可以这么说: "**15 看看我们路上的发现**!"

　　두 자매가 집 뒤에다가 구멍을 파기로 했다. 다른 두 아이가 한쪽에 서서 그들을 보고 있었다. "너희 뭐하니?" 그 중 한 명이 물었다. "우리는 깊은 구멍을 팔 거야. 지구를 다 파**12 내려 갈** 때까지!" 아이들은 웃기 시작하며, 그녀들에게 이건 불가능하다고 말해 주었다. 자매 중 한 아이가 자신 있게 말했다. "실현되지 않아도 상관없어. 우리가 땅을 파면서 발견한 것들을 좀 봐!"

　　모든 목표가 다 실현되는 것은 아니고, 모든 일이 최후에 성공하는 것도 아니며, 모든 관계가 다 오래가는 것은 아니다. 모든 희망을 다 **13 만족**시킬 수 있는 것도 아니고, 모든 꿈이 다 **14 실현**되는 것은 아니다. 당신이 목표에 이르지 못했을 때, 아마 이렇게 이야기할 수 있을 것이다. "**15 내가 걸어온 길 위의 과정들을 좀 보세요**!"

决定 juédìng 명동 결정(하다) | 屋 wū 명 집 | 挖洞 wādòng 동 구멍을 파다 | 地球 dìqiú 명 지구 | 梦想 mèngxiǎng 명 꿈 | 实现 shíxiàn 동 실현하다 | 所有 suǒyǒu 모든 | 目标 mùbiāo 명 목표 | 最终 zuìzhōng 명 최종적으로, 마지막으로 | 成功 chénggōng 명동 성공(하다) | 持久 chíjiǔ 동 오래 지속되다 | 达不到 dábudào ~에 이르지 못하다 | 也许 yěxǔ 부 아마

12 A   一直把地球挖<u>出去</u>！

동사 '挖'와 호응하는 보어를 찾아야 한다. 앞의 '一直(계속)'로 보아 '계속 [빈칸]해나가다'의 뜻이 되어야 하므로 '出去'가 와야 한다. '挖出去'는 '파나가다'라는 의미가 된다.

A. 出去 chūqu 동 (안에서 밖으로) 나가다
她正要冲<u>出去</u>。 그녀는 뛰어 나가려고 했다.
冲 chōng 동 돌진하다, 돌파하다

B. 出来 chūlai 동 (안에서 밖으로) 나오다
你快跑<u>出来</u>！ 빨리 뛰어나와!

C. 上去 shàngqu 동 올라가다
他们顺着这条路走<u>上去</u>了。 그들은 이 길을 따라서 걸어 올라갔다.

D. 穿 chuān 동 (구멍을) 파다, 뚫다
以前我被子弹<u>穿</u>过一个洞。 예전에 나는 총알이 뚫고 지나간 적이 있다.
子弹 zǐdàn 명 총알

13 A   并不是所有的希望都能<u>满足</u>，

빈칸에는 '希望(희망)'과 호응하는 술어가 나와야 한다. 문맥상 '모든 희망을 만족시키다'라는 뜻이 되어야 하므로 보기 중 가장 적합한 동사는 '满足'이다.

A. 满足 mǎnzú 동 만족하다, 만족하게 하다
我希望<u>满足</u>大家的需求。 나는 모두의 요구를 만족시키기를 바란다.

B. 感动 gǎndòng 동 감동하다, 감동하게 하다
看到这部电影的人都被<u>感动</u>了。 이 영화를 본 사람은 모두 감동했다.

C. 感谢 gǎnxiè 동 감사하다
今天可真是<u>感谢</u>你。 오늘 정말 고맙습니다.

D. 坚持 jiānchí 동 계속 유지하다
只要你<u>坚持</u>锻炼，身体就会好起来的。 네가 계속 단련하기만 한다면 몸은 좋아질 것이다.

14 C   并不是所有的梦想都会<u>实现</u>。

앞의 문구와 마찬가지로 빈칸에는 '梦想(꿈)'과 호응하는 술어가 나와야 한다. 문맥상 보기 중 가장 적합한 동사는 '实现'이다. '实现梦想'은 '꿈을 실현하다'라는 뜻으로 자주 쓰이니 한 단어로 외워두도록 한다.

A. 变 biàn 동 변하다
他一直没<u>变</u>。 그는 줄곧 변함이 없다.

B. 成 chéng 동 ~이[가] 되다
我以后要<u>成</u>为有名的歌手。 나는 나중에 유명한 가수가 될 거야.

C. 实现 shíxiàn 동 실현하다
我来帮你<u>实现</u>梦想。 내가 너의 꿈이 실현되도록 도와줄게.

D. 现实 xiànshí 명 현실
你要勇敢面对<u>现实</u>。 너는 현실에 용감하게 맞서야 해.

15 **C** 当你达不到目标时，也许你可以这么说："<u>看看我们路上的发现</u>！"

이 글의 주제를 나타내는 문장이 와야 한다. 글은 '모든 일은 어려워서 과정에 의미가 있고 충실히 하라'라는 의미를 담고 있다. 따라서 보기 중 주제문으로 가장 적합한 것은 C뿐이다.

A. 真可惜 정말 안타깝다

B. 对不起，我错了 미안해. 내가 잘못했어

C. 看看我们路上的发现 우리가 걸어온 길 위의 과정들을 봐라

D. 从头开始 처음부터 시작하다

16

　　A颐和园是中国现存规模最大、保存最完整的皇家园林，中国四大名园之一。B<u>位于北京市海淀区</u>，占地约二百九十公顷。利用昆明湖、万寿山为基址，C<u>以杭州西湖风景为蓝本</u>，汲取江南园林的某些设计手法和意境而建成的一座大型天然山水园，也是保得得最完整的一座皇家行宫御苑，D<u>被誉为皇家园林博物馆</u>。

A이화원은 중국에서 규모가 가장 크고, 보존이 가장 완벽한 황실 정원으로, 중국 4대 유명 정원 중 하나이다. B베이징시 하이띠앤구에 있으며, 면적은 약 290헥타르이다. 곤명호, 만수산을 기초부지로 삼고, C항저우의 서호를 본떠 만들었다. 지앙난 숲의 기본 설계 기법과 정취를 흡수하여 만든 대형 천연 산수공원이다. 또한, 보존이 제일 완벽한 황실의 행궁 뜰로, D황실 공원 박물관이라고 불린다.

A. 颐和园是中国规模最大的皇家园林
B. 颐和园位于苏州
C. 杭州西湖以颐和园为蓝本
D. 颐和园被誉为民间园林博物馆

A. 이화원은 중국에서 규모가 제일 큰 황실 정원이다
B. 이화원은 쑤저우에 있다
C. 항저우의 서호는 이화원을 본떠 만들었다
D. 이화원은 민간 정원 박물관이라는 명성을 누리고 있다

| 颐和园 Yíhéyuán 고유 이화원 | 现存 xiàncún 동 현존하다 | 规模 guīmó 명 규모 | 保存 bǎocún 명동 보존(하다) | 完整 wánzhěng 형 완벽하다 | 皇家 huángjiā 명 황실, 족족 | 园林 yuánlín 명 정원 | 位于 wèiyú ~에 위치하다 | 占地 zhàndì 땅을 차지하다 | 约 yuē 부 대략, 약 | 公顷 gōngqǐng 명 헥타르 | 基址 jīzhǐ 명 집터 | 蓝本 lánběn 명 (근거로 삼는) 원본 | 汲取 jíqǔ 동 흡수하다 | 设计 shèjì 명동 설계(하다) | 手法 shǒufǎ 명 기법 | 意境 yìjìng 명 정서, 분위기 | 行宫 xínggōng 명 왕이 출궁하거나 도읍을 떠나 나들이할 때 머물던 별궁 | 御苑 yùyuàn 명 궁정의 뜰 | 誉为 yùwèi 동 ~라고 명성을 누리다 | 博物馆 bówùguǎn 명 박물관 |

A (○) 지문 첫 번째 줄에서 언급하고 있다.

B (✕) 이화원은 '쑤저우(苏州)'가 아니라 '베이징시 하이띠앤구(北京市海淀区)'에 있다.

C (✕) 항저우 서호가 이화원을 본뜬 것이 아니라 이화원이 항저우 서호를 본떠 만들어진 것이다.

D (✕) 이화원은 '민간 공원(民间园林)'이 아니라 '황실 공원 박물관(皇家园林博物馆)'이라고 불린다.

17

　　泰山雄伟，A<u>海拔1545米</u>，C<u>地质年龄近30亿年</u>，B<u>山体分三层台阶式地质结构</u>，好像登天台阶，坐北朝南，山体通体打开，一眼望遍全山。泰山以主峰为中心，呈放射状分布，D<u>由自然景观与人文景观融合而成</u>。构成长达十公里的地府——人间——天堂的一条轴线。

태산은 웅장하고 A해발 1,545미터이다. C지질 연령대는 30억 년 정도이고, B3층 계단식 구조로 나누어져 있어서 마치 하늘 계단을 오르는 것 같다. 북쪽에 위치해 있으나 남쪽을 향해 있으며, 한눈에 산 전체를 볼 수 있다. 태산은 중심 봉우리를 중심으로 방사형으로 분포되어 있고 D자연경관과 인문경관이 함께 융합되어 어우러져 있다. 10킬로미터의 저승-인간세상-천당의 중심축을 이루고 있다.

A. 泰山海拔1545米
B. 泰山分四层台阶式地质结构
C. 泰山地质年龄是30亿年以上
D. 泰山没有人文景观的特点

A. 태산은 해발 1,545미터이다
B. 태산은 4층 계단식 지질 구조로 나누어져 있다
C. 태산의 지질 나이는 30억 년 이상이다
D. 태산은 인문경관 특징이 없다

泰山 Tàishān 고유 태산 | 雄伟 xióngwěi 형 웅장하다 | 海拔 hǎibá 명 해발 | 地质 dìzhì 명 지질 | 台阶 táijiē 명 계단 | 结构 jiégòu 명 구조 | 呈 chéng 동 나타내다 | 放射 fàngshè 동 분출하다, 뿜어내다 | 分布 fēnbù 동 분포하다 | 融合 rónghé 동 융합하다 | 地府 dìfǔ 명 저승 | 天堂 tiāntáng 명 천당 | 轴线 zhóuxiàn 명 중심선

A (O) 본문 첫 번째 줄에서 언급하고 있다.

B (X) 태산은 '4층(四层)'이 아닌 '3층(三层)' 계단식 구조라고 했으므로 답이 아니다.

C (X) '近30亿年'의 '近'은 '~에 가깝다'라는 뜻이므로 '30억 년에 가깝다'라고 해석될 수 있다. 즉, 30억 년을 넘는 것은 아니므로 답이 될 수 없다.

D (X) 태산은 자연경관과 인문경관이 어우러져 있다.

18

三级跳又称为三级跳远，**C是田径中的其中一个项目之一**。**A三级跳远起源于18世纪中叶的苏格兰和爱尔兰**，**B男子三级跳远于1896年被列为首届奥运会比赛项目**，女子三级跳远于20世纪80年代初逐渐广泛开展，**D1992年被列为奥运会比赛项目**。

A. 三级跳起源于18世纪末
B. 男子三级跳于1899年被列为奥运会比赛项目
C. 三级跳是田径项目
D. 女子三级跳于20世纪80年代被列为奥运会的比赛项目

삼단뛰기는 삼단 멀리 뛰기라고도 하며, **C육상경기 중 한 종목이다**. **A삼단뛰기는 18세기 중엽, 스코틀랜드와 아일랜드에서 시작되었다**. **B남자 삼단뛰기는 1896년 제1회 올림픽경기 종목에 포함되었고**, 여자 삼단뛰기는 20세기 80년대 초에 점점 광범위하게 열리다가, **D1992년 올림픽 종목에 포함되었다**.

A. 삼단뛰기는 18세기 말에 시작되었다
B. 남자 삼단뛰기는 1899년에 올림픽 경기에 포함되었다
C. 삼단뛰기는 육상종목이다
D. 여자 삼단뛰기는 20세기 80년대에 올림픽 경기에 포함되었다

三级跳 sānjítiào 명 삼단뛰기 | 田径 tiánjìng 명 육상경기 | 项目 xiàngmù 명 항목, 종목 | 起源于 qǐyuán 동 ~에 기원을 두다 | 苏格兰 Sūgélán 고유 스코틀랜드 | 爱尔兰 Àiěrlán 고유 아일랜드 | 列为 lièwéi 동 ~에 배열되다, ~에 포함되다 | 首届 shǒujiè 명 제1회 | 奥运会 àoyùnhuì 명 올림픽 | 广泛 guǎngfàn 형 광범위하다 | 开展 kāizhǎn 동 전개되다, 벌어지다

A (X) 삼단뛰기는 '18세기 말(18世纪末)'이 아닌 '18세기 중엽(18世纪中叶)'에 시작되었다.

B (X) 남자 삼단뛰기는 1899년이 아닌, 1896년 올림픽에 채택되었다. 숫자에 주의한다면, 쉽게 답이 아님을 알 수 있다.

C (O) 본문에 그대로 나와 있다.

D (X) 여자 삼단뛰기는 80년대 초에 점점 광범위하게 열리다가, 1992년에 올림픽 종목에 채택되었다.

19

刘翔是中国田径(110米跨栏)一级运动员，**A** 1983年出生在上海市，1998年刘翔开始转向跨栏训练。**B** 2004年雅典奥运会上，以12.91秒的成绩打破了保持11年之久的世界纪录。2009年在东亚运动会田径男子110米栏决赛中，**C** 刘翔以13秒66的成绩轻松夺得冠军，成就"三冠王"。**D** 在第16届亚运会上，刘翔以13秒09打破110米栏亚运会纪录，实现三连冠。

A. 刘翔出生于1988年
B. 刘翔在雅典奥运会上夺得了冠军
C. 刘翔在东亚运动会上以12.91秒的成绩夺得了冠军
D. 刘翔在第16届亚运会上成就三冠王

리우샹은 중국 육상[110미터 허들]선수이다. **A** 1983년에 상하이에서 태어났으며, 1998년 허들로 전향하여 훈련하기 시작했다. **B** 2004년 아테네 올림픽에서 12.91초의 성적으로 11년간 유지되었던 세계기록을 깼다. 2009년 동아시아 대회 육상 남자 110미터 허들 결승전에서는 **C** 13초 66의 성적으로 수월하게 우승을 차지하며 삼관왕을 달성했다. **D** 제16회 아시안 게임에서 리우샹은 13초 9로, 110미터 아시아 기록을 깨고 3년 연속 우승을 실현했다.

A. 리우샹은 1988년에 태어났다
B. 리우샹은 아테네 올림픽에서 우승을 차지했다
C. 리우샹은 동아시아 대회에서 12.91초의 성적으로 우승을 차지했다
D. 리우샹은 제16회 아시안게임에서 삼관왕을 달성했다

跨栏 kuàlán 图 허들, 장애물달리기 | 转向 zhuǎnxiàng 图 방향을 바꾸다 | 训练 xùnliàn 图 훈련하다 | 雅典奥运会 Yǎ diǎn àoyùnhuì 고유 아테네 올림픽 | 打破 dǎpò 图 (기록 등을) 깨다 | 纪录 jìlù 图 기록 | 东亚运动会 Dōng Yà yùndònghuì 고유 동아시아 게임 | 决赛 juésài 图 결승전 | 轻松 qīngsōng 图 수월하다, 쉽다 | 夺得 duódé 图 달성하다 | 冠军 guànjūn 图 우승 | 成就 chéngjiù 图 업적을 이루다 | 三连冠 sānliánguàn 图 삼연패

A (✗) 리우샹은 1983년에 태어났다.
B (○) 아테네 올림픽에서 세계기록을 깼다는 것은 우승을 차지했다는 것과 같은 뜻이다.
C (✗) 동아시아 대회에서 13.66초의 성적으로 우승했다.
D (✗) '三连冠'은 삼관왕이 아니라 세 번 연속 우승했다는 뜻이다.

20

A 赛车运动起源距今已有超过100年的历史。**B** 最早的赛车比赛是在城市间的公路上进行的。许多车手因为公路比赛极大的危险性而丧生。**D** 于是专业比赛赛道应运而生。**C** 第一场赛车比赛于1887年4月20日在巴黎举行。

A. 赛车运动有不到100年的历史
B. 最早的赛车比赛是在乡镇的马路上进行
C. 第一场赛车比赛于1887年在北京举行
D. 目前，赛车在专业比赛赛道上进行

A 자동차 경주 스포츠는 이미 100년이 넘는 역사를 가지고 있다. **B** 가장 먼저 열린 자동차 경주는 도시의 도로에서 진행되었다. 수많은 자동차 경주자들이 도로 경기가 매우 위험하고 죽기도 해서 **D** 전문 경기 도로가 자연스럽게 생겨났다. **C** 최초 경기는 1887년 4월 20일 파리에서 거행되었다.

A. 자동차 경주 스포츠는 100년의 역사가 되지 않았다
B. 최초의 자동차 경주는 시골 길에서 진행되었다
C. 최초의 자동차 경주는 1887년 베이징에서 거행되었다
D. 현재 자동차 경주는 전문 도로 위에서 진행된다

赛车 sàichē 图 자동차 경주 | 距今 jùjīn 图 현재 시점으로부터 떨어져 있다 | 超过 chāoguò 图 초과하다, 넘다 | 公路 gōnglù 图 도로 | 许多 xǔduō 图 매우 많은 | 车手 chēshǒu 图 자동차 경주자 | 极大 jídà 图 크게, 매우 | 危险 wēixiǎn 图图 위험(하다) | 赛道 sàidào 图 경기하는 도로 | 丧生 sàngshēng 图 죽다 | 专业 zhuānyè 图 전문, 전공 | 应运而生 yìng yùn ér shēng 图 필요에 의해 자연스럽게 생기다 | 巴黎 Bālí 고유 (프랑스) 파리 | 乡镇 xiāngzhèn 图 시골 | 马路 mǎlù 图 길 | 城市 chéngshì 图 도시

A (✕) 본문의 '超过100年的历史'는 '100년이 초과했다'라는 뜻이므로 답이 아니다.
B (✕) '시골 길(在乡镇的马路)'이 아닌 '도시 도로(在城市间的公路)'에서 제일 처음 시작되었다.
C (✕) 1887년 경기는 '베이징(北京)'이 아닌, '파리(巴黎)'에서 진행되었다.
D (〇) 큰 사고들로 인해 자동차 경기 전문 도로가 생겨서 현재도 그곳에서 경기한다.

21

A我朋友毕业后，在一家知名杂志社工作。B到第三年，她已经成为这家杂志社的副主编，并且是下一任主编的不二人选。在外人眼里，她的工作(兴鲜)耀眼，几乎拥有这个年纪梦寐以求的一切，可她自己知道，C她活得并不快乐。

A. 我在杂志社工作
B. 目前，我朋友成为杂志社的主编
C. 我朋友对杂志社工作没兴趣
D. 我朋友的梦想是当主编

A내 친구는 졸업 후, 유명한 잡지사에서 일했다. B3년 차가 되던 해에 그녀는 이미 이 잡지사의 부편집장이 되었다. 또한, 다음 임기 편집장은 떼 놓은 당상이었다. 다른 사람이 보기에 그녀의 경력은 눈부셨고, 그 나이에 간절히 바라는 모든 것을 소유하고 있는 듯했다. 그러나 그녀 스스로는 알고 있었다. C그녀가 전혀 행복하지 않다는 것을.

A. 나는 잡지사에서 일한다
B. 현재 친구는 잡지사의 편집장이다
C. 내 친구는 잡지사에 관심이 없다
D. 내 친구의 꿈은 편집장이 되는 것이다

知名 zhīmíng 图 이름나다 | 杂志社 zázhìshè 图 잡지사 | 副主编 fùzhǔbiān 图 부편집장 | 下一任 xiàyìrèn 다음 임기 | 耀眼 yàoyǎn 图 눈부시다 | 拥有 yōngyǒu 图 가지다 | 梦寐以求 mèng mèi yǐ qiú 图 꿈속에서도 바라다, 간절히 바라다 | 一切 yíqiè 图 일체 | 快乐 kuàilè 图 즐겁다

A (✕) 내가 아니라 내 친구가 잡지사에서 일한다.
B (✕) 3년이 되던 해에 부편집장이 되었다는 언급은 있으나 편집장이 되었다는 언급은 없다.
C (〇) 이 문제는 먼저, 오답을 제거하는 방법으로 풀어야 쉽게 풀 수 있다. 부편집장이고 다른 사람이 보기에 경력도 우수하지만 '전혀 행복하지 않다(她活得并不快乐)'라는 것으로 보아 잡지사에 별로 흥미가 없다는 것을 알 수 있다.
D (✕) 내 친구가 편집장이 되고 싶다는 것은 본문에서 언급된 적이 없다.

22

我们等待着梦想有一天变成现实，A却很少有人跳出现实去寻找梦想，B即使，那个梦，曾经是你的全部。C梦想不是奢侈品，它自然而然的生长于我们的心中，或长或短，或大或小，D如果有机会，请你静下心来，跟你已经再见了的梦想，重新见面。

A. 很多人跳出现实去寻找梦想
B. 很多人没有自己的梦想
C. 梦想是奢侈品
D. 要追求梦想

우리는 꿈이 언젠가는 현실로 변하기를 바라지만, A오히려 현실을 박차고 나와서 꿈을 찾는 사람은 매우 적다. B설령 그 꿈이 일찍이 당신의 전부였다 하더라도 말이다. C꿈은 사치품이 아니다. 그것은 자연스럽게 우리 마음속에서 자라게 된다. 길거나 짧거나, 크거나 작거나 D만약 기회가 있다면, 마음을 가라앉히고 당신과 이미 헤어짐의 인사를 했던 꿈과 다시 만나길 바란다.

A. 많은 사람은 현실에서 나와 꿈을 찾는다
B. 많은 사람이 자신의 꿈이 없다
C. 꿈은 사치품이다
D. 꿈을 추구해야 한다

| 等待 děngdài 동 기다리다 | 梦想 mèngxiǎng 명 꿈 | 变成 biànchéng 동 ~로 변하다 | 现实 xiànshí 명 현실 | 寻找 xúnzhǎo
동 찾다 | 奢侈品 shēchǐpǐn 명 사치품 | 自然而然 zìrán ér rán 동 자연히, 저절로 | 生长 shēngzhǎng 동 성장하다, 나서 자라다 |
重新 chóngxīn 부 다시, 재차

A (×) 현실에서 나와 꿈을 찾는 사람들이 매우 적다고 언급했다.
B (×) '많은 사람은 꿈이 있으나 적극적으로 추구하지 않는다'라고 했지, '꿈이 없다'라고 하지 않았다.
C (×) 꿈은 사치품이 아니다.
D (O) 이 글의 주제는 꿈을 적극적으로 찾아가라는 것으로 본문의 내용과 맞다.

23

也许是我天生和舞蹈有缘，**B**4岁的时候我被沈阳的一位舞蹈老师挑中了，**C**在父母的支持下，我开始学习舞蹈，**D**直到18岁。在这14年中，我深刻地感受到舞蹈是我此生的挚爱。没有舞蹈，我的生活将无法继续。

아마도 나는 천성적으로 무용과 인연이 있는 것 같다. **B**4살 때 션양의 어느 한 무용 선생님에게 발탁되었고, **C**부모님의 지지 아래 무용을 배우기 시작하여 **D**18살까지 계속하였다. 이 14년 동안 무용이 내 삶의 진정한 사랑임을 느꼈다. 무용이 없었으면 내 삶은 계속 이어질 수 없었을 것이다.

A. 我是舞蹈家
B. 我从4岁开始学舞蹈
C. 父母一直反对我学舞蹈
D. 我舞蹈已经学了18年了

A. 나는 무용수이다
B. 나는 4살 때부터 무용을 배우기 시작했다
C. 부모님은 내가 무용을 배우는 것을 계속 반대하셨다
D. 나는 무용을 배운지 벌써 18년이 되었다

| 天生 tiānshēng 형 천성적이다, 타고나다 | 舞蹈 wǔdǎo 명 춤, 무용 | 有缘 yǒuyuán 동 인연이 있다 | 沈阳 Shěnyáng 고유 션양 |
挑中 tiāozhòng 동 고르다, 선택하다 | 支持 zhīchí 동 지지하다 | 直到 zhídào 동 줄곧 ~까지 | 深刻 shēnkè 형 깊이 있다 | 感受
gǎnshòu 동 느끼다 | 此生 cǐshēng 명 현세, 이 삶 | 挚爱 zhì'ài 명 애착심, 진지한 애정 | 反对 fǎnduì 동 반대하다

A (×) 4살 때 무용을 시작해서 18살까지 했다고 했지, 현재에 대한 내용은 언급되지 않고 있다. 따라서 현재도 계속 무용을
   하고 있는지는 확실하지 않기 때문에 정답이 아니다.
B (O) 나는 4살 때 선생님에게 발탁되어 무용을 시작했다.
C (×) 본문과 반대되는 내용이다. 부모님의 지지 아래 무용을 배웠다.
D (×) 18년 동안 배운 것이 아니라 4살부터 18세 때까지 배운 것이므로 총 14년을 배운 것이다.

24

A每个人都有梦，**B**但真正能够坚持到最后的人又有几个? 其实他们并不是实现不了梦想，而是**C**在追梦的过程中选择了放弃。我的梦想已经被我抛弃过一次，因而我会格外珍惜这次机会。这一次我绝不会放手，即使等待我的是失望，我也要追求我的梦。比起青春有憾，我宁愿在梦想的道路上撞没无悔。

A모든 사람은 꿈이 있다. **B**그러나 진정 꾸준하게 마지막까지 노력하는 사람들은 몇이나 될까? 사실 그들은 결코 꿈을 실현하지 못하는 것이 아니라, **C**꿈을 좇는 중에 포기하는 것이다. 나의 꿈은 이미 나에게 한 번 버려졌기 때문에, 이번 기회를 특히 더 아낀다. 이번에는 절대 손을 놓지 않을 것이다. 설령 나를 기다리고 있는 것이 실망일지라도 나는 나의 꿈을 좇을 것이다. 청춘 시절에 후회를 남길바엔, 차라리 꿈의 길에서 후회 없이 부딪혀 보고 싶다.

A. 每个人都梦想成真	A. 모든 사람들은 꿈을 이룬다
B. 每个人都坚持到底了	B. 모든 사람들은 꿈을 이룰 때까지 한다
C. 很多人在追梦的过程中放弃	**C. 많은 사람이 꿈을 좇는 중에 포기한다**
D. 我实现了梦想	D. 나는 꿈을 이루었다

梦 mèng 명 꿈 | 坚持 jiānchí 동 계속해 나가다 | 追梦 zhuīmèng 동 꿈을 좇다 | 过程 guòchéng 명 과정 | 放弃 fàngqì 동 포기하다 | 抛弃 pāoqì 동 버리다 | 格外 géwài 부 유달리, 특별히 | 珍惜 zhēnxī 동 아끼다 | 放手 fàngshǒu 동 손을 놓다, 포기하다 | 失望 shīwàng 동 실망(하다) | 比起 bǐqǐ 동 ~과 비교하다 | 有憾 yǒuhàn 동 유감으로 남다, 후회로 남다 | 宁愿 nìngyuàn 부 차라리 | 梦想成真 mèngxiǎng chéng zhēn 꿈이 현실이 되다 | 到底 dàodǐ 동 끝까지 하다

A (✗) 본문 처음에 '모든 사람은 꿈이 있다(每个人都有梦)'라고 했지, '모두 꿈을 이룬다(每个人都梦想成真)'라고는 하지 않았다.

B (✗) 모든 사람들은 꿈을 이룰 때까지 하는 것이 아니라 많은 사람이 중간에 포기한다고 했다.

C (○) '꿈을 좇는 중에 포기하지 마라'라고 당부하고 있는 내용이다.

D (✗) 본문에서 언급되지 않았다.

25

A很难想象一个8个月大的婴儿也会被诊断出患有忧郁症。但根据儿童心理学家表示，这种现象的确存在。B而父母可以通过观察，早日发现微兆，并寻求儿科医生与相关医疗协会的帮助，让幼童早日走出忧郁。C幼儿忧郁的问题还不是那么广为人知。甚至许多儿科医生对这方面也没有过多的研究。所以，D传统上父母的爱心与亲人的照料，仍然是预防幼儿忧郁的最佳方式。

A8개월짜리 갓난아기가 우울증 진단을 받으리라는 것은 상상하기 어렵다. 그러나 유아심리학자들은 이런 일이 정말 있다고 한다. 그러나 B부모가 관찰을 통해 조기에 미세한 징조를 발견하고, 소아과 의사와 관련 있는 의료협회의 도움을 구한다면, 유아를 빨리 우울증에서 빠져나오게 할 수 있다. C유아 우울증의 문제는 그렇게 널리 알려지지 않았다. 심지어 많은 소아과 의사들조차도 이 분야에 대해서 많은 연구를 하지 않았다. 그래서 D전통적으로 부모의 사랑과 가족의 보살핌이 여전히 유아 우울증을 예방하는 가장 좋은 방법일 수밖에 없다.

A. 八个月大的婴儿不能患有忧郁症	A. 8개월짜리 아이는 우울증을 앓지 않는다
B. 父母通过观察早日发现婴儿忧郁症	**B. 부모는 관찰을 통해 아이의 우울증을 일찍 발견할 수 있다**
C. 幼儿忧郁症很多人都知道	C. 유아 우울증은 많은 사람이 알고 있다
D. 药物治疗是预防幼儿忧郁的最佳方式	D. 약물치료는 유아 우울증을 치료하는 제일 좋은 방법이다

想象 xiǎngxiàng 동 상상(하다) | 婴儿 yīng'ér 명 갓난아기 | 诊断 zhěnduàn 동 진단(하다) | 患有 huànyǒu 동 (병을) 앓고 있다 | 忧郁症 yōuyùzhèng 명 우울증 | 心理学家 xīnlǐ xuéjiā 명 심리학자 | 观察 guānchá 명동 관찰(하다) | 微兆 wēizhào 명 미세한 징조 | 寻求 xúnqiú 동 찾다, 모색하다 | 儿科 érkē 명 소아과 | 协会 xiéhuì 명 협회 | 幼童 yòutóng 명 유아, 어린이 | 广为人知 guǎngwéi rén zhī 동 널리 많은 사람이 알고 있다 | 甚至 shènzhì 부 심지어 | 传统 chuántǒng 형 전통적이다 | 照料 zhàoliào 동 보살핌 동 돌보다 | 仍然 réngrán 부 여전히 | 预防 yùfáng 명동 예방(하다) | 佳 jiā 형 좋다 | 药物治疗 yàowù zhìliáo 명 약물치료

A (✗) 아동심리학자들은 8개월짜리 아이도 우울증을 앓는 현상이 있다고 한다.

B (○) 부모는 관찰을 통해 아이들의 우울증 징조를 일찍 발견할 수 있고, 의사의 도움을 받으면 아이들을 우울증에서 빠져나오게 할 수 있다.

C (✗) 아동 우울증은 널리 알려지지 않았으며, 실제로 의사들도 많은 연구를 한 적이 없다.

D (✗) 약물치료와 관련해서 어떠한 언급도 하고 있지 않다.

26~28

天气比较寒冷，风刮在脸上有一种刀刮的感觉，刚出校门，大家都在叫苦怨天。**26当路过彩票中心的时候，我提议买一张碰碰运气**，得到大家的同意。不过在付钱的时候才发现'钱不够！'彩票2元一张不算太贵，不过我身上只有1元，也够穷了。不过没多大阻碍，**27基金不够，大家一起凑一下就行了**。

如果买中了去吃酸汤鸡。同行的学员听到后说了句：中了就去吃酸汤鸡，如果没中怎么办？我们答道：其实没中上也不要紧，去吃完饭后，直接把2张彩票甩在桌上对老板说声"结账，这儿有320元，不用补了"。大家的玩笑顿时引来快乐的心情，街上的气氛就温暖起来。

有些事情就是这样，**28过程带来的快乐往往比结果更让人愉快**。

날씨가 추워 얼굴에 닿는 바람이 칼바람 같아서, 모두들 학교에서 나오는데 힘들다고 불만을 터뜨렸다. 그러면서 길을 걷다가 **26복권센터를 지날 때였다. 나는 복권을 한 장 사서 운을 시험해 볼 것을 제의했고**, 모두 동의했다. 그러나 돈을 내려고 할 때서야 '돈이 모자라다는 것'을 알게 되었다. 복권은 한 장에 2위앤으로 별로 비싸지 않았지만, 내가 가지고 있는 돈은 1위앤 뿐이었고, 매우 궁한 상태였다. 하지만 **27돈이 모자라면 모두 조금씩 모으면 되기 때문에** 사실 별로 큰 문제는 아니었다.

만약에 (복권이) 당첨된다면 쏸탕지를 먹으러 가기로 했다. 같이 갔던 학우들이 그 말을 듣고서 물었다. "당첨되면 쏸탕지를 먹으러 가는데, 당첨되지 않으면 어떻게 할까?" 우리는 대답했다. "사실 당첨 되지 않는다고 해도 별거 아니야. 가서 다 먹고 난 후에 2장의 복권을 테이블 위에 던지고 '계산해 주세요, 여기 320위앤이 있고, 거스름돈은 필요 없어요.'라고 사장에게 말하면 돼." 모두의 농담은 순식간에 기분을 즐겁게 했고, 길에서의 분위기도 따스함이 넘치기 시작했다.

어떤 일들은 바로 이렇게, **28과정 자체의 기쁨이 결과를 얻는 것보다 사람을 더욱 즐겁게 한다**.

26 我提议什么?

A. 买彩票
B. 看球赛
C. 买股票
D. 在一起共餐

26 내가 제의한 것은 무엇인가?

A. 복권 사기
B. 축구경기 보기
C. 주식 사기
D. 같이 식사하기

27 关于彩票，下列正确的是?

A. 没买
B. 大家一起凑钱买了
C. 借钱买了
D. 回家拿了钱买彩票

27 복권에 관해서 다음 중 옳은 것은 무엇인가?

A. 사지 않았다
B. 모두 함께 돈을 모아 샀다
C. 돈을 빌려서 샀다
D. 집에 가서 돈을 가져와서 샀다

28 这段文章说明什么?

A. 过程比结果更让人快乐
B. 过程比结果重要
C. 只有大家同意，才能快乐
D. 买彩票让人愉快

28 이 글에서 말하고자 하는 것은 무엇인가?

A. 과정이 결과보다 사람을 더 기쁘게 한다
B. 과정이 결과보다 중요하다
C. 모두 동의해야만 기쁠 수 있다
D. 복권을 사는 것은 사람을 기쁘게 한다

刀刮 dāoguā 명 칼바람 | 叫苦 jiàokǔ 통 고통을 호소하다 | 怨天 yuàntiān 통 하늘을 원망하다 | 彩票 cǎipiào 명 복권 | 提议 tíyì 통 제의(하다) | 碰运气 pèng yùnqi 운을 시험해 보다[주로 내기나 복권을 살 때 쓰임] | 不算 búsuàn 통 ~라고 할 수 없다[뒤에 주로 형용사가 옴] | 穷 qióng 혱 가난하다 | 阻碍 zǔ'ài 명통 지장(을 주다), 방해(하다) | 基金 jījīn 명 기본금 | 凑 còu 통 겨우 모으다 | 同行 tóngxíng 통 동행하다 | 中 zhòng 통 당첨되다 | 不要紧 búyàojǐn 별거 아니다 | 甩 shuǎi 통 내던지다 | 结账 jiézhàng 통 결산하다, 계산하다 | 补 bǔ 통 보충하다, 거슬러주다 | 玩笑 wánxiào 명통 농담(하다) | 顿时 dùnshí 부 문득, 순간적으로 | 气氛 qìfēn 명 분위기 | 温暖 wēnnuǎn 혱 따뜻하다

26 **A** '当路过彩票中心的时候，我提议买一张碰碰运气(복권 센터를 지날 때 내가 한 장 사서 운을 시험해 보자고 제의했다)'라는 것을 통해 내가 제의 한 것은 '买彩票(복권 사기)'이라는 것을 알 수 있다

27 **B** '大家一起凑一下就行了(모두 함께 조금씩 모으면 된다)'라는 말은 '大家一起凑钱买了(모두 함께 돈을 모아 샀다)'는 말과 같다.

28 A 주제문을 묻는 문제는 글의 첫마디나 마지막을 주의 깊게 살피자. 글의 마지막 문장에 '过程带来的快乐往往比结果更让人愉快(과정 자체의 기쁨이 결과를 얻는 것보다 사람을 더욱 즐겁게 한다)'에서 답이 A임을 쉽게 알 수 있다.

29~32

　　每个人都有一个舒适区域，在这个区域内是很自我的，不愿意被打扰，不愿意被压迫，不愿意和陌生的面孔交谈，不愿意被人指责，不愿意按照规定的时限做事，不愿意主动地去关心别人，不愿意去思考别人还有什么没有想到。**29**这在学生时代是很容易被理解的，有时候这样的同学还跟"冷酷""个性"这些字眼沾边，算作是褒义。然而相反，在工作之后，你要极力改变这一现状。否则，**30**你会很快变成鸡尾酒会上唯一没有人理睬的对象，或是很快因为压力而内分泌失调。但是，如果你能很快打破学生所处的舒适区域，比别人更快地处理好业务、人际、舆论之间的关系，那就能很快地脱颖而出。

　　很多人喜欢在学习和玩耍之间先选择后者，然后在最后时间一次性赶工把考试要复习的东西突击完成。**31**但是在工作中请不要养成这样的习惯，因为工作是永远做不完的，容不得你"突击"。又或者，当你在徘徊和彷徨如何实施的时候，你的领导已经看不下去，自己去做了。— **32**这是一个危险的信号。

모든 사람에게는 자신만의 편안한 영역이 있다. 이 영역은 자신만의 것으로 방해를 받는다거나, 억압을 받는다거나, 낯선 것들과 교류한다거나, 질책을 받는다거나, 규정된 시간 안에 무언가를 해야 한다거나, 주동적으로 다른 사람에게 관심을 둬야 한다거나, 다른 사람이 생각하지 못한 것을 생각해야 한다는 것들을 원하지 않는다. **29**학생 때에는 이런 부분을 매우 쉽게 이해할 수 있다. 간혹 이런 학생들을 '쿨하다' '개성 있다'라는 말로 치부하기도 한다. 그러나 반대로 사회에 나와서는 이런 영역을 적극적으로 바꿔야 한다. 그렇지 않으면 **30**당신은 칵테일파티에서 유일하게 상대해 주는 사람이 없는 사람이 되거나, 혹은 스트레스 때문에 내분비 균형이 깨지게 될 것이다. 그러나 만약에 당신이 학생 때 가지고 있던 편안한 공간을 깨고, 다른 사람보다 더 빨리 업무나 인간관계, 여론 간의 관계를 잘 처리한다면 특출나 보이게 될 것이다.

많은 사람은 공부와 오락 사이 중에 후자를 선택하는 것을 좋아한다. 그리고 나서 마지막에 단발성으로 시험공부 해야 할 것들을 벼락치기 한다. **31**하지만 일을 할 때는 이런 습관을 들이면 안 된다. 왜냐하면, 일이라는 것은 영원히 끝나는 것이 아니기에, 당신의 '벼락치기'는 용인될 수 없다. 또는 당신이 배회하거나 방황하면서 어떻게 실행할지 고민하고 있을 때, 당신의 상사는 이미 더는 봐 줄 수가 없어서 자신이 직접 해 버릴 것이다. — **32**이것은 위험한 신호이다.

29 人们怎么看待在学生时代，每个人拥有的舒适区域？
　A. 不被接受
　B. 算是没什么不好
　C. 很成问题
　D. 大家都没有意见

29 사람들은 학생 때에 각자의 안락한 영역을 갖는 것을 어떻게 바라보는가?
　A. 받아들이지 않는다
　B. 그다지 나쁘지 않다
　C. 문제가 된다
　D. 모두 반대하지 않는다

30 在工作以后，没改变自己舒适区域的结果是什么？
　A. 没有人理你
　B. 跟他们合作愉快
　C. 业务效率提高
　D. 没有压力

30 일을 시작하고 나서 자신만의 편안한 영역을 바꾸지 않아 생기는 결과는 무엇인가?
　A. 당신을 상대하는 사람이 없다
　B. 다른 사람과 즐겁게 협력할 수 있다
　C. 업무 효율이 향상된다
　D. 스트레스가 없다

31 根据本文，划线部分的意思是什么？
　A. 不要拖延工作
　B. 不要出去玩
　C. 工作要完成
　D. 不要说领导的坏话

31 본문에 따르면 밑줄 친 부분이 의미하는 것은 무엇인가?
　A. 일을 미루지 마라
　B. 나가 놀지 마라
　C. 일을 완성해라
　D. 상사의 험담을 하지 마라

32 这里所说的"危险的信号"是什么意思?
   A. 你可能被炒鱿鱼
   B. 你可能得病
   C. 你可能坚持不了
   D. 领导留给你更多的工作

32 여기에서 말하는 '위험한 신호'는 무엇을 의미하는가?
   A. 당신은 해고될 수 있다
   B. 당신은 병에 걸릴 수 있다
   C. 당신은 끝까지 해나갈 수 없다
   D. 상사가 당신에게 더 많은 일을 주다

舒适 shūshì 图 편안하다 | 区域 qūyù 구역, 영역 | 自我 zìwǒ 图 자기중심적이다 | 打扰 dǎrǎo 图 귀찮게 하다 | 压迫 yāpò 图 억압하다 | 陌生 mòshēng 图 낯설다 | 面孔 miànkǒng 얼굴 | 指责 zhǐzé 图 질책하다 | 时限 shíxiàn 图 정해진 시간, 기일 | 字眼 zìyǎn 图 글자, 문구 | 冷酷 lěngkù 图 쿨하다, 멋있다 | 个性 gèxìng 图 개성 | 沾边 zhānbiān 图 가까이 다가가다 | 褒义 bāoyì 图 좋은 뜻 | 极力 jílì 图 힘껏 | 理睬 lǐcǎi 图 상대하다 | 内分泌 nèifēnmì 내분비 | 失调 shītiáo 图 균형을 잃다 | 舆论 yúlùn 图 여론 | 脱颖而出 tuō yǐng ér chū 图 재능을 숨길 수 없다 | 玩耍 wánshuǎ 图 장난(치다), 오락(하다) | 突击 tūjī 图 갑자기 실행하여 끝내 버리다 | 容不得 róngbude 허용하지 못하다 | 徘徊 páihuái 图 배회하다 | 彷徨 pánghuáng 图 갈팡질팡하다 | 如何 rúhé 图 어떻게 | 实施 shíshī 图 실시하다 | 接受 jiēshòu 图 받아들이다 | 理 lǐ 图 상대하다 | 拖延 tuōyán 图 미루다 | 炒鱿鱼 chǎo yóuyú 图 해고하다

29 B '舒适区域(편안한 공간)'은 학생 시기에는 쿨하고 개성있는 것으로 받아들여지지만, 일을 시작하고 사회에 나와서는 그렇지 않다는 것이 본문의 요지이다.

30 A 자신 만의 공간을 바꾸지 않으면 사회에서 안 좋은 결과를 가져올 수 있다. 보기 중 B, C, D는 좋은 의미이고 본문에 부정적으로 언급되는 말은 A뿐이다. 상식적으로 풀 수 있는 문제이지만 이런 문제일수록 본문에서 확실한 답을 찾도록 한다.

31 A 밑줄 친 부분의 '这样的习惯(이런 습관)'은 '把考试要复习的东西突击完成(시험공부 할 것을 벼락치기 하는 것)'을 가리킨다. 이런 것을 하면 안 된다고 했으므로 답은 A이다.

32 A 문맥상 직장 내에서 겪을 수 있는 최악의 상황을 유추하면 된다. '炒鱿鱼'의 표면적인 의미는 '오징어를 볶다'이지만, 해고를 당해 회사를 떠날 때 괴로워하는 모습이 오징어가 불 위에서 쪼그라드는 모습과 같아서 '해고당하다'라는 뜻으로 쓰이는 관용어이다.

33~37

小李在生日前收到了一辆新轿车,是他姐姐送给他的生日礼物。生日前夜,他看见门口站着一个小孩子,这个孩子正在看那辆新车。小孩问道:"先生,这是你的车吗?"小李点头说:"我姐姐送给我的生日礼物。"小孩惊奇得瞪大眼睛;"你是说这车是你姐姐白白送给你的? 我希望……"
   小李当然知道他希望什么,他一定是希望他也有一个这样的姐姐。可是,那小孩接下去说的话却让小李十分惊讶。"**33我希望我将来也能像你的姐姐那样**。"小李不由自主地问了一句:"你愿意坐我的车吗?" "真的吗? 我很愿意。"车开了一段路,小孩说道;"先生,你能不能把车开到我家门口?"

샤오리가 생일 전날 새 차를 선물로 받았는데, 그의 누나가 그에게 생일 선물로 준 것이다. 생일 전날 밤, 그는 문 앞에 서 있는 아이를 보게 되었다. 아이는 그 차를 보고 있었다. 아이가 물었다. "아저씨, 이거 아저씨 거예요?" 샤오리는 고개를 끄덕이며 말했다. "우리 누나가 생일 선물로 준거야." 아이는 놀라 눈을 크게 뜨며 말했다. "누나가 공짜로 이걸 선물로 줬다고요? 저도 그랬으면……"
   샤오리는 당연히 아이가 무엇을 원하는지 알았다. 아이는 분명히 이런 누나가 있었으면 했을 것이다. 그러나 그 아이가 이어서 한 말은 샤오리를 매우 놀라게 했다. "**33저도 나중에 아저씨 누나처럼 그랬으면 좋겠어요.**" 샤오리는 자기도 모르게 "이 차 태워줄까?"라고 물었다. "진짜요? 너무 타고 싶어요." 차를 운전하고 어느 정도 갔을 때, 아이는 말했다. "아저씨, 우리 집까지 운전할 수 있어요?"

34 小李知道这小孩想干什么了，可惜他还是想错了。车停下后，小孩很急地爬上台阶跑进了屋。过了一小会儿，他背着一个脚有残疾的小妹妹返回来了。**36** 他指着这车对她说："妹妹，你看看那辆新车，是不是跟我刚才告诉你的一样？**35** 等我将来工作了，我也会送你一辆一样的新车。到那时候，你就可以坐在车里，亲眼看一看摆放在商店橱窗里的那些好东西了。"

34 샤오리는 이 아이가 무슨 생각을 하는지 알았다. 하지만 안타깝게도 그의 생각은 이번에도 틀렸다. 차가 멈추자 아이는 급히 계단을 올라 집으로 들어갔다. 얼마 지나지 않아 아이는 다리에 장애가 있는 여동생을 업고 돌아왔다. **36** 아이는 차를 가리키며 동생에게 말했다. "동생아, 이 차를 잘 봐. 내가 방금 너에게 말한 것과 같지? **35** 나중에 내가 일하게 되면 나도 네게 똑같은 새 차를 사 줄게. 그때가 되면 너는 차에 앉아서 직접 쇼윈도에 있는 좋은 물건들을 볼 수 있을 거야."

33 小孩希望什么？
  A. 希望有这样的姐姐
  B. 能买给妹妹一辆车
  C. 想开车
  D. 快一点长大

33 아이가 바라는 것은 무엇인가?
  A. 이런 누나가 있기를 바란다
  B. 여동생에게 차를 사 줄 수 있기를 바란다
  C. 운전하고 싶어한다
  D. 빨리 자라기를 바란다

34 根据划线部分，小李以为小孩想干什么？
  A. 小孩想开车回家
  B. 炫耀坐这样的车
  C. 去妹妹那儿
  D. 给爸爸、妈妈看

34 밑줄 친 부분에서 샤오리는 아이가 무엇을 하고 싶어한다고 생각했는가?
  A. 운전해서 집에 가는 것
  B. 이런 차를 탄 것을 자랑하는 것
  C. 여동생이 있는 곳에 가는 것
  D. 아빠, 엄마에게 보이는 것

35 孩子为什么要送给妹妹一辆新车？
  A. 妹妹要自己开车
  B. 妹妹喜欢这种车
  C. 妹妹想当赛车选手
  D. 希望妹妹幸福

35 아이는 왜 여동생에게 새 차를 선물하고 싶어하는가?
  A. 여동생이 스스로 운전하고 싶어서
  B. 여동생이 이런 차를 좋아해서
  C. 여동생이 자동차 경주 선수가 되고 싶어해서
  D. 여동생이 행복하길 바라므로

36 小孩子为什么让小李开车到自己家门前？
  A. 给妹妹看
  B. 向妹妹炫耀
  C. 让妹妹坐车
  D. 让妹妹开车

36 아이는 왜 샤오리에게 자신의 집으로 가달라고 했는가?
  A. 여동생에게 보여주려고
  B. 여동생에게 자랑하려고
  C. 여동생에게 차에 타게 하려고
  D. 여동생에게 운전하게 하려고

37. 这篇文章要说什么？
  A. 要重视礼物
  B. 买了车，让人坐一会儿
  C. 懂得关心别人
  D. 要学开车

37 이 글은 무엇을 이야기하고 있는가?
  A. 선물을 중요시해야 한다
  B. 차를 사서 사람을 좀 태워 봐야 한다
  C. 다른 사람에게 관심을 둘 줄 알아야 한다
  D. 운전을 배워야 한다

轿车 jiàochē 명 승용차 | 点头 diǎntóu 통 고개를 끄덕이다 | 惊奇 jīngqí 형 놀라며 의아해하다, 경이롭게 생각하다 | 瞪 dèng 통 (눈을) 크게 뜨다 | 白 bái 閉 공짜로, 대가 없이 | 惊讶 jīngyà 형 놀랍다 | 不由自主 bù yóu zì zhǔ 젱 자기도 모르게 | 可惜 kěxī 형 아쉽다 | 残疾 cánjí 명 장애 | 返 fǎn 통 돌아오다, 돌아가다 | 亲眼 qīnyǎn 閉 직접 자신의 눈으로 (보다) | 摆放 bǎifàng 통 진열하다, 나열하다 | 橱窗 chúchuāng 명 쇼윈도, (상품) 진열창 | 炫耀 xuànyào 통 자랑하다

33 **B** '我希望我将来也能像你的姐姐那样(나도 아저씨 누나처럼 될 수 있었으면 좋겠다)'라는 말에서 아이도 동생에게 차를 사주고 싶어한다는 것을 알 수 있다.

34 **B** 밑줄 친 부분의 다음 문장에서 '可惜他还是想错了(그러나 안타깝게도 그[샤오리]의 생각은 또 틀렸다)'로 보아 동생에게 차를 보여 주고 싶어했던 아이의 마음과 다르게 생각했다는 것을 알 수 있다.

35 **D** 오답을 먼저 제거하면서 본문과 일치하는 답을 찾도록 하자. 본문의 내용으로 보아 여동생은 거동이 불편하여 상점의 물건도 직접 보지 못한다는 사실을 알 수 있다. 아이는 여동생이 그런 것들을 직접 볼 수 있기를 바란다고 했는데, 그것은 결국 여동생이 행복하길 바라는 마음과 일맥상통하므로 답은 D이다.

36 **A** 여동생에게 차를 보여주고 자신이 나중에 같은 차를 사줄 것이라고 다짐을 했지, 여동생을 차에 태우거나 운전하게 하거나 하지는 않았다.

37 **C** 내가 아닌 다른 이들을 보살피고 위해주는 마음에 감동할 수 있다는 것이 본문의 주제이다.

38~41

我是个现实的人，现实到从来就不会"想"做什么，只有"要"做什么，"该"做什么。**38**我的生活就像有个无形的框，四周有墙，头上是房顶，我只在这规定的范围内活动，从不越界。就像我从来不喝饮料，只喝菊花茶。我不知道自己是否真的喜欢菊花，**39**只知道比起饮料，菊花茶更健康。突然觉得自己很悲哀。20岁正是逐梦的年纪，我却似乎没有梦。想象这20年，每一步都是按部就班，甚至有时候看到手牵手走在一起的高中生，我就会后悔，当年怎么就那么听话，竟然没有想过，谈场恋爱。

如果有一次实现梦想的机会，我会想实现什么？是去北美念研究生？成为一名很成功的记者？或是趁着大学的最后时光谈场恋爱？我不知道。现实的我想出来的都是些很现实的东西。突然很想冲出自己的条条框框，干点什么疯狂的事，但我却已然失去了构想一件疯狂的事的能力。

很喜欢一句话：**40**"有些事只有经历过你才会懂。"没错，我经历了纠结，经历了挣扎，经历了激烈的思想斗争，我才真正明白什么是我想要的。其实我不是没有梦想，只是误以为梦想太过于遥不可及，我回过头看，**41**梦想却就在触手可及的那个地方，那是上天赐予的礼物，我会努力牢牢地抓住。

나는 현실적인 사람이다. 현실에서 지금껏 '하고 싶은 것'을 해 본 적이 없고, 오직 '해야 하는 것'만을 했을 뿐이다. **38**나의 삶은 무형의 틀이 있는 것처럼, 사방이 벽이고 머리 위에는 지붕이 있다. 나는 오직 규정된 범위 안에서만 활동하고, 경계를 넘어 본 적이 없다. 나는 이제까지 음료수를 먹어 본 적이 없고, 오직 국화차만 마셨다. 내가 정말 국화차를 좋아하는지 모르겠지만 단지 알고 있는 것은 **39**음료수와 비교했을 때, 국화차가 더 몸에 좋다는 것이다. 갑자기 스스로 슬프고 애통하다는 생각이 든다. 20살은 꿈을 좇는 시기인데, 내겐 마치 꿈이 없는 것 같다. 이 20년을 생각해 보면 매 걸음 이런 틀 안에서 이루어졌다. 심지어 어떤 때는 고등학생 커플이 손을 잡고 함께 걸어 가는 것을 보고 후회가 된다. 그 당시에는 어쩜 그렇게 말을 잘 들어서 연애하는 것을 생각해 보지도 못했는지.

만약 꿈을 실현할 기회가 있다면, 나는 무엇을 할까? 북미 대학원을 갈까? 성공한 기자가 될까? 또는 대학의 마지막 시간을 이용하여 연애할까? 모르겠다. 현실의 내가 생각해내는 것은 모두 현실적인 것들뿐이다. 갑자기 스스로 틀에서 벗어나서 미친 일을 해보고 싶다. 그러나 나는 미친 일을 구상할 수 있는 능력이 없다.

정말 좋아하는 말이 있는데 **40**'어떤 일들은 경험을 해야만 이해할 수 있다'라는 것이다. 맞다. 나는 혼돈을 경험해 보았고, 발버둥 쳐봤고, 격렬한 생각을 해 보았다. 이제서야 내가 무엇을 원하는지 알게 되었다. 사실 꿈이 없는 것이 아니라, 단지 꿈이 너무 먼 곳에 있다고 착각한 것이었다. **41**고개를 들어 볼 때 꿈은 닿을 수 있는 곳에 있다. 그것은 하늘이 준 선물이기에 나는 노력해서 꼭 붙잡을 것이다.

38 根据这段文章，我是什么样的人？

A. 不够实际
B. 非常有规律
C. 只追求梦想
D. 喜欢菊花茶

38 이 글에 따르면, 나는 어떤 사람인가?

A. 현실적이지 못하다
B. 규율을 매우 중시한다
C. 오직 꿈만 쫓는다
D. 국화차를 좋아한다

39 我只喝菊花茶的原因是什么?
  A. 喜欢
  B. 菊花茶更健康
  C. 喜欢菊花茶的香味
  D. 已经习惯了

40 划线部分是什么意思?
  A. 要经历很多事
  B. 不要害怕苦难
  C. 经历之前不要说话
  D. 要珍惜生活

41 上天赐予的礼物是什么?
  A. 家庭   **B. 梦想**
  C. 现实   D. 时间

39 내가 국화차만 마시는 이유는 무엇인가?
  A. 좋아해서
  B. 국화차가 몸에 더 좋아서
  C. 국화차의 향기가 좋아서
  D. 이미 습관이 되어서

40 밑줄 친 부분은 무엇을 의미하는가?
  A. 많은 경험을 해야 한다
  B. 어려움을 두려워하지 말아야 한다
  C. 경험하기 전에는 말하지 말아야 한다
  D. 삶을 소중히 해야 한다

41 하늘이 준 선물은 무엇인가?
  A. 가정   **B. 꿈**
  C. 현실   D. 시간

无形 wúxíng 형 무형의 | **框** kuàng 명 틀 | **四周** sìzhōu 명 사방 | **墙** qiáng 명 벽, 담 | **规定** guīdìng 명 규정(하다) | **范围** fànwéi 명 범위 | **越界** yuèjiè 동 경계를 넘다 | **饮料** yǐnliào 명 음료 | **菊花** júhuā 명 국화 | **悲哀** bēi'āi 형 슬프고 애통하다 | **逐梦** zhúmèng 꿈을 좇다 | **似乎** sìhū 부 마치 ~인 것 같다 | **按部就班** àn bù jiù bān 순서대로 하나씩 진행하다 | **手牵手** shǒu qiān shǒu 손에 손을 잡다 | **后悔** hòuhuǐ 동 후회하다 | **听话** tīnghuà 동 말을 잘 듣다, 순종하다 | **竟然** jìngrán 부 뜻밖에 | **谈恋爱** tán liàn'ài 동 연애하다 | **趁着** chènzhe 개 (시간, 기회 등을) 빌어, 틈타 | **时光** shíguāng 명 시간, 세월 | **冲出** chōngchū 동 뚫고 나가다 | **条条框框** tiáo tiáo kuàng kuàng 명 각종 제한과 속박 | **疯狂** fēngkuáng 동 미치다 | **已然** yǐrán 부 이미, 벌써 | **构想** gòuxiǎng 명동 구상(하다) | **纠结** jiūjié 동 혼란, 뒤엉킴 | **挣扎** zhēngzhá 동 발버둥치다, 고민 | **激烈** jīliè 형 격렬하다 | **斗争** dòuzhēng 동명 투쟁(하다) | **过于** guòyú 부 지나치게, 과하게 | **遥不可及** yáo bù kějí 형 까마득하다 | **足够** zúgòu 동 충분하다 | **触手可及** chùshǒu kějí 손이 닿을만한 | **上天** shàngtiān 명 신, 하늘 | **赐予** cìyǔ 동 주다, 부여하다 | **牢牢** láoláo 부 견고하다 | **抓住** zhuāzhù 동 잡다

---

38 B A는 본문에서 언급된 '我是个现实的人(나는 매우 현실적이 사람이다)'와 반대되고, 화자는 오직 꿈만 쫓는 것도 아니기에 C도 틀렸다. D는 '我不知道自己是否真的喜欢菊花(국화차를 좋아하는지 나도 모르겠다)'라고 했으므로 답이 아니다.

39 B 본인이 국화차를 좋아하는지 모르겠지만 음료수보다 더 몸에 좋은 것을 알기 때문에 국화차만 마신다고 했다.

40 A '只有经历过你才会懂(경험을 해야만 이해할 수 있다)'라는 것은 '要经历很多事(많은 경험을 해야 한다)'는 말과 일맥상통한다.

41 B 질문이 들어 있는 문장을 찾아보자. 마지막 문장에 '那是上天赐予的礼物(그것은 하늘이 준 선물이다)'에서 그것은 앞에서 말하고 있는 '梦想(꿈)'을 말하고 있음을 알 수 있다.

42~45

城市建筑在某种意义上成为了一个城市的文化符号，如果说**42**香水可以代表一个人的气质与性格，那么建筑对于一个城市来说便有着异曲同工之妙。

도시 건축물은 어떤 의미에서 도시의 문화 부호이다. 만약 **42**향수가 개인의 자질과 성격을 대표한다면 건축물은 도시의 자질과 성격을 대표하는 것이다.

43站在艺术气息浓郁、**45**如诗如画的欧洲街头，你就会看到古老的城堡中身着盔甲的骑士为了守护公主而挥剑对敌，也会看到相依相伴的半白老人映着搀扶着走过河畔，而站在韩国街头，你会发现在这个**44**将东西方文化生活气息融于一体的国度，不仅有古色古香的东方宫殿，大大小小的欧式风情咖啡馆，还有着特有的韩国式建筑，它们是一张张文化名片，回忆着韩国历史，诉说着韩国人的信仰，展示着现代韩国人的智慧。

43예술의 숨결이 짙으면서 **45**시 같고, 그림 같은 유럽의 길에 서면 당신은 오래된 성과 갑옷, 투구를 걸친 기사가 공주를 위해 검을 적에게 휘두르는 것을 볼 수 있을 것이다. 또 서로 의지하며 살아가는 반 백발의 노인이 서로 부축하며 강변을 걷는 것도 볼 수 있을 것이다. 반면, 한국의 길거리에서 당신은 **44**동·서양 문화가 하나로 융합된 국가의 오래된 동양의 궁전을 볼 수 있을 뿐만 아니라, 크고 작은 유럽식 분위기의 커피숍도 볼 수 있고, 특이한 한국식 건물도 볼 수 있다. 그것들 한 장 한 장이 문화 명함이며, 한국 역사를 돌아보게 하고, 한국인들의 신앙을 말해주기도 하며 현대 한국인의 지혜를 보여 주기도 하는 것이다.

42 根据本文，可以代表一个人的气质与性格的是什么？
　A. 城市　　　　B. 城市建筑
　C. 香水　　　D. 文化

42 본문에 따르면 개인의 자질과 성격을 대표할 수 있는 것은?
　A. 도시　　　　B. 도시 건축물
　C. 향수　　　D. 문화

43 欧洲街头的特点是什么？
　A. 文化气息浓厚
　B. 看样子大家都很忙
　C. 安静
　D. 古老

43 유럽 길거리의 특징은 무엇인가?
　A. 문화적 색채가 짙다
　B. 모두 바쁘게 보인다
　C. 조용하다
　D. 오래되다

44 韩国街头特点是什么？
　A. 文化气息浓郁
　B. 只有东方文化
　C. 古老
　D. 东方式、欧式、韩国式都有

44 한국 길거리의 특징은 무엇인가?
　A. 문화적 색채가 짙다
　B. 단지 동방문화일 뿐이다
　C. 오래되다
　D. 동양식, 유럽식, 한국식이 모두 있다

45 根据本文，下面不正确的是：
　A. 城市建筑成为了文化符号
　B. 欧洲街头文化气息浓郁
　C. 韩国街头很安静
　D. 欧洲街头很美

45 본문에 따르면 다음 중 올바르지 않은 것은:
　A. 도시 건물은 문화 부호가 되었다
　B. 유럽 길거리는 문화적 색채가 짙다
　C. 한국 길거리는 매우 조용하다
　D. 유럽 길거리는 매우 아름답다

建筑 jiànzhù 명 건축물 | 符号 fúhào 명 부호 | 气质 qìzhì 명 기질, 자질 | 异曲同工 yì qǔ tóng gōng 성 방법은 다르지만 똑같은 효과를 내다 | 妙 miào 명 묘책, 방법 | 气息 qìxī 명 숨결, 정취 | 浓郁 nóngyù 형 짙다 | 如诗如画 rú shī rú huà 성 시 같고, 그림 같다 | 欧洲 ōuzhōu 명 유럽 | 街头 jiētóu 명 길거리 | 城堡 chéngbǎo 명 성 | 盔甲 kuījiǎ 명 투구와 갑옷 | 骑士 qíshì 명 (중세 시대의) 기사 | 守护 shǒuhù 통 지키고 보호하다 | 挥剑 huījiàn 통 검을 휘두르다 | 敌 dí 명 적 | 相依 xiāngyī 통 서로 의지하다 | 相伴 xiāngbàn 통 동반하다 | 映 yìng 통 비치다, 비추다 | 搀扶 chānfú 통 부축하다 | 河畔 hépàn 명 강가 | 融于一体 róng yú yìtǐ 하나로 합치다 | 国度 guódù 명 나라 | 古色古香 gǔ sè gǔ xiāng 성 옛 모습 그대로이다 | 东方 dōngfāng 명 동방, 동양 | 宫殿 gōngdiàn 명 궁전 | 风情 fēngqíng 명 풍토, 분위기 | 咖啡馆 kāfēiguǎn 명 커피숍 | 回忆 huíyì 명통 추억(하다) | 诉说 sùshuō 통 하소연하다, 속 말을 하다 | 信仰 xìnyǎng 명 신앙 | 展示 zhǎnshì 통 드러내다

42　C　질문과 해당하는 부분을 찾는다면 쉽게 답을 찾을 수 있는 문제이다. '香水可以代表一个人的气质与性格(향수는 개인의 자질과 성격을 대표할 수 있다)'라고 하고 있다.

43　A　B와 C는 본문에서 언급되지 않았고, D는 유럽 길거리를 표현하기에는 부족하다.

44 D '东西方文化生活气息融于一体的国度(동·서양 문화가 하나로 융합된 국가이다)'라고 언급하고 있다.

45 C C와 D는 지문에서 모두 언급되지 않았으나 D는 '如诗如画的欧洲街头(시 같고, 그림 같은 유럽의 길)'에서 미루어 보아 옳다고 할 수 있다.

2 모의고사 2 p.160

정답									
	1 B	**2** C	**3** B	**4** D	**5** B	**6** B	**7** C	**8** A	**9** A
	10 C	**11** A	**12** A	**13** A	**14** B	**15** C	**16** D	**17** D	**18** D
	19 C	**20** D	**21** D	**22** B	**23** C	**24** A	**25** C	**26** D	**27** B
	28 C	**29** D	**30** B	**31** A	**32** A	**33** C	**34** A	**35** C	**36** C
	37 A	**38** D	**39** C	**40** B	**41** A	**42** D	**43** D	**44** A	**45** C

1~4

一位硕士，从来没谈过恋爱，到了四十几岁，父母非常着急，每天找人为他介绍女朋友。过了一段时间，介绍人都说**1批评**："给他介绍的女孩都不错，他也说可以考虑，怎么每次他都不再**2联系**，难道还要人家女孩追他？"父母连忙解释："儿子可能是不会谈恋爱。"于是，父母给他讲谈恋爱的方法，但一点效果都没有，再次约会，硕士仍像木头**3一样**。六个月后，儿子突然带回一个女朋友，并很快结婚。婚后，硕士对爱人非常好，一天闲谈，公婆问儿媳："你们是怎么开始的？"儿媳说："他可浪漫呢，送我鲜花，请我看电影，还带我吃烛光晚餐，好感动。"父母**4终于**明白，儿子并不傻，谈恋爱也是不用教。当他有了爱的欲望，就什么方法都会了。

한 석사가 이제까지 연애를 해 본 적이 없었다. 40세가 되자, 부모는 매우 조급해졌다. 날마다 그에게 여자친구를 소개해 주기 위해 사람을 찾아다녔다. 어느 정도 시간이 지났을 때, 소개해 준 사람들이 모두 **1나무**라며 말했다. "그에게 소개해 준 여자들은 모두 좋은 사람들이고, 그도 고려해 보겠다고 하고는 왜 매번 **2연락**을 하지 않는 건가요? 설마 여자가 그를 따라다니기를 원하나요?" 부모가 말했다. "아들이 아마 연애를 못해서 그럴 거에요." 그래서 부모는 그에게 연애하는 방법을 알려 주기도 했지만, 전혀 효과가 없었다. 데이트할 때마다 석사는 여전히 나무막대기 **3같았다**. 6개월이 지난 후, 아들이 갑자기 여자친구를 데리고 왔고, 바로 결혼했다. 결혼 후 석사는 부인에게 매우 잘했다. 하루는 수다를 떨다 시부모님이 며느리에게 물었다. "너희는 어떻게 시작 한 거니?" 며느리가 말했다. "저 사람 굉장히 낭만적이에요. 저에게 꽃을 주고, 영화를 보여 주고, 또 저를 데리고 촛불이 있는 곳에서 저녁 식사도 하고, 정말 감동적이었어요." 부모는 **4마침내** 깨달았다. 아들이 전혀 어리석은 것이 아니었고, 연애하는 것도 가르칠 필요가 없었던 것이다. 그에게 사랑하고 싶은 마음이 생기자 어떤 방법을 써서든 해냈던 것이다.

硕士 shuòshì 명 석사 | 着急 zháojí 통 조급해하다 | 考虑 kǎolǜ 통 고려하다 | 难道 nándào 부 설마 | 追 zhuī 통 따라다니다 | 连忙 liánmáng 부 얼른 | 解释 jiěshì 통 설명하다 | 效果 xiàoguǒ 명 효과 | 约会 yuēhuì 통 데이트 하다 | 木头 mùtou 명 나무, 목재 | 闲谈 xiántán 통 수다 떨다 | 公婆 gōngpó 명 시부모 | 儿媳 érxí 명 며느리 | 浪漫 làngmàn 형 낭만적이다 | 鲜花 xiānhuā 명 생화, 꽃 | 烛光 zhúguāng 명 촛불 | 傻 shǎ 형 바보 같다 | 欲望 yùwàng 명 욕망

1 B 介绍人都说批评：

빈칸 뒤에 이어지는 내용을 보면, 사람들이 남자가 여자들에게 먼저 연락하지 않는 것을 나무라는 내용이다. 따라서 '나무라다' '꾸짖다'라는 뜻인 '批评'이 가장 적합하다.

A. 夸奖 kuājiǎng 동 칭찬하다
他们都夸奖我的女儿懂事。 그들 모두 내 딸이 철들었다고 칭찬했다.
懂事 dǒngshì 형 철들다

B. 批评 pīpíng 동 나무라다. 꾸짖다
这种行为应该批评。 이런 행동은 반드시 비판받아야 한다.

C. 抱怨 bàoyuàn 동 원망하다
这不是我做的事，不要抱怨我。 이건 내가 한 게 아니야. 날 원망하지 마.

D. 厌恶 yànwù 동 혐오하다
我很厌恶那些背后说闲话的人。 나는 그렇게 뒤에서 험담하는 사람들을 혐오한다.
闲话 xiánhuà 명 험담

2 C 他也说可以考虑，怎么每次他都不再联系

빈칸 앞의 '더는 ~하지 않다'라는 뜻의 '不再'와 어울리는 단어를 찾아야 한다. 문맥상 '그도 괜찮다고는 했지만, 상대방 여자에게 왜 더 연락하지 않는가?'라는 뜻을 나타내야 하므로 답은 '联系'이다.

A. 说 shuō 동 말하다
我说你呀，你看什么呢！ 내가 너에 대해 말하고 있잖아. 너 뭐 보고 있니!

B. 挽留 wǎnliú 동 만류하다
她不顾别人挽留，就走了。 그녀는 남이 말리는데도 바로 떠나 버렸다.

C. 联系 liánxì 동 연락하다
虽然平时工作忙，但要和朋友们多一点联系。 비록 평소에 일이 바쁘더라도 친구들과 많이 연락해야 한다.

D. 练习 liànxí 동 연습하다
我每天练习汉语会话。 나는 매일 중국어 회화 연습을 한다.

3 B 硕士仍像木头一样。

'像'과 자주 호응하는 단어를 알고 있다면 쉽게 풀 수 있는 문제이다. 앞에 있는 '像'은 '一样'과 함께 '像……一样'으로 쓰여 '마치 ~같다'라는 뜻을 나타낸다. 자주 쓰이는 고정격식이니 알아 두도록 하자.

A. 样子 yàngzi 명 모습, 모양
这条裙子的样子很好看。 이 치마의 모양은 매우 보기 좋다.

B. 一样 yíyàng 형 같다
我跟他一样高。 나는 그와 키가 같다.

C. 一点 yìdiǎn 부 조금
他最好安静一点儿。 그는 좀 조용히 있는 게 제일 나을 거야.

D. 得多 deduō 부 훨씬
他比我高得多。 그는 나보다 훨씬 크다.

4 D 父母终于明白，儿子并不傻，

빈칸 뒷절을 보자. '儿子并不傻(아들은 전혀 어리석지 않다)'라고 하고 있다. 부모는 아들이 연애에 있어서 어리석다고 생각했는데, 알고 보니 본인의 의지와 생각에 달린 것을 깨달았다. 따라서 오랜 기다림을 거친 후에 나타나는 상황을 표시하는 '终于'가 답이다.

A. 并不 bìngbù 결코 아니다
他并不知道。 그는 결코 모른다.

B. 好奇 hàoqí 형 호기심을 갖다
对于他的突然结婚，大家都很好奇。 그의 갑작스러운 결혼에 대해 모두 매우 궁금했다.

C. 原来 yuánlái 부 원래
他原来也学过中文。 그는 원래 중국어를 배웠었다.

D. 终于 zhōngyú 부 결국
他终于完成了那部小说。 그는 마침내 그 소설을 완성하였다

5~8

二十岁的女孩，如果你还是一名学生，就请不要抱怨书本对你的眷顾。5尽管校园内的乏味无法比社会上的精彩，但它却是你塑造心灵、开启未来的良师益友。几年的校园时光在人的一生中很短也很长。二十岁的女孩，如果你6已经参加工作了，就请学会用心去经营自己的事业。7遭遇挫折与失败的时候，不要害怕后果，只需明晰教训，因为，二十岁的公司新人，有重新崛起的机遇。一个智慧的女孩，她会把挫折与失败8看作是成功的一种前奏，并用歌声与微笑去划起我们人生的船。

스무 살 여자여, 만약 당신이 학생이라면 책에 관심을 둬야 하는 것에 대해 불평하지 마라. 5비록 학교생활의 무미건조함이 사회에서의 화려함에 비교할 수는 없지만, 그것은 당신의 마음을 만들어 주고, 미래를 열어주는 좋은 스승과 유익한 친구이다. 몇 년간의 캠퍼스 생활은 사람의 일생 중 매우 짧기도 하고 매우 길기도 하다. 스무 살 여자여, 당신이 만약 6이미 일을 하고 있다면, 자신의 일을 마음으로 다루는 법을 배워라. 좌절과 실패에 7맞닥뜨렸을 때, 결과를 두려워하지 말고 확실하게 훈련하기만 해라. 왜냐하면, 스무 살의 신입 사원은 다시 일어날 수 있기 때문이다. 지혜로운 여자는 좌절과 실패를 성공의 발단으로 8여기고, 노랫소리와 미소로 삶의 배를 저어갈 것이다.

眷顾 juàngù 동 관심을 두다 | 乏味 fáwèi 형 무미건조하다, 재미없다 | 精彩 jīngcǎi 형 멋지다, 화려하다 | 塑造 sùzào 동 만들다 | 心灵 xīnlíng 명 심령 | 开启 kāiqǐ 동 열다 | 良师益友 liángshī yìyǒu 명 좋은 스승과 유익한 친구 | 经营 jīngyíng 동 경영하다 | 遭遇 zāoyù 동 (주로 나쁜 일을) 만나다 | 挫折 cuòzhé 명동 좌절(하다) | 失败 shībài 동 실패 | 后果 hòuguǒ 명 안 좋은 결과 | 明晰 míngxī 형 분명하다 | 教训 jiàoxùn 명동 훈련(하다) | 崛起 juéqǐ 동 일어나다, 우뚝 서다 | 机遇 jīyù 명 기회 | 前奏 qiánzòu 명 전주[어떤 일의 발단] | 划船 huáchuán 동 배를 젓다

5 B 尽管校园内的乏味无法比社会上的精彩，但它却是你塑造心灵、

접속사 문제는 이어지는 다음 문장의 접속사가 무엇인지 잘 봐야 한다. 뒷절의 '但'으로 보아 전환관계의 접속사 복문이 와야 함을 알 수 있다. '尽管[=虽然]A, 但B'는 '비록 A하지만, 그러나 B할 것이다'라는 뜻으로 자주 쓰이는 접속사 복문 중 하나이다.

A. 即使 jíshǐ 접 설령
即使明天下雨，我也要去她那儿。 설령 내일 비가 오더라도, 나는 그녀한테 갈 것이다.

B. 尽管 jǐnguǎn 접 비록
尽管她年老了，但还是对流行歌曲有兴趣。 비록 그녀는 늙었지만, 여전히 유행가에 관심이 많다.

C. 无论 wúlùn 접 ~을 막론하고
无论谁去，都要跟我告诉一声。 누가 가든 나에게 말 해줘.

D. 宁愿 nìngyuàn 부 차라리 ~할지언정
宁愿饿死，也不要吃你做的菜。 차라리 굶어 죽을지언정, 네가 만든 음식은 먹지 않겠다.

6 B 已经参加工作了,

'이미 일을 시작하고 있다면'으로 시작하여 당부의 말을 하고 있다. '已经'은 문장 끝의 '了'와 호응하여 '이미 ~했었다'라는 뜻으로 쓰인다.

A. 曾经 céngjīng 🖫 일찍이, 예전에
我曾经去过那儿。나는 예전에 거기 가 본 적이 있다.

B. 已经 yǐjīng 🖫 이미
我已经跟她约好了。나는 이미 그녀와 약속했다.

C. 再 zài 🖫 재차, 다시
请再说一遍，好吗? 다시 한 번 말해주시겠습니까?

D. 才 cái 🖫 그제야
他9点才到了。그는 9시가 되어서야 도착했다.

> '曾经'은 '예전에 그런 적이 있다'라는 의미로 '경험'을 강조하지만, '已经'은 이미 동작을 '완성했다'라는 뜻을 나타낸다.

7 C 遭遇挫折与失败的时候,

빈칸 뒤의 목적어와 호응하는 술어를 골라야 한다. '挫折与失败(좌절과 실패)'라는 안 좋은 상황을 나타내는 뜻의 단어가 나오고 있으므로, 문맥상 '(불행·불리한 일을) 만나다, 부닥치다, 맞닥뜨리다'라는 뜻의 단어 '遭遇'가 답이다. '遭遇挫折(좌절에 부닥치다)' '遭遇失败(실패에 맞닥뜨리다)'는 한 단어처럼 자주 쓰이니 외워두도록 한다.

A. 就 jiù 🖫 곧
他一下课就回家。그는 수업이 끝나자마자 바로 집으로 간다.

B. 虽然 suīrán 🖫 비록
我虽然没时间，但愿意跟你见面。나는 비록 시간이 없지만, 너를 만나고 싶다.

C. 遭遇 zāoyù 🖫 (주로 나쁜 일을) 만나다
今年遭遇水灾，各部门领导努力保证物资供应。
올해 수해를 당해서 각 부서의 지도자들은 물자 공급을 확보하는 데 노력하고 있다.
保证 bǎozhèng 🖫 확보하다 | 物资 wùzī 🖫 물자 | 供应 gōngyìng 🖫 공급하다

D. 看 kàn 🖫 ~라고 보다
我看她已经不行了。내가 볼 때 그녀는 이미 안 될 것 같다.

8 A 把挫折与失败看作是成功的一种前奏,

보기를 통해 빈칸에는 접속사나 개사 고정격식이 들어와야 함을 알 수 있다. 여기에서는 '把'와 호응하는 단어를 찾아야 한다. '看作'는 '把'와 함께 '把A看作B'로 쓰여 'A를 B라고 여기다'라는 뜻으로 쓰인다. 따라서 빈칸이 들어 있는 문장은 '좌절과 실패를 성공의 발단으로 여기다'라고 해석할 수 있다.

A. 看作 kànzuò 🖫 ~라고 보다, ~라고 여기다
老师把学生看作自己的孩子。선생님은 학생들을 자기 자식처럼 여긴다.

B. 又 yòu 🖫 또
你又迟到了。너 또 늦었구나.

C. 而 ér 🖫 그리고
他明天有事不能参加晚会，而我也没时间去。그는 내일 일이 있어서 저녁 모임에 못 가. 그리고 나도 갈 시간이 없어.

D. 却 què 🖫 오히려
他迟到了，却生我的气。그는 지각했는데, 오히려 나에게 화냈다.

9~12

　　12月份的时候，单位进行最后一批福利分房，先要交3万元。我们一下子还真拿不**9出**来这么多钱。我不属于会存钱的那类人，平时的消费项目太多了，吃要好的用要好的，哪知道什么备用？那一天，我一筹莫展，背着妈妈小声地和先生商量办法，最后和先生互相埋怨，差点吵了起来。那天晚上我第一次失眠了。没想到，第二天妈妈就急着回去了。当天晚上，妈妈再次敲响了我家的门。一进门，妈妈突然拿出了一个大纸袋。我疑惑不解，在妈妈的示意**10下**打开一看，**11原来**是2万元钱。妈妈说："这是我和你爸为你们准备的，孩子年轻总有用钱的时候，我和你爸老了，不**12为**儿女们存点钱还能干什么呢？"我的眼泪一下就下来了，我想起了妈妈挤得干干的牙膏和带着破洞的毛巾。我们用父母给的钱顺利地交了房款。不久后妈妈又回老家了，这么多年，我第一次想到了该为父母做点什么。

　　12월이 되자 회사에서는 마지막 복지로 집 배분하는 것을 진행하였는데, 먼저 3만 위앤을 내야 했다. 우리는 한꺼번에 이렇게 많은 돈을 구할 **9수가** 없었다. 나는 저축하는 류가 아니다. 평소에 소비하는 항목이 너무 많았고, 먹는 것도 좋은 것, 쓰는 것도 좋은 것이어야했기에 예비해 둔 것이 있었겠는가? 그날 나는 속수무책으로 있다가 엄마를 등지고 작은 소리로 남편과 방법을 상의했다. 결국 남편과 서로 원망하며 다툴 뻔했고, 그날 저녁 나는 처음으로 잠을 이룰 수 없었다. 뜻밖에 그 다음 날 엄마가 급하게 (고향으로) 돌아가셨다. 그날 저녁, 엄마는 다시 우리 집 문을 두드리셨다. 들어서자마자, 엄마는 갑자기 큰 종이 봉투를 꺼내셨다. 나는 영문을 알지 못한 채, 엄마의 의사 **10하**에 봉투를 열어 보았는데, **11알고 보니** 2만 위앤의 돈이었다. 엄마는 "이것은 나와 아빠가 너희를 위해 준비한 거야. 아이들은 젊을 때 항상 돈 쓸 때가 있는 법이지. 나와 너희 아빠는 늙었다. 자식들을 **12위해** 돈을 모으는 거 외에 무엇을 하겠니?"라고 말씀하셨다. 나는 순간 눈물이 났고, 엄마의 말라 비틀어진 치약과 구멍 난 수건들이 생각났다. 우리는 부모님의 돈으로 순조롭게 집세를 냈고, 얼마 지나지 않아 엄마는 또 고향으로 돌아가셨다. 이렇게 많은 세월 동안 나는 처음으로 부모님을 위해 무언가를 해야 겠다는 생각이 들었다.

福利 fúlì 몡 복리후생, 복지 | **属于** shǔyú 동 ~에 속하다 | **备用** bèiyòng 동 예비용으로 준비하다 | **一筹莫展** yì chóu mò zhǎn 성 어찌할 방도가 없다, 속수무책이다 | **商量** shāngliang 동 상의하다 | **埋怨** mányuàn 동 불평하다 | **失眠** shīmián 명동 불면증(에 걸리다) | **纸袋** zhǐdài 명 종이 가방 | **疑惑不解** yíhuò bùjiě 성 의혹이 풀리지 않다, 궁금하다 | **示意** shìyì 동 의사를 나타내다 | **挤** jǐ 형 밀도가 높다, 빽빽하다 | **干干** gāngān 형 말라비틀어지다 | **牙膏** yágāo 명 치약 | **破洞** pòdòng 찢어져서 구멍 나다 | **毛巾** máojīn 명 수건 | **顺利** shùnlì 형 순조롭다 | **房款** fángkuǎn 명 방세, 집세 | **老家** lǎojiā 명 고향

9　A　我们一下子还真拿不**出**来这么多钱。

빈칸에는 술어 '拿'와 어울리는 보어를 찾아야 한다. 여기서 '拿'는 '쥐다' '잡다'라는 뜻으로 동사 '出'와 함께 '拿出'로 '꺼내다'라는 뜻을 나타낸다.

A. 出 chū 동 (안에서 밖으로) 나가다, 꺼내다
　你把我的书快拿**出**来！너 빨리 내 책을 꺼내!

B. 进 jìn 동 (안으로) 들어가다
　他走**进**教室去了。그는 교실 안으로 들어갔다.

C. 来 lái 동 (화자의 방향으로) 오다
　我有话跟你说，你到这边**来**。너에게 할 말이 있으니, 이쪽으로 와 봐.

D. 去 qù 동 (화자의 반대 방향으로) 가다
　时间晚了，你快回**去**。시간이 늦었으니, 너 얼른 돌아가.

10　C　在妈妈的示意**下**打开一看，

'在'와 호응하는 단어가 와야 하는데, 보기 모두 '在'와 자주 호응하여 쓰인다. 문맥상 '어머니의 의사대로' '어머니의 의사 하에'라는 뜻이 되어야 하므로 '下'가 가장 적합하다. '在……下'는 '~하에서, ~조건에서'라는 고정격식으로 사이에 전제조건이 되는 말이 들어가야 한다.

A. 中 zhōng 명 ~중[과정을 나타냄]
　在留学过程**中**，遇到了很多困难。유학 과정 중에 어려운 일들을 많이 맞닥뜨렸다.

B. 里 lǐ 명 안
在教室里没有人。 교실 안에 사람이 없다.

C. 下 xià 명 ~아래, ~하에[조건, 상황을 나타냄]
在他的支持下，我努力学习了。 그의 응원 하에, 나는 공부를 열심히 했다.

D. 上 shàng 명 ~위에, ~상에[범위를 나타냄]
他在国际上很有名。 그는 국제적으로 매우 유명하다.

11 A 原来是2万元钱。

빈칸 앞 문장을 살펴보자. 봉투 안에 무엇이 들었는지 몰랐다가, 2만 위앤의 돈이라는 것을 알게 되었기 때문에 '알고 보니'라는 뜻의 단어 '原来'가 와야 한다.

A. 原来 yuánlái 분 알고 보니, 원래
他今天来没上课，原来生病了。 그는 오늘 수업에 안 왔는데, 알고 보니 아팠다.

B. 本来 běnlái 분 원래
他本来就这样。 그는 원래 이렇다.

> '原来'는 '원래' '본래'라는 뜻으로 쓰일 때, '本来'로 바꿔 쓸 수 있지만, '알고 보니[예전에 모르고 있었던 상황을 알게 됨]' 라는 뜻으로 쓰일 때는 '本来'로 바꿔 쓸 수 없다. 즉, '本来'에는 '알고 보니'라는 뜻이 없다.

C. 向来 xiànglái 분 이제까지
他向来讨人喜欢。 그는 이제까지 사람들의 환심을 사왔다.
讨人喜欢 tǎorén xǐhuan 예쁨 받다, 환심 사다

D. 一直 yìzhí 분 곧장, 줄곧
我昨天到夜晚两点一直没睡。 나는 어제 새벽 2시까지 계속 잠을 자지 못했다.

12 A 不为儿女们存点钱还能干什么呢?

문맥상 자녀를 위해 '저금하다'라는 의미이므로 '~을 위해'라는 뜻의 '为'가 와야 한다. 빈칸 앞의 '不'는 문장 끝의 '什 么呢'와 함께 '~이 아니니?'라는 뜻의 반어문 문형[不……什么呢?]으로 자신이 하고자 하는 말을 더욱 강조할 때 쓰 인다.

A. 为 wèi 개 ~를 위해, ~에 대해
我为他骄傲。 나는 그를 자랑스럽게 생각한다.
骄傲 jiāo'ào 형 교만하다

B. 让 ràng 개 ~로 하여금 ~하게 하다
不让她看电视。 그녀에게 TV를 못 보게 한다.

C. 叫 jiào 개 ~에 의해서
这件事真叫我后悔。 이 일은 나로 하여금 정말 후회하게 하였다.

D. 给 gěi 개 ~에게 ~을 주다
老师留给我们很多作业。 선생님은 우리에게 많은 숙제를 내 주셨다.

13~15

人生 **13**其实就是一本永远无法读懂的书，越想读懂，越难读懂；越想选择，越无法选择；很多时候，我们总是想去选择自己走的路，可是

인생은 **13**사실 영원히 이해할 수 없는 책을 읽는 것과 같다. 책을 읽으면 읽을수록 더 이해하기가 어렵고, 선택하고 싶으면 할수록, 더 선택할 수 없게 된다. 수많은 경우, 우리는 늘 자신의 길을 선택

很多时候，我们却依然按着老天指定的路来走。有时候我想往左，老天偏要我向右；有时候我想往右，老天偏要我往左。我站在命运的路口彷徨着、徘徊着、踌躇着、思考着该走的路，可是**14不管**我怎么选择，走来走去，走的依然是老天早已给我安排好的路。人生的路就像一个圆，无论我往左走，还是往右走，到最后，走来走去依然走不出这个圆，也许，这就是所谓的命。有时候，我总觉得，老天就像一个编剧，编出每个人与众不同的故事。编出人间的悲欢离合，编出每个人看似相同却截然不同的命运。老天也像一个导演，在你想笑的时候叫你哭，在想哭的时候却叫你笑。你不能主宰你自己，你只能**15听从**安排，不管你有多么的无奈。

하고 싶지만, 우리는 여전히 신이 지정해 준 길을 따라가게 된다. 어떨 때는 내가 왼편으로 가고 싶지만, 신은 굳이 나를 오른편으로 가게 한다. 어떨 땐 내가 오른편으로 가고 싶어하면, 신은 굳이 나를 왼편으로 가게 한다. 나는 운명의 갈림길에 서서 방황하고 배회하며 주저하고 가야 할 길에 대해 생각하지만, 내가 어떻게 **14선택하든**, 왔다 갔다 하며 걷고 있는 길은 여전히 신이 일찍이 내게 배정해 놓았던 길이다. 인생의 길은 하나의 원과 같다. 내가 왼편으로 가든 오른편으로 가든, 마지막에 왔다 갔다 하는 길은 여전히 이 원 안이다. 아마 이것이 소위 운명이라는 것이다. 어떨 때 나는 항상 신이 극작가 같다는 생각을 한다. 개인마다 서로 다른 이야기를 편집하고, 사람들 사이에 슬픔과 기쁨, 이별과 만남을 편집하고, 모든 사람이 같아 보이지만, 다른 운명을 편집하기도 한다. 신은 또 감독 같기도 하다. 당신이 웃고 싶을 때는 오히려 울게 하고, 울고 싶을 때는 오히려 웃게 한다. 당신은 자신을 좌지우지할 수 없고, 어찌해 볼 도리 없이 계획에 **15따라야**만 한다.

越 yuè 튀 ~할수록 | 老天 lǎotiān 명 하느님, 신 | 指定 zhǐdìng 동 지정하다 | 偏 piān 튀 굳이 | 命运 mìngyùn 명 운명 | 彷徨 pánghuáng 동 배회하다, 방황하다 | 踌躇 chóuchú 동 주저하다 | 早已 zǎoyǐ 튀 훨씬 전에 | 安排 ānpái 동 배치하다, 계획하다 | 圆 yuán 명 원 | 所谓 suǒwèi 명 소위 ~라는 것은 | 编剧 biānjù 명 각본가, 극작가 | 与众不同 yǔzhòng bùtóng 성 다른 사람과 다르다 | 悲欢离合 bēihuān líhé 성 슬픔과 기쁨의 온갖 세상살이 | 截然不同 jiérán bùtóng 성 확연히 다르다 | 导演 dǎoyǎn 명 감독 | 叫 jiào 개 ~로 하여금 ~하게 하다 | 主宰 zhǔzǎi 동 주재하다 | 只能 zhǐnéng 튀 어쩔 수 없이 | 无奈 wúnài 동 어찌 해 볼 도리가 없다

13 A 人生<u>其实</u>就是一本永远无法读懂的书，

문장의 빈칸 뒤에 동사 '是'가 있으므로 빈칸에는 부사가 와야 하는데, 보기 중 부사는 A밖에 없다.

- **A.** 其实 qíshí 튀 사실은
  其实，他先来了。사실은 그가 먼저 왔다.
- B. 真实 zhēnshí 형 진실하다
  他愿意承认我的真实感情。그는 내 진심을 인정하기로 했다.
- C. 如此 rúcǐ 대 이와 같다, 이처럼
  他也没想到，如此严重。그도 이렇게 심각할 줄은 생각지도 못했다.
- D. 正确 zhèngquè 형 정확하다
  没有一个答案是正确的。맞는 답이 하나도 없다.

14 B 可是<u>不管</u>我怎么选择，

빈칸 뒤에 '我怎么选择'에서 의문사 '怎么'를 근거로 답을 찾을 수 있다. 보기 접속사 중 조건절에 의문사나 선택관계의 단어를 반드시 수반해야 하는 '不管'[=无论]을 골라야 한다.

- A. 如果 rúguǒ 접 만약에
  如果你不想，那就不要去吧。만약에 네가 가기 싫으면, 가지 마.
- **B.** 不管 bùguǎn 접 ~에 상관없이
  不管男女老小都要遵守交通规则。남녀노소를 막론하고 모두 교통규칙을 지켜야 한다.
- C. 可是 kěshì 접 그러나
  我知道我错了，可是他也错了啊！나는 내가 잘못한 거 알아. 하지만 그도 잘못했어!
- D. 看样子 kànyàngzi 튀 보아하니
  看样子，我们今天又得加班。보아하니, 우리는 오늘 또 야근해야 할 것 같다.

15 **C** 你只能听从安排,

목적어 '安排'와 어울리는 술어를 찾아야 한다. '听从'은 '安排'와 함께 '听从安排'로 한 단어처럼 자주 쓰여 '계획을 따르다' '계획에 맞추다'라는 뜻을 나타낸다.

- A. 听见 tīngjiàn 동 듣다
  你听见了没有? 너 들었니?

- B. 看见 kànjiàn 동 보다
  我没看见,你什么时候来了? 나 못 봤는데. 너 언제 왔어?

- C. 听从 tīngcóng 동 순종하다, 말을 잘 듣다
  我会听从妈妈的话。 나는 엄마 말을 잘 듣는다.

- D. 听说 tīngshuō 동 듣자(하)니 ~라 한다
  听说他已经出国了。 듣자하니 그는 이미 출국했다고 한다.

16

　　A相声是中国传统的曲艺表演艺术，B起源于华北地区的民间说唱曲艺，C在明朝时已经盛行。相声按内容分类，可分为讽刺性、歌颂性和娱乐性等。按表演形式分，相声有单口相声、对口相声等。D其中，对口相声是最受观众喜爱的形式。"说、学、逗、唱"是相声演员的四个基本功。说，就是讲故事。学，就是模仿生活中的各种人物、方言和自然界中的各种声音。"逗"就是制造笑料，引人发笑。

A상성은 중국 전통의 설창 공연 예술로, B화베이지역에서 기원한 민간 예술이며, C명조 때 이미 성행하였다. 상성을 내용에 따라 풍자성, 찬미성, 오락성 등으로 분류할 수 있고, 공연 형식에 따라 혼자 하는 상성, 둘이 하는 상성 등으로 구분할 수 있다. D그 중 둘이 하는 상성은 관중들이 제일 좋아하는 형식이다. '말하기, 배우기, 놀리기, 노래하기'는 상성 공연자들의 네 가지 기본 기술이다. '말하기'란, 이야기를 서술하는 것이고, '배우기'는 삶 속에 각종 인물, 방언, 자연계의 소리를 따라 한다. '놀리기'는 바로 웃음거리를 만들어서 사람들을 웃기는 것이다.

- A. 相声是中国现代的曲艺表演艺术
- B. 相声起源于北京
- C. 相声在清朝时已经盛行
- **D. 对口相声是最受观众欢迎的形式**

- A. 상성은 중국 현대의 설창 공연 예술이다
- B. 상성의 기원은 베이징이다
- C. 상성은 청조 때 이미 성행했다
- **D. 둘이 하는 상성은 관중들이 제일 좋아하는 형식이다**

相声 xiàngsheng 명 상성, 만담, 재담 | 表演艺术 biǎoyǎn yìshù 명 공연예술 | 起源 qǐyuán 동 기원하다 | 曲艺 qǔyì 명 설창예술 [말하고 노래하는 공연] | 盛行 shèngxíng 동 성행하다 | 讽刺 fěngcì 명동 풍자(하다) | 歌颂 gēsòng 동 찬양하다 | 娱乐 yúlè 명 오락 | 逗 dòu 동 놀리다 | 功 gōng 명 기술 | 模仿 mófǎng 동 모방하다, 따라하다 | 方言 fāngyán 명 방언, 사투리 | 制造 zhìzào 동 만들다, 조성하다 | 笑料 xiàoliào 명 웃음거리 | 引人发笑 yǐnrén fāxiào 동 웃도록 유도하다, 웃기다

A (✕) '중국 현대(中国现代)'라는 말이 틀렸다. '중국 전통(中国传统)' 공연이다.

B (✕) 상성의 기원은 '화베이지역(华北地区)'이다.

C (✕) 상성은 명조 때 성행했다고 했지, 청조에 대해서는 언급하지 않았다.

D (○) 둘이 하는 상성은 관중들이 제일 좋아하는 형식이다.

17

　　如果说爱情是一杯浓郁的咖啡，你喜欢它的味道吗? 如果把甜蜜、苦涩、伤感、纠结、缠绵、酸楚、幽怨的情绪揉碎后撒到咖啡杯里，与咖啡一起搅拌，你敢喝下它吗? 它将是一种什么样的味道? 是酸还是甜? **C是苦还是辣**? 其实，**A,B,D爱情本来就是一杯百味咖啡**，你用什么心情喝下它，它就是什么味道。

　　만약 사랑을 짙은 커피라고 한다면, 당신은 그 맛을 좋아하겠는가? 만약 달콤함, 떫은맛, 상처, 응어리, 뒤엉킴, 슬프고 괴로움, 한의 정서가 컵 안에 뿌려져, 커피와 함께 휘젓게 된다면, 당신은 감히 마실 수 있겠는가? 그것은 어떤 맛일까? 신맛일까 아니면 달콤한 맛일까? **C쓸까 매울까**? 사실, **A,B,D사랑은 원래 백 가지 맛의 커피이다**. 당신이 어떤 마음으로 마시냐에 따라서 그것은 그 맛을 갖게 될 것이다.

A. 爱情只有一种
B. 爱情就像一种一起喝咖啡
C. 爱情是很苦的
D. 爱情是百味的

A. 사랑은 오직 한 종류밖에 없다
B. 사랑은 커피를 함께 마시는 것과 같다
C. 사랑은 매우 쓰다
D. 사랑은 백 가지 맛이다

浓郁 nóngyù 형 짙다, 그윽하다 | **味道** wèidào 명 맛 | **甜蜜** tiánmì 형 달콤하다 | **苦涩** kǔsè 형 쓰고 떫다 | **伤感** shānggǎn 형 마음이 아프다 | **纠结** jiūjié 명 응어리 | **缠绵** chánmián 형 뒤엉키다 | **酸楚** suānchǔ 형 슬프고 괴롭다 | **幽怨** yōuyuàn 명 응어리, 한 | **情绪** qíngxù 명 정서, 기분 | **揉碎** róusuì 동 문질러서 깨다 | **撒** sǎ 동 뿌리다 | **搅拌** jiǎobàn 동 휘젓다 | **酸** suān 형 시큼하다 | **辣** là 형 맵다

A (✕) 본문에서 사랑은 백 가지 맛이 있는 커피와 같다고 했으므로 사랑의 종류는 그만큼 다양하다는 것을 알 수 있다.

B (✕) 사랑은 백 가지 맛을 가진 커피를 마시는 것과 같다고 비유하며 '다양함'을 강조한 것이지, 커피를 함께 마시는 것과 같은 것은 아니다.

C (✕) 쓴맛인지, 매운맛인지 의문을 하고 있을 뿐 한 가지로 정의 내리지는 않았다.

D (〇) 본문에 언급된 내용이다.

18

　　A,B始建于1395年的崇礼门是首尔的"南大门"，**C**也曾是韩国历史最为悠久的木结构建筑之一，被誉为韩国的"国宝第一号"。**D1962年韩国政府对城楼进行大规模修缮时**还发现了记载朝鲜时代修建年号的衡量。不幸的是这座具有悠久历史的遗迹在2008年2月毁于大火，令人惋惜不已。

　　A,B1395년 건설된 숭례문은 서울의 '남대문'이다. **C**일찍이 한국 역사에서 제일 오래된 목조 건물 중 하나로, 한국의 '국보 1호'라 칭해졌다. **D1962년 한국 정부는 이 성곽에 대해서 대규모 보수공사를 진행했는데**, 조선 시대 건국연도를 측정한 기록이 발견되었다. 불행한 것은 유구한 역사를 가지고 있는 유적이 2008년 2월에 불에 타버렸다는 것이다. 애석함을 금할 수가 없다.

A. 崇礼门是在1962年建设的
B. 崇礼门跟"南大门"不一样
C. 韩国历史最为悠久的建筑是崇礼门
D. 崇礼门被修缮过

A. 숭례문은 1962년 건설되었다
B. 숭례문과 남대문은 다르다
C. 한국 역사에서 제일 오래된 건축물은 숭례문이다
D. 숭례문은 보수한 적이 있다

崇礼门 Chónglǐmén 고유 숭례문 | **首尔** Shǒu'ěr 고유 서울 | **国宝** guóbǎo 명 국보 | **政府** zhèngfǔ 명 정부 | **城楼** chénglóu 명 성, 건물 | **规模** guīmó 명 규모 | **修缮** xiūshàn 동 보수하다 | **记载** jìzǎi 동 기록하다 | **朝鲜** Cháoxiān 고유 조선 | **修建** xiūjiàn 동 건설하다 | **衡量** héngliáng 동 측정하다 | **不幸** búxìng 형 불행하다 | **遗迹** yíjī 명 유적 | **毁于** huǐyú 동 ~에 의해 파괴되다 | **令** lìng 동 ~로 하여금 ~하게 하다 | **惋惜** wǎnxī 형 애석하다 | **不已** bùyǐ 동 ~마지않다

A (×) 숭례문은 1395년에 건설되었고, 1962년은 숭례문을 보수했던 해이다.
B (×) 본문 첫째 줄에서 숭례문이 곧 남대문임을 알 수 있다.
C (×) 본문에서는 '最为悠久的木结构建(제일 오래된 목조 건물)'이라고 했으므로, '最为悠久的建筑(제일 오랜된 건축물)'이라는 표현만으로는 완벽한 정답이라고 할 수 없다.
D (○) 1962년에 보수하였다고 했으므로 본문의 내용과 일치한다.

19

A发明了红地毯的人也许用心良苦，或者居心叵测，让这个原本不存在的入场式，成了比颁奖礼还重要的仪式。它公平地给了每个人亮相的机会，也明确地告诉你，亮相，只有这一次。为了这"最初"的印象，C明星们费尽了心思。这不到一小时的时间，D却是场最惊心动魄的"战争"。

A. 发明了红地毯的人已经死了
B. 个别颁奖仪式中有"走红地毯"的仪式
C. **为了走红地毯，明星们很辛苦**
D. 红地毯上发生过战争

A레드카펫을 발명한 사람은 아마 매우 고심하는 사람이거나 속셈이 음흉한 사람일 것이다. 원래는 존재하지 않았던 입장식이 시상식보다 더 중요한 의식이 되었다. 그것은 공평하게 모든 사람에게 자신을 드러낼 기회를 주면서, 모습을 드러내는 것은 이번 한 번뿐이라고 확실하게 알려 준다. 이 '최초'의 이미지를 위해서 C스타들은 매우 애를 쓴다. 1시간도 안 되는 시간이 D오히려 사람들을 놀라게 하고 흥분하게 하는 '전쟁'인 것이다.

A. 레드카펫을 발명한 사람은 이미 죽었다
B. 일부 시상식에는 '레드카펫 걷기' 행사가 있다
C. **레드카펫을 걷기 위해 스타들은 매우 수고한다**
D. 레드카펫 위에서 전쟁이 난 적이 있다

发明 fāmíng ⑧ 발명하다 | 地毯 dìtǎn ⑨ 카펫 | 用心良苦 yòngxīn liángkǔ ⑧ 매우 고심하다 | 居心叵测 jūxīn pǒcè ⑧ 속셈이 음흉하다 | 原本 yuánběn ⑨ 원래 | 入场 rùchǎng ⑨ 입장 | 颁奖礼 bānjiǎnglǐ ⑨ 시상식 | 仪式 yíshì ⑨ 의식 | 公平 gōngpíng ⑱ 공평하다 | 亮相 liàngxiàng ⑧ 모습을 드러내다 | 印象 yìnxiàng ⑨ 인상 | 明星 míngxīng ⑨ 인기스타 | 费尽 fèijìn ⑧ 끝까지 다하다, 애쓰다 | 心思 xīnsi ⑨ 생각 | 惊心动魄 jīngxīn dòngpò ⑧ 사람을 몹시 흥분하게 하다 | 战争 zhànzhēng ⑨ 전쟁 | 个别 gèbié ⑱ 극소수의, 일부의 | 辛苦 xīnkǔ ⑧ 수고하다

A (×) 레드카펫을 발명한 사람이 죽었다는 내용은 언급되지 않았다.
B (×) 본문에서 언급되지 않은 내용으로, 오히려 많은 시상식에서 레드카펫 행사를 한다는 것을 알 수 있다.
C (○) '费尽了心思'는 '머리를 짜내다' '고민하다'라는 뜻으로 '很辛苦(매우 수고한다)'라는 보기 내용과 일치한다.
D (×) 마지막 문장을 잘못 해석할 경우, 오답을 고를 수 있다. 진짜 전쟁이 난 것이 아니라 전쟁처럼 치열하다는 것을 비유한 것이다.

20

时间如流沙般慢慢地从我的手指流过，这时我才发现自己只是时间的过客而已，面对时间的流逝我不知道该做什么、该说什么，A我感到只有时间流逝后的那份凉凉的感觉，不知道自己是迷茫，还是对自己的不后悔。但总是感觉时间就这样流逝了，生命的时光就这样点点消逝，自己的青春就这样随时间老人的脚步离自己而去，C,D心里是说不出的苦涩。

시간이 모래처럼 천천히 손가락 사이로 흘러갈 때야 나는 단지 시간의 지나가는 손님일 뿐이라는 것을 알게 되었다. 시간의 흐름을 대하면서 나는 무엇을 해야 할지, 무슨 말을 해야 할지 모르겠다. A나는 단지 시간이 흐른 후에 맥이 빠진 느낌을 느낄 뿐이다. 스스로 명하게 있는 건지, 아니면 자신에 대해 후회하지 않는 것인지 모르겠지만, 항상 시간은 이렇게 흘러가 버린다. 삶의 시간이 이렇게 조금씩 사라지고 자신의 청춘도 이렇게 시간에 따라 노인의 발걸음처럼 멀어지면서 C,D마음속에는 뭐라 말로 표현할 수 없는 씁쓸함이 남는다.

A. 我喜欢时间流逝的感觉
B. 我对时间的流逝感到后悔
C. 我对时间的流逝没什么感觉
D. 我对时间的流逝有苦涩的感觉

A. 나는 시간이 흘러가는 느낌을 좋아한다
B. 나는 시간의 흐름에 대해 후회를 한다
C. 나는 시간의 흐름에 대해 별 느낌이 없다
D. 나는 시간의 흐름에 대해 씁쓸함을 느낀다

流沙 liúshā 명 모래 | 手指 shǒuzhǐ 명 손가락 | 过客 guòkè 명 지나가는 손님 | 而已 éryǐ 조 ~일 뿐이다 | 流逝 liúshì 동 흐르다 | 凉 liáng 형 실망하다, 풀이 죽다 | 迷茫 mímáng 형 멍하다 | 消逝 xiāoshì 동 사라지다 | 随 suí 동 따르다 | 脚步 jiǎobù 명 보폭 | 苦涩 kǔsè 형 씁쓸하다, 괴롭다

A (×) 시간이 흐른 후에 맥이 빠진 느낌을 느낀다고 언급하고 있다.

B (×) 본문에서 언급되지 않았다.

C (×) 시간의 흐름에 대해 많은 느낌이 있으며 씁쓸한 느낌이 든다고 한다.

D (○) 마지막 문장에 언급되어 있다.

21

教育应该为孩子的一生打下良好的基础, A错误的教育比不教育更糟糕。用生长的眼光看, B人生的每个阶段都有自身的价值, 每个阶段的价值都应得到实现。D若以未来的名义剥夺孩子们的童年和青春, 其实也就剥夺了他们的未来, 那是残酷的。C教育应该远离功利和实用, 应该培养健康、善良的生命, 活泼、智慧的头脑, 丰富、高贵的灵魂。

교육은 아이들의 인생을 위해 훌륭한 밑바탕이 되어야 한다. A잘못된 교육은 교육을 하지 않는 것보다 더 끔찍한 것이다. 성장의 관점으로 보면, B인생의 단계마다 그 자체의 가치를 가지고 있고, 매 단계의 가치는 모두 반드시 실현된다. D만약 미래라는 명분으로 아이의 어린 시절과 청춘을 빼앗는다면, 실은 그들의 미래를 빼앗는 것이며 잔혹하다. C교육은 공리와 실용을 떠나 건강하고 선량한 삶, 활발함과 지혜로운 두뇌, 풍부하고 고귀한 심성을 길러 내도록 해야 한다.

A. 不教育比错误的教育更糟糕
B. 人生的每个阶段都有自身的代价
C. 教育应该跟功利和实用有关
D. 不要以未来的名义剥夺孩子们的童年

A. 교육하지 않는 것은 잘못된 교육보다 더 끔찍하다
B. 인생의 매 단계에는 대가가 있다
C. 교육은 반드시 실리와 실용과 관련이 있어야 한다
D. 미래라는 명분으로 아이들의 어린 시절을 빼앗지 말아야 한다

打下 dǎxià 동 (기초를) 세우다 | 基础 jīchǔ 명 기초 | 眼光 yǎnguāng 명 관점 | 阶段 jiēduàn 명 단계 | 若 ruò 접 만약 | 以 yǐ 개 ~로써 | 名义 míngyì 명 명분 | 剥夺 bōduó 동 빼앗다 | 残酷 cánkù 형 잔혹하다 | 远离 yuǎnlí 동 멀리 떠나다 | 功利 gōnglì 명 실리 | 实用 shíyòng 명 실용 | 培养 péiyǎng 동 기르다 | 活泼 huópo 형 활발하다 | 智慧 zhìhuì 명 지혜 | 头脑 tóunǎo 명 두뇌 | 丰富 fēngfù 형 풍부하다 | 灵魂 línghún 명 영혼

A (×) 본문과 반대되는 내용이다. 잘못된 교육이 교육을 하지 않는 것보다 더 끔찍하다고 했다.

B (×) 인생의 매 단계에는 '대가(代价)'가 아닌 '가치(价值)'가 있다고 언급했다.

C (×) 교육은 실리, 실용을 떠나서 건강하고 선량하며 활발하고 지혜롭게, 풍부하고 고귀한 심성을 길러 내도록 해야 한다.

D (○) 이 글의 주제문이라 할 수 있다.

22

关于火锅的起源，A有两种说法：一种说是在三国时期或隋炀帝时代，那时的"铜鼎"，就是火锅的前身；另一种说是B火锅始于东汉，出土文物中的"斗"就是指火锅。C可见火锅在中国已有1900多年的历史了。四川火锅早在左思的《三都赋》中有记录。可见其历史至少在1700年以上。

훠궈의 기원에 관해서는 A두 가지 견해가 있다. 하나는 삼국 시기 또는 수양제 시대에 '동으로 만든 냄비'가 바로 훠궈의 예전 모습이라는 설이며, 다른 하나는 훠궈가 B동한 시대에 시작되었고, 출토 문물 중에 '말[곡식의 분량을 되는 도구]'이 바로 훠궈라는 것이다. 훠궈는 중국에서 C이미 1900여 년의 역사를 가지고 있다는 것을 알 수 있다. 쓰촨 훠궈는 일찍이 주오샹의 『삼도부』에 기록되어 있는데, 그 역사가 최소 1700년 이상이라는 것을 보여 준다.

A. 关于火锅的起源有很多种说法
B. 火锅始于东汉
C. 火锅在中国已有900多年的历史了
D. 火锅只是中国的

A. 훠궈에 관한 기원은 매우 많은 견해가 있다
B. 훠궈는 동한 시대에 시작되었다
C. 훠궈는 중국에서 이미 900여 년의 역사를 갖고 있다
D. 훠궈는 단지 중국에만 있다

火锅 huǒguō 명 훠궈[중국식 샤부샤부] | 起源 qǐyuán 명 기원 | 说法 shuōfǎ 명 견해 | 隋炀帝 Suíyángdì 고유 수양제 | 铜鼎 tóngdǐng 동으로 만든 세 발 달린 냄비 | 前身 qiánshēn 명 전신 | 于 yú 개 ~에서, ~에 | 出土 chūtǔ 동 출토하다 | 文物 wénwù 명 문물 | 可见 kějiàn 접 ~임을 알 수 있다 | 记录 jìlù 명 기록 | 至少 zhìshǎo 부 최소한

A (×) 훠궈에 관한 기원은 많지 않고 '두 가지 견해가 있다(有两种说法)'라고 처음에 언급되고 있다.
B (○) 본문에 보기 내용이 그대로 언급되었다.
C (×) 숫자에 주의하여 살펴보자. 훠궈는 1900여 년의 역사를 가지고 있다는 것을 알 수 있으며, 쓰촨 훠궈를 통해 1700년 이상이라는 것을 알 수 있다.
D (×) 본문에서 언급되지 않은 내용이다.

23

北京大学，简称北大，A创建于1898年，是中国近代第一所B国立大学，被公认为中国的最高学府，也是亚洲和世界最重要的大学之一。在中国现代史上，北大是中国"新文化运动"与C"五四运动"等运动的中心发祥地，也是多种政治思潮和社会理想在中国的最早传播地，有"中国政治晴雨表"之称，享有极高的声誉和重要的地位。

베이징대학의 약칭인 베이따는 A1898년에 창설되었으며, 중국 근대 제일의 B국립대학이다. 모두가 중국의 최고 학교로 여기며, 아시아와 세계에서 제일 중요한 대학 중 하나이다. 중국 현대사에서 베이따는 중국 '신문화 운동'과 C'5·4운동' 등 운동의 중심 발원지였다. 또, 많은 정치 사조와 사회 이상이 중국에서 제일 먼저 전파되는 곳이어서 '중국 정치 척도'라는 칭호가 있으며 높은 명성과 중요한 지위를 누리고 있다.

A. 北京大学建设于1989年
B. 北京大学是私立大学
C. 北京大学跟五四运动有关
D. 北京大学在上海

A. 베이징대학은 1989년에 창설되었다
B. 베이징대학은 사립대학이다
C. 베이징대학은 5·4운동과 관련이 있다
D. 베이징대학은 상하이에 있다

简称 jiǎnchēng 약칭 | 创建 chuàngjiàn 동 창건하다 | 学府 xuéfǔ 명 전당 | 亚洲 Yàzhōu 명 아시아 | 发祥地 fāxiángdì 명 발상지 | 思潮 sīcháo 명 사조, 사고흐름 | 传播 chuánbō 동 전파하다 | 政治 zhèngzhì 명 정치 | 晴雨表 qíngyǔbiǎo 명 척도 | 享有 xiǎngyǒu 동 지니다, 누리다 | 声誉 shēngyù 명 명성

A (×) 1898년에 건설되었다.

B (×) 베이징대학은 국립대학이다.

C (○) 베이징대학은 5·4운동의 중심 발원지였다.

D (×) 베이징대학은 중국 베이징에 있다.

24

　　B臭豆腐是一项流传于全中国及世界其他地方的豆腐A发酵制品，但在各地的制作方式、食用方法均有相当大的差异。臭豆腐分臭豆腐干和臭豆腐乳两种，都是相当流行的小吃。C臭豆腐乳曾作为御膳小菜送往宫廷。D臭豆腐在上海，台湾是颇具代表性的小吃。

A. 臭豆腐是发酵制品
B. 臭豆腐只在中国大陆吃
C. 臭豆腐以前只在民间吃
D. 臭豆腐是杭州的代表性的小吃

　　B쵸우또푸는 중국 및 세계 다른 지역에도 널리 퍼진 A발효 제품이다. 그러나 각지의 제조 방식, 먹는 방식은 상당히 큰 차이를 보이고 있다. 쵸우또푸는 말린 두부와 삭힌 두부 두 가지로 나눌 수 있으며, 모두 상당히 널리 퍼진 간식이다. C삭힌 두부는 일찍이 임금님의 식사 반찬으로 궁궐에 보내졌으며, D쵸우또푸는 상하이, 타이완의 대표적인 간식이다.

A. 쵸우또푸는 발효 제품이다
B. 쵸우또푸는 중국에서만 먹는다
C. 쵸우또푸는 예전에 민간에서만 먹었다
D. 쵸우또푸는 항저우의 대표적인 간식이다

臭豆腐 Chòudòufu 고유 쵸우또푸[발효 두부] | 流传 liúchuán 통 전해 내려오다 | 发酵 fājiào 통 발효되다 | 制品 zhìpǐn 명 제품 | 制作 zhìzuò 통 제작하다 | 均 jūn 분 모두 | 差异 chāyì 명 차이 | 豆腐干 dòufugān 명 말린 두부 | 豆腐乳 dòufurǔ 명 삭힌 두부 | 御膳 yùshàn 명 임금님 식사 | 宫廷 gōngtíng 명 궁궐 | 颇 pō 분 꽤 | 大陆 dàlù 명 중국 대륙

A (○) 본문의 내용과 일치한다.

B (×) 쵸우또푸는 세계 다른 지역에도 널리 퍼졌으며, 그 제조법이 다르다.

C (×) 쵸우또푸 종류의 하나인 삭힌 두부는 임금님 밥상에 올려졌다.

D (×) 항저우는 언급되지 않았다. 쵸우또푸는 상하이와 타이완의 대표적인 간식이다.

25

　　A圣诞老人是一位专门为好孩子在圣诞节前夜送上礼物的神秘人物。传说每到12月24日晚上，有个神秘人会驾乘由12只驯鹿拉的雪橇，挨家挨户地从烟囱进入屋里，B然后偷偷把礼物放在好孩子床头的袜子里，或者堆在壁炉旁的圣诞树下。虽然C没有人真的见过神秘人的样子，但是人们通常装扮成头戴红色圣诞帽子，大大的白色胡子，一身红色棉衣，脚穿红色靴子的样子，D因为总在圣诞节前夜出现发礼物，所以习惯地称他为"圣诞老人"。

A. 圣诞老人是实际人物
B. 圣诞老人把圣诞礼物放在孩子的父母跟前
C. 没有人真的看过圣诞老人
D. 圣诞老人在圣诞节当天出现

　　A산타클로스는 전문적으로 아이들을 위해 성탄절 전날 밤에 선물을 주는 신비한 인물이다. 전설에 따르면 매년 12월 24일 저녁에 어떤 신비한 사람이 잘 길든 사슴 열두 마리가 끄는 썰매를 타고 운전하여 집집이 굴뚝을 통해서 들어간 후, B몰래 선물을 아이들의 침대 머리맡의 양말 속에 놓거나 벽난로 옆 트리 밑에 놓는다고 알려졌다. 비록 C정말 신비한 사람의 모습을 본 사람은 없지만, 사람들은 일반적으로 빨간색 성탄 모자를 쓰고, 크고 하얀 수염을 달았으며, 빨간 솜옷을 입고, 빨간색 부츠를 신은 모습으로 꾸민다. D항상 성탄절 전야에 나타나서 선물을 주기 때문에 '산타클로스'라고 부르게 되었다.

A. 산타클로스는 실제로 있는 인물이다
B. 산타클로스는 성탄 선물을 아이들의 부모 곁에 둔다
C. 진짜 산타클로스를 본 사람은 없다
D. 산타클로스는 성탄절 당일에 나타난다

圣诞老人 Shèngdàn lǎorén 고유 산타클로스 | 专门 zhuānmén 훵 전문적으로 | 神秘 shénmì 훵 신비하다 | 驾乘 jiàchéng 동
타서 운전하다 | 驯鹿 xùnlù 훵 길들인 사슴 | 雪橇 xuěqiāo 훵 눈썰매 | 挨家挨户 āijiā āihù 훵 집집이 | 烟囱 yāncōng 훵 굴뚝 |
偷偷 tōutōu 훵 몰래 | 床头 chuángtóu 훵 침대 머리맡 | 袜子 wàzi 훵 양말 | 堆 duī 동 쌓다 | 壁炉 bìlú 훵 벽난로 | 装扮
zhuāngbàn 동 꾸미다 | 胡子 húzi 훵 수염 | 棉衣 miányī 훵 속옷 | 靴子 xuēzi 훵 부츠 | 跟前 gēnqián 훵 곁

A (✗) 산타클로스는 신비한 인물이며, 본 사람이 없으므로 실제로 있는 인물이라고 할 수 없다.
B (✗) 아이들은 선물을 침대 머리맡의 양말 속이나 벽난로 옆에 있는 트리 밑에 놓는다고 했다.
C (O) 사람들이 일반적으로 생각하는 산타클로스의 모습만이 있을 뿐, 정말 산타클로스를 본 사람은 없다.
D (✗) 산타클로스는 성탄절 당일이 아닌 전날 저녁에 나타난다.

26~28

夫妻二人有了婚姻，再有一个常居的地方，这个地方就称之为家了。这里成为你劳累一天休息的地方，这里成为你和爱人共同营造的天地。但在这里却有一个常规不能走到这里。那就是理。人不讲道理，是一个缺点，人只知讲理，是一个盲点。通常，越有知识的人越相信有理走遍天下。有理也许可以走遍天下，但走到家庭就走不通了。常有人说："家不是讲理的地方，夫妻间不是讲理的关系。"这句话听起来很没有道理，但千真万确，这句话是真理。

对于女性来说，当初嫁给老公，不是因他擅长讲理。27而是指望他能疼自己、爱自己一辈子。如今他忘了疼自己爱自己，经常要和自己讲道理。对男性来说，当初娶老婆，不是因为她擅长讲理。而是因她可爱，她处处关心自己，下雨记得提醒自己带伞或送伞；自己在外应酬不快，回去可以与她说说而不是压在心里；她能照顾自己、疼自己一辈子。如今她忘了照顾自己、疼自己，却事事与自己讲道理。这心里能好受吗？

其实当夫妇之间开始据理力争时，家里恐怕就开始蒙上阴影。两人都会不自觉地伤害对方，最后只能两败俱伤，难以收拾。记住，26,28家不是讲理的地方，家是讲爱的地方。

부부 두 사람이 결혼하여 함께 머물며 사는 곳을 가정이라고 한다. 이곳은 당신이 하루 동안의 피로를 풀 수 있는 곳이며, 당신과 배우자가 함께 경영하는 세상이다. 그러나 한 가지 관례만은 이곳에 들어올 수 없다. 그것은 바로 '이치'이다. 사람들이 이치를 따지지 않고 제멋대로 구는 것은 결점이고, 사람들이 단지 시시비비만을 따지는 것은 맹점이다. 사람들은 자주 "가정은 이치를 따지는 곳이 아니고, 부부 사이도 이치를 따지는 관계가 아니다"라고 말한다. 이 말은 들어보면 정말 이치에 맞지 않는 것 같지만, 천만 번 지당한 진리라 할 수 있다.

여성들은 애초에 남편에게 시집간 것이 그가 이치를 잘 따져서가 아니라 27그가 자신을 예뻐하고 자신을 평생 사랑해 주기를 바라는 마음이었을 것이다. 하지만 지금은 그가 자신을 아끼고 사랑하는 것을 잊고 항상 자신과 이치를 따지고 있다. 남자가 처음에 아내에게 장가를 간 것은 그녀가 이치를 잘 따져서가 아니라, 그녀가 너무 사랑스럽고 자신에게 언제나 관심이 있기 때문이다. 비가 올 때, 우산을 가지고 가라고 알려준다거나 우산을 보내주기까지 한다. 자신이 외부 사람들과 응대하면서 기분이 좋지 않았을 때, 집으로 돌아가서 그녀와 말할 수 있어서이지, 스트레스를 받기 위해서가 아니다. 그녀가 자신을 돌봐주고 평생 사랑해 줄 것 같기 때문이다. 지금 그녀는 자신을 돌봐주고, 자신을 사랑하는 것을 잊고 오히려 사사건건 자기에게 이치를 따진다. 이런 마음으로도 사랑할 수 있을까?

사실 부부 사이에 이치를 따지게 될 때, 집안엔 아마 어두운 그림자가 드리워지기 시작할 것이다. 두 사람 모두 상대방에게 상처를 준다는 것을 자각하지 못하고, 마지막에는 둘 다 상처를 입고 마음을 다잡기 어려워질 것이다. 기억해라. 26,28가정은 이치를 따지는 곳이 아니라, 사랑을 이야기하는 곳이라는 것을.

26 根据上文，对"家"的解释中不正确的是？

　A. 劳累一天休息的地方
　B. 夫妻共同营造的天地
　C. 夫妻常居的地方
　D. 讲理的地方

26 본문에 따르면 '가정'에 대한 해석이 올바르지 않은 것은?

　A. 하루 동안의 피로를 풀 수 있는 곳
　B. 부부가 함께 경영하는 세상
　C. 부부가 함께 머무는 곳
　D. 이치를 따지는 곳

27 根据上文，对于女性来说，结婚最重要的是什么？

A. 丈夫擅长讲理
B. 丈夫爱自己一辈子
C. 女人要做家务
C. 生孩子

28 这段文章说明了什么？

A. 夫妻之间不要吵架
B. 夫妻之间要讲理
C. 家是讲爱的地方
D. 夫妻互相要照顾

27 본문에 따르면 여성에게 결혼은 무엇이 가장 중요한가?

A. 남편이 이치를 잘 따져야 하는 것
B. 남편이 자신을 평생 사랑하는 것
C. 여자가 집안일을 해야 하는 것
D. 아이를 낳는 것

28 이 글에서 말하고자 하는 것은 무엇인가?

A. 부부 사이에는 싸우지 말아야 한다
B. 부부 사이에는 이치를 따져야 한다
C. 가정은 사랑을 이야기하는 곳이다
D. 부부는 서로 돌봐 주어야 한다

婚姻 hūnyīn 명 혼인 | 称之为 chēngzhīwéi 통 ~을 ~라고 부르다 | 劳累 láolèi 통 지치다, 피로하다 | 营造 yíngzào 통 경영하다 | 天地 tiāndì 명 세상 | 讲道理 jiǎng dàolǐ 통 이치를 따지다 | 缺点 quēdiǎn 명 결점 | 盲点 mángdiǎn 명 맹점 | 千真万确 qiānzhēn wànquè 성 천만 번 지당하다 | 嫁 jià 통 시집가다 | 老公 lǎogōng 명 남편 | 擅长 shàncháng 통 뛰어나다 | 指望 zhǐwàng 통 기대하다 | 疼 téng 통 사랑하다 | 一辈子 yíbèizi 명 평생 | 别扭 bièniu 형 이상하다, 맞지 않다 | 娶 qǔ 통 장가들다 | 老婆 lǎopo 명 아내 | 应酬 yìngchou 통 접대 | 据理力争 jùlǐ lìzhēng 성 이치를 따져 자신을 수호하다 | 蒙 méng 통 덮다 | 阴影 yīnyǐng 명 그림자[순조롭지 못한 일을 비유할 때 쓰임] | 恐怕 kǒngpà 부 아마 | 伤害 shānghài 통 상처를 주다, 상처를 입다 | 两败俱伤 liǎngbài jùshāng 성 쌍방이 모두 피해를 보다 | 难以 nányǐ 통 ~하기 어렵다 | 收拾 shōushi 통 정리하다 | 丈夫 zhàngfu 명 남편 | 家务 jiāwù 명 집안 일 | 架 chǎojià 통 말다툼하다

26 **D** 본문 마지막에 '가정은 이치를 따지는 곳이 아니라 사랑을 이야기하는 곳(家不是讲理的地方, 家是讲爱的地方)'이라고 언급하였다.

27 **B** 여성들은 이치를 잘 따져서가 아니라, 자신을 평생 사랑해 주기를 바라는 마음에서 결혼했다고 하였다. C, D는 본문에서 언급되지 않았다.

28 **C** 글의 주제를 찾는 문제이다. A, D는 본문에서 언급하지 않았고, B는 본문과 반대되는 내용이다.

29~32

32一个朋友的婚礼上，司仪拿出一张百元钞票问在场所有人，谁想要请举手，大家想怕是司仪想出来整人的花招吧，没人说话。司仪说：我说真的，想要的请举手。终于有人举手了，接着越来越多的人举手了。司仪看了看大家，换了一张旧的百元钞票，举手的人明显地少了许多。司仪笑了笑又换了张皱巴巴的有点破损的旧百元钞票，但是现场举手的人寥寥无几了。司仪请了一位小男孩上台，并把那张旧钞票放在他的手里。说：因为他一直举着手，下面的人哄堂大笑。小男孩的脸有些发红，司仪摆摆手示意大家安静，拿出那张新的百元钞票说：**30**我这张新的跟你那张旧的换换，可以吗？小男

32한 친구의 결혼식에서 주례가 100위앤 짜리 지폐를 꺼내 식장에 있는 사람들에게 "(이 돈) 원하시는 분 손을 들어 보시겠습니까?"라고 물었다. 모두 주례가 사람들을 놀리기 위해 속임수를 쓴다고 생각하고 아무도 말을 하지 않았다. 주례는 "진짜입니다. 원하시는 분 손을 드세요."라고 말했다. 결국, 어떤 사람이 손을 들었고, 이어서 점점 많은 사람이 손을 들었다. 주례는 식장 안의 사람들을 보고 낡은 100위앤 지폐로 바꾸자, 손을 든 사람이 현저히 줄어들었다. 주례는 웃으면서 또 쭈글쭈글하고 조금 훼손된 100위앤 지폐로 바꿨다. 그러자 식장 안의 손을 든 사람은 거의 없었다. 주례는 한 남자아이를 무대로 불러 그 낡은 지폐를 그에게 주며 말했다. "계속 손을 들고 있었기 때문이에요." 밑에 있는 사람들이 모두 웃었고, 남자아이의 얼굴이 조금 발그스름해졌다. 주례는 손을 흔들며 모두에게 조용히 하라고 했고, 새 지폐를 들고 말했다. **30**"나의 이 새것과 그 낡은 것을 바꾸자. 어때?"라고 말했다. 아이는 말했다.

孩说：不用了，谢谢叔叔，新的旧的都一样。司仪点点头，让小男孩拿着钱下去了。司仪让新郎新娘手拉手走上台，说：再美丽的容颜，总有老去的一天。再浪漫的爱情，也会随着生活的变化而变化。**29**就如同我手中的钞票一样，随着时间的变化会慢慢变皱，变旧。但是也像那小男孩说的新的旧的都是一百元。它的价值不会因为上面的皱褶而改变。不是吗？**31**希望新人能懂得爱情真正的价值和意义。不要等到容颜老去，或是激情化为平淡的时候，就忘记了刚才亲口说出的《爱你一生一世》的誓言，请你们珍惜对方一辈子。

"됐습니다. 고맙습니다. 새것이나 헌 것이나 같은 것인 걸요." 주례는 고개를 끄덕였고, 남자아이는 돈을 들고 내려갔다. 주례는 신랑신부에게 손을 잡고 무대에 올라오라고 했다. "아름다운 외모는 언젠가는 늙게 될 것입니다. 설령 낭만적인 사랑이라 해도 삶의 변화에 따라 변하기 마련입니다. **29**제 손에 있는 지폐와 같이 시간의 변화에 따라 천천히 주름지며 변할 것입니다. 그러나 저 남자아이가 말한 것처럼 새것이나 헌 것이나 모두 100위앤 지폐입니다. 그것의 가치는 주름이 생겼다고 해서 변하지 않습니다. 그렇지 않습니까? **31**신랑신부가 사랑의 진정한 가치와 의미를 알기 바랍니다. 외모가 늙거나, 열정적인 사랑이 담담해질 때에도 방금 직접 말한 '당신을 평생 사랑하겠습니다'라는 선언을 잊지 말고, 상대방을 평생 아껴주세요."

29 司仪拿出一张百元钞票的原因是什么？
A. 整人的花招
B. 让人举手
C. 把钞票送给别人
D. 要比喻成爱情

29 주례가 100위앤의 지폐를 꺼낸 이유는 무엇인가?
A. 모두에게 속임수를 쓰려고
B. 사람들의 손을 들게 하려고
C. 지폐를 다른 사람에게 주려고
D. 사랑을 비유하려고

30 司仪让小男孩上台做什么？
A. 逗他笑
B. 请他换张钱
C. 让他发红
D. 让他安静

30 주례는 남자아이를 무대로 불러 무엇을 했는가?
A. 그를 놀렸다
B. 그에게 돈을 바꿔달라고 부탁했다
C. 그의 얼굴을 붉히게 했다
D. 그를 조용하게 했다

31 司仪对新郎新娘要说什么？
A. 要懂得爱情真正的价值和意义
B. 不要说出誓言
C. 要珍惜自己
D. 要追求浪漫的爱情

31 주례는 신랑신부에게 무엇을 말하려고 했는가?
A. 사랑의 진정한 가치와 의미를 이해하라
B. 맹세하지 마라
C. 자신을 아껴라
D. 낭만적인 사랑을 추구해라

32 根据上文，下面解释正确的是哪一项？
A. 这件事发生在婚礼上
B. 司仪是男的
C. 大家都同意了司仪的想法
D. 小男孩一直在吵

32 본문을 근거로 아래 해석 중 올바른 것은?
A. 이 일은 결혼식에서 있었던 일이다
B. 주례는 남자다
C. 모두 주례의 의견에 동의했다
D. 남자아이가 계속 떠들었다

婚礼 hūnlǐ 📖 결혼식 | 司仪 sīyí 📖 주례 | 钞票 chāopiào 📖 지폐 | 整人 zhěngrén 📖 남을 골리다 | 花招 huāzhāo 📖 술수 | 皱巴巴 zhòubābā 📖 쭈글쭈글하다 | 破损 pòsǔn 📖 파손하다 | 寥寥无几 liáoliáo wújǐ 📖 매우 적은 수량 | 上台 shàngtái 📖 무대에 오르다 | 哄堂大笑 hōng táng dàxiào 📖 장내가 떠나가도록 크게 웃다 | 摆 bǎi 📖 놓다 | 新郎 xīnláng 📖 신랑 | 新娘 xīnniáng 📖 신부 | 容颜 róngyán 📖 용모 | 皱褶 zhòuzhě 📖 주름 | 激情 jīqíng 📖 열정적인 감정 | 平淡 píngdàn 📖 평범하다 | 亲口 qīnkǒu 📖 직접 말한 | 誓言 shìyán 📖 선언, 맹세 | 喻成 yùchéng 📖 비유하다 | 吵 chǎo 📖 떠들다

29 **D** 글을 다 읽지 않고 풀면 오답을 고르기 쉽다. 주례는 사랑을 설명하기 위해 지폐를 예로 든 것이다. A는 청중들의 오해였고, B는 직접적인 이유가 아니다.

30 **B** 주례는 남자아이를 올라오게 한 후, 자신의 새 지폐와 바꿀 것을 물었다. C는 지문에 나와 있는 사실이지만 주례의 의도는 아니었다.

31 **A** 주례의 말에서 마지막쯤에 '希望新人能懂得爱情真正的价值和意义(신랑신부가 사랑의 진정한 가치와 의미를 알기 바랍니다)'라고 하고 있다. B와 D는 언급되지 않고 C는 상대방을 아끼라고 했으므로 답이 아니다.

32 **A** 글의 내용과 거리가 먼 답을 차례대로 제거하면서 문제를 풀면 쉽게 풀 수 있다. B는 본문을 통해서 알 수 없고, C는 주례의 말에 대한 청중들의 반응이 언급되지 않았으며, D는 본문에서 아예 언급되지 않은 내용이다. 처음에 '一个朋友的婚礼上(친구의 결혼식에서 있었던 일)'이라고 나왔기 때문에 답은 A이다.

33~37

　　越来越多的女人，越来越搞不明白。无论是热恋阶段，还是初婚时期的那个男人，他的语言细胞曾经是多么的发达：**33如今，这是怎么了？结婚才几年啊，他竟成了"闷罐子"**。有人说：男人是行动型的动物。那么，男人沉默的背后究竟意味着什么呢？英国社会学家马克经过调查发现：男人每天的说话量，是女人的一半。但男人们也大多用于朋友圈中、工作中，而与爱人的聊天交流，每天可能不足15分钟，用词量不超过10%。其实，男人有很多沉默的方法，每一种都可能是一次推心置腹的心灵对话的开始。前提是，你要知道他们真正想说什么，然后采取相应的对策。

　　34女人喜欢通过谈话来建立关系、巩固关系，在家里则喜欢通过絮叨来显示自己的领导地位，表达对男人的关心。男人则不这么想，无论他婚前多么能说会道，**35婚后的男人更愿意直接说出自己的具体愿望**，比如"今晚想和你一起出去吃饭"、"我想休息"、"我要开会了"。

　　然而，女人受不了了，男人越是这样，女人越是有话要说。男人这时候往往比女人显得更理性，面对女人的唠叨，他不会直接反驳。许多男人习惯选择沉默，**36一方面是用沉默来表达自己当时的情绪、思想和态度**，另一方面就是故意以沉默来保持彼此的距离，女人会为此感到特别受伤。对此，女人往往会说"他们没有感情，简直冷血"，这其实是一个误解。婚后的男人更习惯于用心去交流他们的情感和爱慕。女人絮叨得越厉害，男人会离你越远，虽然他沉默不语，但心里已竖起一道"防护墙"。

　　你常常会发现自己熟悉的那个男人，说着笑着，突然沉默起来；家里热着闹着，他却坐在沙发上发呆；你热情洋溢地向他抛过去一串话，他竟毫无知觉。其实这个时候，沉默发呆只是男人的外表神情，说不定他的头脑里正想什么稀奇古怪的点子，或在思考某些古怪的问题，或者什么事触发了他的灵感。在他进入沉默的思索状态时，那是一种类似于"闭关修炼"的境界。

　　많은 여성이 점점 이해를 못 하고 있다. 열렬했던 연애 단계의 남자들이나, 결혼 초기 남자들의 언어 세포는 그렇게 발달해 있었는데, **33지금은 어떻게 된 걸까? 결혼하고 겨우 몇 년 만에 놀랍게도 '말 수가 적은 사람'이 된다**. 어떤 사람은 '남자는 행동하는 동물이다'라고 한다. 그러면 남자가 침묵하는 것은 도대체 무슨 의미일까? 영국의 사회학자 마크는 조사를 통해 '남자가 매일 하는 말의 양은 여자의 반이다. 그러나 남자들은 대부분 친구 사이나, 일하는 중에 대화하지, 부인과 대화하는 것은 매일 15분이 채 되지 않고 단어양도 10%를 넘지 않는다.'라는 것을 발견했다. 사실 남자는 침묵하는 방법이 많은데, 그 각각의 방법들은 사람을 진심으로 대하려는 대화의 시작이다. 그 전에 당신은 그들이 진정으로 무엇을 말하고 싶은지 알아야만, 그에 상응하는 대책을 취할 수 있다.

　　34여자는 대화를 통해 관계를 만들고, 관계를 탄탄히 하는 것을 좋아한다. 집에서는 수다를 통해 자신의 리더적 위치를 드러내며, 남자에 대해 관심을 표현하는 것을 좋아한다. 하지만 남자는 이렇게 생각하지 않는다. 그가 결혼 전에 얼마나 말을 잘했든 간에, **35결혼 후의 남자는 자신이 바라는 것을 구체적이고 직접적으로 말할 뿐이다**. 예를 들어 '오늘 저녁에 나가서 밥 먹자'나 '쉬고 싶어' '나는 회의해야 해'라고 말이다.

　　하지만 여자는 견딜 수 없다. 남자가 이러면 이럴수록 여자는 하고 싶은 말이 더 생긴다. 남자는 이럴 때 언제나 여자보다 더 이성적이어서 여자들의 잔소리를 듣고 직접적으로 반박하지 않는다. 많은 남자는 습관적으로 침묵을 선택한다. **36침묵으로 자신의 그때의 기분이나 생각, 태도를 드러내는 한편**, 다른 한편으로는 일부러 침묵하면서 서로 간의 거리를 유지하는 것이다. 여자는 이것 때문에 상처를 크게 받는다. 이에 대해 여자들은 늘 "그들은 감정이 없어. 정말 냉혈한이야."라고 말하는데, 이것은 사실 오해다. 결혼 후 남자는 진정으로 감정과 사랑을 교류하는 것에 적응을 더 잘한다. 여자들의 잔소리가 심해질수록 남자들은 당신을 더 멀리할 것이다. 비록 그들이 침묵하고 말을 안 하지만, 마음속에 이미 '방어벽'을 세운 것이다.

　　당신은 늘 자신이 잘 알고 있는 남자들이 말하고 웃다가 갑자기 침묵하는 것을 본 적이 있을 것이다. 집안에서 시끌벅적하다가도 소파에 앉아서 멍하게 있고, 당신이 친절하게 그에게 많은 말을 던져도 그는 아무런 반응이 없다. 사실 이때 침묵하고 멍하게 있는 것은 단지 남자들의 외관 모습일 뿐이다. 그는 머릿속에서 뭔가 희귀한 방법을 생각하고 있거나, 괴상한 문제를 생각하고 있거나 영감을 떠올린다거나 할 것이다. 그가 침묵의 사색으로 들어갈 때는 '문을 닫고 수련하는' 상황과 비슷하다.

他们不希望任何人把他从思索的状态中拉出来，更不希望有人打断或扰乱他在沉默中"修炼"。男人总是很小心，并尽可能避免暴露自己的弱点，尤其是在危机情况下，男人会极度自我封闭。如果女人在这个时候唠叨不休，男人会更加生气。37因为男人也需要安全感，希望取得保障，梦想在女人面前展现最完美的自己。

그들은 사색 중에 누군가가 자신을 꺼내는 것을 원하지 않고, 누군가 자신의 침묵 중의 '수련'을 끊거나, 방해하는 것을 더욱 원하지 않는다. 남자들은 항상 조심하고, 될 수 있는 한 자신의 약점을 드러내는 것을 피한다. 특히 위기 상황에서 남자는 극도로 자신을 닫는다. 만약에 여자가 이때 쉬지 않고 잔소리를 한다면, 남자는 더 화가 날 것이다. 37왜냐하면 남자는 안정감이 필요하고, 자신에 대해서 무엇인가 보장되기 바라며 여자 앞에서 제일 완벽한 자신을 드러내길 바라기 때문이다.

33 女人对什么不明白？
  A. 为什么要结婚
  B. 男人为什么不做家务
  C. 男人为什么婚后说得不多
  D. 男人常常跟朋友见面

33 여자는 무엇을 이해하지 못 하는가?
  A. 왜 결혼해야 하는지
  B. 남자는 왜 집안일을 안 하는지
  C. 남자는 왜 결혼 후에 말 수가 적어지는지
  D. 남자가 항상 친구를 만나는 것

34 男人跟女人在哪个方面不同？
  A. 女人喜欢在外面
  B. 男人喜欢跟孩子玩
  C. 女人喜欢通过谈话建立关系
  D. 男人喜欢安静

34 남자와 여자는 어떤 부분이 다른가?
  A. 여자는 바깥에 있는 것을 좋아한다
  B. 남자는 아이와 노는 것을 좋아한다
  C. 여자는 대화를 통해 관계를 만드는 것을 좋아한다
  D. 남자는 조용한 것을 좋아한다

35 女人为什么受不了了？
  A. 男人婚前后不一样了
  B. 家太吵了
  C. 男人除了直接的愿望以外没什么话说
  D. 孩子们不努力学习

35 여자는 왜 견딜 수 없는가?
  A. 남자의 결혼 전, 후가 달라서
  B. 집이 너무 시끄러워서
  C. 남자가 직접적으로 원하는 것 이외에 별말을 하지 않아서
  D. 아이들이 열심히 공부하지 않아서

36. 男人沉默的原因是什么？
  A. 不想跟爱人说话
  B. 不太习惯说话
  C. 用沉默来表达自己的心情
  D. 自己也不懂该说什么

36 남자가 침묵하는 원인은 무엇인가?
  A. 아내와 이야기하고 싶지 않아서
  B. 말하는 게 습관이 되지 않아서
  C. 침묵을 통해 자신의 기분을 표현하고 싶어서
  D. 자신도 무슨 말을 해야 할지 몰라서

37 女人唠叨不休时，男人为什么会生气？
  A. 需要安全感
  B. 希望女人在自己面前完美
  C. 太吵了
  D. 男人本来喜欢安静

37 여자가 끊임없이 잔소리할 때, 남자는 왜 화가 날까?
  A. 안정감이 필요해서
  B. 여자가 자신 앞에서 완벽하길 바라서
  C. 너무 시끄러워서
  D. 남자는 원래 조용한 걸 좋아해서

细胞 xībāo 명 세포 | 闷罐子 mènguànzi 명 말이 없어 조용한 사람, 말수가 적은 사람 | 沉默 chénmò 명 침묵 | 究竟 jiūjìng 閈 도대체 | 圈 quān 명 테두리 | 推心置腹 tuī xīn zhì fù 셍 진심으로 사람을 대하다 | 采取 cǎiqǔ 통 채택하다 | 对策 duìcè 명 대책 | 巩固 gǒnggù 통 튼튼히 하다 | 絮叨 xùdao 통 끊임없이 주절거리다 | 受不了 shòubuliǎo 견딜 수 없다 | 唠叨 láodao 통 잔소리 하다 | 反驳 fǎnbó 통 반박하다 | 故意 gùyì 閈 고의로 | 彼此 bǐcǐ 명 서로 | 冷血 lěngxuè 명 냉혈한 | 误解 wùjiě 통 오해하다 | 爱慕 àimù 통 사모하다 | 竖起 shùqǐ 통 세우다 | 防护墙 fánghùqiáng 명 방어벽, 보호벽 | 发呆 fādāi 통 멍하게 있다 | 洋溢 yángyì 통 충만하다 | 抛 pāo 통 내버려 두다 | 串 chuàn 양 묶음 | 稀奇古怪 xīqí gǔguài 매우 드물다 | 点子 diǎnzi 명 방법 | 古怪 gǔguài 형 기괴하다 | 触发 chùfā 통 유발하다 | 灵感 línggǎn 명 영감 | 闭关 bìguān 통 단절하다 | 修炼 xiūliàn 통 수련하다 | 境界 jìngjiè 명 경지 | 思索 sīsuǒ 통 사색하다, 생각하다 | 打断 dǎduàn 통 중단시키다 | 扰乱 rǎoluàn 통 귀찮게 하다, 혼란스럽게 하다 | 避免 bìmiǎn 통 피하다 | 暴露 bàolù 통 폭로하다, 드러내다 | 弱点 ruòdiǎn 명 약점 | 封闭 fēngbì 통 닫다

33 **C** 이 글은 결혼 후에 남자들이 말을 잘 하지 않는 것에 대해 계속 설명하고 있다.

34 **C** '女人喜欢通过谈话来建立关系、巩固关系(여자는 대화를 통해 관계를 만들고, 관계를 탄탄히 하는 것을 좋아한다)'라고 하고 했으므로 답은 C이다. 남자들이 조용한 것을 좋아하는 것이 아니라 침묵을 통해 여러 가지 생각을 하는 것이기 때문에 D는 답이 될 수 없다.

35 **C** 질문에서 말하는 '女人受不了了(여자는 견딜수 없다)' 부분을 찾는다면 쉽게 문제를 풀 수 있다. 그 앞 문장에 '婚后的男人更愿意直接说出自己的具体愿望(결혼 후의 남자는 자신이 바라는 것을 구체적이고 직접적으로 말할 뿐이다)'라고 원인이 되는 내용을 직접 언급하고 있다.

36 **C** '用沉默来表达自己当时的情绪、思想和态度(침묵으로 자신의 그때의 기분이나 생각, 태도를 나타낸다)'라고 했기 때문에 답은 C이다.

37 **A** 마지막 문장에 '因为(왜냐하면)' 뒤로 남자가 화나는 원인이 언급되고 있다. 보기 중 '因为男人也需要安全感, 希望取得保障, 梦想在女人面前展现最完美的自己(남자는 안정감이 필요하고, 자신에 대해서 무엇인가 보장되기 바라며 여자 앞에서 제일 완벽한 자신을 드러내길 바라기 때문이다)'와 뜻이 통하는 답은 A뿐이다.

38~41

其实人与人之间本身并无太大的区别，**38**真正的区别在于心态。"要么你去控制生命，要么生命控制你。你的心态决定谁是坐骑，谁是骑师。" **39**在面对心理低谷之时，有的人向现实妥协，放弃了自己的理想和追求；有的人没有低头认输，**39**他们不停审视自己的人生，分析自己的错误，勇于面对，从而走出困境，继续追求自己的梦想。

我们不能控制自己的遭遇，但我们可以控制自己的心态；我们改变不了别人，我们却可以改变自己；我们改变不了已经发生的事情，但是我们可以调节自己的心态。正确的心态能让你的人生更坦然舒心。**40**当然，心态是依靠你自己调整的，只要你愿意，你就可以给自己一个正确的心态。

41改变心态，就是改变人生。有什么样的心态，就会有什么样的人生。要想改变我们的人生，其第一步就是要改变我们的心态。只要心态是正确的，我们的世界也会是光明的。

사실 사람과 사람 사이 그 자체에는 그렇게 큰 차이가 없다. **38**진정한 차이는 심리 상태에 있다. '당신이 삶을 통제하거나, 삶이 당신을 통제하거나, 당신의 심리 상태는 누가 올라탈 것인지, 누가 기마 기술이 뛰어난 지를 결정한다.' **39**심리적으로 밑바닥을 칠 때, 어떤 이는 현실에 타협하고 자신의 이상과 추구했던 것을 포기한다. 어떤 이는 고개를 숙여서 실패를 인정하지 않고 **39**끊임없이 자신의 삶을 돌아보고, 자신의 잘못을 분석하고 용감하게 맞닥뜨려 어려움에서 나와 계속 자신의 꿈을 추구한다.

우리는 자신의 운명을 제어할 수 없지만, 자신의 심리 상태는 제어할 수는 있다. 우리는 다른 사람을 바꿀 수는 없지만, 자신을 바꿀 수는 있다. 우리는 이미 발생한 일을 바꿀 수는 없지만, 자신의 심리 상태는 조절할 수 있다. 올바른 심리 상태는 당신의 삶을 더 편안하게 할 것이다. **40**당연히 심리 상태는 자기 스스로 조절해야 한다. 당신이 원한다면, 당신은 올바른 심리 상태를 가질 수 있다.

41심리 상태를 바꾸면, 삶이 바뀐다. 어떤 심리 상태를 갖는지에 따라 어떤 삶을 사는지가 결정된다. 우리 삶을 바꾸고 싶다면, 그 첫 걸음은 우리 심리 상태를 바꾸는 것이다. 심리 상태가 올바르다면, 세상도 밝게 빛날 것이다.

38 人与人的区别在哪儿?
 A. 财产　　　　　B. 家庭
 C. 学历　　　　　**D. 心态**

38 사람과 사람 사이의 차이점은 어디에 있는가?
 A. 재산　　　　　B. 가정
 C. 학력　　　　　**D. 심리 상태**

39 在面对心理低潮时，该做什么？
  A. 向现实妥协
  B. 放弃自己的理想
  C. 分析自己的错误，勇于面对
  D. 跟家人商量

40 怎么能给自己一个正确的心态？
  A. 修养
  B. 自己调整
  C. 只要你愿意
  D. 要求别人来帮忙

41 我们为什么要保持正确的心态？
  A. 让你的人生更好一些
  B. 让世界光明
  C. 要改变我们周围的人
  D. 勇于面对人生

39 심리적으로 밑바닥을 칠 때, 무엇을 해야만 하는가?
  A. 현실과 타협한다
  B. 자신의 이상을 포기한다
  C. 자신의 잘못을 분석하고 용감하게 맞닥뜨린다
  D. 가족과 상의한다

40 어떻게 해야 올바른 심리상태를 가질 수 있는가?
  A. 수양해야 한다
  B. 스스로 조절해야 한다
  C. 당신이 원하기만 하면 (언제나 가능하다)
  D. 다른 사람에게 도움을 부탁한다

41 우리는 왜 올바른 심리 상태를 유지해야 하는가?
  A. 당신의 인생을 더 좋게 하려고
  B. 세계를 빛나게 하려고
  C. 우리 주위 사람을 변하게 하려고
  D. 용감하게 인생을 대하게 하려고

区别 qūbié 명 구분, 차이 | 心态 xīntài 명 심리 상태 | 要么 yàome 접 ~하든지 | 控制 kòngzhì 동 제어하다, 통제하다 | 坐骑 zuòqí 명 올라타다 | 骑师 qíshī 명 기마 기술이 뛰어난 사람 | 低谷 dīgǔ 명 밑바닥 | 妥协 tuǒxié 동 타협하다 | 认输 rènshū 동 패배를 인정하다 | 审视 shěnshì 동 자세히 살펴보다 | 调节 tiáojié 동 조절하다 | 坦然 tǎnrán 동 마음이 편안한 상태 | 舒心 shūxīn 동 마음이 편하다 | 光明 guāngmíng 동 환하다 | 低潮 dīcháo 동 저조, 부진

38 D 본문 처음에 '真正的区别在于心态(진정한 차이는 심리 상태에 있다)'라고 하며 계속 심리 상태에 대해 이야기하고 있다.

39 C 자신의 이상을 포기하는 사람과 끝까지 포기하지 않는 사람을 비교하며 언급하고 있다. 결국 '끊임없이 자신의 삶을 돌아보고, 자신의 잘못을 분석하여 용감하게 맞닥뜨리는 것(不停审视自己的人生, 分析自己的错误, 勇于面对)'을 해야 한다.

40 B 자신의 심리 상태를 조절하는 것은 스스로 해야 하며 원하기만 하면 가질 수 있다고 언급하고 있다.

41 A 마지막 단락 도입부분에 '改变心态, 就是改变人生(심리 상태를 바꾸면, 삶이 바뀐다)'라고 이유가 제시되어 있다. 이 말은 즉, 인생을 더 좋게 하기 위해서라는 말이므로 답은 A이다.

42~45

幸福是什么？幸福不一定是"很多的钱、很高的官职、举世闻名。"平凡人自有平凡人的幸福。**42** 只要你懂得怎样生活，只要你不放弃对美好生活的追求，你就不会被幸福抛弃。

快乐是什么？其实快乐是一件非常简单的事，**43** 快乐就在每个人的身边，可并不是每一个人都清楚这一点。"只有简单着，才能快乐着。"

행복이란 무엇인가? 행복은 반드시 '많은 돈, 높은 관직, 널리 알려진 명성'이 아니다. 평범한 사람도 평범한 사람만의 행복이 있다. **42** 당신이 어떻게 사는지 이해하고, 아름다운 삶을 추구하는 것을 포기하지 않는다면, 당신은 행복으로부터 버림 받지 않을 수 있다.

기쁨은 무엇인가? 사실 기쁨은 매우 간단한 것이다. **43** 기쁨은 모든 사람의 곁에 있지만, 사람들은 이것을 잘 알지 못한다. '단순하게

44不奢求华屋美厦，不垂涎山珍海味，不追名逐利，过一种简朴素净的生活，才能感受到生活的快乐，内心充实富有的生活，这才是自然的生活。有劳有逸，有工作的乐趣，也有与家人共享天伦的温暖、自由活动的空间，还用去忙里偷闲吗？

"简朴生活"并不是要你放弃所有的一切。实行它，必须从你的实际出发。你可以开一部昂贵的车子，但仍然可以使生活简化。一个基本的概念就在于你想要改进你的生活品质而已，关键是诚实地面对自己，想想生命中对自己真正重要的是什么。

45很多时候，不快乐并不是因为快乐的条件没有齐备，而是因为活得还不够简单。

산다면, 즐거울 수 있다' **44**화려하고 아름다운 집에 욕심부리지 말고, 산해진미를 탐하지 않으며, 명성과 이익을 추구하지 않고, 단순하고 소박한 삶을 살아야만 삶의 기쁨을 느낄 수 있다. 내실이 충실한 삶, 그것이야말로 자연스러운 삶이다. 일하고 쉬고, 일의 기쁨이 있고 가족과 같이 따뜻함도 누릴 수 있다. (이렇게) 자유롭게 활동할 수 있는 공간이 있는데, 바쁜 와중에 몰래 쉴 필요가 있겠는가?

'단순하고 소박한 삶'은 결코 당신에게 모든 것을 포기하라는 것이 아니다. 그것을 실행하려면 반드시 당신의 현실적인 모습에서 출발해야 한다. 당신은 비싼 차를 운전하는 사람일 수 있지만, 여전히 삶을 단순화할 수 있다. 기본적인 개념은 당신 삶의 질을 바꾸는 것뿐이다. 성실하게 자신을 대하고, 삶 속에서 자신에게 진정으로 중요한 것이 무엇인지 생각하는 것이 관건이다.

45많은 경우가 기쁘지 않은 것이 기쁨의 조건이 갖춰지지 않아서가 아니라, 삶이 충분히 단순하지 못해서이다.

42 根据本文，要过幸福的生活，该怎么做?

　A. 应该多挣点钱
　B. 要拥有很高的地位
　C. 以自己的实力闻名
　D. 不放弃对美好生活的追求

43 根据本文，下面不正确的是:

　A. 快乐是很简单的东西
　B. 快乐就在你身边
　C. 简朴生活必须从你的实际出发
　D. 每一个人都清楚快乐

44 这里所说的"简朴生活"指的是什么?

　A. 有劳有逸
　B. 要求华屋美厦
　C. 努力工作
　D. 追名逐利

45 我们不快乐的原因是什么?

　A. 不成功
　B. 工作不稳定
　C. 生活不够简单
　D. 生活本来就无聊

42 본문에 따르면, 행복한 생활을 하려면 어떻게 해야 하는가?

　A. 돈을 많이 벌어야 한다
　B. 높은 지위를 가지고 있어야 한다
　C. 자신의 실력으로 이름을 날리면 된다
　D. 아름다운 삶을 추구하는 것을 포기하지 말아야 한다

43 본문에 근거하여 다음 중 올바르지 않은 것은:

　A. 기쁨은 매우 간단한 것이다
　B. 기쁨은 당신 곁에 있다
　C. 단순하고 소박한 삶은 반드시 당신의 실제에서 출발해야 한다
　D. 모든 사람들이 기쁨에 대해 잘 알고 있다

44 여기서 말하는 '단순하고 소박한 삶'이 가리키는 것은 무엇인가?

　A. 일하고 휴식하는 것
　B. 좋은 집을 구하는 것
　C. 열심히 일하는 것
　D. 명리[명성과 이익]를 추구하는 것

45 우리가 기쁘지 않은 이유는 무엇인가?

　A. 성공하지 못해서
　B. 일이 안정적이지 못해서
　C. 생활이 단순하지 못해서
　D. 삶이 원래 무료해서

幸福 xìngfú 명동 행복(하다) | 官职 guānzhí 명 관직 | 举世闻名 jǔshì wénmíng 성 이름이 널리 알려지다 | 奢求 shēqiú 동 지나친 욕심을 부리다, 사치를 부리다 | 华屋美厦 huáwū měi xià 명 좋은 집, 건물 | 垂涎 chuíxián 동 탐내다 | 山珍海味 shān zhēn hǎiwèi 명 산해진미 | 追名 zhuīmíng 동 명성을 좇다 | 逐利 zhúlì 동 이를 좇다 | 简朴 jiǎnpǔ 형 소박하다 | 素净 sùjìng 형 수수하고 점잖다 | 天伦 tiānlún 명 천륜[가족을 이루는 인연] | 忙里偷闲 máng lǐ tōuxián 성 바쁜 가운데 몰래 쉬다 | 昂贵 ángguì 형 매우 비싸다 | 简化 jiǎnhuà 동 간소화하다, 간단하게 만들다 | 概念 gàiniàn 명 개념 | 齐备 qíbèi 동 갖추다 | 以……闻名 yǐ……wénmíng ~로 이름을 날리다 | 逸 yì 형 안락하다 | 稳定 wěndìng 형 안정되다 | 无聊 wúliáo 형 무료하다, 심심하다

42 D '只要你不放弃对美好生活的追求, 你就不会被幸福抛弃(아름다운 삶을 추구하기만 하면 행복을 버리지 않을 수 있다)'라고 했으므로 답은 D이다. A, B는 행복의 조건에 꼭 필요한 것은 아니라고 언급하고 있으며, C는 지문에서 언급하지 않았다.

43 D A, B, C 모두 본문에 언급된 내용이다. '快乐就在每个人的身边, 可并不是每一个人都清楚这一点(기쁨은 모든 사람들의 곁에 있지만, 사람들은 이것을 잘 알지 못한다)'라고 했으므로 답은 D이다.

44 A B, C, D 모두 본문의 내용과 반대되는 내용이다. 보기만 봐도 풀 수 있는 문제이지만, 오답을 고를 수도 있으므로 반드시 본문의 내용과 비교하여 확인하도록 한다.

45 C 마지막 단락에 '因为活得还不够简单(삶이 충분히 단순하지 못해서이다)'라고 이유가 되는 내용이 나오고 있다.

3 모의고사 3 p.172

정답									
1 B	**2** A	**3** B	**4** C	**5** D	**6** A	**7** C	**8** A	**9** A
10 A	**11** A	**12** B	**13** B	**14** D	**15** A	**16** C	**17** B	**18** A
19 D	**20** B	**21** B	**22** B	**23** C	**24** B	**25** B	**26** B	**27** B
28 D	**29** C	**30** A	**31** D	**32** A	**33** D	**34** A	**35** A	**36** A
37 D	**38** D	**39** D	**40** B	**41** C	**42** B	**43** B	**44** A	**45** C

1~4

　对于孩子来说，情感特征之一就是希望得到周围人们的关心。孩子从情感入学那天**1起**，就有一种共同的心理状态，即对老师具有带先天性的信任感。在他们的心灵之中，老师的形象是高大的。所以，他们既希望得到老师的关爱，又渴望从老师那里**2获得**对自己的称赞和肯定。孩子们的这种心理，如果每个教师都能深深了解和掌握，多主动关心他们，多表扬鼓励他们，**3那么**，培养人、教育人的工作就会收到较好的**4效果**。

　아이들은 정서적으로 주위 사람들의 관심을 받고자 하는 특징이 있다. 아이는 입학한 날**1부터** 다 같은 심리 상태가 되는데, 그것은 바로 선생님에 대해 선천적인 신뢰감을 갖는다는 것이다. 아이들의 마음속에 선생님에 대한 이미지는 매우 크고 대단하다. 그래서 그들은 선생님의 관심을 바라기도 하고, 교사한테서 칭찬과 인정 **2받기를** 간절히 바라기도 하는 것이다. 아이들의 이런 심리를 교사들이 모두 깊이 이해하고 파악하여 능동적으로 그들에게 관심을 두고, 그들을 칭찬하고 격려한다면, **3그러면**, 배양하는 사람이나 교육하는 사람의 일에 좋은 **4효과**를 가져다 주게 될 것이다.

情感 qínggǎn 영 감정, 기분 | 周围 zhōuwéi 영 주위 | 即 jí 즉 | 先天性 xiāntiānxìng 영 선천성 | 信任感 xìnrèngǎn 영 신뢰감 | 心灵 xīnlíng 영 마음, 영혼 | 形象 xíngxiàng 영 이미지 | 关爱 guān'ài 영용 관심(갖다) | 渴望 kěwàng 용 갈망하다 | 称赞 chēngzàn 영용 칭찬(하다) | 肯定 kěndìng 영용 인정(하다) | 掌握 zhǎngwò 용 장악하다, 파악하다 | 表扬 biǎoyáng 용 칭찬하다 | 培养 péiyǎng 용 기르다

1 B 孩子从情感入学那天起

빈칸에는 '从'과 어울리는 단어가 와야 한다. 문맥상 '아이는 입학한 날부터'라는 뜻이 되야 하므로 보기 중 '起'가 가장 적합하다. '从……起'는 '~로 부터'라는 뜻을 나타내는 고정격식으로 '从……开始' 형식도 같은 뜻으로 쓰인다.

- A. 中 zhōng 명 속, 안
  在贫困的家庭环境中学习还那么好，真了不起。 가난한 가정환경에서도 공부를 잘하다니, 정말 대단하다.

- **B. 起** qǐ 동 시작하다
  我从明天起减肥。 나는 내일부터 다이어트를 시작한다.

- C. 里 lǐ 명 안
  办公室里有几个人? 사무실 안에 몇 명이 있습니까?

- D. 来 lái 동 ~하다
  我来做吧，你休息一会儿。 내가 할게. 너는 좀 쉬어.

2 A 渴望从老师那里获得对自己的称赞和肯定

'称赞(칭찬)'과 '肯定(인정)'에 어울리는 술어가 와야 한다. 문맥상 교사한테서 칭찬과 인정을 받거나 얻는다는 뜻을 나타내야 하므로 보기 중 적합한 것은 '获得'이다.

- **A. 获得** huòdé 동 획득하다
  韩国足球曾获得三连冠的战绩。 한국 축구는 삼관왕의 성적을 획득한 적이 있다.

- B. 认识 rènshi 동 알다
  认识你很高兴。 너를 알게 되어 기뻐.

- C. 知道 zhīdào 동 알다
  我知道坐几路车能到颐和园。 나는 몇 번 버스를 타야 이화원에 가는지 안다.

> **'认识'와 '知道'의 비교**
> '认识'와 '知道'는 서로 뜻이 비슷하지만, '认识'는 단순히 아는 것만이 아니라 '그것에 대해 잘 알고 인식하다'라는 뜻으로 나타내는 범위가 '知道'보다 넓다. 또한 '认识'는 '인식'이라는 명사의 뜻도 있지만, '知道'는 동사의 뜻만 있다.
>
> 我知道她。 나는 그녀를 안다.[그녀를 만난 적은 없지만, 알긴 안다]
> 我认识她。 나는 그녀를 안다.[그녀를 만난 적이 있고, 서로 아는 사이다]

- D. 相信 xiāngxìn 동 믿다
  你还相信他呀，我从来不相信他。 너 아직 그를 믿어? 나는 여태껏 그를 믿은 적이 없어.

3 B 如果每个教室都能深深了解和掌握，……，那么，培养人、

빈칸 앞쪽에 접속사 '如果'로 보아 가정관계의 접속사가 와야 함을 알 수 있다. 보기 중 '如果'와 어울리는 접속사는 '就'와 '那么'인데, '就'는 주어 뒤에 사용되어야 하므로 여기서는 답이 될 수 없다. 따라서 답은 '那么'이다. '如果A, 那么B'는 '만약 A한다면, 그러면 B할 것이다'라는 뜻을 나타낸다.

- A. 就 jiù 부 곧
  如果明天下雨，运动会就改天再举行。 만약 내일 비가 온다면, 운동회는 다른 날 열리게 될 것이다.

- **B. 那么** nàme 동 그럼
  如果你有不明白的地方，那么给我打电话问问吧。
  만약 네가 이해 안 되는 부분이 있다면, 그럼 내게 전화해서 물어봐.

- C. 而且 érqiě 접 게다가
  我跟她没有联系，而且我在国外，怎么知道她的下落?
  나는 그녀와 연락을 하지 않았고, 게다가 내가 외국에 있는데 어떻게 그녀의 행방을 알겠어?
  下落 xiàluò 명 행방

D. 但是 dànshì 접 그러나
  他学了很多年的汉语，**但是**他还不能跟中国人说话。
  그는 오랫동안 중국어를 배웠는데, 아직도 중국인과 대화를 하지 못해.

4 C 教育人的工作就会收到较好的效果

문맥상 교육하는 사람들이 좋은 효과를 얻게 된다는 뜻을 나타내야 하므로 보기 중 적합한 것은 '效果'이다.

A. 后果 hòuguǒ 명 결과[안 좋은 결과]
  你这样不努力学习，**后果**会严重。 너 이렇게 공부 열심히 하지 않으면, 결과가 매우 심각해질 거야.

B. 结果 jiéguǒ 명 결과[좋고 나쁨에 상관없이 어떤 상황에든 쓸 수 있음]
  考试**结果**还没出来吗? 시험 결과는 아직 안 나왔니?

C. 效果 xiàoguǒ 명 효과[좋은 결과]
  我也没想到，它会有这么好的**效果**。 나도 생각 못했어. 그것이 이렇게 좋은 효과가 있을 줄이야.

D. 效益 xiàoyì 명 수익, 효과와 이익
  中国经济**效益**大幅提高。 중국의 경제 수익이 대폭 올랐다.
  大幅 dàfú 형 대폭적인

5~9

有一**5对**情侣，相约下班后去用餐、逛街，可是女孩因为公司会议**6却**延误了，当她冒着雨赶到的时候已经迟到了30多分钟，她的男朋友很不高兴地说：你每次都这样，现在我什么心情也没了，我以后再也不会等你了！刹那间，女孩**7终于**崩溃了，她心里在想：或许，他们再也没有未来了；同样的在同一个地点，另一对情侣也面临同样的处境；女孩赶到的时候也迟到了半个钟头，她的男朋友说:我想你一定忙坏了吧！**8接着**他为女孩拭去脸上的雨水，并且脱去外套盖在女孩身上，此刻，女孩流泪了。但是流过她脸颊的泪却是温暖的。你体会到了吗？其实爱、恨往往只是在我们的一念之间！爱**9先**要懂得宽容，很多事可能只是在于你心境的转变罢了。

5한 커플이 퇴근 후에 식사하고 쇼핑을 함께하기로 약속했다. 그런데 여자가 **6오히려** 회사 회의 때문에 늦었다. 그녀가 비를 무릅쓰고 도착했을 때는 이미 30분이 늦어 있었다. 그녀의 남자 친구는 매우 불쾌해하며 말했다. "당신은 매번 이래. 지금 어떤 것도 하고 싶지 않아. 나는 이제 다시는 기다리지 않을 거야!" 그 순간 여자는 **7결국** 무너지고 말았다. 그녀는 속으로 생각했다. '아마 우리의 미래는 없을 거야.' 똑같은 일이 같은 장소에서 일어났다. 다른 한 커플도 똑같은 상황에 처해 있었다. 여자가 30분 늦게 도착했을 때, 그녀의 남자친구가 말했다. "당신 너무 바빴지!" **8이어서** 그는 그녀를 위해 얼굴의 빗물을 닦아주고, 외투를 벗어 몸을 덮어주었다. 이때, 여자가 눈물을 흘렸다. 그러나 그녀의 뺨에 흐른 눈물은 따뜻한 것이었다. 당신은 겪어 보았는가? 사실 사랑과 미움은 생각 하나의 차이일 뿐이다. 사랑은 **9먼저** 너그러워야 한다. 많은 일은 단지 당신의 기분 변화에 따라 달라지는 것뿐이다.

情侣 qínglǚ 명 한 쌍의 연인, 애인 | 相约 xiāngyuē 동 서로 약속하다 | 用餐 yòngcān 동 식사하다 | 逛街 guàngjiē 동 쇼핑하다 | 延误 yánwù 동 지체하다 | 冒着 màozhe 무릅쓰다 | 刹那 chànà 명 찰나 | 崩溃 bēngkuì 동 붕괴되다 | 或许 huòxǔ 부 어쩌면, 혹시 | 面临 miànlín 동 직면하다 | 处境 chǔjìng 명 처지 | 坏了 huàile 동 큰일이다 | 拭 shì 동 닦다 | 脸颊 liǎnjiá 명 뺨 | 恨 hèn 동 싫어하다 | 宽容 kuānróng 동 너그럽다 | 心境 xīnjìng 명 심경 | 转变 zhuǎnbiàn 동 바뀌다, 바꾸다 | 罢了 bàle 조 ~일 뿐이다

5 D 有一对情侣

'情侣'와 어울리는 양사가 와야 한다. '情侣'는 한 사람이 아닌, '한 쌍의 연인'을 나타내기 때문에 보기 중 한 쌍의 짝과 어울리는 '对'가 양사로 와야 한다. '双'과 '对'는 모두 두 개로 이루어진 것을 셀 때 쓰이지만 사람이나 동물의 쌍을 셀 때는 '对'를 쓰므로 답은 D이다.

A. 双 shuāng 양 짝
  我买了一**双**中国筷子。 나는 한 벌의 중국 젓가락을 샀다.

B. 个 gè 양 개, 사람, 명
办公室里只有两个人。 사무실에 두 사람밖에 없다.

C. 副 fù 양 켤레, 쌍 [쌍이나 짝으로 된 물건을 셀 때 쓰임]
你看，桌子上有一副眼镜。 봐. 책상 위에 안경 한 쌍이 있잖아.

D. 对 duì 양 (사람, 동물의) 쌍
这对夫妻看起来很甜蜜。 이 부부는 참 다정해 보인다.
甜蜜 tiánmì 형 관계가 친밀하다, 다정하다

6　A　可是女孩因为公司会议<u>却</u>延误了，

빈칸이 들어 있는 문장에 나온 접속사 '可是'와 호응하는 부사가 와야 한다. '그러나'라는 뜻인 '可是'와 어울리는 전환 관계의 접속사는 보기 중 '却'뿐이다.

A. 却 què 분 오히려
我同意大家的意见，他却什么都没说。 나는 모두의 의견에 동의했으나, 그는 오히려 아무 말도 하지 않았다.

B. 才 cái 분 이제서야
你才来呀！ 너 이제서야 오는 거니!

C. 而 ér 접 그러나
这儿到了这个时候，紧张而有秩序。 여기는 이때가 되면 긴박하지만, 질서가 있다.

D. 就 jiù 분 ~면, ~인 이상
如果你想好了，就去行动吧！ 만약 생각을 다 했으면, 바로 가서 행동해!

7　C　现在我什么心情也没了，我以后再也不会等你了！刹那间，女孩<u>终于</u>崩溃了，

문맥상 '여자는 늦었지만 비를 맞으며 열심히 왔다. 하지만 오히려 남자가 화를 내자 결국 참았던 게 터졌다'라는 뜻이므로 '마침내' '결국'이라는 뜻의 부사 '终于'가 가장 적합하다.

A. 所以 suǒyǐ 접 그래서
他没接到通知，所以今天没来参加。 그는 통지를 받지 못해서 오늘 오지 않았다.

B. 于是 yúshì 접 그래서
我们的人都来齐了，于是开始吃饭了。 우리 일행이 다 와서 음식을 먹기 시작했다.

C. 终于 zhōngyú 분 마침내, 결국
他终于明白了她要说什么。 그는 결국 그녀가 무슨 말을 하고 싶은지 이해했다.

D. 因而 yīn'ér 접 그런 까닭에, 그래서
他基础好，因而进步很快。 그는 기초가 잘 되어 있어서 진도가 매우 빠르다.

8　A　她的男朋友说：我想你一定忙坏了吧！<u>接着</u>他为女孩拭去脸上的雨水，

앞에 나온 커플과 상황은 같지만 남자의 행동이 다른 내용으로, 남자는 늦게 온 여자를 위로하고, 그러고 나서 비를 닦아주는 등의 동작을 취했음을 알 수 있다. 따라서 보기 중 '이어서' '연이어'라는 뜻의 '接着'가 답이다.

A. 接着 jiēzhe 분 이어서, 연이어
他说完以后，接着你说吧。 그가 이야기한 다음, 이어서 너도 이야기해 봐.

B. 无论 wúlùn 접 ~을 막론하고
无论什么时候，都可以来我家。 언제든지 우리 집에 와도 돼.

C. 只 zhǐ 분 단지
他只说了几句。 그는 단지 몇 마디 했을 뿐이다.

D. 才 cái 囘 이제야
他才明白自己是错的。 그는 그제야 자신이 잘못했다는 것을 알았다.

9 A 爱先要懂得宽容，很多事可能只是在于你心境的转变罢了。

문맥상 '사랑에서 먼저 되어야 할 것은 너그러운 마음이다'라는 뜻을 나타내야 하므로 보기 중 가장 적합한 것은 '先'이다.

A. 先 xiān 囘 앞
你先说好，我可以拿你的笔记本吗? 너 먼저 말부터 결정해. 내가 너의 노트북을 가지고 가도 되는 거니?

B. 更加 gèngjiā 囘 더욱
生活条件比以前更加好了。 생활 여건이 과거보다 더욱 좋아졌다.

C. 再加上 zài jiāshàng 囘 게다가
一次大地震再加上海啸可能是非常可怕的。 한 번의 큰 지진, 게다가 쓰나미까지 일어나면 아마 굉장히 무서울 것이다.
地震 dìzhèn 囘 지진 | 海啸 hǎixiào 囘 해일, 쓰나미

D. 不仅 bùjǐn 囘 ~뿐만 아니라
他不仅是一个电影导演，还是一个作家。 그는 영화감독일 뿐만 아니라, 작가이기도 하다.

10~12

过去总认为，感冒是10通过呼吸传染给他人的。可是近年来发现；人的手更能传染感冒。一个科学家让20名健康的人到感冒病人房间里住了3个晚上。由于他们11保持了正常的活动、营养和清洁卫生，12所以都没传染上感冒。但没有和病人同居，而只是握了手没有及时洗手的人，却有71%被传染上感冒，因为感冒病人喷出来的唾液中，仅有8%是带有感冒病毒的。

과거에 감기는 호흡을 10통해 타인에게 전염시키는 것으로 생각했다. 그러나 근래에 사람의 손이 감기를 더 전염시킬 수 있다는 것을 발견했다. 한 과학자가 20명의 건강한 사람을 감기환자의 방에 사흘 동안 머물게 했다. 그들은 정상적 활동, 영양과 위생 청결을 11유지하였고 12그래서 모두 감기에 전염되지 않았다. 그러나 환자들과 같이 지내지 않았지만, 단지 악수한 후 제때 손을 씻지 않은 사람들은 오히려 71%가 감기에 걸렸다. 감기 환자가 뿜어내는 침 중에는 단지 8%만이 감기 바이러스이기 때문이다.

感冒 gǎnmào 囘 감기 | 呼吸 hūxī 囘囘 호흡(하다) | 传染 chuánrǎn 囘 전염하다, 전염되다 | 清洁 qīngjié 囘囘 청결하다 | 营养 yíngyǎng 囘 영양 | 卫生 wèishēng 囘 위생 | 同居 tóngjū 囘 같이 지내다, 살다 | 握手 wòshǒu 囘 악수(하다) | 及时 jíshí 囘 제때에 | 喷 pēn 囘 (액체, 기체 등이) 뿜어져 나오다 | 唾液 tuòyè 囘 침 | 病毒 bìngdú 囘 바이러스

10 A 感冒是通过呼吸传染给他人的。

문맥상 '감기는 호흡을 통해 타인에게 전염된다'라는 뜻을 나타내야 하므로 '~을 통하여'라는 뜻을 나타내는 '通过'가 답이다.

A. 通过 tōngguò 囘 ~통하여
我们通过这份资料预测地震。 우리는 이 자료를 통해서 지진을 예측한다.

B. 和 hé 囘 와, 과
你要和我一起去吗? 너 나랑 같이 갈 거야?

C. 比 bǐ 囘 ~보다
我比他高，你还不知道? 내가 그보다 커. 너 아직 몰랐어?

D. 看 kàn 囘 보다
你不看电视，我就关了。 TV 안 볼 거면 내가 끈다.

B. 个 gè 양 개, 사람, 명
办公室里只有两个人。사무실에 두 사람밖에 없다.

C. 副 fù 양 켤레, 쌍 [쌍이나 짝으로 된 물건을 셀 때 쓰임]
你看，桌子上有一副眼镜。봐. 책상 위에 안경 한 쌍이 있잖아.

D. 对 duì 양 (사람, 동물의) 쌍
这对夫妻看起来很甜蜜。이 부부는 참 다정해 보인다.
甜蜜 tiánmì 형 관계가 친밀하다, 다정하다

6 A 可是女孩因为公司会议<u>却</u>延误了，

빈칸이 들어 있는 문장에 나온 접속사 '可是'와 호응하는 부사가 와야 한다. '그러나'라는 뜻인 '可是'와 어울리는 전환 관계의 접속사는 보기 중 '却'뿐이다.

A. 却 què 부 오히려
我同意大家的意见，他却什么都没说。나는 모두의 의견에 동의했으나, 그는 오히려 아무 말도 하지 않았다.

B. 才 cái 부 이제서야
你才来呀！너 이제서야 오는 거니!

C. 而 ér 접 그러나
这儿到了这个时候，紧张而有秩序。여기는 이때가 되면 긴박하지만, 질서가 있다.

D. 就 jiù 부 ~면, ~인 이상
如果你想好了，就去行动吧！만약 생각을 다 했으면, 바로 가서 행동해!

7 C 现在我什么心情也没了，我以后再也不会等你了！刹那间，女孩<u>终于</u>崩溃了。

문맥상 '여자는 늦었지만 비를 맞으며 열심히 왔다. 하지만 오히려 남자가 화를 내자 결국 참았던 게 터졌다'라는 뜻이므로 '마침내' '결국'이라는 뜻의 부사 '终于'가 가장 적합하다.

A. 所以 suǒyǐ 접 그래서
他没接到通知，所以今天没来参加。그는 통지를 받지 못해서 오늘 오지 않았다.

B. 于是 yúshì 접 그래서
我们的人都来齐了，于是开始吃饭了。우리 일행이 다 와서 음식을 먹기 시작했다.

C. 终于 zhōngyú 부 마침내, 결국
他终于明白了她要说什么。그는 결국 그녀가 무슨 말을 하고 싶은지 이해했다.

D. 因而 yīn'ér 접 그런 까닭에, 그래서
他基础好，因而进步很快。그는 기초가 잘 되어 있어서 진도가 매우 빠르다.

8 A 她的男朋友说：我想你一定忙坏了吧！<u>接着</u>他为女孩拭去脸上的雨水，

앞에 나온 커플과 상황은 같지만 남자의 행동이 다른 내용으로, 남자는 늦게 온 여자를 위로하고, 그러고 나서 비를 닦아주는 등의 동작을 취했음을 알 수 있다. 따라서 보기 중 '이어서' '연이어'라는 뜻의 '接着'가 답이다.

A. 接着 jiēzhe 부 이어서, 연이어
他说完以后，接着你说吧。그가 이야기한 다음, 이어서 너도 이야기해 봐.

B. 无论 wúlùn 접 ~을 막론하고
无论什么时候，都可以来我家。언제든지 우리 집에 와도 돼.

C. 只 zhǐ 부 단지
他只说了几句。그는 단지 몇 마디 했을 뿐이다.

D. 才 cái 〔부〕 이제야
他才明白自己是错的。 그는 그제야 자신이 잘못했다는 것을 알았다.

9 A 爱先要懂得宽容，很多事可能只是在于你心境的转变罢了。

문맥상 '사랑에서 먼저 되어야 할 것은 너그러운 마음이다'라는 뜻을 나타내야 하므로 보기 중 가장 적합한 것은 '先'이다.

A. 先 xiān 〔부〕 앞
你先说好吗，我可以拿你的笔记本吗? 너 먼저 말부터 결정해. 내가 너의 노트북을 가지고 가도 되는 거니?

B. 更加 gèngjiā 〔부〕 더욱
生活条件比以前更加好了。 생활 여건이 과거보다 더욱 좋아졌다.

C. 再加上 zài jiāshàng 〔부〕 게다가
一次大地震再加上海啸可能是非常可怕的。 한 번의 큰 지진, 게다가 쓰나미까지 일어나면 아마 굉장히 무서울 것이다.
地震 dìzhèn 〔명〕 지진 | 海啸 hǎixiào 〔명〕 해일, 쓰나미

D. 不仅 bùjǐn 〔접〕 ~뿐만 아니라
他不仅是一个电影导演，还是一个作家。 그는 영화감독일 뿐만 아니라, 작가이기도 하다.

10~12

过去总认为，感冒是 10通过 呼吸传染给他人的。可是近年来发现：人的手更能传染感冒。一个科学家让20名健康的人到感冒病人房间里住了3个晚上。由于他们 11保持 了正常的活动、营养和清洁卫生，12所以 都没传染上感冒。但没有和病人同居，而只是握了手没有及时洗手的人，却有71%被传染上感冒，因为感冒病人喷出来的唾液中，仅有8%是带有感冒病毒的。

과거에 감기는 호흡을 10통해 타인에게 전염시키는 것으로 생각했다. 그러나 근래에 사람의 손이 감기를 더 전염시킬 수 있다는 것을 발견했다. 한 과학자가 20명의 건강한 사람을 감기환자의 방에 사흘 동안 머물게 했다. 그들은 정상적 활동, 영양과 위생 청결을 11유지 하였고 12그래서 모두 감기에 전염되지 않았다. 그러나 환자들과 같이 지내지 않았지만, 단지 악수한 후 제때 손을 씻지 않은 사람들은 오히려 71%가 감기에 걸렸다. 감기 환자가 뿜어내는 침 중에는 단지 8%만이 감기 바이러스이기 때문이다.

感冒 gǎnmào 〔명〕 감기 | 呼吸 hūxī 〔명〕〔동〕 호흡(하다) | 传染 chuánrǎn 〔동〕 전염하다, 전염되다 | 清洁 qīngjié 〔명〕〔형〕 청결하다 | 营养 yíngyǎng 〔명〕 영양 | 卫生 wèishēng 〔명〕 위생 | 同居 tóngjū 〔동〕 같이 지내다, 살다 | 握手 wòshǒu 〔동〕 악수(하다) | 及时 jíshí 〔부〕 제때에 | 喷 pēn 〔동〕 (액체, 기체 등이) 뿜어져 나오다 | 唾液 tuòyè 〔명〕 침 | 病毒 bìngdú 〔명〕 바이러스

10 A 感冒是通过呼吸传染给他人的。

문맥상 '감기는 호흡을 통해 타인에게 전염된다'라는 뜻을 나타내야 하므로 '~을 통하여'라는 뜻을 나타내는 '通过'가 답이다.

A. 通过 tōngguò 〔개〕 ~통하여
我们通过这份资料预测地震。 우리는 이 자료를 통해서 지진을 예측한다.

B. 和 hé 〔개〕 와, 과
你要和我一起去吗? 너 나랑 같이 갈 거야?

C. 比 bǐ 〔개〕 ~보다
我比他高，你还不知道? 내가 그보다 커. 너 아직 몰랐어?

D. 看 kàn 〔동〕 보다
你不看电视，我就关了。 TV 안 볼 거면 내가 끈다.

11 A 由于他们<u>保持</u>了正常的活动、营养和清洁卫生

빈칸에는 목적어 '正常的活动(정상적 활동)'과 '营养和清洁卫生(영양과 위생)'과 호응하는 술어가 와야 한다. 문맥상 '환자들이 정상적 활동, 영양과 위생 청결을 유지하였다'라는 뜻이 되어야 하므로 답은 '保持'이다.

A. 保持 bǎochí 통 유지하다
如何保持环境卫生。어떻게 환경 위생을 유지할 수 있을까?

B. 坚持 jiānchí 통 끝까지 하다
他一直坚持锻炼，所以体力那么好。그는 줄곧 운동해 와서 체력이 그렇게 좋다.

> **'保持'와 '坚持'의 비교**
> '保持'와 '坚持'는 서로 뜻이 비슷하지만, '保持'는 주로 위생이나 전통 등을 지속시킨다는 뜻이며, '坚持'는 어려운 상황이나 조건에도 끝까지 지킨다는 뜻이다.

C. 做 zuò 통 만들다
我做菜做得很多，你也过来一起吃吧。내가 음식을 많이 만들었어. 너도 와서 같이 먹자.

D. 说 shuō 통 말하다
你跟他说了吗? 今天没有课。너 그에게 말했어? 오늘 수업이 없잖아.

12 B 由于他们保持了正常的活动、……，<u>所以</u>都没传染上感冒。

빈칸 앞쪽에 접속사 '由于'로 보아 인과관계의 접속사가 와야 함을 알 수 있다. 보기 중 '由于'와 어울리는 접속사는 '所以'로 '由于A, 所以B'는 'A때문에 B하다'라는 뜻을 나타낸다.

A. 可是 kěshì 접 그러나
我一直跟他说不要回家，可是他已经走了。나는 줄곧 그에게 집에 가지 말라고 했는데, 그는 이미 가버렸어.

B. 所以 suǒyǐ 접 그래서
由于我迟到，所以大家都没能出发。내가 지각해서 모두 출발할 수 없었다.

C. 因为 yīnwèi 접 ~때문에
因为他努力学习，所以考上了名牌大学。그는 열심히 공부했기 때문에 좋은 대학에 합격했다.

D. 终于 zhōngyú 부 결국
他终于找到了自己的日记。그는 결국 자신의 일기를 찾았다.

13~15

回家乡时，看见很多**13**家新开张的旗袍专卖店，散落在古城扬州的街头巷尾，没有奢侈品店的华丽，没有小众精品店的矫饰刻意，它们像刚懂得涂脂抹粉的女子，青春四溢。其实**14**如今的旗袍，已经改良了许多。我走进其中一家，挑了一件紫色绣花的买下，是雅致的花色。古典但不守旧，素净却还有些俏皮。

我始终认为，无论做衣服，还是穿衣服，比起潮流，更重要的是心意。日本的和服也好，韩国的韩服也罢，在我眼里都罢中国的旗袍来得心意满盈。旗袍是最能够**15**体现女性美与东方韵味的服饰。

고향에 갔을 때, 새로 개장한 **13**치파오 전문점을 많이 볼 수 있었다. 오래된 도시인 양저우의 길거리마다 퍼져 있었다. 사치품 가게의 화려함도 없고, 작은 명품 가게들의 과장됨도 없지만, 그것들은 마치 막 화장과 꾸미는 것을 알게 된 여자처럼 청춘의 느낌으로 사방에 가득했다. 사실 **14**지금의 치파오는 이미 많이 개량된 것이다. 나는 그 중 한 가게에 가서 자주색 꽃이 수놓아진 것을 샀는데, 우아한 무늬와 색깔이었다. 고전적이지만 옛것에 얽매이지 않고, 깔끔하고 수수하지만 세련되지는 않았다.

나는 옷을 만들든, 옷을 입든 시대적 흐름과 비교했을 때, 더 중요한 것은 정성이라고 생각한다. 일본의 기모노도 그렇고, 한국의 한복도 그렇지만 내 눈에는 중국의 치파오가 정성이 아주 가득해 보인다. 치파오는 여성의 아름다움과 동방의 정취를 가장 잘 **15**표현하는 의상이다.

开张 kāizhāng 통 개장하다 | 旗袍 qípáo 명 치파오[중국 여성들의 전통의상] | 专卖店 zhuānmàidiàn 명 전문매장 | 散落 sǎnluò 통 분산되다 | 古城 gǔchéng 명 옛도시 | 街头巷尾 jiētóu xiàngwěi 명 길거리 마다마다 | 华丽 huálì 형 화려하다 | 矫饰 jiǎoshì 통 고의로 과장되게 꾸미다 | 精品 jīngpǐn 명 명품 | 刻意 kèyì 부 고심하여 | 涂脂抹粉 túzhī mǒfěn 꾸미고 화장하다 | 矜持 jīnchí 형 조심스럽다 | 改良 gǎiliáng 통 개량하다 | 紫色 zǐsè 명 자주색 | 绣花 xiùhuā 통 수놓다 | 雅致 yǎzhì 형 품위가 있다 | 花色 huāsè 명 무늬와 색 | 简洁 jiǎnjié 형 깔끔하다 | 古典 gǔdiǎn 형 고전의, 클래식의 | 守旧 shǒujiù 형 옛것에 얽매이다 | 素净 sùjìng 형 깔끔하다, 수수하다 | 俏皮 qiàopi 형 세련되고 매력 있다 | 潮流 cháoliú 명 추세 | 心意 xīnyì 명 성의 | 和服 héfú 명 기모노 | 盈 yíng 형 가득차다 | 韵味 yùnwèi 명 정취

13 B 看见很多**家**新开张的旗袍专卖店。

'专卖店'이 무슨 뜻인지 모르더라도 '店'이 가게임을 안다면 건물을 셀 때 쓰이는 양사가 와야 함을 알 수 있다. 보기 중 건물을 세는 양사로 '家'와 '所'가 있는데, '所'는 서비스를 목적으로 하는 공공건물을 셀 때 쓰이므로 답이 될 수 없고, 식당, 극장, 점포 등 이윤을 추구하는 건물을 셀 때 쓰이는 양사 '家'가 적합하다.

A. 楼 lóu 명 (이층 이상의) 다층 건물
生日晚会会在这个**楼**上。 생일 파티는 이 건물 안에서 있을 것이다.

B. 家 jiā 양 채, 동
这**家**宾馆很干净。 이 호텔은 매우 깨끗하다.

C. 所 suǒ 양 채, 동
在我家旁边有一**所**学校。 우리 집 옆에 학교가 하나 있다.

D. 件 jiàn 양 건
大家都知道这**件**事。 모두 이 일을 알고 있다.

14 D 其实**如今**的旗袍，已经改良了许多。

빈칸 뒤의 문장이 '已经改良了许多(이미 많이 개량되었다)'라는 것을 통해 과거, 예전이 아닌 '현재' 치파오의 모습이 그러함을 알 수 있다. 따라서 '현재' '지금'이라는 뜻의 '如今'이 답이다.

A. 过去 guòqù 명 과거
对于**过去**犯下的错误，他今天向她道歉了。 과거에 한 실수에 대해 그는 오늘 그녀에게 사과했다.

B. 以前 yǐqián 명 예전
以前我胖了很多，现在减肥成功了。 예전에 나는 많이 뚱뚱했었는데 지금은 다이어트에 성공했다.

C. 已经 yǐjīng 부 이미
我**已经**告诉他了，我不能跟你们一起去。 나는 이미 그에게 너희와 함께 가지 못한다고 이야기했다.

D. 如今 rújīn 명 지금
如今，城市里的高楼越来越多。 요즘 도시의 고층빌딩이 날로 늘어난다.

15 A 旗袍是最能够**体现**女性美与东方韵味的服饰。

목적어 '女性美与东方韵味(여성미와 동방의 정취)'와 어울리는 술어가 와야 한다. 문맥상 '치파오는 여성의 아름다움과 동방의 정취를 가장 잘 표현하는 의상이다'라는 뜻을 나타내야 하므로 '드러내다' '나타내다'라는 뜻인 '体现'과 '显'을 생각할 수 있다. 하지만 '显'은 혼자 쓰이지 않고, '明显(뚜렷한)', '显得(~처럼 보이다)'처럼 다른 단어와 함께 쓰여 답이 될 수 없으므로 답은 '体现'이다.

A. 体现 tǐxiàn 통 드러내다
旗袍能**体现**女性的美。 치파오는 여성의 아름다움을 드러낸다.

B. 想出 xiǎngchū 통 생각해 내다
他终于**想出**了一个好办法。 그는 결국 좋은 방법을 생각해 냈다.

C. 显 xiǎn 형 분명하다, 뚜렷하다
他的汉语水平明显提高了。 그의 중국어 수준은 현저히 좋아졌다.

D. 出来 chūlai 동 (동사 뒤에 쓰여) 숨겨져 있다가 드러남을 표시함
我看出来他有些别扭。 나는 그가 어딘가 조금 이상하다는 것을 알아차렸다.
别扭 bièniu 형 이상하다

16

2010年1月27日，A在美国旧金山举行的苹果公司发布会上，传闻已久的平板电脑—iPad由首席执行官史蒂夫·乔布斯亲自发布。D iPad定位介于苹果的智能手机iPhone和笔记本电脑产品之间，通体只有四个按键，与iPhone布局一样，C提供浏览互联网、收发电子邮件、观看电子书、播放音频或视频等功能。

A. 苹果公司发布会在美国洛杉矶举行
B. 苹果公司为手机公司
C. iPad提供浏览因特网
D. iPhone介于iPad和笔记本电脑之间

2010년 1월 27일, A미국 샌프란시스코에서 진행된 애플사의 발표회에서는 이미 오랫동안 소문이 났던 평판컴퓨터-아이패드를 수석집행관 스티브잡스가 직접 발표하였다. D아이패드는 애플사의 스마트폰인 아이폰과 노트북의 중간 단계의 것으로 정의할 수 있다. 전체적으로 네 개의 버튼만 있을 뿐이다. 아이폰의 구성과 같이 C인터넷 검색을 제공하고 이메일을 주고받을 수 있으며, 전자책을 볼 수 있고, 음악 방송 또는 동영상 기능 등이 있다.

A. 애플사의 발표회는 미국 로스앤젤레스에서 열렸다
B. 애플사는 휴대전화 회사이다
C. 아이패드는 인터넷 검색을 제공한다
D. 아이폰은 아이패드와 노트북의 중간 단계이다

旧金山 Jiùjīnshān 고유 샌프란시스코 | 苹果公司 Píngguǒ gōngsī 고유 애플사[컴퓨터 회사] | 传闻 chuánwén 동 소문나다 | 介于 jièyú 동 ~ 사이에 있다 | 智能手机 zhìnéng shǒujī 명 스마트폰 | 按键 ànjiàn 명 버튼 | 布局 bùjú 명 구성 | 浏览 liúlǎn 동 훑어보다 | 互联网 hùliánwǎng 명 인터넷 | 播放 bōfàng 동 방송하다, 나오다 | 音频 yīnpín 명 주파수, 음악채널 | 视频 shìpín 명 동영상 | 洛杉矶 Luòshānjī 고유 로스앤젤레스 | 因特网 yīntèwǎng 명 인터넷

A (✕) 애플사의 발표회는 미국 샌프란시스코에서 열렸다.
B (✕) 애플사가 어떤 곳인지 구체적으로 언급하지 않았으므로 답이 될 수 없다.
C (○) 아이패드는 아이폰의 구성과 같이 인터넷 검색을 제공한다.
D (✕) 아이폰이 아니라, 아이패드가 아이폰과 노트북의 중간 단계이다.

17

生食，即"有机种植"的新鲜蔬果和谷类不经过烹饪直接生吃。生的食物最大限度地保留各种营养素，B促进人体新陈代谢正常化，除去各种废弃物，帮助C预防糖尿病、癌症、肥胖、便秘等成人疾病，恢复并能维持健康。因此，生食是最天然、健康的食品。

A. 生食对人体消化很有好处
B. 生食促进新陈代谢正常化
C. 生食可以治病
D. 中国人都吃生的

생식은 '유기적으로 재배한' 신선한 채소, 과일, 곡류를 요리하지 않고 직접 날것으로 먹는 것이다. 날것으로 먹는 음식은 최대한 각종 영양소를 보존하고 있고, **B인체 신진대사가 정상화되게 촉진한다**. 각종 노폐물을 제거하고 C당뇨, 암, 변비 등의 성인 질병을 예방하고, 건강을 유지하고 회복시켜준다. 따라서 생식은 제일 자연적이고 건강한 식품이다.

A. 생식은 인체 소화에 좋은 점이 있다
B. 생식은 신진대사가 정상화되게 촉진한다
C. 생식은 병을 치료할 수 있다
D. 중국인들은 모두 생식한다

| 生食 shēngshí 图 생식하다 | 有机种植 yǒujī zhòngzhí 유기적 재배의 | 蔬果 shūguǒ 图 채소와 과일 | 谷类 gǔlèi 图 곡류 | 烹饪 pēngrèn 图 요리하다 | 限度 xiàndù 图 한도 | 保留 bǎoliú 图 보유하다 | 营养素 yíngyǎngsù 图 영양소 | 促进 cùjìn 图 촉진하다 | 新陈代谢 xīnchén dàixiè 图 신진대사 | 除去 chúqù 图 제거하다 | 废弃物 fèiqìwù 图 폐기물 | 预防 yùfáng 图 예방하다 | 糖尿病 tángniàobìng 图 당뇨병 | 便秘 biànmì 图 변비 |

A (X) 본문의 내용만 봐서는 인체 소화에 좋은 점이 있는지 알 수 없다.

B (O) 본문에 그대로 언급되었다.

C (X) 당뇨, 암, 변비 등 성인 질병을 예방한다고 하였지 치료한다고 하지는 않았다.

D (X) 중국인들이 생식을 먹는다는 내용은 언급되지 않았다.

18

A和服能显示庄重、安稳、宁静，符合日本人的气质。不仅如此，D和服同时也顺应日本的自然；日本绝大部分地区温暖湿润，因此服装的通气性十分重要。C由于和服比较宽松，衣服上的透气孔有8个之多，且和服的袖、襟、裾均能自由开合，所以十分适合日本的风土气候。

A. 和服是日本的衣服
B. 日本人都喜欢和服
C. 和服比较紧
D. 和服适合中国国土气候

A기모노는 위엄, 안정, 조용함을 드러내며 일본인들의 성격과 잘 어울린다. 이뿐만 아니라 D기모노는 일본의 자연(환경)에 잘 어울린다. 일본의 대부분 지역은 온난 습윤하여 옷의 통풍성이 매우 중요하다. C기모노는 품이 비교적 넉넉하고, 옷에 통풍 구멍이 8개 이상이며, 소매와 앞자락, 앞섶이 모두 자유롭게 열려 있다. 그래서 일본의 토양 기후와 매우 잘 맞는다.

A. 기모노는 일본의 옷이다
B. 일본인들은 모두 기모노를 좋아한다
C. 기모노는 몸에 달라붙는다
D. 기모노는 중국 기후에 적합하다

| 和服 héfú 图 기모노 | 庄重 zhuāngzhòng 图 위엄있다 | 安稳 ānwěn 图 안정되다 | 宁静 níngjìng 图 조용하다 평온하다 | 符合 fúhé 图 부합하다 | 顺应 shùnyìng 图 적응하다 | 通气 tōngqì 图 통풍시키다 | 宽松 kuānsōng 图 넓고 편안하다 | 孔 kǒng 图 구멍 | 袖 xiù 图 소매 | 襟 jīn 图 앞자락 | 裾 jū 图 옷의 앞뒤자락 | 风土 fēngtǔ 图 통풍 |

A (O) 처음에 기모노의 특징을 언급하며 일본의 옷임을 말하고 있다.

B (X) 일본인들의 성격과 일본의 자연에 잘 어울린다고 했을 뿐, 일본사람들이 기모노를 좋아한다는 내용은 없다.

C (X) 기모노는 품이 넉넉하다고 했으므로 글의 내용과 반대이다.

D (X) 기모노는 일본 전통의상으로 일본 기후에 적합하게 디자인되었다.

19

A天安门位于中华人民共和国首都北京市区中心，面临长安街。B天安门原是明、清两朝皇城的正门，C1420年建成，当时名叫承天门。1651年更名为天安门。1949年10月1日，中华人民共和国在这里举行了开国大典，并被设计入国徽。1961年，D天安门被中华人民共和国国务院公布为第一批全国重点文物保护单位之一。

A천안문은 중화인민공화국 수도인 베이징시 중심에 있고 창안지에 옆에 있다. B천안문은 명, 청 두 나라 황궁의 정문으로 C1420년에 건설되었다. 당시에는 승천문이라고 불렸고, 1651년에 천안문이라고 이름을 바꿨다. 1949년 10월 1일, 중화인민공화국은 이곳에서 개국 의식을 진행하였고, 국가 휘장이 디자인되어 들어가기도 하였다. 1961년, D천안문은 중화인민공화국 국무성에서 제일의 국가 주요 문물 보호 부문 중 하나로 뽑았다.

A. 天安门位于北京海淀区
B. 天安门是明朝的皇宫
C. 天安门建设于1949年
D. 天安门被公布列为国家重点文物

A. 천안문은 베이징 하이띠엔구에 있다
B. 천안문은 명조 시대의 황궁이다
C. 천안문은 1949년에 건설되었다
D. 천안문은 국가 중요 문물로 지정되었다

更名 gēngmíng 동 이름을 바꾸다 | **大典** dàdiǎn 명 성대한 의식 | **计入** shèjì 명동 설계(하다), 디자인(하다) | **国徽** guóhuī 명 국가의 휘장 | **国务院** guówùyuàn 명 국무성

A (×) 베이징 하이띠엔구라는 구체적인 위치는 나와 있지 않다. 참고로 하이띠엔구는 베이징 서북 외곽에 있는 구이다.
B (×) 천안문은 황궁이 아니라 문으로, 명, 청 시대에 황궁의 정문으로 쓰였다.
C (×) 1949년에 개국 의식이 천안문에서 진행된 것이지 천안문 건설은 1420년에 되었다.
D (○) 천안문이 국가 주요 문물 보호 부문 중 하나로 뽑힌 것은 국가 중요 문물로 지정되었다는 말과 같다.

20

C北海公园位于北京市中心区，城内景山西侧，在故宫的西北面，与中海、南海合称三海。属于中国古代皇家园林。全园以北海为中心，A面积约71公顷，水面占583亩，陆地占480市亩。是中国现存最古老、最完整、B最具综合性和代表性的皇家园林之一，1925年开放为公园。是中国保留下来的最悠久D最完整的皇家园林，为中国全国重点文物保护单位。

C북해공원은 베이징시 중심지에 있고, 도시 안의 경산 서쪽, 자금성의 서북쪽에 있다. 중해, 남해와 함께 합쳐서 삼해라고 한다. 중국 고대 황실 정원에 속하며, 전체 공원은 북해를 중심으로 A면적은 약 71헥타르이고, 수면 면적은 5.83헥타르, 육지는 4.8헥타르가 된다. 중국에서 현존하는 제일 오래되고 완벽한, B제일의 종합성과 대표성을 가진 황실 공원 중 하나이다. 1925년 공원으로 개방되면서, 중국에 남아 있는 제일 오래되고 D완벽한 황실공원이며, 중국의 주요 문물 보호물이다.

A. 北海公园面积约583公顷
B. 北海公园是最具代表性的皇家园林之一
C. 北海公园在北京市边缘
D. 北海公园是最完整的私人园林

A. 북해공원 면적은 약 583헥타르이다
B. 북해공원은 황실 공원의 대표성을 띠는 공원 중 하나이다
C. 북해공원은 베이징시 변두리에 있다
D. 북해공원은 제일 잘 갖추어진 개인 정원이다

公顷 gōngqǐng 양 헥타르[토지 면적의 단위] | **亩** mǔ 양 묘[토지 면적의 단위, 100亩=1公顷] | **陆地** lùdì 명 육지 | **综合** zōnghé 동 종합하다 | **开放** kāifàng 동 개방하다 | **边缘** biānyuán 명 변두리

A (×) 북해공원은 71헥타르이다.
B (○) 북해공원은 황실 공원의 대표성을 띠는 공원 중 하나이다.
C (×) 북해공원은 베이징시 중심지에 있다.
D (×) 북해공원은 개인 정원이 아니라, 중국에 남아 있는 제일 오래되고 완벽한 황실 정원이다.

21

2008年北京奥运会即第二十九届夏季奥林匹克运动会于A2008年8月8日20时开幕，2008年8月24日闭幕。本届奥运会口号为"同一个世界，

2008년 베이징 올림픽 즉 제29회 하계올림픽은 A2008년 8월 8일 20시에 개막되었고, 2008년 8월 24일 폐막하였다. 이번 올림픽

同一个梦想", **B**主办城市是中国北京。**C**参赛国家及地区204，**D**参赛运动员11,438人，设302项(28种运动)比赛项目。

A. 2008年奥运会于2008年8月24日开幕
B. 2008年奥运会主办城市是中国北京
C. 2008年奥运会参赛国为302个
D. 2008年奥运会参赛运动员为204人

구호는 '하나가 된 세계, 하나가 된 꿈'이다. **B**개최지는 중국 베이징으로 **C**참가국 및 지역은 204개, **D**참가선수는 11,438명, 302개(208종) 항목이 개설되었다.

A. 2008년 올림픽은 8월 24일에 개막하였다
B. 2008년 올림픽의 개최 도시는 중국 베이징이다
C. 2008년 올림픽은 302개국이 참가하였다
D. 2008년 올림픽의 참가 선수는 204명이었다

奥运会 àoyùnhuì 명 올림픽 | 届 jiè 양 회[정기적인 회의나 졸업연차를 셀 때 쓰임] | 开幕 kāimù 동 개막하다 | 闭幕 bìmù 동 폐막하다 | 口号 kǒuhào 명 구호 | 梦想 mèngxiǎng 명 꿈 | 项 xiàng 양 항목, 가지 | 主办 zhǔbàn 동 주최하다

A (×) 베이징 올림픽은 8월 8일에 개막되었고, 8월 24일 폐막하였다.
B (○) 2008년 올림픽의 개최 도시는 중국 베이징이다. 베이징올림픽에 대한 기본적인 상식을 알고 있다면 쉽게 풀 수 있는 문제이다.
C (×) 올림픽 항목이 302개였고, 참가국 및 지역의 수가 204개였다.
D (×) 참가 선수는 11,438명이다.

22

A食品安全指食品无毒、无害，符合应当有的营养要求，根据世界卫生组织的定义，食品安全是"食物中有毒、有害物质对人体健康影响的 **D**公共卫生问题"。食品安全也是一门专门探讨在食品加工、存储、销售等过程中确保食品卫生及食用安全，降低疾病隐患，**B**防范食物中毒的领域。

A. 食品安全只强调无害
B. 食品安全是防范中毒
C. 食品安全是一门科学
D. 食品安全包括个人卫生问题

A식품안전이란 식품에 독이 없고, 해가 없으며 영양소의 조건에 맞는 것으로, 세계위생조직에 따르면, 식품안전이란 '음식에 독이 있거나, 해가 있는 물질이 건강에 영향을 주는 **D**공공위생문제'라고 정의한다. 식품안전은 또한 식품가공, 저장, 판매 등의 과정에서 식품위생 및 식품안전을 확보하는 것을 전문적으로 연구하는 것으로 숨겨진 질병의 발생률을 낮추고, **B**음식에 독이 들어가는 것을 막는 분야이다.

A. 식품안전은 단지 해가 없는 것을 강조할 뿐이다
B. 식품안전은 독이 들어가는 것을 막는다
C. 식품안전은 일종의 과학이다
D. 식품안전은 개인의 위생 문제를 포함한다

急性 jíxìng 형 급성의 | 亚急性 yàjíxìng 형 (병증의 정도가 급성과 만성의 중간인) 아급성의 | 慢性 mànxìng 형 만성의 | 危害 wēihài 동 해를 끼치다 | 探讨 tàntǎo 동 연구 토론하다 | 加工 jiāgōng 명동 연구(하다) | 存储 cúnchǔ 동 저장하다 | 销售 xiāoshòu 동 판매하다 | 降低 jiàngdī 동 낮추다 | 防范 fángfàn 동 방비하다 | 中毒 zhòngdú 동 독이 신체에 들어오다 | 领域 lǐngyù 명 분야, 영역

A (×) 식품에 독이 없고, 영양소 요구 조건에 맞는지도 포함한다.
B (○) 식품안전은 음식에 독이 들어가는 것을 막는 분야이다.
C (×) 식품안전은 식품위생 및 식품안전을 확보하는 것을 전문적으로 연구하는 분야이지, 과학이라고 언급하지 않았다.
D (×) 개인 위생이 아닌 공공 위생 문제이다.

23

D《晚秋》这部电影讲述的故事并不复杂。C华侨安娜在杀害丈夫后被抓捕送进监狱，七年后安娜乘上前往家乡西雅图的长途汽车，而同上一辆车的"勋"因没带够车钱，A前来向同是亚裔的安娜借补车钱，并将自己的手表作为抵押交给对方，并单方约定西雅图再相见。就这样一段各自不同背景的两个陌生人由此展开了一段简单却曲折的爱情。

A. 《晚秋》是关于中国人的故事
B. 《晚秋》是科幻电影
C. 《晚秋》里的安娜是罪犯
D. 《晚秋》的故事很复杂

D『만추』, 이 영화에서 서술하는 줄거리는 전혀 복잡하지 않다. C화교인 안나는 남편을 살해한 후 감옥으로 보내지고, 7년 후, 안나는 고향인 시애틀로 가는 장거리 버스를 타게 된다. 그리고 같은 차에 '훈'이 타는데 차비가 부족해서 A같은 아시아계인 안나에게 돈을 빌려 차비를 낸다. 그리고 자신의 손목시계를 안나에게 저당 잡도록 건네주고, 혼자서 시애틀에서 다시 보자는 약속을 한다. 이렇게 각자 다른 배경을 가지고 있는 낯선 사람들은 이때부터 단순하지만, 우여곡절이 많은 사랑을 전개해 간다.

A. 『만추』는 중국인에 관한 이야기이다
B. 『만추』 공상과학 영화이다
C. 『만추』 속의 안나는 범죄자이다
D. 『만추』의 이야기는 매우 복잡하다

讲述 jiǎngshù 통 진술하다, 서술하다 | **复杂** fùzá 형 복잡하다 | **华侨** huáqiáo 명 화교 | **抓捕** zhuābǔ 통 체포하다 | **监狱** jiānyù 명 감옥 | **过世** guòshì 통 돌아가시다 | **预放** yùfàng 통 미리 풀어주다 | **许可** xǔkě 통명 허가(하다) | **西雅图** Xīyǎtú 고유 시애틀 | **亚裔** yàyì 명 아시아계 | **抵押** dǐyā 통 저당 잡히다 | **单方** dānfāng 명 (두 사람 중) 한 사람, 한 쪽 | **约定** yuēdìng 통 약속하다 | **曲折** qūzhé 명 우여곡절 | **科幻** kēhuàn 명 공상과학, SF

A (✕) 화교 여성 '안나'와 아시아계 남자 '훈'에 관한 이야기이다.
B (✕) 공상과학 영화라기보다는 사랑 이야기가 포함된 영화라고 추측할 수는 있으나, 본문의 내용만으로는 어떤 장르의 영화인지 확실히 말하기 어렵다.
C (○) 안나는 남편을 살해하고 감옥에 보내졌다고 했으므로 본문의 내용과 일치한다.
D (✕) 본문 처음에 이 영화의 줄거리는 전혀 복잡하지 않다고 했으므로 답이 될 수 없다.

24

现在韩国"大学路"的露天舞台，音乐会、诗朗诵会以及各种话剧表演B每天都在吸引着无数年轻人的脚步。不仅如此，街舞、摇滚、行为艺术等各种新的艺术形式也在不断走上大学路的街头，D给这里增加了别样的新鲜感和异国情趣。

A. 在韩国大学路上有很多大学
B. 大学路的街头吸引着很多年轻人
C. 韩国大学路有很多吃的东西
D. 大学路很有传统情趣

현재 한국의 '대학로'에서는 노천극장, 음악회, 시 낭송 및 각종 연극 공연이 B매일 수많은 젊은이의 발걸음을 끌어들인다. 이뿐 아니라, 길거리 댄스, 록 음악, 행위 예술 등 각종 새로운 예술 형식들도 끊임없이 대학로 길거리에서 행해지며 D색다른 신선감과 이국의 정취를 더해 주고 있다.

A. 한국 대학로에는 매우 많은 대학이 있다
B. 대학로의 길거리는 많은 젊은이를 끌어들인다
C. 한국 대학로에는 먹을 것이 많다
D. 대학로는 매우 전통적인 정취가 있다

露天舞台 lùtiān wǔtái 명 노천 무대 | **诗朗诵** shīlǎngsòng 명 시 낭송 | **话剧** huàjù 명 연극 | **吸引** xīyǐn 통 끌어들이다 | **摇滚** yáogǔn 명 록 음악 | **别样** biéyàng 명 다른 모양 | **异国** yìguó 명 외국 | **情趣** qíngqù 명 정취

A (✕) 본문에서 언급되지 않은 내용이다.
B (○) 대학로에서는 각종 볼거리와 공연들이 수많은 젊은이의 발걸음을 끌어들인다.

C (✗) 대학로에는 다양한 예술 형식들이 끊임없이 행해진다고 했지, 먹을 것과 관련된 내용은 언급되지 않았다.
D (✗) 다양한 예술 형식들 때문에 색다른 신선감과 이국의 정취가 느껴진다고 했으므로 답이 될 수 없다.

25

变脸是A运用在川剧艺术中塑造人物的一种特技。是C揭示剧中人物内心思想感情的一种浪漫主义手法。 变脸，原指戏曲中的情绪化妆，后来D指一种瞬间多次变换脸部妆容表演特技。这种表演许多剧种都有，以川剧最为著名。B另有同名电影和游戏。

A. 变脸是中国北京传统艺术
B. 变脸有同名电影
C. 变脸揭示剧中故事背景
D. 变脸是多次变换身体的表演

변검은 A쓰촨 예술을 응용하여 인물을 형상화한 기술이며, C극 중 인물의 마음속 감정을 표현하는 일종의 낭만주의 수법이다. 변검은 원래 희곡에서 정서적인 화장을 말했으나, 나중에는 순식간에 D여러 번 얼굴을 바꾸는 연기 기술을 말했다. 이런 공연은 많은 극에서 다 있으며, 쓰촨 연극으로 유명해졌다. B같은 이름의 영화와 게임도 있다.

A. 변검은 중국 베이징의 전통예술이다
B. 변검은 같은 이름의 영화가 있다
C. 변검은 극 중 이야기 배경을 나타낸다
D. 변검은 여러 번 몸을 바꾸는 공연이다

变脸 biànliǎn 명 변검 | 特技 tèjì 명 특수한 기술 | 揭示 jiēshì 동 드러내다 | 瞬间 shùnjiān 명 순간 | 妆容 zhuāngróng 동 얼굴을 꾸미다 | 川剧 Chuānjù 고유 쓰촨 연극

A (✗) 중국 베이징의 전통예술이 아니라 쓰촨의 전통예술이다.
B (○) 같은 이름의 영화와 게임이 있다고 했으므로 본문의 내용과 일치한다.
C (✗) 이야기 배경이 아닌 인물의 감정을 표현한다고 언급했다.
D (✗) 변검은 몸이 아닌 얼굴을 여러 번 바꾸는 공연이다.

26~29

26今年的第一场雪，似乎来得比往年更早一些！上课，学生专心听课的时候我却开了小差，边讲边把眼光溜向了窗外，然后竟然莫名地冒出了一句"下雪了!"说出这三个字的那一刹那我便懊恼。这帮孩子，我花了这么长的时间才收拾，如今这三个字可能会让我29功亏一篑啊！

不过，下雪了！今年的第一场雪终于如期而来了！27下课，回办公室后我发了条短信"下雪了"给两个朋友。这两个朋友，一个已越走越远，一个是若即若离。不确定自己当时的想法，下雪了，似乎我的思维也弄混乱了，就像上课时莫名其妙脱口而出的那句话。"我这儿也下了很大的雪，好美！"我笑，无论走得多远，无论多么疏于联系，原来我们依然在同一片天空下！雪越下越大，手机中的短信也如雪花般的飞来，难道都是雪花惹动了我们久不联系的心思，28难道一片片雪花都变成了我们心中一份份美好的祝福。

26올해 첫눈은 지난해보다 조금 이른 것 같다. 수업시간에 학생들이 열심히 수업을 듣고 있는데, 나는 도리어 그곳을 벗어나고 있었다. 수업하면서 눈으로는 창문 밖을 본 것이다. 그런데 갑자기 나도 모르게 "눈이 온다!"라는 말이 나왔다. 이 세 마디를 뱉은 순간 걱정이 앞섰다. 이 아이들을 오랜 시간을 들여 겨우 조용히 시켰는데, 지금 이 세 마디로 29내 노력의 성공이 눈앞에서 무너질 수 있었다.

어쨌든 눈이 내렸다. 올해의 첫눈은 결국 이때 내린 것이다. 27수업이 끝나고 사무실에 와서 '눈이 오네'라는 문자를 두 친구에게 보냈다. 이 두 친구는 중 한 명은 나와 사이가 점점 멀어졌고, 한 명은 가깝기도 하고 먼 것 같기도 한 친구였다. 스스로 당시에 무슨 생각이었는지 모르겠지만, 눈이 내리자 생각이 뒤엉키면서 수업할 때도 영문도 모르게 그 말이 나온 것처럼 지금도 문자를 보낸 것이다. "내가 있는 이곳도 눈이 많이 내리네. 매우 아름다워!" 나는 미소를 지었다. 얼마나 멀리 있든, 얼마나 소홀해진 관계이든, 우리는 여전히 같은 하늘 아래 있었던 것이다. 눈은 점점 많이 내렸고, 휴대전화의 문자도 눈송이처럼 날아왔다. 설마 눈송이가 우리의 오랫동안 연락하지 못한 마음을 움직인 걸까? 28설마 이 한 송이 한 송이의 눈이 우리 마음속에 하나의 아름다운 축복이 된 것은 아니었을까?

26 今年第一场雪，跟去年比？ 　A. 下了更多 　**B. 更早一点** 　C. 下了之后更冷了 　D. 下了更少	**26** 올해 첫눈을 작년과 비교해 보면? 　A. 더 많이 내렸다 　**B. 더 일찍 내렸다** 　C. 내린 후에 더 추워졌다 　D. 더 조금 내렸다
27 我看了第一场雪之后做了什么？ 　A. 在外边玩 　**B. 给朋友发短信** 　C. 打扫雪地 　D. 跟爱人约会	**27** 내가 첫눈을 보고 한 행동은 무엇인가? 　A. 밖에 나가서 놀았다 　**B. 친구에게 문자를 보냈다** 　C. 눈을 쓸었다 　D. 남편과 데이트를 했다
28 我对这场雪的感觉怎样？ 　A. 麻烦　　　B. 没什么感觉 　C. 温暖　　　**D. 一种祝福**	**28** 나는 이 눈에 대해 어떻게 느끼는가? 　A. 번거롭다　　B. 별 느낌이 없다 　C. 따뜻하다　　**D. 축복이다**
29 本文说的"功亏一篑"是什么意思？ 　A. 孩子们很懂事 　**B. 担心孩子们继续吵** 　C. 看了下雪之后有点儿烦 　D. 不能用自己的能力让孩子安静下来	**29** 본문에서 말하는 '功亏一篑'는 무슨 의미인가? 　A. 아이가 매우 철들었다 　**B. 아이가 계속 떠들까 봐 걱정하다** 　C. 눈 내리는 것을 보고 약간 짜증이 났다 　D. 아이들을 조용히 시킬 수가 없었다

小差 xiǎochāi 몡 근무지 이탈 | 溜 liū 통 걸어가다 | 莫名 mòmíng 휑 말로 설명할 수 없다 | 冒出 màochū 통 뿜어져 나오다, 나오다 | 如期 rúqī 囝 예정대로 | 懊恼 àonǎo 통 근심하다 | 若即若离 ruò jí ruò lí 가까운 것 같기도 하고 먼 것 같기도 하다 | 混乱 hùnluàn 휑 혼란스럽다 | 莫名其妙 mò míng qí miào 성 오묘하다 | 脱口而出 tuō kǒu ér chū 통 깊이 생각하지 않고 나오는 대로 말하다 | 疏于 shūyú 통 ~에 소홀하다 | 雪花 xuěhuā 몡 눈송이 | 惹 rě 통 자극하다, (감정을) 불러 일으키다 | 祝福 zhùfú 몡 축복 | 功亏一篑 gōngkuī yíkuì 성 거의 다하다 말다, 성공을 눈앞에 두고 실패하다 | 懂事 dǒngshì 휑 철들다

26 B '今年的第一场雪, 似乎来得比往年更早一些(올해 첫눈은 지난해보다 조금 이른 것 같다)'에서 답을 알 수 있다.

27 B 나는 수업이 끝나고, 두 명의 친구에게 눈이 온다고 문자를 보냈다.

28 D 나는 눈을 보고 연락이 뜸했던 친구들과 연락을 취하면서 이것이 축복이 아닐까 생각했으므로 답은 D이다.

29 B '功亏一篑'은 '성공을 눈앞에 두고 실패하다'라는 뜻으로 본문에서는 어렵게 조용히 시켰던 학생들이 자신이 내뱉은 말 때문에 다시 떠들까 봐 걱정된다는 것을 나타낸다.

30~33

³⁰在大学里面他们整天为了那几个学分跑来跑去，我不知道他们活得累不？他们在学分面前丧失了自我，成了学分的奴隶。在他们眼里好像谁拿到的学分越多谁就越有能力，与学分无关的事情，他们连看一眼都不看。	³⁰대학에서 그들은 온종일 그 몇 점의 학점 때문에 왔다 갔다 한다. 나는 그들이 피곤하지 않을까 싶다. 그들은 학점 앞에서 자신을 잃어버리고 학점의 노예가 된다. 그들 눈에는 마치 학점을 많이 얻는 사람이 능력이 뛰어난 사람으로 보이고, 학점과 무관한 일은 심지어 눈길 한번 보내지 않는다.

学校里面的学生的各个部门只会骗那些为了学分而丧失自我的人，到最后他们的部门里就剩下他们部长了，到来年继续骗那些小弟弟和小妹妹。

而我只能说你们活得太假了，你们连大街上乞讨的都不如，人家虽穷，但是人家没有丧失自己，获得的是真实的自我，不象你们一样活得很虚伪。我就不知道你们的心里是怎么想的？连一点爱心都没有的你们又有什么资格演讲感恩。<u>你们不配去演讲感恩</u>，³¹,³³因为这个世界需要的是真实的人，而不是你们那些虚伪的人。³²你们去捞你们的学分去吧！

학교에서 학생들은 각각의 분야에서 학점을 위해 자신을 잃어버리게 된다는 것에 속을 뿐이다. 마지막에는 그들의 리더들만 남고, 계속해서 다음 해에 후배들이 속게 될 뿐이다.

그러나 나는 당신들을 정말 가짜라고 말할 수밖에 없다. 당신들은 심지어 길거리에서 구걸하는 사람들보다 못하다. 그들은 비록 가난하지만, 자신을 잃지는 않고, 진실한 자신을 얻는다. 당신들처럼 그렇게 허위로 살지는 않는다. 당신들이 어떻게 생각하는 것인지 모르겠다. 조금의 관심도 없으면서 무슨 자격으로 은혜에 감사하다고 말하는가? 당신들은 은혜에 감사함을 말하는 것이 어울리지 않는다. ³¹,³³왜냐하면 이 세상이 필요로 하는 사람은 진실한 사람이기 때문이지, 당신들처럼 그렇게 허위로 사는 사람들이 아니다. ³²당신들은 당신들의 학점이나 채우러 가라!

30 作者对什么不满意？
A. 学生们只追求学分
B. 人活得太累
C. 大学生活
D. 只得学习，不能出去玩

30 필자는 무엇이 불만인가？
A. 학생들이 오직 학점만 중시해서
B. 사는 게 너무 피곤해서
C. 대학 생활
D. 공부만 하고 나가 놀지 못해서

31 作者要强调什么？
A. 劳逸结合
B. 努力学习
C. 不要活得快乐
D. 不要丧失自己，不要活得虚伪

31 작가가 강조하고 있는 것은 무엇인가？
A. 노동과 휴식의 적당한 안배
B. 열심히 공부하기
C. 기쁘게 살지 말기
D. 자신을 잃지 말고 허위로 살지 말기

32 作者说话的语气怎么样？
A. 不满   B. 劝告
C. 着急   D. 生气

32 작가의 어기는 어떠한가？
A. 불만   B. 권고
C. 초조   D. 화남

33 "你们不配去演讲感恩"作者这样说的原因是什么？
A. "你们"不够感激
B. "你们"不够真实
C. "你们"演得不好
D. "你们"说得不太好

33 '당신들은 은혜에 감사함을 말하는 것이 어울리지 않는다'라고 필자가 말한 이유는 무엇인가？
A. '당신들'이 충분히 감사해 할 줄 몰라서
B. '당신들'이 진실하지 못 해서
C. '당신들'이 연기를 못 해서
D. '당신들'이 말을 못 해서

学分 xuéfēn 명 학점 | **奴隶** núlì 명 노예 | **高考** gāokǎo 대입시험 | **骗** piàn 동 속이다 | **假** jiǎ 형 가짜의 | **乞讨** qǐtǎo 동 구걸하다 | **虚伪** xūwěi 형 가짜의 | **捞** lāo 동 끌어올리다 | **劳逸结合** láo yì jié hé 성 노동과 휴식의 적당한 안배

30 A 이 글의 필자는 오직 점수만 중요시하는 사람들을 비판하고 있다.

31 D 학점만 쫓는 가짜 인생을 살지 말고 자신의 모습을 잃지 말라고 당부하고 있다.

32 A 전체적으로 비판하며 불만의 어감으로 서술하고 있다. 마지막의 '你们去捞你们的学分去吧！'는 정말 학점을 채우러 가라는 말이 아니라 비꼬는 표현이다.

33 **B** 이유를 묻는 문제에서는 그 뒤에 원인절을 이끄는 접속사 '因为' '由于' 등으로 이어지는 문장을 찾자. '이 세상이 필요로 하는 사람은 당신들처럼 그렇게 허위로 사는 사람들이 아니다'라고 했으므로 답은 B이다.

34~37

电脑谁都会用. **34** 可当电脑遇到"生病"时，谁又会去修呢？我是一个用电脑的人，可自己向来不会去修"它"，怕会伤害"它"，所以，我自己只会用它，一般电脑坏了，只好让人来修，我只能在旁边看，学一点是一点，这样，它若再出现同一个情况时，**35,37** 我自己就能给"它"修了，我感到很高兴。

世间有许多自己不知的东西和不知的人和事，在工作中，学会课堂以外的知识，让自己与电脑更了解，更紧密。往后，"它"若有什么毛病，我自己就可以修它，轻碰轻修，完整无缺，不是吗？自己动手去做，去学，去修，我相信自己会越来越懂电脑了，不仅会用它，还可修它，太好了。在实践中掌握课堂以外的知识，**36** 双管齐下，自己的电脑水平会更上一层楼的。

컴퓨터는 누구나 사용할 수 있다. **34** 그러나 컴퓨터가 '병이 났을' 때, 누가 수리할 수 있는가? 나는 컴퓨터를 사용하는 사람이지만, 이제까지 '그것'을 수리해 본 적이 없다. '그것'이 고장이 날까 봐 걱정되어, 그것을 사용하기만 하고 보통 고장이 나면, 어쩔 수 없이 다른 사람에게 부탁하고는 옆에서 지켜볼 뿐이었다. 그러다가 조금씩 배우고 이렇게 똑같은 상황이 발생할 때, **35,37** 스스로 '그것'을 고칠 수 있었고, 아주 기뻤다.

세상에는 자신이 모르는 것, 모르는 사람, 모르는 사건이 너무 많다. 일하면서 교실 밖의 지식을 배우는 것 외에도 컴퓨터에 대해 더욱 이해하고, 더 가까워지게 되었다. 나중에는 '그것'에 무슨 문제가 생긴다면, 스스로 그것을 고칠 수 있고, 쉽게 만지고 수리하고, 완벽하게 할 수 있지 않겠는가? 스스로 해보고, 배우고, 수리하면 나는 점점 컴퓨터를 잘 알 수 있다고 믿는다. 그것을 사용할 뿐 아니라 수리할 수 있다니, 정말 잘 된 일이다. 실제 생활에서 교실 밖의 지식을 잘 알게 되었을 뿐 아니라, **36** 두 가지 일을 동시에 진행하며 컴퓨터 수준도 한층 더 올린 셈이니 말이다.

34 电脑"生病"是什么意思？

A. 电脑坏了
B. 电脑没有了
C. 很多人对电脑没兴趣
D. 电脑开不来

35 我为什么高兴？

A. 自己能把电脑修好
B. 学会了电脑
C. 用了电脑
D. 对电脑有了兴趣

36 "双管齐下"是什么意思？

A. 比喻两件事同时进行或同时采用两种方法
B. 管得很多
C. 要做的很多
D. 要学习的很多

37 根据本文下面正确的是？

A. 电脑用起来很难
B. 大家修电脑很难
C. 要掌握课堂以外的知识
D. 要自己动手做起

34 컴퓨터가 '병이 난다'는 것은 어떤 의미인가?

A. 컴퓨터가 고장 나다
B. 컴퓨터가 없어졌다
C. 많은 사람들이 컴퓨터에 관심 없다
D. 컴퓨터를 켤 수 없다

35 나는 왜 기쁜가?

A. 스스로 컴퓨터를 고칠 수 있어서
B. 컴퓨터를 배워서
C. 컴퓨터를 사용해서
D. 컴퓨터에 대해 관심이 있어서

36 '双管齐下'는 무슨 뜻인가?

A. 두 일을 동시에 진행하거나 두 방법을 동시에 채택함을 비유한다
B. 너무 많이 간섭하다
C. 해야 할 것이 너무 많다
D. 공부해야 할 것이 너무 많다

37 본문에 근거하여 아래 보기 중 옳은 것은?

A. 컴퓨터는 쓰다 보면 너무 어렵다
B. 컴퓨터를 고치는 게 너무 어렵다
C. 교실 밖의 지식에 능숙해져야 한다
D. 스스로 할 줄 알아야 한다

世间 shìjiān 명 세상 | 课堂 kètáng 명 교실 | 紧密 jǐnmì 형 긴밀하다 | 完整无缺 wánzhěng wúquē 형 완전무결하다 | 实践 shíjiàn 명동 실천(하다) | 掌握 zhǎngwò 동 장악하다 | 双管齐下 shuāng guǎn qí xià 성 두 가지 일을 동시에 하다. 두 방법을 동시에 사용하다

34 A 뒤에 이어지는 내용으로 보아 컴퓨터가 고장 났다는 뜻임을 알 수 있다. 컴퓨터를 켤 수 없다는 것은 고장 난 여러 가지 상황 중 하나일 뿐, 본문에서는 이렇게 구체적으로 언급하지 않았으므로 D는 답이 될 수 없다.

35 A 컴퓨터를 사용할 줄만 알고 고칠 줄 모르던 화자가 점점 고칠 수 있게 되면서 기쁘다는 표현을 했다.

36 A 성어의 뜻을 알고 있다면 쉽게 문제를 풀 수 있지만, 문맥상으로도 충분히 뜻을 유추할 수 있다. 교실 밖의 지식을 잘 알게 되었을 뿐 아니라, 컴퓨터 수준도 한층 더 올리게 되었다는 것에서 두 가지 상황을 동시에 다 이룬다는 뜻으로 쓰였음을 알 수 있다.

37 D 오답을 하나씩 제거하면서 풀어 보자. A는 컴퓨터를 사용하는 것이 어려운 것이 아니라 고치는 것이 어려운 것이며, B는 내가 컴퓨터를 고치는 것을 힘들어 하는 것이지 모든 사람이 그런 것은 아니며, C는 본문에서 강조하는 내용과 반대이므로 답이 될 수 없다. 스스로 배워 점점 컴퓨터를 고칠 수 있게 되면서 기쁨을 느끼는 것으로 보아 답은 D이다.

38~41

38今天，终于渐渐沥沥地下了一场秋雨，早几天还穿裙子的我，今天已经穿上了较厚的外套了。伴随着这凉凄凄的雨，还有那潮湿的心，不知道为什么，**39**每当碰到下雨天，心就会莫名地伤感，其实，忧伤也没什么不好的，**40**虽然有那么一点点孤独，但是却能释放很多不快的压抑，让我的心灵得以净化，可以整理乱乱的思绪，等到忧伤过后，一切就会变得清晰了。我向来不喜欢吵杂的环境，喜欢一个人默默地看一本古典文学，喜欢一个人静静地坐在电脑前，听一曲伤感的歌。

只可意会，不能言传的**41**冷静，智慧，是我重视的，喜欢看雨，因为它能洗刷我那烦躁的心，能拥有一份心静如水的心情真的很重要。我的人生路上，一切都是平平淡淡，做我自己，很少在乎别人的看法，守住自己的一方静土，安然舒适，喜欢上网，因为在网络里我是悠然自得的，人活着，开心就好！

38오늘 결국 부슬부슬 가을비가 내렸다. 바로 며칠 전에 치마를 입었던 나는, 오늘 조금 두꺼운 외투를 입었다. 서늘하고 처량한 비따라 축축한 마음은 왠지 모르게 **39**비가 올 때마다 알 수 없이 우울해진다. 사실 우울함도 별로 나쁠 건 없다. **40**비록 그렇게 조금 고독하기는 하지만, 불쾌했던 답답함을 풀어주고, 마음을 정화하여 복잡한 마음을 정리할 수 있게 한다. 우울함이 지나간 후에는 모든 것이 또렷해진다. 나는 이제까지 시끄럽고 복잡한 환경들을 싫어했었다. 혼자서 묵묵히 고전 문학 책을 볼 수 있는 것을 좋아하고, 조용히 컴퓨터 앞에 앉아서 우울한 노래를 듣는 게 좋다.

말로 설명할 수 없는 **41**고요함과 지혜는 내가 중요하게 생각하는 것들이다. 비를 보는 게 좋다. 왜냐하면 나의 복잡한 마음을 씻어줄 수 있고, 마치 물이 차분한 것처럼 마음이 평온할 수 있는 것은 정말 중요하기 때문이다. 나의 인생길은 모든 것이 평탄했다. 자신을 잘 경영하며 다른 사람의 눈을 의식하지 않고, 자신의 고요한 영역을 지키며, 편안하게 좋아하는 인터넷을 한다. 왜냐하면 인터넷을 하는 것은 나를 유유자적하게 해주기 때문이다. 사는 것은 참 기쁜 일이다.

38 根据这段话，现在是什么季节?

　A. 冬天　　　　　　B. 夏天
　C. 不知道　　　　　**D. 秋天**

39 我碰到下雨天感觉怎么样?

　A. 高兴　　　　　　B. 幸福
　C. 没有感觉　　　　**D. 伤感**

38 이 글에 따르면 지금은 무슨 계절인가?

　A. 겨울　　　　　　B. 여름
　C. 알 수 없다　　　**D. 가을**

39 나는 비 오는 날을 어떻게 느끼는가?

　A. 기쁘다　　　　　B. 행복하다
　C. 느낌이 없다　　　**D. 우울하다**

40 我为什么觉得"忧伤"没什么不好?
  A. 可以让我冷静下来
  B. 可以整理乱乱的思绪
  C. 本来喜欢忧伤的感觉
  D. 可以让我阅读很多书

41 我重视什么?
  A. 一个人的生活
  B. 安静
  C. 冷静，智慧
  D. 古典文学

40 나는 왜 '우울하다'라는 느낌을 나쁘지 않다고 생각하는가?
  A. 나를 침착하게 해줘서
  B. 복잡한 마음을 정리해 줘서
  C. 원래 우울한 것을 좋아해서
  D. 많은 책을 읽게 해서

41 내가 중시하는 것은 무엇인가?
  A. 혼자의 삶
  B. 조용함
  C. 고요함과 지혜
  D. 고전 문학

淅沥 xīlì 휑 부슬부슬 | 凉凄凄 liángqīqī 휑 서늘하고 처량한 | 潮湿 cháoshī 휑 습하다 | 忧伤 yōushāng 휑 고민하다, 우울해 하다 | 释放 shìfàng 동 방출하다, 풀어주다 | 压抑 yāyì 억압, 답답함 | 净化 jìnghuà 동 정화하다 | 吵杂 chǎozá 시끄럽고 복잡한 | 环境 huánjìng 명 환경 | 只可意会,不能言传 zhǐ kě yìhuì, bù kě yánchuán 성 마음으로 터득하는 것이지 말로 설명할 수가 없다 | 洗刷 xǐshuā 동 씻다 | 守 shǒu 동 지키다 | 安然舒适 ānrán shūshì 안락하고 쾌적한 | 清晰 qīngxī 뚜렷한 | 悠然自得 yōurán zìdé 휑 유유자적한

38 D 본문 처음에 가을비가 내리고 있다고 했으므로 답은 D이다.

39 D 필자는 비가 오면 알 수 없이 우울해진다고 하였다.

40 B 우울함은 조금 고독하기는 하지만, 불쾌했던 답답함을 풀어주고, 마음을 정화하여 복잡한 마음을 정리할 수 있게 한다고 했으므로 답은 B이다.

41 C 세부 내용을 묻는 경우, 질문과 같은 내용을 보기에서 찾으면 문제를 쉽게 풀 수 있다. 말로 표현할 수 없는 고요함과 지혜가 내가 중시하는 것이라고 했으므로 답은 C이다.

42~45

⁴²我一直知道，我是幸福的。只是，有时我不愿承认而已。而当我抛开一切偏见与固执自问时，我承认我是幸福的。如那日，我们一家三口在黄昏里游走在城市的街道上，我们不打车，不骑车，只是享受三个人在一起散步的时光。总会在这样的时刻，满满的幸福。连微寒的空气也无从靠近，似乎周身被暖暖的气息围绕着。看那一路上孩子欢蹦乱跳的喜悦之情，大声呼喊着一家三口在一起的欢乐。其实，只是在别人看似平常的散步，⁴³出行，对于我们来说却也是难得的机会。只因彼此的忙碌，只为让生活更加丰富。主要还是我爱人一个月难得有一两天的假期。这样的时刻对于我们像是欢乐的节日，我们彼此珍惜。看着一路上他与孩子嬉笑打闹的欢畅，我开始温暖起来。

⁴²나는 내가 행복하다는 것을 계속 알고 있었다. 단지 가끔은 인정하기 싫을 뿐이다. 그러나 내가 모든 편견과 고집을 버리고 스스로 물었을 때, 나는 행복하다는 것을 인정했다. 그날처럼 우리 식구 세 명은 저녁 무렵 길거리를 걸었다. 차를 타지도 않고, 자전거를 타지도 않았으며 단지 세 명이 함께 산책하는 시간을 누렸을 뿐인데, 행복감으로 가득했다. 차가운 공기마저 가까이 있지 않고, 온몸이 따뜻한 기운에 둘러싸여 있는 것 같았다. 그 길에서 아이는 기뻐하며 뛰어다녔고, 세 식구는 함께 기쁨의 소리를 크게 외쳤다. 사실 다른 사람의 눈에는 평범한 산책이었을 것이다. ⁴³외출은 우리에게 드문 기회이다. 서로 바쁘기도 하고 삶을 더 풍부하게 하기 위해서 이기도 하다. 남편은 대부분 한 달에 하루나 이틀 정도 어렵게 휴가를 낸다. 이런 시간이 우리는 즐거운 휴일 같고, 서로 소중히 생각한다. 이 길에서 그와 아이가 웃으면서 시끄럽게 하는 모습을 보면서 나는 마음이 따뜻해졌다.

其实，**44幸福真的就这么简单**。吃完饭，我们又去了附近的超市，买了一些零食。我们决定回家。还是慢慢地步行，一路走一路说说笑笑，儿子打开那袋牛奶糖，分给我和老公一人一颗，放进嘴里。甜甜的，香香的。我问儿子："幸福是什么味道的？"儿子不加思索地说："幸福是甜甜的，幸福是香香的。"

人生的路很长很长，幸福就在路上。**45只要你愿意，只要你张开双臂，你就能将幸福拥抱。**

42 作者对自己的生活有什么感觉？
A. 不肯承认幸福
B. 很幸福
C. 不满
D. 很累

43 对于家人一起散步的事情，作者怎么想？
A. 很平常的事
B. 难得的机会
C. 没时间
D. 只一个人珍惜

44 作者对幸福的看法是：
A. 简单
B. 复杂
C. 要努力争取
D. 不在乎

45 怎么做，才能感到幸福？
A. 努力追求
B. 放弃
C. 只要我们自己愿意
D. 要别人送给我们

사실, **44행복은 정말 이렇게 단순하다.** 밥을 먹고, 우리는 근처 슈퍼에 가서 간식을 사고 집에 돌아가기로 했다. 여전히 천천히 걸었다. 걷고 말하고, 웃으면서 아들은 우유사탕을 꺼냈고, 나와 남편에게 하나씩 입 안에 넣어주었다. 달콤하고, 향기로운 맛이었다. 내가 아들에게 물었다. "행복은 무슨 맛일까?" 아들은 얼마 생각하지 않고 말했다. "행복은 달콤하고 향기로운 맛이에요."

인생의 길은 매우 길고, 행복은 길 위에 있다. **45당신이 원하기만 한다면, 당신이 양쪽 어깨를 벌리기만 한다면 행복을 품을 수 있을 것이다.**

42 필자는 자신의 삶에 대해 어떻게 느끼고 있는가?
A. 행복하다고 인정할 수 없다
B. 매우 행복하다
C. 불만이다
D. 매우 피곤하다

43 가족이 함께 산책한 것에 대해 필자는 어떻게 생각하고 있는가?
A. 매우 평범한 일이다
B. 드문 기회이다
C. 시간이 없다
D. 혼자만 귀하게 여긴다

44 필자의 행복에 대한 견해는:
A. 단순하다
B. 복잡하다
C. 노력해서 쟁취해야 한다
D. 신경 쓰지 않는다

45 어떻게 해야만 행복을 느낄 수 있을까?
A. 노력해서 추구해야 한다
B. 포기해야 한다
C. 자신이 원하기만 하면 가능하다
D. 다른 사람이 우리에게 전해줘야 한다

承认 chéngrèn 图 인정하다 | 抛开 pāokāi 图 버리다 | 偏见 piānjiàn 图 편견 | 黄昏 huánghūn 图 황혼, 해질 무렵 | 靠近 kàojìn 图 가깝다 | 周身 zhōushēn 图 전신 | 围绕 wéirào 图 둘러싸다 | 欢蹦乱跳 huān bèng luàn tiào 图 기뻐서 깡충깡충 뛰다 | 难得 nándé 图 얻기 어렵다 | 忙碌 mánglù 图 바쁘다 | 嬉笑 xīxiào 图 장난치며 웃다 | 打闹 dǎnào 图 시끄럽게 굴다 | 欢畅 huānchàng 图 즐겁다 | 争取 zhēngqǔ 图 쟁취하다

42 B 본인이 행복하다는 것을 가끔 인정하기 싫다고 한 것일 뿐, 결국 자신의 행복을 인정했으므로 답은 B이다.

43 B 외출하는 것은 우리에게 드문 기회라고 했으므로 답은 B이다. A는 화자 본인의 생각이 아닌 주변 사람들의 생각이라고 추측한 것이며, D는 온 가족이 모두 귀하게 생각한 것이므로 답이 될 수 없다. C는 질문의 대답이 아니다.

44 A 필자는 계속 단순하고 평범한 행복에 대해 이야기하고 있다.

45 C 질문이 있는 내용을 찾아보자. 본문 마지막에 당신이 원하기만 한다면, 행복을 품을 수 있다고 했으므로 답은 C이다.

2013년 汉办 新HSK 5급 필수어휘 수정리스트

新HSK에는 각 급수 별로 지정된 필수어휘 범위 안에서만 문제가 출제되지 않기 때문에 필수어휘만 학습해서는 고득점 하기 어려운 것이 사실입니다. 최근 汉办에서 발표한 필수어휘상에 약간의 변화가 있기는 하지만, 본사 교재에서는 새로 추가된 단어 대부분을 실전문제 등에서 충분히 다루고 있기 때문에 최신 시험 경향 파악에 전혀 무리가 없음을 알려 드립니다. 이번에 삭제된 단어 역시 출제 가능성이 높으므로 꼭 알아 두는 것이 좋습니다. 참고로 新HSK 5급 필수어휘(2013년 수정판) 전체 목록을 담은 엑셀 파일은 '다락원 홈페이지(www.darakwon.co.kr) ▶ 학습자료 ▶ 중국어 카테고리'에서 다운로드 받으실 수 있으며, 본 자료의 작성일 이후로 필수어휘상에 또 다른 수정사항이 발표되면 본 자료 역시 수정된 내용으로 다운로드 받으실 수 있습니다.
(작성일 : 2013년 6월 17일)

추가

哎	āi 갑 어! 야![놀람이나 반가움을 나타냄]	熬夜	áoyè 동 밤새다, 철야하다
百分之……	bǎifēnzhī…… 100분의 ~, ~퍼센트	报到	bàodào 동 도착했음을 보고하다, 알리다
报社	bàoshè 명 신문사	抱怨	bàoyuàn 동 (불만을 품고) 원망하다
冰激凌	bīngjīlíng 명 아이스크림	播放	bōfàng 동 (라디오를 통해) 방송하다
不但……而且……	búdàn……érqiě…… ~뿐만 아니라 ~이다	差距	chājù 명 차이, 격차
超级	chāojí 형 슈퍼(super), 최고의	潮湿	cháoshī 형 습기가 많다, 축축하다
成人	chéngrén 명 성인, 어른 동 어른이 되다	池塘	chítáng 명 (작고 얕은) 못
迟早	chízǎo 부 조만간, 머지않아	出示	chūshì 동 내보이다, 제시하다, 포고문을 붙이다
词汇	cíhuì 명 어휘	粗糙	cūcāo 형 (질감이) 거칠다, (일하는 데 있어) 서투르다
大厦	dàshà 명 빌딩, 고층 건물	当心	dāngxīn 동 조심하다, 주의하다, 유의하다
岛屿	dǎoyǔ 명 섬, 도서	地点	dìdiǎn 명 지점, 장소, 위치
兑换	duìhuàn 동 현금으로 바꾸다, 환전하다	耳环	ěrhuán 명 귀걸이
饭店	fàndiàn 명 호텔, 식당	分手	fēnshǒu 동 헤어지다, 갈라서다, 이별하다
赶	gǎn 동 뒤쫓다, (열차, 버스 따위의 시간에) 대다, 서두르다	感兴趣	gǎn xìngqù 흥미를 느끼다
刚	gāng 부 방금, 바로, 마침	恭喜	gōngxǐ 동 축하하다
归纳	guīnà 동 귀납하다	国王	guówáng 명 국왕
好客	hàokè 동 손님 접대를 좋아하다	后背	hòubèi 명 등
互联网	hùliánwǎng 명 인터넷	花	huā 명 꽃
划	huá 동 배를 젓다, 베다, 긋다 형 수지가 맞다 huà 동 (금을) 긋다, (금전이나 장부를) 건네주다, 계획하다	滑	huá 형 반들반들하다, 매끈매끈하다
怀孕	huáiyùn 동 임신하다	黄河	Huánghé 고유 (지명) 황허
或许	huòxǔ 부 아마, 어쩌면, 혹시	急诊	jízhěn 명동 응급 진료(를 하다), 급진(하다)
假设	jiǎshè 동 가정하다, 꾸며내다	兼职	jiānzhí 동 겸직하다, 직무를 겸임하다
健身	jiànshēn 동 신체를 건강하게 하다, 튼튼하게 하다	交往	jiāowǎng 동 왕래하다, 내왕하다
戒	jiè 동 경계하다, 훈계하다, (좋지 못한 습관을) 끊다	尽快	jǐnkuài 부 되도록 서둘러, 가능한 한 빨리
经商	jīngshāng 동 상업을 경영하다, 장사하다	开水	kāishuǐ 끓인 물
看望	kànwàng 동 방문하다, 문안하다	靠	kào 동 기대다, (물건을) 기대어 두다, 접근하다

空	kōng 형 (속이) 텅 비다 부 공연히 kòng 동 비우다, (시간 따위를) 내다 명 틈, 짬	夸张	kuāzhāng 동 과장하다 명 과장법
昆虫	kūnchóng 명 곤충	朗读	lǎngdú 동 낭독하다, 읽다
老婆	lǎopo 명 아내, 처, 집사람	类型	lèixíng 명 유형
冷淡	lěngdàn 형 냉담하다, 차갑다	连续	liánxù 동 연속하다, 계속하다
列车	lièchē 명 열차	旅行	lǚxíng 동 여행하다
没有	méiyǒu 동 없다 부 (아직) ~않다	媒体	méitǐ 명 매체, 매스컴
梦想	mèngxiǎng 명동 헛된 생각(을 하다), 갈망(하다)	敏感	mǐngǎn 형 민감하다, 예민하다
模特	mótè 명 모델	哪	nǎ 대 어느 것, 어디 부 어찌하여, 왜
哪儿	nǎr 대 어느 것, 어디	那	nà 대 그, 저, 그 사람, 그것
男	nán 명 남자	难免	nánmiǎn 형 피하기 어렵다, 벗어나기 어렵다
内部	nèibù 명 내부	嗯	èng 감 응
女	nǚ 명 여자	欧洲	Ōuzhōu 고유 유럽
培训	péixùn 동 기르다, 훈련시키다, 양성하다	碰	pèng 동 부딪치다, 충돌하다, (우연히) 만나다, 마주치다
拼音	pīnyīn 동 표음 문자(表音文字)로 표기하다	平安	píng'ān 형 평안하다, 편안하다, 무사하다
签	qiān 동 서명하다, 사인하다 명 꼬리표	轻易	qīngyì 형 제멋대로이다, 경솔하다, 쉽다, 간단하다
日子	rìzi 명 날, 날짜, 기간, 시절	色彩	sècǎi 명 색채, 빛깔
伤害	shānghài 동 상해하다, 손상하다, 해치다	商务	shāngwù 명 상업상의 용무
生意	shēngyi 명 장사, 영업	生长	shēngzhǎng 동 생장하다, 자라다
时差	shíchā 명 시차	首	shǒu 명 시작, 최초, 우두머리, 지도자
数	shǔ 동 세다, 헤아리다 shù 명 수	摔倒	shuāidǎo 동 쓰러지다, 넘어지다
说	shuō 동 말하다	搜索	sōusuǒ 동 수색하다, (인터넷) 검색하다
虽然…… 但是……	suīrán……dànshì…… 비록 ~이지만 ~이다	随身	suíshēn 동 몸에 지니다, 휴대하다
随手	suíshǒu 부 ~하는 김에, 겸해서	淘气	táoqì 형 장난이 심하다
讨价还价	tǎo jià huán jià 성 가격[값]을 흥정하다	特色	tèsè 명 특색, 특징
停	tíng 동 정지하다, 서다, 멈추다	偷	tōu 동 훔치다 부 남몰래, 슬그머니 명 도둑
投入	tóurù 동 돌입하다, 투자하다 형 (열정적으로) 몰두하다	外公	wàigōng 명 외조부, 외할아버지
网络	wǎngluò 명 네트워크, 인터넷	维修	wéixiū 동 보수하다, 수리하다
位于	wèiyú 동 위치하다	胃口	wèikǒu 명 식욕, 흥미
文字	wénzì 명 문자, 글자	无所谓	wúsuǒwèi 동 ~라고 할 수 없다, 개의치 않다, 상관없다
勿	wù 부 ~해서는 안 된다, ~하지 마라	吸取	xīqǔ 동 흡수하다, 빨아들이다, 섭취하다
夏令营	xiàlìngyíng 명 여름 캠프	香肠	xiāngcháng 명 소시지
想象	xiǎngxiàng 명동 상상(하다)	消极	xiāojí 형 부정적이다, 소극적이다
写作	xiězuò 동 글을 짓다, 저작하다, 저술하다	修理	xiūlǐ 동 수리하다, 고치다
学历	xuélì 명 학력	押金	yājīn 명 보증금
牙齿	yáchǐ 명 이, 치아	研究	yánjiū 동 연구하다
演讲	yǎnjiǎng 명동 연설(하다), 강연(하다)	一点儿	yìdiǎnr 수량 조금
一律	yílǜ 형 일률적이다, 한결같다, 서로 같다	一下	yíxià 수량 한 번[동사 뒤에 쓰여 '좀 ~해보다'라는 뜻을 나타냄] 부 단시간에, 갑자기
一再	yízài 부 거듭, 반복하여, 되풀이하여	因为…… 所以……	yīnwèi……suǒyǐ…… ~때문에 ~하다
印刷	yìnshuā 동 인쇄하다	用功	yònggōng 동 열심히 공부하다
员工	yuángōng 명 종업원	乐器	yuèqì 명 악기

在乎	zàihu 동 ~에 있다, 마음에 두다, 개의하다		在于	zàiyú 동 ~에 있다, ~에 달려 있다	
占	zhān 동 점치다　zhàn 동 점령하다, 차지하다		长辈	zhǎngbèi 명 손윗사람, 연장자	
着火	zháohuǒ 동 불나다, 불붙다		照	zhào 동 비추다, 비치다, (사진, 영화를) 찍다　개 ~대로, ~에 따라	
这	zhè 대 이것, 이		挣	zhēng 동 발버둥치다, 발악하다　zhèng 동 몸부림치며 속박에서 벗어나다, (돈이나 재산 등을) 노력하여 얻다	
只有……才……	zhǐyǒu……cái…… ~해야만 ~이다		种类	zhǒnglèi 명 종류	
重大	zhòngdà 중대하다, 무겁고 크다		主任	zhǔrèn 명 장, 주임	
主题	zhǔtí 명 주제		抓	zhuā 동 꽉 쥐다, 할퀴다, 붙잡다, 체포하다	
转	zhuǎn 동 (방향, 위치 등이) 바뀌다, (몸을) 돌리다, (중간에서) 전하다　zhuàn 동 돌다, 회전하다		装修	zhuāngxiū 동 (가옥을) 장식하고 꾸미다, 설치하고 수리해 주다　명 내부 설비	
追	zhuī 동 뒤쫓다, 추격하다, 추구하다, 구애하다		字母	zìmǔ 명 자모, 알파벳	
组	zǔ 명 조, 세트　동 조직하다, 구성하다		左右	zuǒyòu 명 가량, 안팎, 내외[수량사 뒤에 쓰여 대략적인 수를 나타냄], 좌우	
作家	zuòjiā 명 작가				

삭제 | 班主任 | 必需 | 丙 | 不必 | 不但 | 不好意思 | 不免 | 才 | 残疾 | 差别 | 朝代 | 乘 | 池子 | 除 | 传递 | 磁带 | 但是 | 当代 | 岛 | 等候 | 点头 | 丁 | 而且 | 凡是 | 饭馆 | 访问 | 肺 | 费用 | ……分之…… | 愤怒 | 服从 | 刚刚 | 鸽子 | 革命 | 更加 | 孤单 | 古老 | 固体 | 雇佣 | 关怀 | 罐头 | 光荣 | 河 | 横 | 胡须 | 花园 | 划船 | 滑冰 | 黄 | 黄瓜 | 皇帝 | 皇后 | 煎 | 尖锐 | 健身房 | 解放 | 解说员 | 戒烟 | 紧 | 敬爱 | 卷 | 看来 | 抗议 | 恐怖 | 蜡烛 | 狼 | 类 | 粒 | 立方 | 连续剧 | 露 | 没 | 谜语 | 棉花 | 民主 | 明信片 | 哪(儿) | 那(儿) | 男人 | 难看 | 女人 | 排球 | 碰见 | 品种 | 朴素 | 企图 | 牵 | 签字 | 侵略 | 勤劳 | 请客 | 嚷 | 融化 | 荣幸 | 荣誉 | 舌头 | 神经 | 实行 | 食品 | 摔 | 寺庙 | 算 | 虽然 | 缩小 | 所谓 | 所以 | 塔 | 特意 | 体积 | 田野 | 停止 | 通讯 | 铜 | 统治 | 弯 | 维护 | 委托 | 武器 | 洗衣机 | 想像 | 消灭 | 小偷 | 鞋 | 协调 | 信 | 兴趣 | 雄伟 | 修 | 选举 | 研究生 | 液体 | 一路平安 | 以后 | 因为 | 硬币 | 宇宙 | 缘故 | 增长 | 这(儿) | 真理 | 枕头 | 政策 | 挣钱 | 执行 | 钟 | 嘱咐 | 祝 | 字典 | 宗教 | 祖国 | 祖先 | 罪犯 | 做生意

다락원
홈페이지 접속

新 HSK 급소공략 – 5급 독해
해설서

지은이 양주희
펴낸이 정규도
펴낸곳 (주)다락원

초판 1쇄 발행 2011년 7월 14일
초판 5쇄 발행 2023년 9월 21일

기획·편집 이상윤, 오제원
디자인 박나래, 임미영

다락원 경기도 파주시 문발로 211
전화 (02)736-2031(내선 250~252/내선 430~439)
팩스 (02)732-2037
출판등록 1977년 9월 16일 제406-2008-000007호

Copyright ⓒ 2011, 양주희

저자 및 출판사의 허락 없이 이 책의 일부 또는 전부를 무단 복제·전재·발췌할 수 없습니다. 구입 후 철회는 회사 내규에 부합하는 경우에 가능하므로 구입처에 문의하시기 바랍니다. 분실·파손 등에 따른 소비자 피해에 대해서는 공정거래위원회에서 고시한 소비자 분쟁 해결 기준에 따라 보상 가능합니다. 잘못된 책은 바꿔 드립니다.

www.darakwon.co.kr
다락원 홈페이지를 방문하시면 상세한 출판 정보와 함께 동영상 강좌, MP3 자료 등 다양한 어학 정보를 얻으실 수 있습니다.

新HSK
급소공략
5급 독해
해설서